Dana Horáková
VORBILDER

Dana Horáková

# VORBILDER

*Berühmte Deutsche erzählen,*
*wer ihnen wichtig ist*

**marixverlag**

Copyright © by Marix Verlag GmbH, Wiesbaden 2007
Covergestaltung: Thomas Jarzina, Köln
Korrekturen: Ortrun Cramer, Wiesbaden
Satz und Bearbeitung: C&H Typo-Grafik, Miesbach
Gesamtherstellung: GGP media GmbH, Pößneck
Printed in Germany

ISBN: 978-3-86539-147-6

www.marixverlag.de

»So habt doch endlich einmal die Courage, Euch den Eindrücken
hinzugeben, Euch ergötzen zu lassen, Euch rühren zu lassen,
Euch erheben zu lassen, ja Euch belehren zu lassen und zu
etwas Großem entflammen und ermutigen zu lassen ...«

JOHANN WOLFGANG VON GOETHE

# INHALT

# LAGEBERICHT

## I. Vorbilder? – Nein, danke!

»Hab' ich nicht.«

Das war die erste, spontane, häufigste Antwort auf meine Frage: Haben Sie Vorbilder?

Es folgte, meistens jedenfalls, eine Erklärung: »Ich bin doch kein Kind mehr!« oder »Ich bin keine Kopie.« Manchmal auch »Ich lass' mich doch nicht mit Haut und Haar fressen!«

Und es klang, je nach Temperament, ein bisschen verlegen, fast trotzig, und oft nach unterschwelliger Panik. Wieso?, fragte ich mich.

Ich selbst, der die Gnade des Glaubens nicht gegeben wurde, käme mir ohne Vorbilder in dieser unserer turbulenten Zeit vermutlich wie ein Stück Treibholz vor; in einer Welt, in der die Globalisierung viele scheinbare Selbstverständlichkeiten durcheinandergewirbelt hat; in der uns im Zuge der »Robotisierung« bald schon die Arbeit ausgehen wird, diese traditionelle Säule des Selbstwertgefühls; in der um 2050 die Hälfte der Deutschen über fünfundfünfzig Jahre alt sein und in das »gesegnete Alter« ohne veritable Lebensbilder entlassen werden wird; in der man immer deutlicher mit dem Islam konfrontiert wird.

Beim hartnäckigen Nachhaken bei den Vorbild-Verweigerern stellte sich heraus, dass sich etliche doch an den einen oder anderen Menschen erinnern, an dem sie sich orientieren. 12 der 75 Befragten sind allerdings bei einem unverrückbaren »Hab' ich nicht« geblieben. Das ist viel, verglichen damit, wie zum Beispiel Italiener, Franzosen oder

Amerikaner ihre Großen feiern. Man tut sich eben hierzulande schwer mit den Vorbildern. Genauer gesagt mit dem Begriff »Vorbild«.

Woher aber kommt das Unbehagen, das dieses Wort heute auslöst? Bis zur Machtergreifung der Nazis haben sich doch die Deutschen an ihren »Großen« geradezu vorbildlich erquickt! Goethe, Schiller, Kant und Kleist waren die wichtigsten Pfeiler ihrer Souveränität und ihres nationalen Selbstbewusstseins und ihres internationalen Ansehens. Deutsche Universitäten – das waren geistige Labore Europas; Deutschlands Denker, Entdecker, Dichter haben mit ihren visionären, oft radikalen Theorien die Welt verändert, wurden respektiert und bewundert, und zwar noch von unseren Großeltern und Urgroßeltern:

Martin Luther zerstörte die universelle Kirche, Karl Marx demontierte die tradierten Gesellschaftsstrukturen, Sigmund Freud konfrontierte die Menschen mit der Macht ihres Unbewussten; Friedrich Nietzsche hat Gott für tot erklärt, Albert Einstein die physikalischen Koordinaten unseres Weltbildes relativiert, Albert Schweitzer den Stellenwert europäischer Lebenspläne zurechtgestutzt – allesamt waren sie willkommene Vorbilder. Was also ist der Grund für die Abwehr heute?

Die »Ich bin doch kein Kind mehr«-Verweigerer empfinden den Begriff »Vorbild« vermutlich als ein Überbleibsel jener fernen, hierarchisch strukturierten Zeiten, in denen der Herr Bürgermeister, Herr Lehrer, Herr Doktor und Herr Vater das Sagen hatten. Wer sich innerhalb dieser patriarchalischen Koordinaten zu einem Vorbild bekannte, gestand (öffentlich) ein, »klein«, führungsbedürftig und bereit zu sein, sich an seinem Vorbild zu orientieren, um nicht vom richtigen Weg abzukommen; er ist infantil geblieben, sehr zum Wohlgefallen der Autoritäten, die ihn unermüdlich, einzig allein »zu seinem Wohle« mit Erziehungsregeln wie »Nur bei Grün über die Straße, den Kindern ein Vorbild« füttern.

Siegfried Lenz charakterisiert diese Anti-Vorbild-Haltung 1973 in seinem Roman »Das Vorbild«, indem er einen seiner Protagonisten, den Studienrat Janpeter Heller, sagen lässt: »Vorbilder sind doch nur eine Art pädagogischer Lebertran, den jeder mit Widerwillen schluckt, zumindest mit geschlossenen Augen. Die erdrücken doch den jungen Menschen, machen ihn unsicher und reizbar und fordern ihn auf ungeziemende Weise heraus. Vorbilder im herkömmlichen Sinn, das sind prunkvolle Nutzlosigkeiten, Fanfarenstöße einer verfehlten Erziehung, bei denen man sich die Ohren zuhält. Alles, was sich von den Thermopylen bis nach Lambarene überlebensgroß empfiehlt, ist doch nur ein strahlendes Ärgernis, das nichts mit dem Alltag zu tun hat. Peinliche Überbautypen, um es mal so auszudrücken.«

Vorbilder gleichzusetzen mit purem Kinderkram – das ist ein Klischee, das offenbar immer noch wirkt, und zwar nicht nur in der pädagogischen Provinz.

Auch diejenigen, die Vorbilder aus Angst um ihre Originalität (»Ich bin doch keine Kopie«) ablehnen, stützen ihre Haltung auf das abgestandene Klischee: Ein Vorbild anzunehmen würde zum Verzicht auf Individualität, Ambitionen, Eigenverantwortung und Kreativität führen. Hat man ein Vorbild, bleibt man zweiter Sieger, den die tollen Trendsetter, die Konkurrenz mühelos überholen.

Aber Vorbilder sind weder Ich-Killer noch Kopiergeräte. Und klonen kann man sie ohnehin nicht.

Der dritte Grund der Irritation, die der Begriff auslöst, entspringt dem Irrglauben, ein Ja zum Vorbild gleiche einer feindlichen Übernahme und erfordere eine hundertprozentige Identifikation: »Einen ganzen Menschen als Vorbild kann ich mir nicht nehmen, ich orientiere mich eher an einzelnen Eigenschaften«, hieß es oft.

Dabei impliziert ein Bekenntnis zum Vorbild doch niemals eine Eins-zu-Eins-Übernahme: Wer Thomas Mann bewundert, muss keineswegs seine homoerotischen Neigungen unterdrücken, wer Albert Schweitzer respektiert, muss nicht nach Afrika, und wer zu Arthur Schopenhauer aufblickt, muss seinen Pudel nicht zur täglich gleichen Stunde ausführen.

Vorbilder sind keine gefräßigen Wölfe, die einen samt des roten Käppchens schlucken, vielmehr friedfertige Orientierungshilfen. Und doch ängstigen sich viele vor ihnen, wobei diese Angst – angesichts der deutschen Geschichte – verständlich ist. Das Gestern war böse.

Bert Brecht hat zum Beispiel die nach Kriegsende anschwellende, ganz und gar nachvollziehbare Vorbilder-Abwehr pointiert zusammengefasst: »Glücklich das Land, das keine Helden braucht.« Und später, in den Achtzigern, hallte Tina Turners Song »We don't need another hero« durchs Land und belastete den Begriff für die kommenden Dekaden noch mehr. Das »Vorbild« wurde zum Feindbild, das bekämpft und abgeschafft werden musste wie Traditionen, Manieren und bürgerliche Werte. Wohlgemerkt: in beiden Teilen Deutschlands: In der DDR nahm man den propagandistisch strahlenden Helden der Arbeit nicht wirklich ernst, in der Bundesrepublik versuchten die studentischen Achtundsechziger die Macht-Inhaber von ihren Podesten zu fegen.

Die Nach-Wende-Generation, die den Zusammenbruch der Mauer und des Eisernen Vorhangs nur aus Erzählungen kennt, ist abgeklärt, mit Skepsis gegen moralgepanzerte Ideale und autoritäre Eindeutigkeit aufgewachsen – und folgerichtig in einem Werte-Vakuum gelandet.

Wo aber keine Werte, keine Regeln mehr gelten, ist (frei nach Dostojewski) alles erlaubt. Und wo alles erlaubt ist, ist es verdammt schwer, sich für etwas zu begeistern oder gegen etwas auf die Barrikaden zu gehen.

Die Tatsache, dass Depressionen zur Volkskrankheit geworden sind, und dass die Kriminalitätsraten steigen (vor allem unter Jugendlichen), beweist letztendlich, wie gefährlich geistige Obdachlosigkeit sein kann, und wie anfällig die Vorbildlosen für Demagogen und »Führer« aller Couleur werden können.

Ich glaube, es ist an der Zeit, die Vorbilder zu rehabilitieren.


»Aber bei meiner Liebe und Hoffnung beschwöre ich dich:
wirf den Helden in deiner Seele nicht weg!«

FRIEDRICH NIETZSCHE


# II. Wozu Vorbilder?


»Es ist klar, wir alle brauchen Ideale, Vorbilder, Ziele, an denen wir uns orientieren, nach deren Verwirklichung wir streben können. Ohne sie sind wir einem Gefühl der Leere ausgesetzt, und das lebendige Interesse an den Dingen der Welt und an unseren Mitmenschen geht verloren«, formulierte der Philosoph und Psychotherapeut Erich Fromm (1900–1980) das Ergebnis jahrzehntelanger Forschung in seinem Klassiker »Haben oder Sein«.

Menschen, die ohne Vorbilder sozialisiert wurden, heißt es weiter, folgen im Alltag jenen Schein-Wegweisern, die in einer Gesellschaft, die ums Materielle kreist, die den Stellenwert des Einzelnen von seiner Kaufkraft abhängig macht, als gegeben gelten: Sie suchen zum Beispiel das Glück im Schlaraffenland (vulgo Supermarkt), und ihre Lebensziele schrumpfen allmählich auf den Inhalt ihrer Einkaufstüte: Sie *sind*, was sie *haben*, sie *haben*, was sie *kaufen*.

Daher sind auch viele Jugendliche zutiefst verunsichert und flüchten sich in Konsum und künstliche Welten. Nicht aus Bosheit, Faulheit oder Trotz, vielmehr aus Hilflosigkeit, denn sie sehnen sich nach positiven, also unkäuflichen, also immateriellen Werten, und die suchen sie bei den Eltern und in den Medien – allerdings vergeblich. Das ergab zumindest eine Studie, die im Frühjahr 2007 vom Kölner Institut für Markt- und Medienanalyse »rheingold« durchgeführt wurde. Die Teenager haben einerseits das Gefühl, alles zu *haben*, aber fühlen sich zugleich »einsam, auf sich gestellt und ohnmächtig«. Also entwickeln sie Strategien wie »Dauerüberfütterung bis hin zum Konsumkoma«, um sich abzulenken (sie telefonieren, mailen, SMSen oder glotzen). Gleichzeitig schotten sie sich ab, weil sie sich nicht verstanden fühlen, wie jeder Jugendliche, seit es den homo sapiens gibt. Da sie zu der ersten Generation gehören, die sich Wissenswertes mit Leichtigkeit – also jenseits des Elternhauses – beschaffen oder ergoogeln kann, ignorieren sie die »Lass uns doch reden«-Angebote der Erwachsenen, knallen die Tür hinter sich zu und besuchen ihre gleichgeplagten virtuellen Bekannten (Freunde sind das nicht). Sie treiben in Sackgassen wie Flatrate-Partys oder Autorennen auf Parkplätzen, weil die gekaufte oder ersurfte »Individualität« einen hohen Preis hat: den Verlust des authentischen Selbstwertgefühl (wer *bin* ich, wenn der Inhalt der Einkaufstüte abhanden oder aus der Mode kommt, wenn das Handy oder der Computer den Geist aufgibt?).

Diese jungen Menschen verlangen in ihrer Not von den »Alten« Klartext und Standpunkte, Verbote und Verhaltensregeln, aber nicht, um deren Positionen zu folgen, sondern um Gegenpositionen entwickeln zu können. Sie brauchen und wollen eine feste »Werte-Mauer«, an der sie sich den Schädel einschlagen können, kein Werte-Trampolin, das sie ins weiche Nichts katapultiert. Aber das Gestern der Eltern ist »nutzlos«.

Das »tolerante Versorgungsparadies Deutschland« (»rheingold«) jedoch bietet keinen Halt – weil keine Vorbilder. Das ist gefährlich, denn »es zeigt sich, dass der Mensch ohne metaphysischen Bezug nicht sinnvoll leben kann. Ohne jene übergeordnete Autorität fehlt ihm die Orientierung, hält er sich selbst für allmächtig. Wie deutlich ist dies in der Zeit von Nationalsozialismus und Stalinismus geworden: Erst die Negierung alles Metaphysischen hat die totalitäre Macht des Menschen über den Menschen möglich gemacht«, betonte die Grande Dame des deutschen Journalismus, Marion Gräfin Dönhoff, unermüdlich in ihren Texten. Ohne den Blick »nach oben«, ohne eine »Nabelschnur« zum Metaphysischen, verliert sich der Mensch in den Konsum-Labyrinthen, denn sein Bedarf an Vorbildern scheint ebenso natürlich wie archaisch zu sein.

Der amerikanische Psychologe Howard Gardner geht in seinem Standardwerk »Die Zukunft der Vorbilder« noch einen Schritt weiter. Er hält den Bedarf an Vorbildern für biologisch kodiert: »Der Wahl des Vorbildes und des als mustergültig betrachteten Verhaltens kommt entscheidendes Gewicht zu … Allgemein gesagt, der Mensch als Primat ist auf eine Führer-Gefolgschafts-Struktur seines sozialen Raums ›eingestellt‹. Um psychisch gesund zu bleiben, muss der Mensch auf andere bezogen sein und braucht einen Rahmen der Orientierung, der es ihm erlaubt, die Wirklichkeit zu begreifen … Der Mensch braucht einen Rahmen der Hingabe, einschließlich Werten, der ihn befähigt, seine Energie in eine besondere Richtung zu bündeln.«

Soll heißen: der Wunsch nach Vorbildern ist angeboren, und kann jederzeit abgerufen werden: ein Mensch, der bewusst auf Vorbilder verzichtet, wird es schwerer haben, sich in die Kette seiner Ahnen einzugliedern und seine existentiellen Wurzeln zu finden.

Die Bibel schließlich formuliert noch ultimativer: »Not und Hunger hat er dir gesandt und dich wiederum mit Manna gespeist, das dir und deinen Vätern unbekannt war. Er wollte dir damit andeuten, dass der Mensch nicht allein vom Brot lebt, sondern dass er von allem lebt, was aus dem Munde des Herrn kommt.« (5. Mose 8,3)

An Brot (das heißt: Konsumverlockungen) mangelt es hierzulande nun wahrlich nicht. Welche nationalen Defizite wir aber in Sachen »Vorbilder« vorzuweisen haben, offenbarte unter anderem das »Sommermärchen 2006« – die Fußball-Weltmeisterschaft.

Der »Wir-sind-Klinsi«-Virus verwandelte Deutschland einig Vaterland in ein unbekanntes Wunderland: die neue Heiterkeit, die Aufbruchstimmung, der unverkrampfte Umgang mit Nationalflaggen und dem Begriff Patriotismus! Plötzlich war alles da, was für immer verloren schien: das Gefühl der Zusammengehörigkeit, der Stolz auf die Heimat, das spontane Lächeln für einen Unbekannten, die kollektive gute Laune, die Lust auf Zukunft (die man weder im Supermarkt noch online kaufen kann). Wie von Zauberhand verschwunden war das ewige Nörgeln, der von anhaltendem Selbstzweifel verzagte Bürger.

Und dann ist Jürgen Klinsmann – unser aller XXL-Vorbild – abgehauen. Nicht nur, dass er die Deutschen nicht zu Weltmeistern machte, nein, er zog seine Wahlheimat Amerika seinem Vaterlande vor. Kein Sieger, auch noch »Emigrant« – und doch unser Allerliebster?

Fest steht: Jürgen Klinsmann war und ist das erste gesamtdeutsche Vorbild seit Konrad Adenauer, so unterschiedlich sie auch sein mögen: Ein Fußballtrainer – ein Kanzler. Einer, der ins Ausland ging, um »Flügel« entfalten zu können (aber heimkehrte, als die Fußballnation in Not war). Der andere, der kaum bereit war, sein Rhöndorf um (symbolisch gesprochen!) auch nur ein paar Meter zu verlassen, der aber in die »Welt« zog, um in diplomatischen Schlachten seine Heimat verteidigen zu können. Weder der Haarschnitt, noch die Krawatten waren gleich – dafür die Eigenschaften, für die Deutschland sie bewundert und respektiert.

In anderen Worten: Vorbilder ändern sich, Werte nicht.

1999 ließ der »Spiegel« eine Umfrage unter Teenagern durchführen, um zu erkunden, an wem sie sich orientieren. Unter die ersten zehn schafften es Mutter Teresa, der Dalai Lama, Michail Gorbatschow und Mahatma Gandhi sowie Nelson Mandela und Martin Luther King.

Die Top-Drei der Teens heute (Mai 2007) sind: »Tokio Hotel«, Heidi Klum und Robbie Williams für die Girls. Die Boys nennen Michael Ballack, Lukas Podolski und Oliver Kahn (weit vor seinem Ex-Konkurrenten Jens Lehmann).

Man könnte die Genannten selbstverständlich auch als Idole, Stars, Helden abtun – also als etwas Unerreichbares –, würden sie nicht Erstaunliches bewirken: Sie haben die Teenager aus ihren virtuellen Kammern gelockt und sie motiviert, sich »im echten Leben« einzusetzen:

2006 spielten in Deutschland 2 233 159 Jungen und Mädchen in 6292 Teams Fußball (also um 105 970 mehr als 2005). Tendenz für 2007: steigend. Für die Casting-Show für »Germany's Next Topmodel« haben sich 16 421 Mädchen beworben, knapp 5000 mehr als im Vorjahr. Und über 30 000 (!) wollten Superstar werden – wie ihr Richter Dieter Bohlen.

1999 hingegen ist vermutlich kein einziger Jugendlicher ausgezogen, um Kranke in den Slums Indiens zu pflegen, oder hat zum passiven Widerstand gegen die Staatsgewalt aufgerufen. Kurz: Die Kids sehnen sich nach Vorbildern, mehr als ihre Erziehungsberechtigten beziehungsweise das pädagogische Personal auch nur zu ahnen vermögen.

Dass die Jugendlichen weder vor, noch nach der Jahrtausendwende nicht Eltern noch Lehrer nannten, liegt in der Natur der Vorbildsuche. Bis zur Pubertät monopolartig auf den Vorbild-Posten programmiert, werden Vater und Mutter in den Jahren des Sichloslösens von jenen ersetzt, die aus freiem Willen bewundert werden, an denen man sich orientieren kann. Papa? Um Himmelswillen. Mami? Nicht in diesem Leben.

Auch bei den Erwachsenen ändert sich das Vorbild-Spektrum. In einer Forsa-Umfrage im Auftrag von »stern« schafften es 2003 in die Top Ten:

Meine Mutter (35 Prozent), Mutter Teresa (34,9 Prozent).

Mein Vater (32,5 Prozent), Nelson Mandela (31,7 Prozent).

Michail Gorbatschow, Albert Schweitzer und Mahatma Gandhi konnten sich bei mehr als 30 Prozent der Probanden durchsetzen, knapp gefolgt von Martin Luther King, Albert Einstein und Jesus Christus. Unmittelbar hinter dem Gottessohn (26 Prozent) behauptete sich Günter Jauch. Der sympathische Talkmaster genießt übrigens auch das größte Vertrauen der Deutschen: knapp 77 Prozent der Forsa-Befragten kürten ihn 2007 zum Glaubwürdigsten Zeitgenossen, vor dem Fußballtrainer Joachim Löw, RTL-Chefredakteur Peter Klöppel, Richard von Weizsäcker und Horst Köhler. Es folgten der Dalai Lama, Oskar Schindler, John F. Kennedy, Anne Frank, Karlheinz Böhm, Martin Luther, Hans Dietrich Genscher, Willy Brandt und Helmut Schmidt.

Goethe, in den Neunzigern noch das ultimative Vorbild Nummer Eins, schaffte es lediglich auf Platz 37 hinter den Beatles und vor Romy

Schneider, Max Schmeling und Rosa Luxemburg. Auch die übrigen »Klassiker« wie Einstein und Schweitzer, Schiller und Heine verloren an Vorbild-Appeal (aber wurden nach wie vor genannt).

Jeder fünfte Befragte machte sein Kreuzchen im Feld: Keine Vorbilder. 20,2 Prozent der Bundesbürger! Das entspricht fast genau der Anzahl der Anhänger und Wähler von rechts- und linksradikalen Parteien, die sich von demagogischen Verführern betören, missbrauchen lassen.

Peter Hoeg, der Autor von »Fräulein Smillas Gespür für Schnee« attestiert all denen »Ratlosigkeit«. »Wir haben keine Weisen mehr, die uns zum Vorbild dienen könnten. Die Politiker haben ihre Weisheit eingebüßt. Das Vertrauen in die religiösen Gestalten ist verloren. Wem kann man die großen Fragen noch stellen? Vielleicht rührt das große, das zu große Interesse an den Künstlern aus dieser Not. Aber die Künstler sind auch nicht mehr weise.«


»Vermittlung von Werten bedarf vor allem auch des persönlichen Vorbildes.«

HELMUT KOHL

# III. Heiliger, Held, Star oder was?

Karl Marx hatte Helene, das Dienstmädchen seiner Frau, geschwängert, als seine Gattin Jenny ihr fünftes Kind erwartete. Seinen Sohn mit »Lehnchen« hat er nie anerkannt, er bat sogar seinen besten Freund Friedrich Engels, die Vaterschaft auf sich zu nehmen.

Albert Einstein wurde 1902 zum ersten Mal Vater. Ein Jahr später erkrankte das kleine Lieserl und verschwand. Ist es gestorben? Zur Adoption freigegeben worden? Einstein war zu dieser Zeit auf Jobsuche, ein uneheliches Kind hätte seine Aussichten in der sittenstrengen Schweiz sicherlich gemindert.

Sigmund Freud wird eine Affäre mit der Schwester seiner Gattin nachgesagt, die mit der Freud-Familie in der Berggasse 9 unter einem Dach wohnte.

Alle drei haben mit ihren Theorien die Welt verändert und verfügen über einen Stammplatz in Vorbild-Umfragen und Schulbüchern.

Heinrich Heine starb wahrscheinlich an Syphilis, wie auch Friedrich Nietzsche. Dennoch wählten sie die ZDF-Zuschauer anno 2003 zu den »Besten«, die unser Volk je hervorgebracht hat.

Friedrich II. brach hemmungslos jeden Vertrag, der seiner Großmachtpolitik im Wege stand. Otto von Bismarck manipulierte sogar seine Anhänger, um im Reichstag seine Ziele durchsetzen zu können. Claus Graf Stauffenberg opferte »seinem Führer« an der Front sein linkes Auge und die rechte Hand. Rosa Luxemburg begehrte den Gatten ihrer Freundin, Anne Frank verabscheute ihre Mutter, Romy Schneider nahm Drogen, Karl May landete mit siebzehn Jahren zum ersten Mal im Gefängnis für Diebe. Richard Wagner verbrachte Monate seines Lebens auf der Flucht vor seinen Gläubigern. Mozart begann ohne einen ordentlichen Schluck Wein gar nicht erst zu komponieren, Beethoven tyrannisierte seine Umgebung mit cholerischen Anfällen. Trotzdem fehlt kein Einziger von ihnen, wenn Demoskopen ihre Zeitgenossen nach Persönlichkeiten befragen, die Deutschlands geschichtliche Koordinaten prägten.

Wie aber kann ein Ehebrecher, ein Dieb, ein Trunkenbold ein Vorbild sein? Indem man versucht, ihn auf seine »Leistung« zu reduzieren, indem man alles »allzu Menschliche« verschwinden lässt und dieses entleerte Wesen wie einen makellosen »Heiligen« auf ein (pädagogisch wertvolles) Podest hievt. Aus leibhaftigen Vorbildern, mit der einen oder anderen Schwäche, »Große Menschen« mit Persilschein-Garantie zu machen, das hat System und Methode. Sogar Gustave Flaubert (1821–1880), der Schöpfer der unkonventionellen »Madame Bovary«, behauptet: »Der Mensch ist nichts, das Werk ist alles.«

Flauberts Zeitgenossin, die deutsche Schriftstellerin Marie von Ebner-Eschenbach (1830–1916), ist andererseits der Ansicht: »Nicht jeder große Mann ist ein großer Mensch.« Sie plädiert für eine differenziertere Sicht auf die Großen, aber durchsetzen konnte sie sich damit nicht.

René Descartes (1596–1650), der mit seiner These »Ich denke, also bin ich«, Europas Umgang mit Gedanken-Gütern wie kein anderer bestimmte, ist überzeugt: »Die größten Geister sind der größten Fehler ebenso wie der größten Tugenden fähig.«

Was zählt also wirklich: Das Werk als solches oder das Wesen des Menschen, der es erschafft?

Verliert Einsteins Relativitätstheorie an Gültigkeit, weil man weiß, dass der Nobelpreisträger die Mutter seiner beiden Söhne verlassen hat, um seine Nichte heiraten zu können? Wohl kaum. Sigmund Freuds Couch-Therapien werden sich auch weiterhin als wirksam erweisen, wenn seine Macho-Manieren von Geschichte- und Schulbuchschreibern nicht mehr verdrängt, verschwiegen werden. Und Mozarts »Zauberflöte« wird nicht aufhören, uns zu entzücken, wenn wir uns damit »abgefunden« haben, dass Amadé ein fröhlicher Alkoholiker war.

Ein Vorbild muss eben kein Heiliger, kein Idol, kein Star und auch kein Held sein.

Ein Heiliger hat den richtigen Glauben (und einen Hang zum Märtyrertum). Bei einem Idol dreht sich alles ums Äußerliche. Ein Star ist ein Prominenter, der angeschwärmt wird. Und ein Held verfügt über riesige Kräfte, mit denen er einen Feind besiegt und sich für den Rest seines Lebens ausruht. Die alle sind »fertig« und »perfekt« und somit optimale Transporteure von ideologischen Propaganda-Parolen oder markwirtschaftlichen Werbe-Botschaften. Sie sind »perfekt« wie Schaufensterpuppen, und ebenso austauschbar.

Ein Vorbild hingegen ist nie »fertig« und niemals »perfekt«. Es fehlt und scheitert, es entwickelt sich: Boris Becker verkraftete seine Wäschekammer-Affäre und führt ein geradezu avantgardistisches Familienleben; Michael Schumacher, der unerschütterliche »Sieg-Roboter«, wurde erst nach einem Motorschaden im letzten Rennen seines Lebens unwiderstehlich menschlich; Oliver Kahn, den Titanen, hievte erst die Ersatzbank bei der WM-2006 zum Vorbild.

»Der Mensch soll seine Anlagen zum Guten selbst entwickeln; die Vorsehung hat sie nicht schon fertig in ihn gelegt«, erkannte Immanuel Kant, einer der größten Philosophen der Neuzeit »es sind bloße Anlagen … sich selbst besser zu machen, sich selbst kultivieren und, wenn er böse ist, Moralität bei sich hervorbringen, das soll der Mensch«. Das ist leicht gesagt. Aber Kant fügte diesem Appell auch das »Kleingedruckte« hinzu: »Handle so, dass die Maxime deines Willens jederzeit zugleich als Prinzip einer allgemeinen Gesetzgebung gelten könnte.«

So kategorisch Kants Imperativ auch klingen mag, er gewährt allen Vorbildern *in spe* großen Spielraum. Denn er schreibt nicht: »Handle *immer, pausenlos* so, dass ...« Vielleicht hatte Kant also auch dann recht, als er, weise, keineswegs resigniert, konstatierte: »Aus so krummen Holze, als woraus der Mensch gemacht ist, kann nichts Gerades gezimmert werden« (also: keine perfekten Wesen).

Vorbilder müssen eben nicht vollkommen sein, um bewundert zu werden.

Was also macht wahre Vorbilder aus?

– Sie stehen jederzeit zur Verfügung, gebührenfrei. Sie erdrücken nicht mit Erwartungen, drohen mit keinerlei Strafen.
– Man kann sie weder kaufen noch bestellen, weder abonnieren noch ihnen kündigen.
– Da die meisten gar nicht ahnen, dass sie jemandem als Vorbild dienen, können sie nichts erzwingen: weder Gehorsam, noch Treue, nicht einmal Loyalität.
– Sie grenzen keinen aus, stellen keine Tabus auf, bestehen nicht auf gedankenloser Anhängerschaft.
– Sie orientieren, stiften sittliche Autonomie und aufgeklärte Selbstachtung, wirken der Gleichgültigkeit und innerer Leere entgegen, bieten Halt und Zuversicht in Zeiten des Umbruchs.
– Und da sie sich dem Zugriff des Materiellen (der Technik, des Fortschritts, der Markwirtschaft, des Konsums) entziehen, verkörpern sie die Macht des Geistes – und das ist die Quelle ihrer Kraft.

Nietzsche nannte sie »Muster«, Erich Fromm »magische Helfer«, Goethe sprach von »Beyspielen«, Thomas Mann verließ sich auf seine »Eideshelfer«.

Vorbilder sind Hilfe zur existenziellen Selbsthilfe. Kurz: Sie verkörpern Werte: Gerechtigkeit ist ein hohes Gut. Aber sie bleibt ein abstrakter Begriff, ein leeres Wort, »tönendes Erz oder eine klingende Schelle« (1. Kor 13,1) – bis ein Mensch gerecht lebt. Man wird schließlich nicht von Abstraktionen mitgerissen, sondern von Menschen, die einem vorleben, was möglich ist.

Für mich war Nächstenliebe im sozialistischen Prag ein großes, aber nacktes Wort. Erst als ich in New York, während eines Studienjahrs am Union Theological Seminary, ein Praktikum in einer baptistischen Kirche in Harlem machte, begann ich zu verstehen; erst als ich Menschen erlebte, die am Rande ihres Existenzminimums, zwischen Müll, Drogen, Krankheiten und Kriminalität – gar nicht so weit weg von der kalten Pracht der Wall Street und des Waldorf Astoria – füreinander sorgten, sich gegenseitig aufmunterten, miteinander feierten. Und zwar mit einer Warmherzigkeit und Selbstverständlichkeit, die einem Mitteleuropäer wie mir klar machte, wie verkopft ich doch bin. Unvergesslich – die Valentinstagsfeier 1969 in einem Schulsaal. Alle, die reichsten wie die ärmsten der Gemeinde, trugen ihre besten Sonntagskleider, jede, aber wirklich jede Familie brachte etwas Selbstgemachtes zum Essen mit, Teenager wurden losgeschickt, um Alte und Kränkelnde einzusammeln, es wurde gesungen, gelacht, getanzt, Geld gesammelt und jeder spendete, so viel er konnte. Klassendenken? Aufgehoben. Soziale Schranken? Gesprengt. An diesem Abend war jeder für jeden da.

Geld, Reichtum, Wohlstand – das sind für Vorbilder keine Leitwährung, das sind immaterielle Werte.

Johann Sebastian Bach leistete sich einen ungenehmigten Bildungsurlaub, wohl wissend, dass er damit sein Können vermehren kann, aber seine Organistenstelle riskiert. Konrad Adenauer entschied sich für das Amt des Kölner Oberbürgermeisters, obwohl er darüber jammerte »ein vielbeneideter Mann, und dabei arm, bitterarm« zu sein. Immanuel Kant hat etliche hochdotierte Professuren im Ausland abgelehnt, um, in höchst bescheidenen Verhältnissen, nach seiner eigenen Façon lehren zu können. Alexander von Humboldt investierte sein Vermögen in Forschung und Nachwuchsförderung.

Romy Schneider wollte eine gute Schauspielerin werden, nicht Millionärin. Dürer sehnte sich nach Anerkennung, nicht nach Wohlstand. Albert Schweitzer ging nach Afrika, ohne zu wissen, wie er sein Projekt auf Dauer finanzieren würde.

Es kann kein Zufall sein, dass in den »Bestenlisten« und Umfragen keine Money-Maker auftauchen, kein Rockefeller, Bill Gates & Co.. Offenbar ist die Erfahrung, dass mehr Scheine im Sparschwein das Glücksgefühl nicht wirklich vermehren, überzeugender als der Spaß am Shoppen. Und Erich Fromm irrt nicht, wenn er feststellt, dass die Abhängigkeit von materiellen Dingen eine »Gesellschaft notorisch unglücklicher Menschen: einsam, von Ängsten gequält, deprimiert, destruktiv, abhängig« erzeugt.

Den Grundwerten, die unsere Vorbilder verkörpern, kann das Materielle eben keinen Schaden antun. Ja mehr noch: Sie erweisen sich als immun auch gegenüber dem »Fortschritt«. Sie bleiben gleich, obwohl Pferdekutschen, Dampflokomotiven, Jets und globale Kommunikationstechniken an ihnen vorbeirasen. Die Grundwerte haben sich im Laufe der Jahrtausende nicht verändert, die Werte-Skala von Sokrates unterscheidet sich kaum von der Albert Schweitzers.

Eine der ersten »Listen« dieser immateriellen, zeitlosen Werte erstellte der römischen Kaiser Marc Aurel (121–180), der – neben dem freigelassenen Sklaven Epiktet – auch als Vordenker des Stoizismus in die Geschichte eingegangen ist. Der »Philosophenkaiser« verbrachte sein letztes Jahrzehnt vorwiegend in Feldlagern, um die Grenzen seines Imperiums vor den vordrängenden Germanen zu schützen. Und ausgerechnet in diesen turbulenten Zeiten sind seine »Selbstbetrachtungen« entstanden. Im ersten Kapitel seiner Autobiographie stellt uns Marc Aurel seine Vorbilder vor. Sechzehn an der Zahl:

»1. Mein Großvater Verus gab mir das Beispiel der Milde und Gelassenheit.

2. Meinem Vater rühmte man nach, er habe einen echt männlichen und dabei bescheidenen Charakter besessen, worin ich ihm nachahmte.

3. Meine Mutter war mir durch ihre Frömmigkeit und Wohltätigkeit ein Vorbild. [...]

5. Von meinen Erziehern lernte ich, in den Zirkusspielen weder für die Grünen noch für die Blauen, in den Gladiatorenspielen weder für die Rundschilde noch für die Langschilde Partei zu nehmen, wohl aber Anstrengungen zu ertragen, mit wenigem zufrieden zu sein.«

Der Hauslehrer »flößte mir Haß gegen alle nichtigen Befürchtungen ein«, der Stoiker Rusticus »machte mir begreiflich, dass ich immer an der Bildung und Besserung meines Charakters zu arbeiten hätte«, von

Apollonius, einem anderen Philosophen, »lernte ich die freie Denkart«, an seinem Adoptivvater imponiert ihm die »Sanftmut, verbunden mit einer strengen Unbeugsamkeit«.

An jedem seiner sechzehn Vorbilder bewundert er eine andere Eigenschaft. Die Kunst des Geldvermehrens zählt nicht dazu.

Kaum jemand erinnert sich heute noch an Marc Aurel. Aber »seine« Werte, also jene Werte, die er von seinen Vorfahren übernommen hat, wurden von Generation zu Generation weitergegeben, haben die Zerstörung des römischen Reichs durch die Germanen überstanden, die Spaltung des Christentums, die kriegerische Konfrontation mit den Türken im 16. Jahrhundert, den Einbruch der Technik und das Aufkommen der Nationalstaaten, den Ersten Weltkrieg und die erste globale Wirtschaftskrise von 1929, die Neuordnung Europas nach dem Zweiten Weltkrieg und den Zusammenbruch des Sozialismus nach dem Fall des Eisernen Vorhangs.

Ende des zwanzigsten Jahrhunderts hat Pastor Friedrich Schorlemmer, der während der Wende von 1989 in der DDR eine wichtige Rolle spielte, auf der Suche nach einer brauchbaren Vorbild-Definition einen Tugendkatalog aufgestellt. Die meisten Eigenschaften, die er für wichtig hält, hat bereits Marc Aurel an seinen Vorbildern bewundert und in sich selbst zu pflegen und zu entwickeln versucht: Weisheit, Gerechtigkeit, Redlichkeit, Mut, Hingabe, Mitmenschlichkeit, Besonnenheit, Unabhängigkeit, Weltoffenheit, Gelassenheit, Solidarität, Loyalität, Treue, Gottvertrauen ...

Übrigens: Im letzten Absatz seines Vorbild-Kapitels bedankt sich der Kaiser bei den Göttern für ihren »Beistand«. Sicher nicht nur aus Höflichkeit.

»Da ich keinen Vater hatte, brauchte ich ein männliches Vorbild, auf das ich mich beziehen konnte. Und so schwärmte ich für alles, was Goethe betraf.«

MARLENE DIETRICH

# IV. Woher nehmen?

Das Bedürfnis nach klaren Standpunkten und glaubwürdigen Vorbildern wächst, aber die traditionellen Vorbild-Lieferanten scheinen außer Betrieb zu sein: der Staat, die Kirche, die Schule, die Familie und die Kultur.

Bis ins 20. Jahrhundert kamen viele Vorbilder aus den Kreisen der Politik: Kaiser, Feldherren, Kanzler und Bürgermeister. Man ordnete der politischen Macht eben mehr Bedeutung zu als dem Einfluss der Kaufleute, Fabrikanten oder Gutsbesitzer. Daher war die »Entmythologisierung« der Politiker, die die bundesdeutsche Presse nach Kriegsende und die »wiedervereinigte« Presse nach der Wende betrieb, einerseits verständlich und legitim, aber andererseits fatal, weil die Sockel der gestürzten Politik-Größen leer blieben. Nur jene Politiker, die die mediale »Enthauptung« abwehren, die die Würde ihres Amtes bewahren konnten, behielten ihren Vorbild-Status, wie zum Beispiel Richard von Weizsäcker, Helmut Kohl oder Helmut Schmidt (in denen acht der von mir Befragten ihr Vorbild sehen).

In den Gotteshäusern der Jahre vor der Jahrtausendwende gaben sich Pastoren und Priester betont dynamisch, und waren bemüht, ihre Schäfchen, eine Gitarre in der Hand, mit »modernen Messen« zu Gott zu führen. Allerdings oft unter Verzicht auf ihre traditionelle Aufgabe – die Seelsorge, die Vermittlung des Heiligen. Die Kirchenaustritte nahmen zu, etliche Gotteshäuser mussten verkauft werden. Jesus Christus als Vorbild wurde ein einziges Mal genannt.

Sieben der Befragten bekannten sich zu einem Lehrer als Vorbild. Das ist eine fast schon nostalgische Respekt-Bekundung, wenn man den erdrutschartigen Ansehensverlust bedenkt, den die Pädagogen heutzutage erfahren. Autorität, Disziplin, Benimm-Gepflogenheiten sind in vielen Schulen immer noch tabu. Die Lehrer werden von ihren Schülern (den Pisa-Losern in spe) bedroht, gemobbt, im Internet bloßgestellt. Vergessen der gute Lehrer Lämpel, der von seinen Schülern zwar auch malträtiert wurde, aber das Sagen in der Klasse behielt (»Denn wer böse Streiche macht, gibt nicht auf den Lehrer acht« und bleibt dämlich).

Die Vorbild-Klassiker behandelten ihre Professoren mit dem ihnen gebührenden Respekt: Karl Marx hätte ohne seinen Lehrer Hegel niemals seinen historischen Materialismus formuliert, Albert Schweitzer wäre ohne seinen Klassenlehrer Dr. Wehmann sitzengeblieben, Heinrich Heine verdankt Rektor Schallmeyer seinen weltoffenen Umgang mit der Religion, Alexander von Humboldt wäre ohne seinen Erzieher Carl Ludwig Willdenow kein »Botanist« geworden, der nach Geheimnissen der Natur forschte.

Heute ist nicht einmal der altehrwürdige Duden eine Autorität, vielmehr ein häufig revidierter Ratgeber mit gutgemeinten Empfehlungen.

Und die Eltern? Die »Uschi« im bauchfreien Top und der »Klaus« in Sneakers, die sich mit ihren Kindern »austauschen« wollten, statt sie zu erziehen? Die »vaterlosen« Achtundsechziger, deren Väter und Großväter im Krieg gefallen sind oder spät aus der Kriegsgefangenschaft heimkehrten, erklärten die traditionelle Familie für fragwürdig und schickten den Nachwuchs, um den »Anpassungsdruck an die bürgerlichen Normen« abzuschaffen, in antiautoritäre Kinderläden. Die Generation ihrer Kinder, die also ebenso »elternlos« aufgewachsen ist, besteht aus vielen Singles und Alleinerziehenden, voller Panik vor festen Bindungen (und Verantwortung).

Last but not least: Wie steht es wenige Jahre nach der Jahrtausendwende mit der Kultur, mit den Dichtern und Künstlern, die einst als Boten des Humanistischen bewundert und respektiert wurden?

»Lange Zeit hielten Schriftsteller ein Fast-Monopol für alle Formen freiwilliger Lebensberatung. Ehrfürchtig und selbstverständlich lauschte man ihren Einsichten und erzählerischen Ansichten ... (doch) die 90er-Jahre sind die Jahre der großen schriftstellerischen Vorbildflaute geworden«, stellt Ulrich Greiwe in seinem Buch »Die Kraft der Vorbilder« fest und nennt als Grund »die Zerstückelung der Weltszene«, deren flüchtigen Zeitgeist man nicht greifen kann, und die schwindende Leselust.

Fakt aber ist, dass ausgerechnet »Übergangsphasen« gleich einer Kraftquelle visionäre Dichter auf den Plan rufen, wie zum Beispiel George Orwell mit »1984« oder Aldous Huxley mit »Schöne neue Welt«.

Auch die Leselust hat sich nicht aufgelöst. Millionen Menschen verschlingen die Bücher von Michael Crichton, John Grisham oder Elisabeth George, nehmen sich aber keinen der Protagonisten (ebenso wenig wie die Autoren) zum Vorbild. Denn: Einst hatten sich die Dichter der großen Fragen dieser Welt angenommen. Heute wird die Antwortsuche Demoskopen, Ökonomen und Klimaforschern überlassen. Joanne K. Rowling ist die Ausnahme, die die Regel bestätigt: aber sie lässt auch das Böse mit dem Guten kämpfen, zeigt zum Beispiel die Einsamkeit der (Waisen-)Kinder und der Alten, betont den Wert der Freundschaft und Bildung – wie einst Shakespeare, Goethe und Thomas Mann.

Aber während sich die Dichter von ihrer Vorbild-Aufgabe verabschiedet haben, wächst hierzulande, so glaube ich, ein anderer Kulturbereich über sich hinaus: der Film.

Von manchen Kulturpolitikern immer noch als »Unterhaltung« abgetan, ist der Film auf dem Weg hinaus aus der Bedeutungslosigkeit der letzten Jahrzehnte. Und der Aufschwung scheint kein Strohfeuer zu sein: Deutsche Filme sind exportierbar, der Film ist wieder (wie in den Zeiten der Schwarz-Weiß-Filme oder in den Fünfzigern) zum kulturellen Leitmedium geworden. Sogar die Deutungshoheit über historische Vorgänge wird nicht mehr in der Fachpresse ausgekämpft, die großen populären Geschichtsschreiber heißen heute Bernd Eichinger und Volker Schlöndorff und Florian Henckel von Donnersmarck.

Fast gleichzeitig zu der Aufwertung des Films in der ersten Dekade des 21. Jahrhunderts scheint die Erosion von zwei traditionellen Vorbild-Lieferanten gestoppt: Kirche und Familie gewinnen wieder an Ansehen.

Zwar glaubt nicht einmal die Hälfte aller Deutschen an Gott (in den neuen Bundesländern ist es gerade mal ein Viertel), doch die Kirchengemeinden melden immer mehr Eintritte beziehungsweise Wiedereintritte. Ein Grund dafür könnte sein, dass sie über Jahrzehnte erhalten konnten, was anderswo verloren ging: menschliche Wärme, Mitgefühl, Nächstenliebe. Und Benedikt XVI. »zieht« natürlich auch (vor allem weil er diplomatisch, aber zugleich wie ein »Fels«, die christlichen Positionen im Dialog mit anderen Weltreligionen verteidigt): 42 Prozent der Deutschen erkennen im Papst ein Vorbild (für 44 Prozent ist es allerdings der stets lächelnde, unaufgeregte, »anspruchslose« Dalai Lama).

Natürlich sind die Angebote der Caritas (katholisch) oder der Diakonie (evangelisch) – Suppenküchen, Sozialkaufhäuser, Gymnastik für Hausfrauen, Bastelgruppen für Kinder, Chöre für Senioren – vielerorts vor allem ein sozial-karitativer Rettungsanker. Aber mittlerweile wird deutlich mehr Wert auf die eigentlichen Botschaften gelegt. Christen fühlen sich zunehmend in der festen Mauer einer »Gottesburg« geborgen, weil sie hier festgeschnürte Hierarchien und sichtbare Autorität vorfinden. Nicht zu vergessen die jährlich wiederkehrenden Rituale und vor allem eine Werteskala, die bislang alles überstanden haben, alle Revolutionen und Reformen, die »Opium-des-Volkes«-Kampagne der Marxisten, den wilden Relativismus der Studentenrevolten, den gnadenlosen Materialismus der Marktwirtschaft.

Die Religion als Vorbild für die Rückgewinnung zeitloser, immaterieller, westlicher Werte? Da möchte man doch eine Kerze anzünden.

Und die Familie des 21. Jahrhunderts? Wie ist es um sie bestellt, angesichts der 2,6 Millionen Alleinerziehenden? Oder der Single-Haushalte, deren Anzahl seit 1991 um fast vierzig Prozent zugenommen hat?

76 Prozent der Deutschen, so hat Ende 2006 eine Umfrage des Allensbacher Instituts für Demoskopie festgestellt, halten die Familie für ihren wichtigsten Lebensbereich. (Nur acht Prozent geben den Freundeskreis als Lebenszentrum an, acht Prozent den Beruf.)

Darüber hinaus verbinden die Deutschen mit dem Begriff »Familie« ausschließlich positive Werte: 82 Prozent nennen gegenseitige Hilfe als das Wertvollste an der Familie (kein Wunder, denn das Vertrauen in öffentliche Sozialsysteme schwindet).

Für 79 Prozent aber sind die »guten Ratschläge« am wichtigsten, die sie von ihren Eltern oder Großeltern erhalten. (Kein Geld, Ratschläge!) Mit 78 Prozent auf Platz drei: Vertrauen gleichauf mit Freude, gefolgt von Liebe – lauter immaterielle Werte-Klassiker, die man weder im Supermarkt noch im Internet erwerben kann, aber schon bei Marc Aurel findet.

Die Familie als Vorbild für die Rückgewinnung untergegangener, europäischer Lebensprinzipien und Tugenden? Da muss man die Daumen drücken.

Meine Vermutung: Wenn Familie an Stellenwert gewinnt, wenn die Eltern wieder zu Autoritätsträgern und zu Vorbildern aufsteigen, werden wahrscheinlich auch immer weniger Jugendliche verunsichert in virtuelle Dörfer und in den Konsum flüchten, sondern sich voller Selbstbewusstsein auf die Suche nach anderen Vorbildern als ihren Eltern begeben.

»Es ist nicht einfach, ein Deutscher zu sein.«

THOMAS MANN

# V. Sonderfall Deutschland

»Sie mögen mich nicht«, bemerkte der knapp sechzigjährige Goethe in einem Gespräch über die Deutschen. Und fügte lakonisch hinzu: »Ich mag sie auch nicht.«

Für viele seiner Landsleute war und ist er, die Weimarer Exzellenz, trotz seines offenkundig unterentwickelten Patriotismus, ein Vorbild.

»Es ist nicht einfach, ein Deutscher zu sein«, erkannte Thomas Mann nach seiner Rückkehr aus dem US-Exil. Auch der Lübecker Patriziersohn verfügte über einen Stammplatz im Vorbild-Pantheon, obwohl sich auch seine Heimatliebe in Grenzen hielt.

Könnte es sein, dass ausgerechnet ihre gebrochene Beziehung zum Vaterland die Nachkommenden so anzog? Denn man kann nicht leugnen, dass die Deutschen sich schwer tun mit ihren nationalen Vorbildern, schwerer als die meisten anderen Völker. Die Gedankenkette Autorität=Führer=Hitler ist wohl immer noch zu nahe:

»Die Erinnerungen an den autoritären Schrecken sind heute zu einem zentralen Bezugspunkt für die Erörterung des Themas Autorität selbst geworden. Dadurch wird der Eindruck erweckt, als sei Autorität etwas aus sich heraus Gefährliches, als müsse man jede Unterordnung unter eine Autorität fürchten ... Wir assoziieren diese Unterordnung mit Tausend zum Gruß ausgestreckten Armen ... (der Begriff wird) von dem Repertoire der Horrorbilder beherrscht ... Als aus sich heraus gefährlich hat die Autorität im modernen Bewusstsein den Status eines Tabus erlangt«, schreibt Richard Sennett in seinem bemerkenswerten Buch »Autorität«. Und so scheint es, dass die Frage, wie der Traumwunsch nach wahrer Autorität, nach Großen Deutschen, in einen Albtraum wie die Naziherrschaft umschlagen konnte, hierzulande immer noch einen unbeschwerten Umgang mit Vorbildern verhindert.

Alice Schwarzer betont 1989 in ihrem Buch »Warum gerade sie?«: »Hier spricht, ein halbes Jahrhundert nach Nazi-Deutschland, das tief gestörte Verhältnis der Deutschen im Umgang mit Autoritäten, Widersprüchen und Nuancen: Undenkbar, dass man ein- und dieselbe Person schätzen und kritisieren kann, dass sie unangepasst und angepasst ist, dass sie weit geht und zu kurz greift. Noch die Töchter und Söhne, die Enkelinnen und Enkel sind geprägt vom strammdeutschen Schwarz-Weiß-/Freund-Feind-Denken. Da beherrschen strahlend Gerechte und dunkel Rechtlose das Weltbild; da kann es nur Verherrlichung oder Vernichtung geben; da fällt Toleranz, (Selbst-) Kritik und Veränderung schwer. Denkverbote und Schubladen verstellen Alten wie Jungen, Konservativen wie (angeblich) Fortgeschrittenen den Blick.«

Aber Größe, Autorität und Heimatstolz können doch nicht für immer dadurch entwertet bleiben, dass ein Verbrecher im Namen des Volkes einen Weltkrieg entfesselte. Wie lange noch wird dem »Führer« dadurch Respekt gezollt, dass als undemokratisch oder inhuman gilt, was er für wertvoll hielt und missbrauchte.

Die Orientierung an Vorbildern ist aber auch noch aus einem weiteren Grund erschwert: Die Bundesrepublik von heute – sie ist die sechste Neugründung eines deutschen Staatswesens in 150 Jahren (ein europäischer Rekord!), der Weg von der Frankfurter Paulskirche bis zur Leipziger Nikolaikirche war lang und mühsam. Auf »deutschem Boden« konnten also Identität und Selbstgewissheit nicht wirklich gedeihen, eher gehören Zerstörung, Verlust, Verdrängung und Wiederaufbau zur deutschen Lebenserfahrung.

Andererseits: Zu jedem Neubeginn gehört Befreiung. Dass Begriffe wie Elite, Anstand, Pflichten von den braunen wie roten Machthabern missbraucht wurden, darf nicht bedeuten, sie auf Dauer aus unserem Denken zu verbannen.

Es ist geradezu pervers, dass ausgerechnet der Nationalsozialismus und der Kommunismus – beide hassten charismatische Vorbilder und verfolgten sie oft genug – bis heute verhindern, dass in Deutschland über Vorbilder mit normaler Stimme geredet werden kann.

Übrigens: Kurz vor der Jahrtausendwende stellte das Institut für Demoskopie Allensbach den vereinigten Deutschen die Frage: Welcher Deutsche hat das meiste für sein Land geleistet?

Alle Könige und Feldherren zusammengenommen, auch Schiller und Goethe, blieben unter einem Prozent. Bismarck und »der alte Fritz« (also zwei »Macher«) schnitten gut ab. Die unangefochtene Nummer Eins jedoch wurde Konrad Adenauer. Die Deutschen entschieden sich – im Osten wie Westen – für eine Person der Zeitgeschichte, für einen Mann, der für patriarchalische Autorität, christliche Werte und Respekt für Traditionen steht wie kaum ein anderer.

Für die wiedervereinten Deutschen verkörpert der erste Bundeskanzler also jene zeitlosen, immateriellen Werte, die er von Generationen seiner Ahnen übernommen hat: als Christ und Europäer. Und als Bürger, der während der Nazizeit kein »willenloser Mitläufer« war, vielmehr stets eine Persönlichkeit mit starkem Gestaltungswillen und klarem Weltbild. Kein Heiliger, kein Held, aber ein Mann mit Seelenstärke und Anstand, der Rosen züchtete, Kinder in die Welt setzte und niemals ein Auto kaufte.

Und ausgerechnet dieses wohl erste gesamtdeutsche Vorbild bemängelte das nationale Vorbild-Defizit, mit dem auch wir noch zu kämpfen haben:
»Ich finde, die deutsche Geschichte hat seit Jahrzehnten doch keine Leute hervorgebracht, die man nun über alles in der Welt bewundern könnte, und, ehrlich gestanden, ich finde einen Mann oder eine Frau, die aus Nächstenliebe alles für die Nächsten tun, größer als einen Staatsmann.«

»Jedes Volk hat seine Helden, dies es achtet, liebt, in denen die Menschen sich wiederfinden. Die großen Männer sind zu unserem Leben notwendig, damit die weltgeschichtliche Bewegung sich periodisch frei macht von blassen abgestorbenen Lebensformen.«

JACOB BURCKHARDT

# VI. Ohne Vorbild kein Weltbild

Vorbilder orientieren, stiften Halt, Identität und Selbstwertgefühl. Und wenn jemand gelernt hat, neidlos zu einem anderen aufzublicken, ihn aufrichtig, von ganzem Herzen zu bewundern, wird er vermutlich auch wesentlich entkrampfter mit Größe, Autorität und Geschichte, mit dem Fremden und dem Neuen umgehen können.

Ein Beispiel. Ich habe mich – wie so viele andere in Prag – ab Mitte der siebziger Jahre gefragt, wie man in einem System, das den Maximen der Humanität keinerlei Tribut zollt, seine persönliche Integrität bewahren kann, beziehungsweise wie man dem Regime die Stirn bieten sollte. Keine zehn Jahre nach dem »Prager Frühling« war die Ermüdung groß, die Gefahr, sich in den ideologischen Zwangsjacken einzurichten, noch größer.

Debattiert wurde viel, geschehen ist wenig, weil die »Opposition« zersplittert war: die Rockmusiker hatten keinen Kontakt zu den Schriftstellern um Pavel Kohout, die Eurokommunisten um Rudolf Slánsky waren nicht wirklich an Zusammenarbeit mit den evangelischen Theologen interessiert, die wenigen Wissenschaftler unter uns fanden keine gemeinsame Sprache mit den Katholiken, die Schauspieler keine mit den Studenten. Die Genossen im Zentralkomitee der KP wussten den Stillstand zu schätzen.

Und dann hat Václav Havel, der vom Staatssicherheitsdienst observierte Dramatiker mit Arbeitsverbot, die »Gauneroper« (frei nach John Gay) aktualisiert und zur Premiere in das Restaurant »U Celikovskych« in Horní Počerničc (am östlichen Rand von Prag) Freunde und Bekannte aus allen Gruppen der »Staatsfeinde« eingeladen. Die dreihundert, die kamen, waren ein »Who is Who« der Dissidentenschaft. Der Kneipensaal wurde mit Matratzen schallisoliert, um den möglichen

Eingriff der Polizei wegen Ruhestörung zu verhindern, die Fenster abgedichtet.

Den meist ach so gelassenen Vaschek (so wurde er genannt) packte die Aufregung: Es sollte schließlich die einzige Aufführung eines seiner Stücke in der Post-68-Republik werden, aber vor allem: Es war offenbar gelungen, die ganze Aktion unter Verschluss zu halten!

In Havels Adaption gab es keinen Gesang, kein Happy End, keinen romantischen Unsinn à la Ganovenehre. Nur eine irre komische Welt, in der jeder jeden betrügt, jeder jeden permanent hintergeht und verbissen seine eigenen Interessen verfolgt, weil dieses Verhalten vom System gefördert wird. Ein »reiner Tor«, ein altmodischer Depp wäre, wer sich Maximen wie Ehrlichkeit oder Solidarität verschrieben hätte. Schon während der Aufführung wusste ich, wie viele andere auch, dass es an diesem 1. November 1975 um weit mehr ging als um eine Theateraufführung. Es war ein epochales Ereignis, das Václav Havel zu unserem Vorbild machte. Der Respekt, den *alle* für ihn empfanden, hat die heterogene Dissidenten-Szene zusammengeschweißt und zur Basis der späteren Menschenrechtsbewegung »Charta '77« gemacht.

Nur am Rande bemerkt: Die Premieren-Party fand in einer Kneipe in der City statt, um die Ecke vom Polizeipräsidium. Das war schon mehr als mutig, das war dramaturgisch perfekt und total frech. Bei den Behörden war anschließend der Teufel los, fast alle wurden wir verhört, und mit jedem Verhör stieg die Achtung für den Denker mit der perfekten Kinderstube, der nach jahrelanger Haft am 29. Dezember 1989 zum Landespräsidenten gewählt wurde.

Und die Moral von der Geschichte? Wer sich zu seinen Vorbildern bekennt, tastet sich an jene Werte heran, die seit Urzeiten nicht nur für ihn persönlich, sondern auch für ein gedeihliches Zusammenleben der Menschen wichtig sind. Als »Geburtshelfer« von Weltbildern können Vorbilder also einen Gemeinschaftssinn fördern, der stabiler ist als ideologische, ökonomische oder kulturelle Zweckgemeinschaften.

## 1. Die Fremden daheim und das neue Heimweh

Je vernetzter, globaler die Welt, umso begehrter das vertraute Einheimische (selbst einem Bericht über ein Busunglück in der Türkei hören viele nur dann zu, wenn es heißt »unter den Opfern vier Deutsche«), weil man dem Fremden zunächst irgendwie misstraut. Und da die meisten Einwanderer Muslime sind, und die meisten Terroristen aus den Lagern islamischer Fundamentalisten kommen, wird ein neues Feindbild aufgebaut.

Feindbilder machen das Leben sicherlich einfacher: »Herrgott, wie mir der Kalte Krieg fehlt!«, seufzt die graumelierte James-Bond-Chefin im jüngsten 007-Film »Casino Royal«. Aber die Selbstfindung über Feindbilder führt in eine Sackgasse: Denn das Böse wird dem Fremden oktroyiert, und der einheimische Mensch ist gut und sonst gar nichts.

Vor etwa hundert Jahren hat der Hamburger Hagenbeck-Zoo einen überregionalen Erfolg mit seiner »Schaustellung außereuropäischer Menschenrassen« gefeiert: die Exoten mit Turbanen oder Gitterschleiern wurden mehr bestaunt als Tiger oder Schimpansen. Heute gehören Frauen mit bodenlangen Mänteln und Kopftüchern zum Großstadtbild und das Fremde ist bis zu einem gewissen Grad neutralisiert. Es gibt sogar Stimmen, die daran Vorbildliches erkennen, wie zum Beispiel der Wiener Kardinal Franz König: »Die Festigkeit der religiösen Überzeugung, die wir im Islam sehen, sollte ein Vorbild für uns sein. Bei uns ist die Sicherheit im Glauben, sind die gemeinsamen Grundsätze abhandengekommen. Die Wende zum extremen Subjektivismus ist heute die große Schwierigkeit für Teile des Christentums.« Sind die Fremden »unter uns« mitverantwortlich für das neue »Heimweh«, das sich immer weiter ausbreitet in Deutschland?

Dieses Heimweh hat allerdings wenig mit dem altbekannten, mit dem »touristischen« gemeinsam, das aus der Ferne die eigenen vier Wände sentimentalisiert. Es handelt sich vielmehr um eine tiefgreifende Sehnsucht nach Wurzeln – als eine Reaktion auf die nüchterne, rationalistische Moderne, die dem extremen Werteverfall in Nationalsozialismus und Kommunismus folgte: Heimatfilme sind so populär wie zuletzt in den Fünfzigern. Man pflegt das Vereinsleben, singt Volkslieder, greift nach den Grimm'schen Märchen, ersetzt Teletubbies mit Max und Moritz und Struwwelpeter, man wandert wieder, ja, liebt den deutschen Wald, das Markenzeichen der deutschen Seele, über alles. Gegen den Zauber des Waldes ist die Globalisierung machtlos. Viele Deutsche sind wieder bereit, ihre Wurzeln zu umarmen. Und das ist gut so: »Wenn da ein Schuss mehr Patriotismus mit reinkommt, find' ich das super«, antwortete Jürgen Klinsmann auf die

Frage, wie er den schwarz-rot-goldenen Enthusiasmus, die Deutsch-Folklore rund um ein Ballspiel, finde.

Und doch tauchen ein Jahr nachdem das Land vergnügt und fröhlich Flagge gezeigt hat, wieder die Fragen nach dem Wert von Patriotismus auf, nach dem Sinn von übertriebener Heimatverbundenheit. Denn Heimat ist als Begriff in Deutschland fast noch stärker kontaminiert als »Vorbild«. Zu nah ist wohl noch die Assoziation zu Hitlers »Blut und Boden«-Parolen.

Wer sich aber – wie zu einem Vorbild – zu seiner Heimatliebe bekennt, könnte auch entspannter mit ihrer Stiefschwester, dem »Nationalismus«, umgehen, ohne sich verbiegen zu müssen. Hitler und Holocaust sollen, können weder vergessen noch aus dem Bewusstsein entsorgt werden. Denn die Auseinandersetzung mit der Nazivergangenheit ist so tief in der deutschen Kultur, Politik und Öffentlichkeit verankert, dass man sich aus ihr, ohne Verlust von Ansehen, nicht heraustehlen kann.

## 2. Auf zur Exzellenz, weg vom Mittelmaß

Vor hundertfünfzig Jahren ähnelte die deutsche Wissenschaftslandschaft noch einer »Royaldemokratie« (Theodor Fontane), sie war ein Hochplateau, zu dem Studenten aus Harvard, St. Petersburg und der Sorbonne pilgerten. Die »Demokratisierung« des Bildungssystems aber führte zur Nivellierung der Ansprüche und Leistungen, und zu einem gebrochenen Verhältnis der Pisa-Verlierer zur Elite. Die Spätfolgen dieser Anti-Einstellung sind fatal: Unter den rund 150 000 jährlichen Auswanderern sind vor allem Akademiker (Ärzte, Anwälte, Ingenieure), die anderswo nicht nur mehr verdienen, sondern auch mehr Respekt erfahren.

Inzwischen ist ein Sinneswandel zu beobachten. Die Rufe nach Eliteuniversitäten mehren sich, der Anschluss an die internationale Forschungsspitze soll unbedingt wieder hergestellt werden. Wettbewerb, der *Spiritus agens* einer fröhlich-wissenschaftlichen Aufholjagd, soll Eigeninitiative und Eigenverantwortung fördern und Vorbildliches (auch finanziell) belohnen.

Dieses Ja zur Elite wird, so hoffe ich, möglichste bald das Ende jenes liebgewonnenen Egalitarismus herbeiführen, der gleiche Chancen für alle fordert. Soziale Hängematten, Mitnahme-Mentalität, Heuschrecken-Feindbilder, das Verlangen nach »Gerechtigkeit«, die alle Wünsche aller erfüllt und nicht zwischen privaten Anliegen und Interessen der Gesamtheit ausgleicht – das sind mentale Eckdaten, die abgeschafft werden müssen, um weiteres Absinken ins gepriesene Mittelmaß zu vermeiden (das alles andere als »demokratischer Kitt« ist!).

Kurz: Nur wer sich an den Großen der Geschichte orientiert, bewahrt und transportiert Größe in die Zukunft. Denn Deutschlands Kapital stützt sich nicht auf Rohstoffe, sondern auf seine Menschen, auf Vorbilder wie Luther, Marx, Freud, Einstein und Schweitzer.

## 3. Konservativ? Einfach krass!

Vor nicht allzu langer Zeit galt ein »Konservativer« als »spießig, bürgerlich, reaktionär«, er wurde behandelt wie ein bedauernswerter Zurückgebliebener, betäubt von verstaubten Werten. Die Werte, die er vertrat, (Höflichkeit, Fleiß, Respekt vor dem Alter, zum Beispiel) veränderten sich nicht, doch aus ihren Anhängern wurden »Neokonservative«, die versuchen, die zivilisatorischen Ideale eines Bildungsbürgertums zu retten, wie es bei ihren Großeltern noch in Restbeständen (trotz der Enthumanisierung durch Hitler) vorhanden war. Die »Neokonservativen« kaufen, schätzen und sammeln Bücher, weil sie »schon immer« begeisterte Leser und Antiquariatskunden waren (auch ihre Großeltern, an denen sie sich in der Kindheit orientierten, sind schließlich stolz auf ihre Hausbibliotheken gewesen). Die »Neokonservativen« pflegen ihre Familiengräber, kennen viele Lieder (ja sogar die Hymne) auswendig, wissen aus dem Stegreif, was es mit Pfingsten auf sich hat, inszenieren Familienfeste und Bildungsreisen und »konservieren« somit all das, was zu einem unverkrampften Umgang mit Traditionen gehört.

Sie fragen sich: Wie halten wir es mit der Religion? Was macht Europas Einzigartigkeit aus? Wie mischen sich Selbstbewusstsein und Toleranz, Heimatliebe und Weltoffenheit?

## 4. Wie die Alten zwitschern ...

Die heutigen jungen Alten gehören zur ersten Generation, die im Schnitt älter wird als alle vorher. Sie haben das Land wirtschaftlich stabilisiert, die Wiedervereinigung mitgetragen. Und doch werden sie als nimmersatte Raupen dämonisiert, die den Jungen das Haar vom Kopf fressen, statt sich zu verabschieden, die Rentenkassen zu entlasten und die demographische Schieflage rückgängig zu machen. Als nutzlose »Kukies« ausgegrenzt, sobald ihre Lebensarbeitszeit abgelaufen ist, wird das Wissens- und Erfahrungs-Kapital, über das sie verfügen (ganz zu schweigen von ihrem Ersparten!) gewissenlos vergeudet.

Dabei waren die Alten bis ins letzte Jahrhundert Vorbilder *par excellence*, wie man – um einmal mehr Europas Antike zu bemühen – zum Beispiel an dem Eid der Athener erkennen kann. Wollte ein Grieche die Bürgerwürde erreichen, musste er schwören: »Ich übernehme aus der Vergangenheit meiner Familie, meiner Stadt, meines Stammes und meiner Nation eine Reihe von Schulden, Hinterlassenschaften, rechtmäßige Erwartungen und Verpflichtungen, die die Voraussetzungen meines Lebens, meinen moralischen Ausgangspunkt bilden.«

Die Alten – das war (und ist) eine niemals versiegende Quelle unbezahlbarer Erfahrungen, »geheimer« Weisheiten und sinnstiftender Kontinuität. Eine Gesellschaft, die überleben wollte, musste ihr geistiges Fundament bewahren, das heißt ihren Senioren Respekt zollen und die Ahnen in Ehren halten. Nicht zu vergessen: Das Weitergeben von Werten, Weltbildern und Visionen an die Kommenden sicherte und sichert den Alten weit mehr Einfluss als das Vererben von Hab und Gut (ich werde nie die Lieder vergessen, die mir meine böhmische Großmutter beigebracht hatte, die vielen Geschenke, mit denen meine Zeugnisse belohnt wurden, sind aber längst verschollen).

## 5. Arbeitslos? Sind wir doch bald alle!

Kein halbwegs vernünftiger Mensch kann heute noch daran zweifeln, dass uns in den nächsten Dekaden die Arbeit (wie die Kinder und die Enkel) ausgeht, und dass es in einer »Zeit-nach-dem-Ende-der-Arbeit«, sobald die Roboter die restlichen Arbeiter ersetzen, zu einer radikalen Veränderung der Wertevorstellungen kommen wird. Wenn erst einmal bis zu achtzig Prozent der Menschen (prophezeit der Arbeitswelt-Experte Jeremy Rifkin) in keinerlei Produktionsabläufe mehr eingebunden (sprich: arbeitslos) sind, werden nicht mehr der Marktwert, und die Konsum-Potenz den Status und das Selbstwertgefühl des Einzelnen bestimmen (wie es immer noch Sitte ist in unserer ums Materielle kreisenden Marktwirtschaft). Sein Ansehen wird dann von seiner sozialen Kompetenz bestimmt werden, von seiner Bereitschaft,

Zeit, Energie und Aufmerksamkeit – also immaterielle Güter! – mit anderen zu teilen.

Und Vorbilder, die diese Güter (ohne angestellt zu sein, quasi »ehrenamtlich«, rund um die Uhr) verkörpern und transportieren, sind heute schon die perfekten Lotsen in eine Zeit, in der »Keine-Arbeit-haben« kein Brandmal, keine Sünde mehr sein wird, vielmehr globale Normalität und werteneutrale Selbstverständlichkeit.

Für mich ist ein Vorbild also auch ein Wegweiser zu einer persönlichen Ethik, als Voraussetzung für eine beglückende, friedfertige, solidarische Gemeinschaft.

> »Und selbst die klare Einsicht von Unerreichbarkeit eines hohen Vorbildes gewährt schon einen unaussprechlichen Genuss.«
>
> JOHANN WOLFGANG VON GOETHE

# VII. König Ludwig I. und ich

Zum Prozedere.

Ich habe die Vorbild-Klassiker und die Zeitgenossen zusammengeführt, weil sie ganz einfach zusammengehören: Trotz ... gerade ... weil ... obwohl ... egal.

Bei der Auswahl der sechsunddreißig Vorbild-Klassiker von Adenauer bis Wagner habe ich mich an den unterschiedlichsten Vorbild-Listen, Umfragen beziehungsweise Lexika der »Großen Deutschen« orientiert.

Der Begriff »Haus-Vorbilder«, der für die Eltern oder die engsten Familienangehörigen steht, kam mir in den Sinn, als ich versucht habe, alle diejenigen unter einen Nenner zu bringen, die unvermeidbar für die allererste Sozialisation zuständig und verantwortlich sind, obwohl sie oft unsichtbar bleiben, wie »Hausgeister« eben. Als Kind ist man zu sehr mit sich selbst beschäftigt, um die anderen um sich herum wahrzunehmen, aber je älter man wird, desto spürbarer, unübersehbarer werden die »Geister« im eigenen Haus. Je älter ich selbst werde, desto häufiger denke ich an meine Großeltern und Eltern, und manche kostbare Erinnerung, die nicht bewusst abgerufen wird, vielmehr »wie aus heiterem Himmel« auftaucht, erklärt plötzlich den Grund für die eine oder andere Entscheidung oder für manchen Fehler, den ich bislang nicht verstanden und als »spontan« (oder »unbewusst«) abgelegt hatte: Wieso bloß entschied ich mich »spontan«, aus der City in eine abgelegene Wohngegend am Rande eines Naturschutzgebietes zu ziehen? Die Antwort: Weil ich mit meinen Eltern am Waldrand wohnte.

»Wahl-Vorbilder« steht für alle anderen »Muster«, »Beyspiele«, »Wahlverwandte«, »magische Helfer«, »Entwicklungshelfer«, für die man sich ab der Pubertät interessiert und entscheidet.

Um die sechsundsiebzig Zeitgenossen zu ermitteln, habe ich die Auswahlkriterien des Bayernkönigs Ludwig I. übernommen, die er bei der Bestückung seiner Walhalla anwandte, obwohl spätere Kritik an seiner Methode manches zu bemängeln wusste: Rein kam, wer ihn interessierte, wem er eine gewisse Größe zugedachte und wer »teutscher Zunge sey« (wenn auch ohne deutschen Pass). Dieses Maß schien mir über alle engen nationalen Egoismen erhaben zu sein, wenn auch einige, denen der König einen Platz zuwies, ihren Platz in der Geschichte längst an Bedeutendere abgeben mussten. Andererseits wirkt die eine oder andere Entscheidung, rückblickend, vielleicht sogar weitsichtig.

Nicht alle, die ich gefragt habe, wollten sich der Vorbild-Frage stellen. Sie empfanden sie als zu privat, zu persönlich.

Dieses Buch ist weder eine Heldengalerie, noch eine wissenschaftliche Abhandlung. Fachleute und Experten werden vergeblich nach akademischen Schlussfolgerungen suchen und bei dem einen oder anderen Klassiker-Porträt das eine oder andere einzuwenden wissen.

Mein Ziel war es, die »Großen Deutschen« vor allem als Menschen auf Augenhöhe zu zeigen, sie zu entmythologisieren, sie von ihrer starren Schulbuch-Erhabenheit zu befreien, ein Lichtlein, einen Spot auf ihre Schwächen und Verfehlungen zu richten. Daher auch der Schwerpunkt auf das Gelebte, auf den Werdegang, nicht auf das Werk.

Ich habe nach ihren Vorbildern in ihren Briefen, Tagebüchern, Autobiographien gesucht. Einfach war das nicht, weil sich die großen

Toten mit ihren Vorbildern fast noch schwerer taten als ihre lebenden Nachkommen.

Und das lag zum einen – wie auch heute – an dem Begriff: Die hebräische Bibel kennt kein selbständiges Wort für Vorbild, das lateinische *exemplum* ist ein Sammelbegriff für Abbild, Muster, Typus, Modell, Beispiel und war stets an die kirchliche Aufforderung gekoppelt, dem »Vorbild« zu folgen, es nachzuahmen, zu imitieren.

Außerdem waren sich die »Großen Deutschen« oft schon als Jugendliche ihrer Außerordentlichkeit bewusst und strebten es nicht selten bewusst an, selbst zum Vorbild ihrer Mitmenschen zu werden. Dennoch: »vorbildfrei« ist keiner gewesen. Jeder Einzelne hat jemanden so bewundert, dass er Vergleichbares leisten und der Menschheit hinterlassen wollte: Bach pilgerte zu Buxtehude, Dürer nach Italien, Beethoven zu Mozart. Und auch wenn sich der eine oder andere mit seinem Vorbild, nachdem seine »Vorbild-Zeit« abgelaufen war, verkrachte, so hat er doch seine Wirkung, seinen Einfluss nicht geleugnet.

Nun die Zeitgenossen.

An dieser Stelle sei einmal mehr betont: Dieses Buch ist keine »repräsentative Umfrage« mit »demoskopisch gültigen Ergebnissen«. Vielmehr mein Rosenkranz. Jeder Einzelne, der mir seine Antwort schenkte, steht – in meinen Augen – für seine Generation, nicht nur in Deutschland, nicht nur heute.

Meine Frage, »Haben Sie ein Vorbild?«, stellte ich Frauen und Männern, Dreißig-, Vierzig-, Fünfzig- bis Achtzigjährigen; Sportlern, Künstlern, Journalisten, Unternehmern, Regisseuren, Musikern, Politikern, Sängern, Schriftstellern. Die meisten haben ihre Antwort aufgeschrieben, manchmal entstand sie als Gesprächsprotokoll, andere stellten bereits veröffentliche Gedanken zum Thema zur Verfügung.

Keiner nannte nur einen Menschen als sein Vorbild: zwei sind das Minimum, dreizehn ein »Rekord«.

Die unterschiedlichsten »Vorbilder« wurden einmal erwähnt, z.B. Arnold Schwarzenegger und Andrej Sacharow, Daniel Barenboim, Günter Netzer, Jane Austen und Astrid Lindgren, Charles Chaplin und Elvis Presley, Till Eulenspiegel, Emma Peel und Winnetou, die heiligen Benedikt und Franziskus und die Kanzlerin Angela Merkel.

Wolfgang Borchert, Johannes Paul II. und Peter Ustinov erhielten zwei Stimmen.

Jesus, Dietrich Bonhoeffer, Willy Brandt, Großmütter, Großväter und die »Helden des Alltags« drei.

Helmut Schmidt wurde viermal genannt, die Lehrer siebenmal, die Eltern neunmal.

Ich war überrascht, dass kaum einer die XXL-Klassiker wie Goethe, Schiller & Co. erwähnte. Wenn schon die »Großen« der deutschen Geschichte genannt wurden, dann die bereits zu Lebzeiten umstrittenen, wie »der Alte Fritz«, Heinrich Heine, Karl May, Oskar Schindler. Außerdem signalisiert das Fehlen der »Makellosen« vermutlich ein gesundes Misstrauen gegenüber den zurechtgeschusterten Vorbildern, mit denen man in der Schulzeit traktiert wird. Und die Verweigerung gegenüber Schlagzeilen-Stars.

Kurz: Die Befragten haben, scheint mir, keinen Bedarf an vollkommenen Persönlichkeiten, vielmehr an Menschen, die zwar Großartiges geleistet, aber vor allem Seelengröße gezeigt haben, in guten Zeiten wie in Zeiten des Scheiterns, der Verzweiflung oder der Verfolgung, die sich nicht aufgegeben, sondern die aus eigener Kraft weitergemacht haben.

Erstaunlich ist die geringe Anzahl von Ausländern: kein Gandhi, kein Dalai Lama, kein »Gorbi«, keine Mutter Teresa wie noch vor wenigen Jahren – ein Zeichen vielleicht, dass man sich in unserer globalisierten Welt zunehmend auf die heimischen »Helden« besinnt? (Lediglich Nelson Mandela bewahrte seinen Vorbild-Appeal.)

Schließlich: Acht der Befragten nannten mindestens fünf Vorbilder. Neun haben keine: ein Unternehmer, eine TV-Moderatorin, ein Chefredakteur – und natürlich die Vielen aus allen Altersklassen, die nicht erfasst wurden, weil sich ihre Antwort auf »Hab´ ich nicht« beschränkte.

Entstanden ist – wie ich hoffe – eine Einladung, sich an eigene Vorbilder zu erinnern. Nicht mehr, aber auch nicht weniger.

Übrigens: Ich denke, es ist nur fair, mich zu meinen eigenen Vorbildern zu bekennen (auf Seite 407).

# Deutschlands klassische Vorbild-Sammlungen

1. Den ersten »Katalog ruhmreicher Männer Germaniae« verfasste der Hexentheoretiker Johannes Trittenheim (1462–1516) auch Trithemius genannt, Abt des Benediktinerklosters in Sponheim. Kaum einer der rund 500 erwähnten Herren ist heute noch bekannt. Aber in einem Fall ist der Mönch über sich selbst hinausgewachsen: Er nahm in seinen Katalog eine Frau auf: Hildegard von Bingen, die er als »Wissende« lobte. Das grenzt an Wunder.

2. 1566 erschien »Teutscher Nation Heldenbuch« mit über 1500 Holzschnitten, die den breiten Leserschichten erstmals Porträts von Gutenberg, Dürer, Sebastian Münster, Erasmus, Luther präsentierte. Der Autor Heinrich Bantlin (1522–1595) bekannt als Henricus Pantaleon, war Dekan der medizinischen Fakultät in Basel, und betonte in seinem Vorwort, dass er »geistliche und weltliche Personen von hohem und niederem Status, aufgefallen durch ihre Taten und Leben, durch ihre Tugenden oder große Autorität« berücksichtigte, und zwar von Adam bis zur Gegenwart.

3. Ludwig Bechsteins (1801–1860) »300 Bildnisse berühmter deutscher Männer« waren und blieben die »Mutter« aller Vorbild-Kalender. Der gelernte Apotheker und seit 1833 der erste herzögliche Bibliothekar in Meiningen, beginnt seine chronologische Sammlung mit Gutenberg und schließt mit König Ludwig II. von Bayern, und jeder der großen Männer ist auf einem Holzschnitt-Porträt dargestellt. Wahrlich meisterhaft, fast möchte man sagen unerreicht, sind aber die Mini-Lebensläufe: 9–15 Zeilen à 60 Anschläge, vollgepackt mit Basis-Informationen, gerechter Würdigung und erfrischend menschelnden Bemerkungen.

4. Und dann, die »Walhalla«: Erbaut von Bayernkönig Ludwig I. und 1842 in Donaustauf eingeweiht. Der einzige Ehrentempel Deutschlands. Die Architektur ist griechisch, der Name der nordischen Mythologie entliehen, die Idee erinnert an den Pariser Panthéon. Einige der 192 Verewigten würden heute nicht mehr als Deutsche durchgehen (oder doch?): Rubens, Katharina die Große, Erasmus von Rotterdam, Wallenstein. Aber für Ludwig, den Alleinentscheider, war Deutscher, »wer teutscher Zunge war«. Heute entscheidet der Bayerische Ministerrat (gegen ca. 25 000 Euro) über Neuzugänge: 2003 wurde Sophie Scholl aufgenommen, 2000 Johannes Brahms, 1999 Konrad Adenauer und 1990 Albert Einstein.

»Es kann mich doch niemand daran hindern,
jeden Tag klüger zu werden.«

# Konrad Adenauer

5. Januar 1876 Köln – 19. April 1967 Bonn

»Später fragte man mich, ob ich mich selbst gewählt
hätte. Ich antwortete: Selbstverständlich, etwas anderes wäre mir doch als Heuchelei vorgekommen.«
Tatsächlich hat Konrad Adenauer die Wahl zum ersten Bundeskanzler
der Bundesrepublik am 18. September 1949 mit einer einzigen Stimme
Mehrheit gewonnen: seiner eigenen.

Dreiundzwanzig Jahre zuvor hat man dem Juristen das
Reichskanzleramt angeboten:»Ich habe freiwillig verzichtet, weil ich
bei der parteipolitischen Zerrissenheit des deutschen Volkes, die sich
im Reichstag widerspiegelte, eine ersprießliche Arbeit nicht für möglich hielt.«

Es heißt aber auch, er wollte 1926 lieber Erster Mann in Köln, als
Zweiter in Berlin sein – denn in Köln wurde er bereits 1917, mit einundvierzig Jahren zum jüngsten Oberbürgermeister einer der größten
deutschen Städte gewählt (auch mit einer Stimme Mehrheit):»In jungen Jahren zu einer großen Stellung berufen, bin ich ein vielbeneideter
Mann, und dabei arm, bitterarm.«

Als Oberbürgermeister von Köln lehnte es der Katholik und Zentrums-
Mann Adenauer 1933 ab, den aus Berlin zu einer Wahlkampfrede
anreisenden Reichskanzler Adolf Hitler zu empfangen und ließ
Hakenkreuzfahnen von der Deutzer Brücke entfernen. Als er frist-
los aus dem Beamtenverhältnis entlassen wurde, verließ er Köln und
fand Zuflucht im Kloster Maria Laach. Von der Gestapo in Haft genommen, aber nach kurzer Zeit wieder entlassen, verbrachte er die
Kriegsjahre zurückgezogen mit seiner Familie in Potsdam, schloss sich
auch keiner Widerstandsgruppe an. Aber sein privates Weltbild war im
Keim schon das der späteren CDU. Nach Kriegsende konzentrierte
sich Adenauer auf die Partei-Arbeit.

Viermal wurde er als Kanzler wiedergewählt. In seine Amtszeit fielen die Aufnahme der diplomatischen Beziehungen zu Moskau, der Berliner Mauerbau, die Spiegel-Affäre, die Kuba-Krise, der Freundschaftsvertrag mit Frankreich, die Wiederbewaffnung, das Wirtschaftswunder (»die Wirtschaft kann nicht die ethischen Grundlagen ersetzen«).

»Der Alte aus Rhöndorf« besaß nie ein eigenes Auto. Wenn er nicht in seinem Dienstwagen chauffiert wurde, benutzte er öffentliche Verkehrsmittel.

Er war zweimal verheiratet, hatte acht Kinder und versuchte sich als Rosenzüchter (»Nur keine Experimente!«).

Sein Führungsstil war »autoritär bis an die Grenze des Gesetzes« (Willy Brandt).

»Natürlich achte ich das Recht. Aber auch mit dem Recht darf man nicht so pingelig sein«, erklärt er und: »Das deutsche Volk verlangt nach meinen Erfahrungen nach einer starken Führung.«

1963 trat er zurück, die »Ära Adenauer« war zu Ende. Für Winston Churchill blieb er »der größte Deutsche seit Bismarck«.

## Haus-Vorbilder

»Die Eindrücke im Elternhaus sind bestimmend für das Leben eines Menschen. Meine Eltern waren fromm und hielten uns Kinder zu einer christlichen Lebensführung an. Morgens und abends beteten wir gemeinsam, jeden Sonntag ging die ganze Familie vormittags zur Messe und nachmittags zur Andacht in die Kölner Apostelkirche ... Wir wurden gottesfürchtig erzogen. In der Familie war echte Frömmigkeit. Vater und Mutter gingen in allem mit gutem Beispiel voran.«

**Vater Johann Konrad Adenauer (1833–1906)** »Hinter dem Haus lag ein Garten. Er war zwar klein, aber mir bedeutete er viel. Ein Baum stand darin, zwei Rebstöcke, und in der Mitte war ein Rasenplatz, den Mutter als Wäschebleiche benutzte. ... Auch ich bekam zwei kleine Beete. In das eine säte ich Blumen, in das andere Radieschen. Täglich beobachtete ich das Wachstum der Pflanzen. Doch eines Tages wurde ich ungeduldig und zog die Radieschen aus der Erde, um zu sehen, wie dick die roten Knollen schon waren. Am nächsten Morgen waren meine Radieschen verwelkt: ›Man muß die Dinge geduldig wachsen lassen‹, sagte mein Vater. ... Einige Jahre später versuchte ich, Stiefmütterchen und Geranien zu ziehen, und ich träumte davon, mir durch meine Züchtung ›Viola tricolor Adenaueriensis‹ in der Botanik einen Namen zu machen. Natürlich schlug der Versuch fehl, und mein Vater faßte das Ergebnis meiner Bemühungen dahin zusammen: ›Man soll nicht versuchen, dem Herrgott ins Handwerk zu pfuschen‹, eine Warnung, deren ich mich in mancher politischen Situation erinnerte.« Und die sich in Adenauers Maxime »keine Experimente« wiederfindet.

Vater Johann – ein Bäckersohn –wurde als Soldat im Ersten Weltkrieg wegen Tapferkeit zum Leutnant befördert, verzichtete allerdings auf eine Armee-Karriere, um heiraten zu können, und wurde Kanzleirat am Oberlandesgericht. Konrad war das Dritte seiner fünf Kinder: »Der Mensch muß weiterstreben, ständig und unermüdlich. Von früher Jugend an hat mir mein Vater das eingeprägt. ... Er hat es [die Erfüllung der Pflicht] uns vor allem aber auch vorgelebt. Überhaupt haben meine Eltern uns niemals Lehren erteilt, die sie nicht selbst befolgten; sie gingen uns in jeder Beziehung mit ihrem Beispiel voran.«

**Mutter Helene Adenauer geb. Scharfenberg (1849–1919)** »Im Anfang der Ehe teilte mein Vater das Geld für den Haushalt ein. Es war sehr wenig, und meine Mutter kam oft in Verlegenheit. Eines Nachts, während er schlief, stand sie auf und nahm ihm ein Goldstück aus dem Portemonnaie ... es gab eine heftige Auseinandersetzung – doch von da ab verwaltete meine Mutter das Geld. ... Sie war sechzehn Jahre jünger als Vater, eine Rheinländerin, von ungewöhnlicher Energie und tiefinniger Fröhlichkeit. Sie kochte sehr gut und gern und hielt Haus und uns Kinder tadellos in Ordnung ... gelegentlich gab's auch Prügel, meistens von Mutter, da Vater erklärt hatte: ›Hau du die Kinder, ich will abends daheim meine Ruhe haben.‹ ... Meine Eltern hatten, neben vielen guten Eigenschaften, das gleiche jähzornige Temperament, nur verstand es Vater besser, sich zu beherrschen.«

»Seine Mutter bezeichnete er als eine energische Frau, mit Frohsinn, Humor und praktischer Lebensweisheit als wesentlichen Charakterzügen.« (Anneliese Poppinga)

# Wahl-Vorbilder

»Ich finde, die deutsche Geschichte hat seit Jahrzehnten keine Leute hervorgebracht, die man nun über alles in der Welt bewundern könnte, und, ehrlich gestanden, ich finde einen Mann oder eine Frau, die aus Nächstenliebe alles für die Nächsten tun, größer als einen Staatsmann.«

**Ein Gymnasiallehrer** »Ein Lehrer unseres Gymnasiums war mit dem großen Altertumsforscher Schliemann eng befreundet gewesen und hatte ihn mehrfach bei seinen Ausgrabungen in Troja besucht. Dieser Lehrer bestellte sonntags Schüler, bei denen er Liebe zum klassischen Altertum und auch entsprechende Kenntnisse voraussetzte, in seine Wohnung, um sie anhand von großen Fotografien der Monumente, die bei den Ausgrabungen gefunden worden waren, in die hellenistische Kunst einzuführen. Für uns waren es Stunden der Ehrfurcht, wenn da eine versunkene Welt, die unsere Geschichte und unsere Kultur geprägt hat, in ihrer ganzen Großartigkeit wieder lebendig wurde. … Obgleich mein Taschengeld sehr gering war, habe ich mir damals eine Sammlung von Abbildungen von Werken der Malerei und der Bildhauerei angelegt.«

**Jesus Christus** »Christ sein ist etwas Großes und so Schweres, dass man bescheiden sein und sagen sollte, wir wollen versuchen, Christen zu sein … [und] auf diesem Wege langsam zur weiteren Vollkommenheit zu gelangen. Dabei müssen wir uns immer dessen bewusst sein, dass Vollkommenheit etwas ist, was nur den aller-, allerwenigsten Menschen auf dieser Erde beschieden sein kann. … man denkt, man überlegt sich, und eine andere Kraft greift einen dann und führt einen. Ich glaube, der Mensch kann da nichts Besseres tun, als sich dieser Führung zu überlassen, um auf alle Fälle die Aufgaben, mögen sie groß oder klein sein, zu erfüllen, die ihm aufgetragen sind. Das ist das Wesentliche für den Menschen, und das ist auch das Wesentliche für den Christen. Es ist aber auch das Wesentliche für den Politiker, obgleich die Politiker nach meinen Erfahrungen schlechte Christen sind. Ich schließe mich ein und schließe keinen von uns aus!«

»Gegenüber dem allgemeinen Verlust an Tradition und gegenüber der sich im Zuge befindenden vollständigen gesellschaftlichen Umwälzungen im deutschen Volke sind klare Grundsätze nötig, um eine staatliche Ordnung in Deutschland lebensfähig zu halten. Diese können nur den christlichen Ordnungsprinzipien entstammen. Wir müssen die religiösen und geistigen Kräfte der abendländischen Welt mobilisieren. Denn nur, wenn wir stark sind im Geist, werden wir unsere Lebensform behaupten.

Angesichts der weltweiten Bedrohung durch den Materialismus ist eine Besinnung auf die Grundlagen des Christentums nötiger denn je.«

**Carl Hilty (1833–1909)** »Wir kommen alle einmal in das Stadium, wo wir die vom Elternhaus übernommenen Anschauungen selbst gewinnen müssen. ... Ich habe damals [nach dem plötzlichen Tod seines besten Studienfreundes] die Bücher von Hilty gelesen. Sie haben mir viel geholfen, über meine Zweifel hinwegzukommen.«

Der Schweizer Jurist und protestantische (!) Theologe wird für den Katholiken »Tröster und Ratgeber«, auf Hiltys Gedankengut basiert auch Adenauers Definition vom Glück: »Das Glück des Menschen besteht nicht in Geborgensein und Wohlstand, das Glück besteht in getreuer Pflichterfüllung, besteht darin, dass man klar und entschlossen zu dem steht, was man als richtig erkannt hat.«

Hiltys Hauptwerk »Glück« stand bis zuletzt in Adenauers Schlafzimmer.

Innenpolitisch zielsicher, orientiert Adenauer seine Auslandspolitik an zwei Staatsmännern:

**Otto von Bismarck (1815–1898)** »Ich hatte mit meinem Vater, dessen erinnere ich mich noch sehr genau, manche Auseinandersetzung über Bismarck ... wobei er Bismarck sehr verehrte, während wir ihn nicht verehrten.«

Als Jugendlicher störte ihn Bismarcks Sozialistenverfolgung und sein Kulturkampf, als Kanzler lernte er, die außenpolitischen Leistungen des Reichsgründers zu schätzen: »Bismarck war ein großer Außenpolitiker. ... Schon als Deutschland eine der ersten Großmächte der Welt war, zu Zeiten Bismarcks, hat dieser sich bemüht, Freunde für Deutschland zu finden, da nach seiner Meinung schon damals Deutschland eben wegen seiner geographischen Lage dauernde Sicherheit nur im Zusammenhang mit anderen Mächten finden konnte. ... Bismarck hat in seinen Memoiren geschrieben, wie ihn immer wieder der Gedanke an die Isolierung Deutschlands verfolgt hat. Und nun wir!

Wir Deutsche – glauben Sie es mir! – brauchen Freunde in der Welt, und schon Bismarcks schwerste Sorge ist es gewesen, wie sich Deutschland, das damals doch auf der Höhe seiner Macht stand, Freunde erwerben kann. Wir haben uns Freunde erworben.«

**Gustav Stresemann (1878–1929)** »Die abendländische Völkergemeinschaft, die Zusammenarbeit der Mächte bei der Lösung zivilisatorischer Aufgaben, die Otto von Bismarck anstrebte, die praktische Lehre, die ... Gustav Stresemann aus der ersten und Winston Churchill aus der zweiten Weltkriegskatastrophe zogen, sie alle waren Wegweiser zu den ersten Zusammenschlüssen in unseren Tagen.«

Der Reichskanzler und Außenminister der Weimarer Republik erhielt 1926 den Friedensnobelpreis.

**Last but not least:** »Haydn brauch ich immer, wie man ein Glas frisches Wasser trinkt. Tschaikowsky höre ich, wenn ich aufgeregt bin, das regt mich dann noch weiter an.«

*Literatur:*

Konrad Adenauer: »Seid wach für die kommenden Jahre. Grundsätze, Erfahrungen, Einsichten.« – Hrsg.: Anneliese Poppinga, Bergisch-Gladbach 1997

Anneliese Poppinga: »Konrad Adenauer«, Bergisch-Gladbach 1987

Gösta von Uexküll: »Adenauer«, Hamburg 1976

Paul Weymar: »Konrad Adenauer – die autorisierte Biographie«, München 1955

# Franziska van Almsick

geboren 1978 in Berlin, lebt in Heidelberg

Mit fünf kommt die Ostberlinerin 1983 in ein DDR-Schwimm-Trainingszentrum, mit vierzehn holt »Fräulein Albatros« bei der Olympiade vier Medaillen, 2002 verbessert »Franzi« ihren eigenen Weltrekord von 1994 im 200-Meter-Freistil um 0,14 Sekunden und wird »Sportlerin des Jahres«. 2004 in Athen will sie endlich auch Olympia-Gold holen. Sie wird fünfte, hört auf mit dem Profi-Sport, konzentriert sich auf die Kampagne »fair feels good« (für fairen Handel mit der Dritten Welt) und die Initiative »Voll der Genuss« (für gesunde Ernährung vor allem bei Kindern): »Ich bin aufgetaucht, und mein Leben geht an Land weiter«, steht in ihrer Autobiographie. »Ich weiß jetzt, wer ich bin. Ich bin jemand, der sich inzwischen mehr vertraut.« Im Januar 2007 wurde sie Mutter.

»Als ich ein kleines Mädchen war, war mein Bruder mein großes Vorbild. Er ist fünf Jahre älter als ich, und ich wollte immer so sein wie er. Ich war so stolz auf ihn und eiferte ihm nach. Er war Schwimmer, und so musste auch ich anfangen mit dem Schwimmen. Er sammelte Medaillen und Pokale und motivierte mich, es ihm eines Tages nachzumachen. Als er aufhörte zu schwimmen, schaute ich weiter nach vorn und suchte mir neue Vorbilder. Ich brauchte jemanden, an dem ich mich orientieren konnte. Doch ich wollte nie kopieren. Ich hatte meine eigene Identität, nur die gleichen Ziele und Träume verbanden mich mit meinen Vorbildern.

Vorbilder sind wichtig, weil man ein reales Ziel vor Augen hat. Wenn »der« oder »die« es geschafft haben, kann ich es auch schaffen. Man steckt sich Ziele, die greifbar sind und verschafft sich so die Motivation, die einen Schritt für Schritt voranbringt.«

# Elvira Bach

geboren 1951 in Neuenhain, lebt in Berlin

Die einzige Malerin aus dem Kreis der »Jungen Wilden«, die sich auf dem internationalen Kunst-Parkett durchsetzen konnte. Nach der Glasfachschule jobbte sie als Foyerdame an der Berliner Schaubühne, erhielt ein Kunststipendium in der Dominikanischen Republik, wurde zur documenta 7 eingeladen und ist Mutter zweier Söhne. Ihre wuchtigen, tatkräftigen Frauenfiguren (meist Selbstporträts) sind, wie die »Nanas« von Niki de Saint-Phalle, unverwechselbare Ikonen zeitgenössischer Weiblichkeit, die Küche, Kinder und Kunst vereint: »Ich zeige die Kraft der Frau, die die halbe Welt auf ihren Schultern trägt. Aber ich war nie eine Feministin. Ich empfand den Feminismus als eine Gruppenbewegung, deshalb war er mir zutiefst suspekt.«

»Nein, für das, was ich machen und werden wollte, gab es keine Vorbilder. Ja, ich war begeistert von der Pop-Art, weil sie die Alltäglichkeit in die Kunst holte: Warhols Suppendosen, Schuhe und Kühe. Aber das war eher ein Hinweis, ein Wegweiser.

Und selbst wenn es jemanden Vorbildlichen gegeben hätte, ich hätte es vermutlich gar nicht gemerkt, nicht merken wollen, denn ich habe mich einfach ins Leben geworfen und auf die Kunst eingelassen. Das war eine bewusste Entscheidung: Keine Ziele, keine guten Vorsätze. Volles Risiko. Mir war nur eines wichtig: mir eine existentielle Grundoffenheit zu bewahren, offen zu bleiben für Impulse, Erlebnisse und Gefühle auf allen Ebenen – um malen zu können. Auch für das Alltägliche, wie es mir in der Küche oder in andern Kulturkreisen begegnet war, ohne Klischees und Vorurteile.«

»Bey einer andächtigen Musique ist allezeit Gott
mit seiner Gnaden-Gegenwart.«

# Johann Sebastian
# Bach

21. März 1685 Eisenach – 28. August 1750 Leipzig

»No. 1. Vitus Bach, ein Weißbecker in Ungarn …
No. 11. Johann Ambrosius Bach…war Hof- und
StadtMusicus in Eisenach …«

Bereits der Stammvater der Bach-Familie, ein 1545 aus Böhmen ge-
flohener Protestant, war Musikus, seine Söhne wurden »Spielmänner«,
und einer der Nachkommen, Johann Ambrosius Bach, avancierte sogar zum Leiter der Eisenacher Ratsmusik.

Johann Sebastian, das jüngste seiner acht Kinder, fühlte sich verpflichtet, anno 1735 den Ahnen zu Ehren, den »Ursprung der mu-
sicalisch-Bachischen Familie« niederzuschreiben – eine einzigartige
Chronik mit Kurzbiographien von 53 Familienmitgliedern:
»No. 24 Joh. Sebastian Bach, Joh. Ambrosii Bachens jüngster Sohn
…Ward (1) HoffMusicus in Weimar bey Herzog Johann Ernsten, Anno
1703. (2) Organist in der neüen Kirche zu Arnstadt 1704 … (3) Organist
zu St. Blasii Kirche in Mühlhausen Anno 1707 … Wurde von dar Anno
1723 als Director Chori Musici u. Cantor an der Thomas Schule nacher
Leipzig vocirt; allwo er noch bis jetzo nach Gottes H. Willen lebet, u.
zugleich von Haus aus als Capellmeister von Weißenfels u. Cöthen in
function ist.« Dass er auch komponiert – »Wohltemperiertes Klavier«,
»Brandenburgischen Konzerte«, Johannes- und Matthäuspassion,
Weihnachtsoratorium, Konzerte, Kantaten, »Goldberg-Variationen«,
»Die Kunst der Fuge« – bleibt unerwähnt.

Mit acht Jahren besuchte Bach eine Lateinschule (die gleiche wie Luther),
spielte Geige, Bratsche und zog als Kurrendesänger (eine Art Bettel-
Sänger) fast täglich mit einem Knabenchor durch die engen Gassen,
um sein »Brot um Gotteswillen« zu verdienen. Kaum zehnjährig, ver-

lor er beide Eltern, und kam in die Familie seines um vierzehn Jahre älteren Bruders in Ohrdruf. Fünf Jahre später wurde er Stipendiat des Michaelisstifts in Lüneburg, da er beide Aufnahmebedingungen erfüllte: Er war völlig mittellos und hatte eine »gute Stimme« (natürlich bewältigte er die vierhundert Kilometer, die ihn von Lüneburg trennten, zu Fuß). Von nun an paukte er Griechisch, Latein, Logik, Theologie, Rhetorik, Philosophie, zählte zu den Jahrgangsbesten – und musizierte (auch auf der Orgel).

Ab März 1703 tauchte er in den Gehaltslisten der Weimarer Herzogs (als »Laquey«) auf, im August erfolgte die erste »Bestallung« als Organist in Arnstadt. Es folgten Organisten-Stellen in Halle, Köthen und, ab 5. Mai 1723, an der Thomaskirche in Leipzig.

Bald als Virtuose berühmt, nahm Bach an den damals üblichen »musikalischen Wettstreiten« in Improvisation teil (des Preisgeldes wegen, nicht um seinen Ruhm zu mehren). Anno 1717 sollte er sich in Dresden, im Palais Flemming mit dem berühmtesten Cembalisten seiner Zeit, Louis Marchand, messen. Doch der Franzose hatte sich bei Nacht und Nebel davongemacht, er »ließ eine Besoldung von einigen 1000 Talern im Stiche, und war mit Extrapost weg. Vielleicht hält man Bachen für einen herausfordernden musikalischen Renomisten … Nein, Bach war nichts weniger, als stolz auf seine Vorzüge, und ließ seine Übermacht niemand empfinden. Im Gegentheil war er ungemein bescheiden, tolerant und sehr höflich gegen anderen Tonkünstlern«, berichtete Bachs Sohn Carl Philipp Emanuel (einer von zwanzig Bach-Kindern), den Friedrich II. als seinen Hofcembalisten nach Berlin bestellte.

Als Bach-Vater 1747 zu Besuch in Berlin weilte, spielte ihm der »Alte Fritz« auf seiner Flöte eine Melodie vor, mit der Vorgabe, sie zu »bearbeiten« – entstanden ist das unerreichbare »Musikalische Opfer«.

Für Bach (er schrieb mit Gänsekielen) war Musik stets auch Gebrauchskunst (wie für seinen Vater). Der »Endzweck« seiner Tonkunst bestand für ihn aber darin, den Gott zu preisen (wie für den Liedermacher Luther). Also entwickelte er einen ganz und gar autonomen Stil, den nur die wenigsten seiner Zeitgenossen verstanden: »Halten ihm vor, dass er bisher in dem Chorale viele wunderliche variationes gemachet, viel fremde Töne mit eingemischet, dass die Gemeinde darüber confundieret worden«, warfen ihm seine Arbeitgeber in Arnstadt vor. Und auch die Verleger waren eher skeptisch, also musste der bibelfeste Thomaskantor nicht wenige seiner Werke im Selbstverlag veröffentlichen.

## Haus-Vorbilder

**Vater Johann Ambrosius Bach (1645–1695)** Der Stadtpfeifer und Hoftrompeter empfand sich als Handwerker, der die Bedürfnisse seiner Mitmenschen wie Bäcker, Schuster, Schneider befriedigte. Er »war verehelicht mit Jungfer Elisabetha Lemmerhintin« (Bachs Mutter).

**Bruder Johann Christoph (1671–1721)** Er brachte ihm »die ersten Principia auf dem Clavier« bei, und ließ sich von ihm beim Kopieren von Kompositionen (zum Beispiel von Buxtehude) helfen. Der Junge kopierte aber auch nachts, heimlich, verbotene Stücke, die der große Bruder in einem Wandschrank hütete. Ob diese frühe Selbstständigkeit ein Grund dafür war, dass sich Bach keiner Schule, keiner Richtung angeschlossen hat?

## Wahl-Vorbilder

Bach hatte »zwei wichtige Vorbilder und Lehrmeister« (Martin Geck): Buxtehude und Reinken.

**Dietrich Buxtehude (1637–1707)** »Händel war nicht so neugierig, wie J.S.B., welcher einmal in seiner Jugend wenigstens 50 Meilen zu Fuße lief, um den berühmten Lübeckschen Organisten Buxtehude zu hören«, berichtet Carl Philipp Emanuel über seinen Vater.

Die Fortbildungsreise zu dem dänisch-deutschen Meister des Barock war auf vier Wochen angesetzt, doch sie dauerte vier Monate. Bach bewundert den Komponisten, aber vor allem den Virtuosen Buxtehude, der für die Lübecker Kaufmannschaft (!) konzertierte. Fasziniert von seinen Improvisationen, von seinem »stylus phantasticus«, seinem affektgeladenen Spiel beschloss er, ein Stücke-schreibender Virtuos zu werden, kein gelehrter Komponist, und nahm ab sofort an preisdotierten Orgelturnieren zum Beispiel in Halle, Kassel, Dresden teil.

**Johann Adam Reinken (1643–1722)** »Von Lüneburg reisete er zuweilen nach Hamburg, um den damals berühmten Organisten an der Catharinenkirche Johann Adam Reinken zu hören«, steht in dem berühmten Leipziger Nekrolog von 1754.

Reinken war Mitbegründer der Hamburger Oper am Gänsemarkt, und sein Ruf so gut, dass der junge Bach sich von ihm im Orgelspiel ausbilden lassen wollte (es kam nie dazu). Bach war von Reinkens Improvisationen beeindruckt und verwendete später Teile aus dessen Suitensammlung in seinen Klavierkompositionen.

**Antonio Vivaldi (1678–1741)** Doch »das große Vorbild in Sachen Konzert« (Martin Geck) blieb für Bach der italienische Priester, Geiger und Komponist, der dem Solokonzert zum Durchbruch verhalf: Vivaldi. Kunstmusik sollte künftig so gut nachvollziehbar und eingängig sein wie Volksmusik, das Solokonzert sollte Gebrauchskunst für das breite Publikum werden. Bach transkribierte Vivaldis Konzerte für Cembalo und Orgel, machte unter dem Einfluss des populären Kaplans und erfolgreichen Leiters eines Mädchenorchesters eine »tiefgreifende Weiterentwicklung« durch.

**Georg Friedrich Händel (1685–1759)** Sein Leben lang bereute Bach, dass er »Händeln, diesen wirklich großen Mann, den er besonders hoch achtete, nicht persönlich hatte kennen lernen«, erinnert sich Carl Philipp Emanuel.

Händel – Bachs Antipode – gelangte als erster deutscher Musiker zu Weltruhm. Er war der »Herr« des Hochbarock, Weltmann der Oper (46 hat er komponiert!) und der festlichen Oratorien (erhalten sind 32). Doch er bediente mit seiner unerschöpflichen Erfindungskraft vor allem den Zeitgeschmack, den Unterhaltungswunsch des englischen Königs. Erblindet, wurde er als Nationalheld des Empires in der Londoner Westminster Abbey begraben.

*Literatur:*
»Johann Sebastian Bach: Leben und Werk in Dokumenten«, Leipzig 1975
Martin Geck: »Johann Sebastian Bach«, Reinbek 1993
Klaus Eidam: »Das wahre Leben des Johann Sebastian Bach«, München 1999
Franz Rueb: »48 Variationen über Bach«, Leipzig 2000

»Ich will dem Schicksal in den Rachen greifen,
ganz niederbeugen soll es mich gewiss nicht.«

# Ludwig van Beethoven

Taufe am 17. Dezember 1770 Bonn –
26. März 1827 Wien

»Seit meinem vierten Jahr begann die Musik die erste meiner jugendlichen Beschäftigungen zu werden«, behauptete er
mit ungefähr vierzig. Da war er bereits ein Künstler von europäischem
Ruhm, umrankt von Legenden, weicht aber immer noch hartnäckig, ja
zornig allen Fragen nach seinem Geburtsdatum aus. Manchmal machte er sich sogar zwei, drei (im »Heiligenstädter Testament« sogar fünf!)
Jahre jünger. Denn sein genaues Geburtsdatum hatte der Schöpfer der
»Neunten« mit Schillers »Ode an die Freude« nie erfahren.

Von einem geregelten Schulbesuch konnte keine Rede sein, stattdessen
hat ihn Vater Johann – Tenor von Beruf – »früh an das Klavier gesetzt und streng angehalten« und ihn ermutigt: »Versuchs und schreib
einmal deiner Seelen Harmonien nieder!« Mit dreizehn veröffentliche
der Junior seine ersten Kompositionen und wurde ein »besoldetes
Mitglied« der Bonner Hofkapelle, also Papas Kollege.

Nach dem Tod der Mutter, und nachdem er sein betrunkenes
»Papächen« immer öfter in den Gaststätten suchen musste, wurde er
sogar zum Vormund seiner Brüder – und lernte seinen großen Mäzen,
den Grafen Waldstein kennen (ihm ist die »Waldstein«-Sonate gewidmet), der ihm eine Studienreise nach Wien ermöglichte und prophezeite: »Durch ununterbrochenen Fleiß erhalten Sie: Mozarts Geist aus
Haydns Händen.«

Fleiß? Kantaten, Sonaten, Lieder, Duos, Trios, Variationen, Rondos
– Beethoven war ein harter Arbeiter. Hunderte von Skizzenbüchern
belegen Hartnäckigkeit, Änderungen, Ergänzungen: »Hol der Teufel
alle Mechanismen«, schrieb er, als er beim Komponieren der »Missa
Solemnis« ins Stocken kam.

Von der Studienreise kehrte Beethoven nicht zurück, er blieb in Wien.

Ab 1796 ließ sein Gehör nach. Er schämte sich, versuchte es zu verheimlichen:»Alles, was Leben heißt, sei der erhabenen Kunst geopfert. Nur in deiner Kunst leben! So beschränkt du jetzt deiner Sinne wegen bist, so ist dies doch das einzige Dasein für dich.« Der Einzelgänger wurde noch verschlossener, eigenbrötlerischer, reizbarer. Nach einem peinlichen Eklat mit seinem Mäzen, dem Fürsten Lichnowsky, explodierte er:»Fürst! Was Sie sind, sind Sie durch Zufall und Geburt, was ich bin, bin ich durch mich selbst.«

Gelegentlich verliebte er sich, aber sich zu binden? Den berühmten »Brief an die unsterbliche Geliebte« schickte er nie ab, oder er hat ihn zurückbekommen.

»Wenn ich hätte meine Lebenskraft mit dem Leben so hingeben wollen, was wäre für das edle, bessere geblieben?«, notiert er und: »Du darfst nicht Mensch sein, für dich nicht, nur für andre; für dich gibts kein Glück mehr als in dir selbst, in deiner Kunst ... ich lebe nur in meinen Noten«.

Es entstehen Klavierkonzerte, Messen, Symphonien (»Eroica«), seine einzige Oper »Fidelio«.

1819 wird er völlig taub, der Kontakt mit der Welt findet nur noch in »Konversationsheften« statt:»Mut. Auch bei allen Schwächen des Körpers soll doch mein Geist herrschen.«

Das sperrige Genie hat das musikalische Heldenleben erfunden – und wurde dadurch selbst zum Helden. Zu seiner Musik (die etliche seiner Zeitgenossen für »unspielbar« hielten) fiel die Berliner Mauer, seine Autographe zählen zum Weltkulturerbe.

»Musik ist höhere Offenbarung als alle Weisheit und Philosophie.«

## Haus-Vorbilder

**Vater Johann van Beethoven (um 1740–1792)** »Mein Ludwig, mein Ludwig, ich sehe es ein, er wird ein großer Mann in der Welt sein«, prahlte der Vater, ein Tenor in der Bonner Hofkapelle, bei jeder Gelegenheit.

Nach dem Tod seiner Frau »verfiel er dem Trunk«: »Der Zustand des Vaters war für den jungen Ludwig unheimlich. Er liebte dieses Wrack von einem Mann. … Er spürte das Dämonische in der Unbeherrschtheit des Vaters, das Bedrohlich-Gefährliche, dem auch er sich nicht zu entziehen vermochte. … Wenn ›grauengeschwängerte Wahnstimmung‹ in der Musik Beethovens auftauche, so meinte einst Sigmund Freud, dann stünden dahinter die Erlebnisse aus der ›Begegnungszeit‹ mit dem Vater« (Berndt W. Wessling).

**Mutter Maria Magdalena geb. Keverich (1746–1787)** »Sie war mir eine so gute, liebenswürdige Mutter, meine beste Freundin.« Nachdem die Tochter eines kurfürstlichen Leibkochs, seine »so gute liebenswürdige Mutter« gestorben war, schreibt er: »O, wer war glücklicher als ich, da ich noch den süßen Namen Mutter aussprechen konnte! Und er wurde gehört, und wem kann ich ihn jetzt sagen? Den stummen, ihr ähnlichen Bildern, die mir meine Einbildungskraft zusammensetzt. …Wer wird die Welt ob dieses Verlustes trösten?«

# Wahl-Vorbilder

**Christian Gottlob Neefe (1748–1798)** »Werde ich einst ein großer Mann, so haben auch Sie teil daran«, bedankt sich Beethoven bei dem Kapellmeister und Kollegen seines Vaters am Bonner Hof, der 1782 als erster Ludwigs Werke veröffentlicht.

Neefe weckt sein Interesse für Volksmusik, aber auch für humanistische Strömungen in Literatur und Philosophie: »Christian Neefe war Beethovens Hefe« (Zacharias Werner).

**Johann Wolfgang von Goethe (1749–1832)** »Euer Exzellenz! Nur einen Augenblick Zeit gewährt mir die dringende Angelegenheit, indem sich ein Freund von mir, ein großer Verehrer von Ihnen (wie ich auch) von hier so schnell entfernt, Ihnen für die lange Zeit, dass ich Sie kenne (denn seit meiner Kindheit kenne ich Sie), zu danken. Das ist so wenig für so viel. … Bettina Brentano hat mir versichert, dass Sie mich gütig, ja sogar freundschaftlich aufnehmen würden. Wie könnte ich aber an eine solche Aufnahme denken, indem ich nur im Stande bin, Ihnen mit der größten Ehrerbietung, mit einem unaussprechlichen tiefen Gefühl für Ihre herrlichen Schöpfungen zu nahen? ... Euer Exzellenz großer Verehrter Ludwig van Beethoven«. (12. April 1811)

Am 25. Juni 1811 antwortete Goethe: »Ihr freundliches Schreiben, mein wertgeschätzter Herr, habe ich ... zu meinem größten Vergnügen erhalten. Für die darin ausgedrückten Gesinnungen bin ich von Herzen dankbar.«

Beethoven vertonte Goethes Oden und Gedichte, schrieb Musik zu »Egmont«.

Unmittelbar nach dem Treffen 1812 in böhmischen Kurbad Teplitz notiert Beethoven: »Göthe behagt die Hofluft sehr, mehr als es einem Dichter geziemt.«

Auch Goethe gibt sich befremdet: »Sein Talent hat mich in Erstaunen gesetzt; allein er ist eine ganz ungebändigte Persönlichkeit, die zwar gar nicht Unrecht hat, wenn sie die Welt detestabel findet, aber sie freilich dadurch weder für sich noch für andere genussreicher macht.«

Elf Jahre später schickt Beethoven Goethe einen Bettelbrief, mit der Bitte, sich bei dem Weimarer Großherzog für seine »Missa solemnis« einzusetzen: »Die Verehrung, Liebe und Hochachtung, welche ich für den einzigen unsterblichen Goethe in meinen Jünglingsjahren schon hatte, ist immer mir geblieben. ... Ich weiß, Sie werden nicht ermangeln, einen Künstler, der nur zu sehr gefühlt, wie weit der bloße Erwerb von ihm entfernt ist, einmal sich für ihn zu verwenden.« Der Geheimrat beantwortet diesen Brief nicht.

Als Vorbild galt dem Komponisten vor allem der Pragmatiker Goethe: Als Beethoven von seinem Verleger einen Exklusivvertrag verlangt, der ihn von allen Sorgen frei machen würde, betont er: »Ich wollte im Componieren nicht faul sein. Ich glaube, Goethe macht es so mit Cotta, und wenn ich nicht irre, hatte Händels Londoner Verleger eine ähnliche Übereinkunft mit ihm.«

## Musikalische Vorbilder

»Händels, Bachs, Glucks, Mozarts, Haydns Porträte in meinem Zimmer, sie können mir auf Duldung Anspruch machen helfen.«

»Studiert er die Partituren seiner Vorgänger, so sucht er stets mit Intensität ›menschliche Ideale‹ in ihnen zu entdecken. Bei Mozart empfängt er derlei Eindrücke häufig, weniger bei Haydn ... und noch mehr kommt ihm das humanistische Ideal bei Georg Friedrich Händel entgegen, den er für den größten nicht mehr lebenden Meister hält.« (Bernd W. Wessling)

**Johann Sebastian Bach (1685–1750)** »Nicht Bach, sondern Meer sollte er heißen wegen seines unendlichen unausschöpfbaren Reichtums an Tonkombinationen und Harmonien.« »Genie hat doch nur unter ihnen der Deutsche Händel und Bach gehabt.«

**Georg Friedrich Händel (1685–1759)** »Ich habe jederzeit Mozart als solchen betrachtet [den größten Meister], bis zu dem Tag, an dem ich Händel kennengelernt. ... Händel ist der unerreichte Meister! Geht hin und lernt, mit wenigen Mitteln so große Wirkungen hervorzubringen.«

**Wolfgang Amadeus Mozart (1756–1791)** »Allzeit habe ich mich zu den größten Verehrern Mozarts gerechnet, und werde es bis zum letzten Lebenshauch.«

1787 reist er nach Wien in der »kühnen Hoffnung, bei dem Herrlichen« Unterricht nehmen zu können. Doch Mozart ist justament gewaltig beschäftigt und nimmt keine Schüler an. Dennoch soll der Bonner Eleve am Pianoforte Platz nehmen und ein »Stück nach eigenem Belieben« spielen. Beethoven improvisiert, Mozart ist begeistert: »Auf den gebt acht, der wird einmal in der Welt von sich reden machen!«

Beethoven muss sich einen anderen Lehrer suchen. Und vielleicht hallt seine Enttäuschung noch in seinem Urteil nach: »Mozarts Meisterwerk ist die Zauberflöte, dort hat er sich als deutscher Meister gezeigt. Der Don Juan ist noch zu italienisch; außerdem sollte sich niemals die heilige Kunst zur Folie eines so skandalösen Sujets entwürdigen lassen.«

**Joseph Haydn (1732–1809)** Beethovens Sekretär Anton Schindler überliefert folgende Szene: Johann Schenk, Wiener Komponist, traf

Beethoven, »als dieser eben mit seinem Hefte unter dem Arm von Haydn kam. Schenk warf einen Blick in das Heft und gewahrte da und dort Unrichtiges, Beethoven, darauf aufmerksam gemacht, versicherte, dass Haydn diese Elaborate soeben korrigiert habe ... (Schenk entdeckte weitere Fehler) ... Mehr brauchte es nicht, um bei Beethoven den Verdacht rege werden zu lassen, Haydn meine es mit ihm nicht redlich. Er fasste sofort den Entschluß, den Unterricht bei ihm abzubrechen.«

Mehr noch irritiert Beethoven Haydns »krummer Buckel« – seine untergebene Haltung gegenüber der Aristokratie. Als der Kaiser dem Kapellmeister zum 75. Geburtstag gratuliert und ihn einen treuen Diener der Monarchie nennt, fährt Beethoven auf: »Ja, Diener, Diener, nichts als Diener!«

Er selbst brennt für das »Licht der Freiheit«.

Von seinem »Meister Pepi« menschlich enttäuscht, widmet er dem berühmtesten Symphoniker Europas dennoch sein Opus 1: drei Klaviertrios.

*Literatur:*

»Beethovens Briefe und persönliche Aufzeichnungen«, Leipzig 1942
»Beethovens Denkmal im Wort«, München 1946
Fritz Zobeley: »Beethoven in Selbstzeugnissen und Bilddokumenten«, Hamburg 1965
Berndt W. Wessling: »Beethoven – Das entfesselte Genie«, München 1985
Martin Geck: »Ludwig van Beethoven«, Hamburg 1996

# Roland Berger

geboren 1937 in Berlin, lebt in München

Als zwanzigjähriger BWL-Student betreibt er einen eigenen Waschsalon, schafft sein Diplom als Jahrgangsbester, verpflichtet sich bei der »Boston Consulting Group« und macht sich mit dreißig selbstständig – als Unternehmensberater. Bis 2003 war der

Sohn eines bayerischen Wirtschaftsstaatssekretärs, der 1938 aus der NSDAP austrat und 1939 ins KZ Dachau kam, Chef der größten Strategieberatung Europas (33 Büros auf der ganzen Welt). Heute sitzt er im Aufsichtsrat. Er schreibt wirtschaftspolitische Kolumnen im Rheinischen Merkur, fördert den Ausbau einer internationalen Bibliothek in Krakau und sammelt Kunst (Initialzündung mit fünfzehn: eine Kandinsky-Ausstellung). »Mich haben immer Neugier und Lernenwollen angetrieben. Wenn man einen professionellen Qualitätsanspruch an die eigene Leistung hat und seine Arbeit mit Leidenschaft tut, kann man eigentlich nur Erfolg haben.«

»Die Liste interessanter, einflussreicher und teils berühmter Persönlichkeiten, die ich in meinem Leben treffen durfte, ist lang. Darunter sind viele beeindruckende Männer und Frauen, unabhängig von ihrem Bekanntheitsgrad. So verdanke ich einem italienischen Freund aus Studienzeiten die Entdeckung der Philosophie Hegels, über die wir nächtelang leidenschaftlich diskutiert haben und die bis heute mein Denken beeinflusst. Natürlich hat mich auch meine Familie sehr geprägt, vor allem meine Eltern.

Aus der Begegnung mit all diesen Menschen habe ich Wesentliches für mein Leben mitgenommen: Manche waren brillante Denker, andere herausragende ›Macher‹ und wieder andere charismatische Personen und begnadete Führungspersönlichkeiten.

Schon seit meiner Kindheit habe ich außerdem Biografien historischer Persönlichkeiten gelesen und erfahren, wie Menschen auf ganz unterschiedliche Art und Weise unternehmerische, politische, gesellschaftliche und wirtschaftliche Entwicklungen ihrer Zeit gemeistert und mitgestaltet haben, stets unter großem persönlichem Einsatz. Fasziniert haben mich immer auch wissenschaftliche Entdeckungen; wobei große Errungenschaften offenbar meist harter Arbeit, Phasen zäher Erfolglosigkeit und am Ende nicht selten dem Zufall geschuldet waren.

Auch Künstler haben mir immer wieder neue Impulse gegeben. Wobei der Mensch, der ein Bild, eine Komposition oder ein Gebäude schuf, durchaus so inspirierend sein kann wie sein Werk. Die Farbgestaltung oder Linienführung eines Bildes oder der Zusammenklang neuer Harmonien strukturieren neue Seh-, Hör- und Denkmuster und regen zur Kreativität an. Von manchen Personen wiederum habe ich mir schlicht Techniken angeeignet, um Schule, Studium und Beruf, kurz meine Arbeit, effizienter zu gestalten.

Trotzdem habe ich schon früh meinen eigenen Weg gesucht, wollte immer unabhängig sein. *Das* Vorbild schlechthin hat es für mich daher nie gegeben. Wer in den Fußstapfen anderer wandelt, kann sie weder überholen noch wird er seinen eigenen Weg finden. Auch heute noch bin ich davon überzeugt, dass jeder seinen ganz persönlichen Weg gehen sollte. Damit dieser zum Erfolg führt, auf welchem Gebiet auch immer, gilt es, die eigenen Stärken und Schwächen genau zu analysieren und dann seinen Talenten, Neigungen und Vorlieben zu folgen.

So kommt man weiter als durch das bloße Nachahmen von Vorbildern«.

# Dagmar Berghoff

geboren 1943 in Berlin, lebt in Hamburg

Als Chefsprecherin der Nachrichtensendung die »Tagesschau« gehörte sie dreiundzwanzig Jahre lang zu den beliebtesten Moderatoren der deutschen TV-Landschaft: 1976 war sie die erste Frau in einem News-Team, als sie sich am 31. 12. 1999 verabschiedete, war die verwitwete ARD-Anchor-Frau Preisträgerin von vielen Medienpreisen, wie »Bambi« oder »Goldene Kamera«. Die gelernte Schauspielerin, die nach dem Abitur als Au-pair-Mädchen nach England und Frankreich ging, engagiert sich seit 1997 im Kinderhilfswerk »Terre des Hommes«: »Eines hat dieser Beruf nie aus mir machen können: eine perfekte Sprechmaschine, die unberührt Nachrichten präsentiert.«

»Ich bin lieber ein schlechtes Original, als eine perfekte Kopie – daher habe ich keine Vorbilder.

Ich musste ja, seit ich neunzehn war, viel kämpfen und war immer auf mich allein gestellt. Für ein solches Leben, das Disziplin, Nervenstärke und später, vor laufender Kamera bei einer Life-Sendung, höchste Konzentration verlangte, gab es keine Vorbilder. Außerdem setzte ich mich selbst ständig unter Druck, fast besser als die männlichen Kollegen sein zu müssen. Ich glaubte, mit meinem Erfolg als Nachrichtensprecherin eine Bresche für die Frauen schlagen zu müssen. Wenn ich versagte, wäre doch dieser Beruf für Frauen erst einmal verloren.

Die Zeit hat gezeigt, dass es mir gelungen ist, die realen wie inneren Widerstände zu überwinden – und das machte mich zu einer ›starken Frau‹. Darauf bin ich stolz, das war es, was mich vielleicht sogar zu einem Vorbild für etliche, nicht nur berufstätige Frauen machte.

Andererseits: Männer mögen Frauen, die schwach und ein wenig hilflos erscheinen. Also musste ich es regelrecht lernen, etwas ›schwächer‹ zu werden, also nicht gleich den Mantel auszuziehen, sondern zu warten, bis mein Mann mir den Mantel abnahm, weil er das gern tat. Aber leicht fiel es mir nicht, ich bin nun mal nicht das Heimchen, werde es nie sein können. Wenn man, wie ich, das ganze Leben für sich allein gesorgt hat, kann man das Ruder nicht mehr plötzlich abgeben. Außerdem denke ich, dass man Menschen nicht in Kategorien wie Vorbild, Held, Lieblingsmaler zwingen kann. Die Vorlieben ändern sich doch im Lauf der Jahre mit den gewonnenen Erfahrungen. Kein Sechzigjähriger wird sich für den Helden eines Sechzehnjährigen begeistern können!

Es gibt allerdings gewisse Eigenschaften, die mir bei anderen imponieren und mit denen ich mich identifizieren kann: Fairness im Umgang mit Menschen und Disziplin im Umgang mit der Arbeit. Und Einsatz für Notleidende.

Das Engagement einer Mutter Teresa finde ich großartig und bewunderungsvoll – aber ein Vorbild ist sie für mich nicht.«

# Wolf Biermann

geboren 1936 in Hamburg, lebt in Hamburg

Politischer Dichter, der mit seinen regime-kritischen Liedern die Erosion der DDR beschleunigte. Einst von Hanns Eisler protegiert, wird der Ex-Mathematik-Student 1976 nach einem Konzert in Köln ausgebürgert und so zu einer Symbolfigur der DDR-Opposition. Nach der Wiedervereinigung liefert seine Auseinadersetzung mit dem SED-Erbe wichtige Impulse für die »Aufarbeitung« des Stasi-Regimes. Als Wegbereiter der Einheit wird der Sohn einer Hamburger Herzblut-Kommunistin (sein Vater wurde in Auschwitz ermordet) 2007 zum 115. Ehrenbürger Berlins: »Nie hätte ich gedacht, dass ich länger halte als die DDR.« Im Jahre 2000 wird der einstige Feind der Springer-Presse Kulturkorrespondent von Springers »Welt«: »Nur wer sich ändert, bleibt sich treu.«

»Hanns Eisler war ein ganzer Mensch, er sah in allem Privaten zugleich das Politische. So kam er mir vor: Der genießt keinen marinierten Hering, ohne an die streikenden Arbeiter in der kapitalistischen Fischfabrik zu denken. Der säuft ganz schön, aber wahrscheinlich kein Glas Champagner ohne einen Kommentar über die Klassenkämpfe in Frankreich. Ein genialer Komponist, er schrieb die allerschönsten Lieder zu Brechttexten, nicht schlechter als Kurt Weill. Er schrieb das weltberühmte ›Und weil der Mensch ein Mensch ist …‹. Er komponierte die unsterblichen Musiken zu Brechts sterblichem Agitpropstück ›Die Mutter‹.

Er komponierte die Musik zu Johannes R. Bechers National-Hymne ›Auferstanden aus Ruinen‹. Was Sie nicht wissen können: er zog die schöne Melodie dieses verdorbenen Liedes an Land, als er in Warschau auf einem klapprigen Klavier im Chopin-Museum rumklimperte. Er komponierte aber auch Brechts Gegenentwurf, die wunderzarte Kinderhymne ›Anmut sparet nicht, noch Mühe‹.

Er war ein Schönbergschüler, der sich aus dem Labyrinth der 12-Ton-Musik auf die Schlachtfelder der Klassenkämpfe gewagt hatte, von der ästhetischen Radikalität Schönbergs weg zur politischen Lenins. Hanns Eisler schrieb hochgestochene Kammermusiken, mit denen er seine grobschlächtigen Genossen irritierte, er war mit allen Wassern der hegelschen Philosophie gewaschen. Und wenn Sie jemals ein intelligentes Buch über politische Ästhetik lesen wollen, dann lesen Sie sein Buch mit dem Titel: ›Fragen Sie mehr über Brecht‹. Es gibt ein kleines Gedicht aus dieser frühen Zeit. Das scheinbare Paradox, dass nämlich die Kugel eine begrenzte Oberfläche hat, aber keine Grenze, diente mir jungem Spund als Gelegenheit, den Meister in altmeisterlicher Pose zu loben:

## Hanns Eisler
## – oder die Anatomie einer Kugel

*Seltene Gelegenheit eines runden Menschen!*
*Gespalten nicht seine Zunge, noch sein Gehirn.*
*Auch geht kein Riß zwischen Oben und Unten ihm.*
*Da, wo bei andern die furchtbar berüchtigte Stelle,*
*Da, wo den andern so leicht das Kreuz brach,*
*Wölbet sich mächtig sein fröhlicher Bauch,*
*Schwingt auf und ab in wildem Gelächter*
*Über die Dummheit in der Musik nicht allein.*
*Also verschonte der Große uns mit größeren Worten.*

*Staunend noch heute, fahren wir Neueren hin und her*
*Auf diesem winzigen Globus. O Fläche der Kugel!*
*O wunderbarer Widersinn! Wir finden. Und finden*
*Das Ende nicht.*

Zu diesem Hanns Eisler kam ich also kurz nach dem Bau der Mauer mit meiner Gitarre. Er empfing mich freundlich in seiner Villa in der kleinen Pfeilstraße in Niederschönhausen, wo die Hohen schön hausen. Ich hatte den großen Mann schon mal bei anderer Gelegenheit kennen gelernt. Ich hatte ihm angekündigt, dass ich nun Lieder schreibe und ihm gern was vorsingen will, und er war auch bereit, sich mein Zeug anzuhören.

Die Unsicherheit eines jungen Mannes, der vor dem bewunderten Meister steht, provoziert Posen. Also wählte ich als erstes Lied einen Wirker, meinen größten Reißer von damals: Streu mal Sand vor die Räder, Bruno ... Ich wollte natürlich Eindruck schinden. Mit dieser zartruppigen Ballade hatte ich bei meinen Freunden in der Chausseestraße 131 Erfolg gehabt, also grölte ich sie nun auch im Salon des Tonsetzers:

## Die Ballade vom Fernlastfahrer Bruno

*Mein Lastzug hing am Baum*
*Es war sonst nichts passiert*
*Ich nahm mein Geld und wurde*
*Im Gasthaus einquartiert*
*(war mir doch egal, ob ich da warte oder fahr)*
*Sie saß mir gegenüber*
*An einem andern Tisch*
*Ihre Lippen waren traurig*
*Aber sonst war sie noch frisch*
*Der Regen geht*
*die Straße ist glatt*
*streu mal Sand vor die Räder, Bruno*
*während der Fahrt*

*Ich hab mich breitgemacht*
*Und schimpfte auf das Bier*
*Das Mädchen saß vorm Teeglas*
*Anstatt am Tisch bei mir*
*(man, war die stur, so hoch der Schnee ...)*
*Am nächsten Morgen brachte*
*Die Wirtin frisches Brot*
*Und sagte, als sie die Teller abwusch*
*›Das Mädchen von gestern is tot‹*
*Der Regen geht ...*

*Die Wirtin hat gejammert*
*Weil sie das ruiniert*
*Kein Gast geht in ein Gasthaus*

*Wo einer drin krepiert*
*(mensch, die hätt doch vorher bezahln können …)*
*Ich zahlte ihre Rechnung*
*Und aß auch noch das Brot*
*Die Wirtin hat nicht begriffen*
*Daß ener sowas tut*
*Der Regen geht …*

*Ich hab ja gleich gesagt*
*Es war sonst nix passiert*
*Am Mittag ging es weiter*
*War alles repariert*
*Bei Rostock dacht ich einmal:*
*Sie lebte und wär froh*
*Hatt ich mit ihr gesessen*
*Aber den Abend wars nicht so*
*Der Regen geht*
*die Straße ist glatt*
*streu mal Sand vor die Räder, Bruno*
*während der Fahrt*

Bei der ersten Strophe schaute Eisler irritiert, bei der zweiten schon gelangweilt, bei der dritten verärgert. Nach der vierten fragte er gereizt: Woran ist die Dame denn, bitte schön, gestorben? – Und weil ich nun schon verunsichert war, patzte ich zurück: Weiß ich doch nich! Und dann belehrte ich den Meister auch noch: Is doch egal, woran das Mädchen starb. Wichtig ist doch nur, dass der Bruno sich einbildet, sie wäre nicht gestorben, wenn er mit ihr in der Nacht was gemacht hätte … Eisler reagierte schwer genervt: Ekelhaft, das ist ein kitschiges Pubertätslied! Ein Dreck. Ich war vernichtet und schwieg.

Als ich meine Klampfe einpacken wollte, tat ich ihm vielleicht leid. Er sagte angewidert: Vielleicht wolln Sie noch ein andres spielen … – Ich weiß nicht, warum ich nicht einfach ging. Mit verzagter Stimme und taumeligen Gitarrefingern lieferte ich ihm lustlos ein zweites Lied. Mit schmerzverzerrtem Gesicht hörte er zu, aber dann brummte er: Nicht so schlecht … Haben Sie noch eins?

Gewiss hatte ich noch allerhand im Liedersack, und so sang ich zögerlich ein Drittes: So lieb hab ich meine blonde Schöne … – ein chansonartiges Lied. Hm, sagte der Meister, haben Sie noch so eins? – Ja, die ›Ballade von dem Mädchen mit dem sehr roten Kleid‹. Nun sprang er auf und krähte in die hinteren Räume: Stääffiii!!! und wie aus einer Kulisse im Theater hatten nun zwei schöne, sehr sehr schöne Frauen ihren Auftritt. Mutter und Tochter, sie schwebten zu uns in den Salon und drapierten sich aufs Sofa. Dann sang ich die anzügliche Ballade vom Traktoristen Kalle mit dem steifen Bein. Und beim Refrain:

*Mänsch! der zog'ne Furche*
*Einen halben Meter tief*
*So grade wie sein steifes Bein*
*Er blieb nie länger als ein Jahr*
*Die Sorte gibt es nur ein paar*
*In Prenzlau gabs nur einen*

Da quäkte mein Meister das letzte Wort immer begeistert mit und korrigierte mich bestimmerisch: ›ein‹! In Prenzlau gab's nur ›ein‹! nicht einen! Ja, der Reim auf Bein und überhaupt die Kerle von der Maschinentraktorenstation MTS auf der LPG ›Völkerfreundschaft‹. Man lässt sich gern korrigieren von einem Bewunderer. Nun nannte der Alte mich nur noch Maestro Biermann, die Damen waren so hingerissen, wie ich es haben wollte, ich schwamm auf der Wolke des Erfolgs. Ich sang noch ein gewagtes Lied über eine weiße Sophie, die über die Mauer nach Westberlin geflohen war. Aber keine Sorge, das Lied war ideologisch sauber und ins Unverfängliche abgebogen. Und nun nannte Hanns Eisler mich schon schenial – ein Wort, welches Sie, meine verehrten Damen und Herren nicht irritieren soll, denn der Wiener Eisler sagte das auf wienerisch, und so bedeutet es überhaupt gar nichts.

Eisler bestellte mich für genau eine Woche später wieder in sein Haus. Er wollte bis dahin ein paar Leute einladen, denen ich dann vorsingen sollte, Leute, die damals über die Medien im Arbeiter- und Bauernstaat bestimmten. Fernsehen, Radio, Zeitung, Theater.

Wir sind – damit Sie nicht denken, ich hätte es vor lauter Geschichtenerzählen vergessen – mitten im Thema: politisch Lied – privates Lied. Als ich nun zum zweiten Mal mit meiner Gitarre nach Hohenschönhausen kam, war die schmale Pfeilstraße schwarz voll Bonzenschleudern. (So nannten wir die schweren schwarzen Limousinen mit den russischen Tüllgardinen im Hinterteil.) Ich klingelte an der Pforte, der Summer wurde gedrückt, das Schloss sprang auf, und der Meister persönlich kam mir, die vier fünf Stufen runter, schweratmend auf dem Gartenweg entgegen. Er zog mich beiseite und instruierte mich für unseren Coup. Bevor wir endlich hoch ins Haus gingen, sagte er: Übrigens Ihr erstes Lied da, das mit dem Fernlastfahrer ... Verflucht, dachte ich, fängt er wieder mit diesem pubertären Kitschlied an ... also ..., sagte Eisler, dieses Lied von dem Bruno und dem Mädchen ... schenial! wirklich scheeeniaal!

Ich will Ihnen sagen, was da passiert war. Eisler hatte das Tonband in seinem Kopf nochmal zurücklaufen lassen. Und er hatte sich mein verunglücktes Eröffnungslied offenbar mit neuen Ohren angehört, aus der Perspektive all der anderen sehr privaten Lieder, die er nun kannte. Er war beim ersten Treffen auf dermaßen unpolitisches Zeug nicht vorbereitet gewesen. Aber weil es für Eisler eine abgehobene, eine unpolitische Ästhetik gar nicht geben konnte, hat er ganz offensichtlich auch die politische Funktion dieser neuen privaten, ja, so schwärmte er: französischen Haltung gespürt. Ihn entzückte, dass es die DDR war, in der solche neuen Menschenlieder wachsen und nicht im verdorbenen Westdeutschland.

Was für ein Mensch, dieser Hanns Eisler!, was für ein behutsamer Lehrer, der die Sorgfalt und die Aufrichtigkeit besitzt, sich auch zu korrigieren. Denn natürlich hatte mich sein Verdikt gegen das erste Lied aus allen Angeln gehoben. Ich war jung und unsicher und – grinsen Sie ruhig: überbescheiden, zumindest gegenüber einem Menschen wie Eisler, dessen Wort für mich damals ein Götterurteil war.

Wenn man den Ehrgeiz hat, im Sinne des Kontrapunkts eine bestimmte Musik gegen den Text zu setzen, sodass die Musik den Text nicht nur serviert oder transportiert, dann ist es besonders gefährlich, mit dem Instrument zu komponieren, auf dem man immer spielt.

Die Finger sind zehn denkfaule Leute und dumm dazu. Sie bevorzugen immer die gleichen eingeübten Bewegungsabläufe. Das passiert auch bei hochgestochenen Musikern, die eine breite Palette haben. Auch sie entkommen diesem Gesetz der geistigen Trägheit nicht. Es kommt hinzu, dass jedes Instrument eine Art geronnene Musikstruktur repräsentiert. Auf der Gitarre zum Beispiel können die armen Finger manche Kompositionen nur sehr sehr schwer spielen.

Es ist ein vergleichsweise eingeschränktes Instrument, manche Musiken sind einfach nicht zu bewältigen auf den sechs Saiten. Aber die Gitarre hat stattdessen auch gradezu gefährliche Billigangebote im Harmonischen. Man kann nämlich mit ein und demselben Barré-Griff beliebig das Griffbrett rauf und runter rutschen, sodass man ohne Mühe chromatische Verschiebungen im harmonischen Gefüge spielen kann.

Es gibt Musiken, denen man es ansieht, dass sie ideenarm im Harmoniebaum von Ast zu Ast rutschen, dass sie auf der Gitarre zusammengefingert wurden. Auf dem Klavier mit seinen schwarzen und weißen Tasten sind solche wohlfeilen chromatischen Rückungen natürlich auch zu spielen, aber man schmiert nicht so pipi-eier-leicht durch die Harmonien wie mit der Gitarre. Darum ist es besser, wenn man erst mal frei im Kopf komponiert und dann erst ins Instrument greift.

Ich werde nie vergessen, wie Hanns Eisler mich schroff darüber belehrte. Als ich ihn mal wieder in seinem Haus in der Pfeilstraße in Niederschönhausen besuchen durfte, spielte er mir das schöne Lied vom Sprengen des Gartens vor. Brecht. Seine kurzen fleischigen Finger hüpften über die Tasten, er krächzte mehr den Gestus als die Melodie, der Vortrag grandios. Statt im geistigen Zentrum dieses kleinen Weltereignisses zu verharren, fühlte ich mich bemüßigt, in einem rotzigen Nebensatz anzumerken, dass sein Stutzflügel grauenhaft verstimmt sei. Daraufhin raunzte er mich ungnädig an: ›Junger Mann, das Instrument des Komponisten ist der Bleistift!‹«

*aus:* »Wie man Verse macht und Lieder. Eine Poetik in acht Gängen« von Wolf Biermann
© 1997 by Verlag Kiepenheuer & Witsch, Köln

# Maxim Biller

geboren 1960 in Prag, lebt in Berlin

Sein erster Erzählband »Wenn ich einmal reich und tot bin« (1990) wurde in der Süddeutschen Zeitung als die Wiederkehr der jüdischen Literatur nach Deutschland bezeichnet, seine Beiträge für Tempo, Cicero, Spiegel, Die Zeit, polarisieren. Für die FAS schrieb der »Autor der Single-Generation« (eine Tochter) die Kolumne »Moralische Geschichten«. Sein Liebesroman »Esra« (2003) wurde aus dem Handel genommen, weil zwei Frauen darin ihre Persönlichkeitsrechte verletzt sahen. (»Ich schreibe, weil ich nicht anders kann. Ich denke nicht an ein Publikum. Kein Künstler denkt an sein Publikum.«) Über den »Fall Esra« wird im September 2007 vor dem Bundesverfassungsgericht entschieden: »Ein Künstler, der nicht erregt, der macht irgendetwas falsch.«

»Vorbilder? Ich habe keine, weil ich keinem nacheifern möchte. In Deutschland ist man zu Recht auf Vorbilder allergisch, weil die Großen der Geschichte alles andere als vorbildhafte Menschen gewesen sind. Hitler, Kaiser Wilhelm, Hindenburg das waren doch keine Männer, die Weitsicht oder Menschlichkeit gehabt und über ein wahres Demokratieverständnis verfügt hätten, oder einen unbändigen Sinn für Freiheit.

Die wenigen großen Deutschen, für die die Freiheit das bestimmende Motiv ihres Lebens gewesen ist, so wie Heinrich Heine oder Joseph Roth, haben es nicht eben leicht gehabt.

Außerdem: Ich bin in Prag aufgewachsen, im Stalinismus, und das macht mich zusätzlich skeptisch gegenüber allem, was auch nur den Anschein von Autorität hat. Und ein Vorbild heißt für mich: Autorität, die Aufforderung, sich aufzugeben. In den sechziger Jahren, da galten Albert Schweitzer, Martin Luther King oder Gandhi als Vorbilder. Aber das waren Vorbilder einer Generation, die sich durch ihren Pazifismus, durch den Kampf gegen den Vietnamkrieg definierten.

Mich haben immer Menschen fasziniert, die etwas gemacht haben, was auch ich gerne machen würde, um mich dabei selbst zu verwirklichen. Zum Beispiel Pablo Picasso: Man merkt seiner Arbeit an, wie frei er gewesen ist, wie viel Freiheit es sich genommen hat, um so zu leben und so zu arbeiten, wie er allein es möchte.

Oder Giorgio Bassani. Ein italienischer jüdischer Schriftsteller, der traurige, herzergreifende Texte geschrieben hat und im Untergrund gegen Faschisten kämpfte.

Und Bob Dylan: Er war so frei, so souverän, so unabhängig von der Meinung anderer, der dachte: Ich bin so schön, ich bin so genial, ich mache, was ich will, ich verändere die Welt, indem ich die elektrische Gitarre spiele, gleich, was passiert. Das ist das Gefühl, das ich auch haben möchte.

Oder Boris Pasternak: Mit einundvierzig Jahren hat er seine Erinnerungen, ›Geleitbrief‹, veröffentlicht und sich dann als Jude freiwillig in die Rote Armee gemeldet, aber nach dem Krieg in seinem Roman ›Doktor Schiwago‹ angstlos mit den Bolschewiken abgerechnet.

Und John Cassavetes: Der drehte 1958 den Underground-Film ›Shadows‹ – eine Liebesgeschichte zwischen einem Schwarzen und einer Weißen, also ein Thema, das damals natürlich tabu war. Als ich den Film zum ersten Mal sah, dachte ich: Ich möchte ein Leben leben wie er, ich möchte ein Lebensgefühl haben wie er. Aber niemals: Ich will so *sein*, wie er.

Ich weiß fast nichts über die Biographien dieser Künstler. Aber wenn ich ihre Werke sehe oder lese, dann spüre ich ihre Freiheit, Poesie, ein wenig Traurigkeit und Sehnsucht und möchte sie leben.«

»Ich bin gekommen, Feuer auf die Erde zu werfen,
und was will ich anderes, als dass es brenne.«

# Hildegard
# von Bingen

um 1098 auf dem Gut Bermersheim in Rheinhessen
– 1179 im Kloster Rupertsberg bei Bingen

»Im Jahre 1141 ... als ich zweiundvierzig Jahre und sieben Monate alt
war, kam ein feuriges Licht mit Blitzesleuchten vom offenen Himmel
hernieder. Es durchströmte mein Gehirn und durchglühte mir Herz
und Brust gleich einer Flamme, die jedoch nicht brannte sondern
wärmte, wie die Sonne ... Voller Furcht und zitternd vor gespannter
Aufmerksamkeit blickte ich gebannt auf ein himmlisches Gesicht ...
da sah ich plötzlich einen überhellen Glanz, aus dem mir eine Stimme
vom Himmel zurief: Sage und schreibe, was du siehst und hörst!«

Von da an – wohlgemerkt, mit zweiundvierzig! – schrieb Hildegard
nicht nur, sondern sie disputierte und predigte. Sie empfand sich als
»Posaune Gottes« – und das in einer Zeit, als es galt »Das Weib schwei-
ge in der Kirche« (so Apostel Paulus im ersten Korintherbrief).
Sucht man nach der Klosterschwester, die noch zu Lebzeiten zur
Kultfigur wurde, bietet Google ungefähr 1 140 000 Treffer, ihre Koch-
bücher, Liedertexte und Naturheil-Rezepte werden immer noch verlegt.
Denn die Benediktinerin war nicht nur mit der Bibel vertraut, sie
war kundig in Heilkunde, Biologie, Astronomie: Sie beherrschte die
Kochkünste und die Dichtung, sie komponierte, hatte Grundkenntnisse
in Physik und Chemie (nachzuprüfen in ihren Schriften zum jeweiligen
Wissensbereich, die sie auf Latein ihrem Sekretär diktierte) – was sie
sah und erlebte, machte sie zu einer Universalgelehrten.
Und kein geringerer als Papst Eugen III. lobte öffentlich ihre Texte,
da aus ihnen »Gottes Geist spreche«: »Die Scharen gläubiger Völker,
sie brechen aus in Lob über dich. Du bist für viele ein Duft des Lebens
geworden!«

Am 1. November 1106 »haben mich meine Eltern unter Seufzern Gott geweiht«, schrieb sie später in ihrer *Vita*, »in meinem achten Jahr war ich Gott zu einem geistigen Werke dargebracht«. Sie verbrachte vierundvierzig Jahre in ihrer Klause, lernte lesen und »eigenhändig Schreiben«, Latein und Handarbeiten, spielte Harfe und memorierte Psalmen. 1136 wurde sie von den anderen Schwestern zur Mutter Oberin gewählt.

Der Abt des angrenzenden Klosters, dem sie von ihren Visionen berichtete, war von ihrem »göttlichen Auftrag« überzeugt und stellte ihr den Mönch Volmar zur Seite – Hildegard begann zu diktieren. Den ersten Brief schickte sie 1147 dem »Star« der Kreuzzüge, dem Mystiker Bernhard von Clairvaux, sie korrespondierte mit vier Päpsten, mit Kaiser Friedrich I. Barbarossa, dem König Heinrich II. von England und der Königin Eleonore von Aquitanien. Und alle hörten auf sie. Nicht *sie* war es schließlich, die die Zustände in den Klöstern, den Sittenverfall, den Mangel an Nächstenliebe kritisierte – Gott tat es (durch sie).

Sie war die erste Frau, die ein Kloster gründete – und in ihrem neuen Konvent auf dem Rupertsberg lebte. »Vor allem war Hildegard eine Frau … Es ist immer so: wenn eine Frau wirklich etwas zu sagen hat, dann sagt sie es auch, und man hört auf sie. Nur die Frau, die ihrem Wesen treu bleibt, erweckt wirklich Beachtung.« (Walter Nigg)

1179 verhängte der Mainzer Bischof über ihr Kloster ein Interdikt: Öffentliche Gottesdienste, Empfang der Kommunion, Gesang wurden untersagt. Sie hatte einen angeblich exkommunizierten Edelmann auf ihrem Klosterfriedhof bestatten lassen, statt ihn in ungeweihter Erde zu begraben: »Unter bitteren Tränen bat ich um Verzeihung und flehte sie klagend und demütig um Erbarmen an«, berichtete sie, vergeblich. Diesmal reichte der Hinweis auf ihre Visionen nicht, die sie über die Ungültigkeit des Exkommunikation »informierten«.

Als der Bann aufgehoben wurde, lag die Äbtissin im Sterben. Gott aber muss ihre Hingabe, Energie und Integrität gefallen haben, denn er sprach zu ihr, »nicht im Traum und nicht im Rausch, sondern als ich hellwach war«. Sie hörte klar und deutlich, wie er bemerkte: »O wie schön sind deine Augen, wenn du göttliche Dinge kundtust.«

Übrigens: 1495 erschien der erste Vorbilder-Katalog Deutschlands: »Catalogus illustrium virorum Germaniae« von Johannes Trithemius von Sponheim (1462–1516). In diese erlesene Männer-Sammlung hat er eine einzige Frau aufgenommen: Hildegard von Bingen.

## Haus-Vorbilder

**Vater Hildebert von Gandersheim** Da sie als das zehnte Kind geboren wurde, bestimmte ihr Vater das Mädchen »als einen Zehnten für Gott abzusondern, der ja im Gesetz angeordnet ist«. Mit acht geben sie die Eltern in das Benediktinerkloster Disibodenberg, sie lernt lesen, schreiben, Latein, Gesänge und Klostermedizin. Biograph Gottfried bestätigt in seiner Hildegard-»Vita«, dass ihre »Eltern mit äußerlichen Gütern sehr gesegnet waren«.

**Die Amme** Ihre Mutter Mechtild erwähnt Hildegard ein einziges Mal: »Bei meiner ersten Gestaltung, als Gott mich im Schoße meiner Mutter durch den Hauch des Lebens erweckte, prägte er dieses Schauen meiner Seele ein.«

Ihre Visionen, die sie schon als Kind empfing, machten sie unsicher, ihre einzige Vertrauensperson wurde ihre Amme: »Als ich davon erschöpft war, versuchte ich von meiner Amme zu erfahren, ob sie, abgesehen von äußeren Dingen, irgend etwas sähe. Und sie erwiderte: ›Nichts‹, weil sie nichts dergleichen sah. Da war ich von großer Furcht ergriffen und wagte nicht, dies irgend jemandem zu offenbaren. ... Und bis zu meinem fünfzehnten Lebensjahr sah ich vieles, und manches erzählte ich einfach, so dass die, die es hörten, sich sehr wunderten, woher es käme und von wem es sei. Da wunderte ich mich auch selbst ..., daß ich dies von keinem anderen Menschen hörte. Darauf verbarg ich die Schau, die ich immer in meiner Seele sah, so gut ich konnte.«

Natürlich hatte sie Angst – Visionen konnten auch vom Teufel kommen, wie bei den Hexen.

# Wahl-Vorbilder

**Jutta von Sponheim (um 1090–1136)** »Vierundzwanzig Jahre leben Hildegard und Jutta als Schülerin und Meisterin zusammen. Jutta von Sponheim bietet der Jüngeren ein praktiziertes Modell weiblicher religiöser Lebensgestaltung und Menschenführung. Niemand hat Hildegard mehr geprägt. Die gebildete Magistra zog sich nicht in einen geistigen Elfenbeinturm zurück. Sie war für Menschen da, die in der Welt lebten.« (Barbara Beuys)

»Viele, die weit entfernt wohnten, schickten zu ihr Boten, meistens mit Briefen und mit der Bitte um Unterstützung im Gebet«, berichtet Hildegard. Jutta war auch die Erste, die Hildegards »Gabe« bemerkte: »Doch die Edelfrau, der ich zur Erziehung übergeben worden war, bemerkte es und teilte es einem ihr bekannten Mönch mit« – das war der erste Schritt auf Hildegards Weg in die Öffentlichkeit.

Jutta war in der Tat eine willensstarke, wissbegierige und abenteuerlustige Frau – ihr größter Wunsch war es, eine Pilgerreise (!) zum Grab Christi zu machen.

**Abbild Gottes** »Du hast nämlich vor allen andern deiner Geschöpfe dem Menschen hohe und bewunderungswerte Würde verliehen« – der Mensch als Gottesschöpfung ist zugleich ein Abbild Gottes: »Gott hat die Gestalt des Menschen nach dem Bauwerk des Weltgefüges, nach dem ganzen Kosmos gebildet, so wie ein Künstler seine Formen hat, nach denen er seine Gefäße macht. Und wie Gott das riesige Instrument des Weltalls nach ausgewogenen Maßen gemessen hat, so hat er dementsprechend den Menschen in seiner kleinen kurzen Gestalt abgemessen.«

»Individualität« ist noch bis in die Renaissance kein begehrenswertes Attribut. Positiv ist das »Typische«, das sich Wiederholende, die Imitatio. Man definiert sich über Glaubens-, Standes- und Gruppenzugehörigkeit. Auch Hildegard versteht sich als ein Gefäß Gottes, als »Wachs«, das geformt wird durch Gottes Willen. Auf ihren mittelalterlichen »Porträts« sieht man den weiblichen Star des 12. Jahrhunderts mit einem Blick gen Himmel, von dem ein »geistiger Strom« in sie einfließt.

Übrigens: Unter »Mensch« versteht die resolute Äbtissin immer Mann und Frau. Sie leugnet nicht die Erbsünde, doch vertritt sie ein optimistisches Bild von Gott, Welt und Mensch, predigt eine menschenfreundliche Theologie.

*Literatur:*
Hildegard von Bingen: »Briefwechsel«, Salzburg 2002
Helene M. Kastinger Riley: »Hildegard von Bingen«, Reinbek 1977
Michaela Diers: »Hildegard von Bingen«, München 1988
Barbara Beuys: »Denn ich bin krank vor Liebe«, München 2001

»Ich werde entweder der größte Lump oder der erste Mann Preußens.«

# Otto von Bismarck

1. April 1815 Schönhausen –
30. Juli 1898 Friedrichsruh

»Ich bin ein Bismarck!«, antwortete der Mann, der siebenundzwanzig Jahre lang das Land – von Kaisers Wilhelm I. Gnaden – wie ein absolutistischer Herrscher regierte, als ihm Kaiser Wilhelm II., der ihn am 20. März 1890 entlassen hatte, anbot, ihm den Herzog-Titel zu verleihen.

»Jetzt will ich meine Memoiren schreiben!«, verkündete »der Lotse, der von Bord geht«, und zog sich zurück auf sein Schloss Friedrichsruh. Wenige Wochen später beklagte der junge Legationsrat, dem er diktierte, der Fürst zeige kein Interesse fürs Fertige, »sondern fängt an, auch absichtlich zu entstellen, und zwar selbst bei klaren, ausgemachten Tatsachen und Vorgängen. Bei nichts, was misslungen ist, will er beteiligt gewesen sein, und niemand lässt er neben sich gelten.« Der politische Gestaltungswille war wohl noch »im Amt«.

Eigentlich wollte Bismarck – wie sein Vater – Gutsherr bleiben: 1839 quittierte der Jurist den Staatsdienst, um das verschuldete Erbgut in Pommern zu sanieren:»Mein Umgang besteht in Hunden, Pferden und Landjunkern, und bei Letzteren erfreue ich mich einigen Ansehens, weil ich Geschriebenes mit Leichtigkeit lesen kann.« Und er heiratete. Nachdem die Frau, die er liebte, gestorben war, beschloss er, ihrer engsten Freundin die Ehe anzutragen:»Im übrigen glaube ich ein großes Glück zu haben, indem ich, ganz kaltblütig gesprochen, eine Frau von seltnem Geist heirate.«

Nach achtundvierzig Ehejahren bekannte er ihr:»Du bist mein Anker an der guten Seite des Ufers.«

Nach der Revolution von 1848 ließ er sich (um den bodenständigen Junkern eine Stimme zu verleihen) in den Landtag wählen, wurde Sprecher der Ultrakonservativen, verpachtete sein Gut und wollte sich ganz der Politik widmen: als Preußischer Gesandter am Frankfurter Bundestag, als Gesandter in St. Petersburg und ab 1862 als Preußens Ministerpräsident. Mit seiner Rede vor der Budgetkommission des Preußischen Abgeordnetenhauses bewies er Richtlinienkompetenz:»Nicht durch Reden und Majoritätsbeschlüsse werden die großen Fragen der Zeit entschieden – das ist der große Fehler von 1848 und 1849 gewesen –, sondern durch Eisen und Blut.«

Er überlebte zwei Attentate, beargwöhnte seinen einzigen Sohn, schrieb ganze Seiten aus den Büchern Lord Byrons in sein Notizbuch ab.

Nach dem siegreichen Krieg gegen Österreich war er Bundeskanzler des Norddeutschen Bundes, preußischer Ministerpräsident und Außenminister zugleich, und kaufte das Gut Varzin:»Ich habe mir dort mit den Bäumen mehr zu sagen als mit Menschen. Die Waldeinsamkeit muß für Deutsche etwas Befriedigendes haben.«

Am 18. Januar 1871 erreichte er sein Lebensziel: »Die deutsche Einheit ist gemacht und der Kaiser auch.«

Bismarck wurde Fürst und Reichskanzler und obwohl unbelehrbarer Sozialistenfeind (»wahr bleibt das alte Wort von 1848: ›Gegen Demokraten helfen nur Soldaten‹«) Schöpfer des Sozialstaates (er führte die Kranken- und Altersversicherung ein). Er förderte den »Kulturkampf« (Absage an den kulturellen Monopolanspruch des Vatikans), obwohl sein Gottesglaube unbeirrbar blieb:»Man kann nicht selber etwas schaffen; man kann nur abwarten, bis man den

Schritt Gottes durch die Ereignisse hallen hört; dann vorspringen und den Zipfel seines Mantels fassen – das ist Alles.«

Alles an ihm war maßlos: der Wille, die Körpergröße, der Appetit (er rühmte sich, als junger Mann zwei Dutzend Eier beziehungsweise hundertfünfundsiebzig Austern verspeist zu haben):»Bei mir macht der Patriotismus kurz vor dem Magen halt.« Und er beteuerte bis zuletzt, kein deutscher Nationalist zu sein, vielmehr ein preußischer Staatsmann.

Und doch haben die Deutschen die meisten Denkmäler (über 550) ausgerechnet dem »Eisernen Kanzler« gewidmet, dem Begründer des deutschen Nationalstaates:»Meine Härte ist angelernt. Ich bin ganz Nerven, und zwar derartig, daß Selbstbeherrschung die einzige Aufgabe meines Lebens gewesen ist.«

## Haus-Vorbilder

»Niemand verliert den Stempel wieder, den ihm die Zeit der Jugendeindrücke aufprägt.«

**Vater Ferdinand von Bismarck (1771–1845)** »Heute ist Ottos Geburtstag«, mit diesen vier Worten registrierte der Vater die Geburt des vierten seiner sechs Kinder, und fuhr fort »die Nacht ist uns ein schöner Bock krepiert. Welch niederträchtiges Wetter.« Dieser bodenständige Junker blieb für Otto »bis ins hohe Alter ein Ideal«:»Meinen Vater liebte ich wirklich, und wenn ich nicht bei ihm war, fasste ich Vorsätze, die wenig Stand hielten; denn wie oft habe ich seine wirklich maßlos uninteressierte gutmütige Zärtlichkeit für mich mit Kälte und Verdrossenheit gelohnt. Und doch kann ich die Behauptung nicht zurücknehmen, dass ich ihm gut war im Grunde meiner Seele.«

Noch als Reichsfürst zitierte er seinen Vater:»Was tut man nicht, um den Hausfrieden zu erhalten!«

Dennoch:»Ein Vorbild konnte der liebenswürdige, aber schwache Vater nicht sein. Das war schon eher die Mutter, deren Werte der junge Bismarck trotz des Hasses, den er ihr gegenüber empfand, in einem stärkeren Maße verinnerlichte, als ihm selbst wohl bewusst war.« (Theo Schwarzmüller)

**Mutter Wilhelmine Louise von Bismarck geb.** Mencken (1789–1839) »Als kleines Kind haßte ich sie, später hinterging ich sie mit Falschheit und Erfolg«, schreibt er über die ehrgeizige, gebildete Kabinettsratstochter, deren Vater noch von Friedrich dem Großen als Kabinettssekretär eingestellt worden war: »Ich bin nicht richtig erzogen. Meine Mutter ging gern in Gesellschaft und kümmerte sich nicht viel um mich. … Sie war eine schöne Frau, die äußere Pracht liebte, von hellem lebhaftem Verstand, aber wenig von dem, was der Berliner Gemüt nennt. Sie wollte, dass ich viel lernen und viel werden sollte, und es schien mir oft, dass sie hart, kalt gegen mich sei. Was eine Mutter dem Kinde wert ist, lernt man erst, wenn es zu spät, wenn sie tot ist; die mittelmäßigste Mutterliebe, mit allen Beimischungen mütterlicher Selbstsucht, ist doch ein Riese gegen alle kindliche Liebe.«

Von dem Wunsch beseelt, ihren Sohn nach dem Vorbild ihres Vaters zu formen, steckte sie den Sechsjährigen in die Berliner »Plamannsche Erziehungsanstalt« mit zwölf (!) Stunden Unterricht täglich (einer seiner Lehrer war der berühmte deutsche »Turnvater« Friedrich Ludwig Jahn):

»Meine ganze Kindheit hat man mir in der Plamannschen Anstalt verdorben … die rücksichtslose Strenge, das künstliche Spartanertum, das Wecken mit Rappierstößen. … Als normales Produkt unsres staatlichen Unterrichts verließ ich 1832 die Schule als Pantheist, und wenn nicht als Republikaner, doch mit der Überzeugung, dass die Republik die vernünftigste Staatsform ist.«

## Wahl-Vorbilder

**Friedrich der Große (1712–1786)** »Friedrich der Große hat sein Blut nicht fortgepflanzt; seine Stellung in unserer Vorgeschichte muß aber auf jeden seiner Nachfolger wirken als eine Aufforderung, ihm ähnlich zu werden. Ihm waren zwei einander fördernde Begabungen eigen, die des Feldherrn und die eines hausbackenen, bürgerlichen Verständnisses für die Interessen seiner Untertanen. Ohne die erste würde er nicht in der Lage gewesen sein, die zweite dauernd zu betätigen, und ohne die zweite würde sein militärischer Erfolg ihm die

Anerkennung der Nachwelt nicht in dem Maße erworben haben, wie es der Fall ist.« »In der Außenpolitik sei Friedericus Rex, der den Nutzen über das Recht gestellt habe, sein Vorbild. Und für die Innenpolitik wünschte er sich einen Herrscher, der wie der Alte Fritz seine Hand über dem Adel hielte und den Krückstock gegen das Volk ›cette race maudite‹ schwänge.« (Franz Herre)

Immer wieder bezog sich Bismarck auf den »Fritz«: »Ein Preußen, welches der Erbschaft Friedrichs des Großen entsagt und sich mit der Rolle eines Reichs-Erz-Kämmerers bescheidet, wird in Europa keinen Bestand haben, und ehe ich zu einer derartigen Politik riete, würde die Entscheidung durch den Degen vorgehen müssen.« Und: »Klare Ziele hatten unsrer Politik seit dem Tode Friedrichs des Großen entweder gefehlt, oder sie waren ungeschickt gewählt oder betrieben.«

Sein Respekt ging so weit, dass ihn seine Feinde »ein recht miserables Epigonentum des Alten Fritz« nannten, denn auch er war nicht bereit, »einen Zoll vom Boden preußischer Kraft und Macht abzurücken. Dieser König würde sich [wenn in Gefahr] an die hervorragendsten Eigentümlichkeiten preußischer Nationalität, das kriegerische Element in ihr, gewandt haben.«

Übrigens: »Friedrich II. wäre nie der Große geworden, wenn er einen Minister wie Bismarck gehabt hätte«, meinte Wilhelm II., der den »Lotsen« von Bord schickte.

**Friedrich Schiller** (1759–1805) Unmittelbar nach seiner Entlassung plante er, »Schillers Dramen jetzt noch einmal, in der Reihenfolge ihrer Entstehung zu lesen.«

»Als ich jüngst beim Schlafengehen die Räuber vornahm, kam ich an die ergreifende Stelle, wo Franz den alten Moor ins Grab zurückschleudert, mit den Worten: ›Was? Willst du denn ewig leben?‹ Und da stand mir mein eigenes Schicksal vor Augen«, bekannte er.

Für den russischen General Ignatiew übersetzte er sogar während eines Abendessens aus dem »Wallenstein« (»der für alle Länder, nicht nur für Deutschen geschrieben ist«) den Vers: »Und setzet ihr nicht das Leben ein, nie wird euch das Leben gewonnen sein«, ins Französische.

Auf diesen Zweizeiler berief er sich auch 1846 in seinem »Werbebrief« an den Vater seiner Auserwählten.

Während der Feierlichkeit zum hundertsten Geburtstag des Nationaldichters zitierte er gelegentlich den Rütlischwur aus »Wilhelm Tell« und empfahl ihn zur Nachahmung: »Wir wollen sein ein einzig Volk von Brüdern, in keiner Not uns trennen und Gefahr.«

Übrigens: »Wenn ich dann so recht verärgert und abgemattet bin, lese ich am liebsten diese deutschen Lyriker, das erquickt mich« – er meinte Chamisso, Heine, Uhland und Schiller. Nicht Goethe, den nannte er »eine Schneiderseele«, und »Faust« hielt er für »unverständlich und darum ungenießbar«.

*Literatur:*
Otto von Bismarck: »Gedanken und Erinnerungen«, Stuttgart und Berlin 1919
Waltraut Engelberg: »Das private Leben der Bismarcks«, Berlin 1998
Theo Schwarzmüller: »Otto von Bismarck«, München 1998
Volker Ullrich: »Otto von Bismarck«, Reinbek 1998
Franz Herre: »Bismarck – Der preußische Deutsche«, Köln 1991

# Karlheinz Böhm

geboren 1928 in Darmstadt,
lebt in München, Wien und Äthiopien

Eine Filmrolle machte ihn zum Star: die des jungen Kaisers Franz Joseph in der »Sissi«-Trilogie. Eine Wette in »Wetten dass …« führte dazu, dass der Schauspieler zu einem unermüdlichen Entwicklungshelfer wurde. Seit 1981 sieht der Sohn des legendären Dirigenten Karl Böhm seine Lebensaufgabe darin, den Hunger in Äthiopien zu bekämpfen und nutzt seine Popularität für die Stiftung »Menschen für Menschen«: »Meine Arbeit ist keine Barmherzigkeit und gründet sich auch auf keine Religion, ich bin sogar konfessionslos. Wer meine Arbeit anschaut, weiß, woran ich glaube. Das, was ich tue, ist meine Verantwortung und Pflicht der Jugend gegenüber.« Der sechsfache Vater (zum vierten Mal verheiratet) ist der erste Ehrenbürger Äthiopiens: Er sorgte dafür, dass 67 Krankenstationen, 132 Schulen und 1049 Wasserstellen entstanden und 68 Millionen Bäume gepflanzt wurden.

»Meine Vorbilder? Wenn man unter Vorbild eine Lichtgestalt versteht, die einen das ganze Leben lang begleitet, der man bedingungslos nacheifert, dann kann ich nur sagen: ich hatte keine Vorbilder, ich wollte niemals nur wie ein anderer sein. Aber es gab immer wieder Menschen, die mich beeindruckten, und von denen ich viel gelernt habe.

Mit zehn, elf Jahren bin ich ein Karl-May-Wahnsinniger gewesen. Ich habe fast alle seiner Bücher – seinen Roman ›Ich‹ inklusive – gelesen, und kann bis heute den endlosen arabischen Namen aufsagen: ›Hadschi Halef Omar Ben Hadschi Abul Abbas Ibn Hadschi Dawuhd al Gossarah‹. Aber vor allem konnte ich mich sehr leicht mit den edlen Helden identifizieren, mit Winnetou oder Kara Ben Nemsi. Es waren lauter mutige Einzelgänger, und man wollte in dem Alter auch ein Held sein, etwas ganz Besonderes.

Erst nach dem Zweiten Weltkrieg habe ich begriffen, warum Karl May auch in der Nazizeit so populär war. Und wenn man seinen autobiographischen Roman ›Ich‹ genau liest, entdeckt man, dass er in Wirklichkeit ein sehr autoritärer Mensch, ein Anti-Demokrat gewesen ist. Darum habe ich einmal auch einen Streit mit dem großen Philosophen Ernst Bloch gehabt, der ein leidenschaftlicher Karl-May-Anhänger gewesen und geblieben ist.

Rückblickend könnte ich vielleicht sagen: Karl May war einer dieser Wegweiser, die ein Kind unbewusst auf seinen existentiellen Pfad hinweisen. Er war schließlich einer der Ersten, der für einen friedlichen, humanen Dialog der Kulturen plädierte: Old Shatterhand war kein militanter Preuße mit Herrschaftsambitionen, vielmehr ein Weltbürger, der sich an seinem eigenen, kasten-, religionen- und kulturenübergreifenden Gerechtigkeitssinn orientierte.

Mit achtzehn oder neunzehn Jahren, als in der Wiener Josefstadt spielte, traf ich Jane Tilden. Das war eine wunderbare Schauspielerin, achtzehn Jahre älter als ich, die zu meiner Lehrmeisterin wurde. Nicht nur beruflich, sie war die Antriebsfeder, die mich dazu gebracht hat, zum ersten Mal über mich nachzudenken. Und das hieß damals: über meine Beziehung zu meinen Eltern nachzudenken, die ziemlich kompliziert gewesen ist. Auch weil mein Vater, ein weltberühmter Dirigent, sehr oft im Ausland dirigierte, sodass mir in meiner Kindheit vermutlich eine wirkliche Bezugsperson gefehlt hat – ob ich deswegen nachempfinden kann, wie verloren sich die vielen elternlosen Kinder in Afrika fühlen?

Ich wohnte damals noch daheim. Und ohne Janes Einfluss hätte ich es vermutlich nicht gewagt, mich während der Abwesenheit meiner Eltern in ein Untermietzimmer abzusetzen. Da war ich immerhin schon dreiundzwanzig ...

Und dann gab es noch einen Deutschen, der mir geholfen hat, mich zu orientieren: Rainer Werner Fassbinder. Es muss 1973 gewesen sein, als er in der Kantine der Münchner Bavaria-Studios mit seiner Gruppe an einem Tisch saß und ich spontan zu ihm ging und sagte: ›Ich finde es ganz fantastisch, was Sie machen!‹ Kein Mensch am Tisch nahm mich wahr, ich habe mich nie wieder so deplaciert gefühlt. Aber für diese jungen Wilden des deutschen Films war ich ja immer noch ›Sissis‹ Ehemann. Aber eine Woche später rief Fassbinder an und bot mir eine Rolle in seinem neuesten Film ›Martha‹ an.

Er war ein schrankenloser Individualist, wie mein Vater. Vielleicht bin ich deshalb so gut mir ihm ausgekommen. Durch Fassbinder begriff ich auch, welche besitzergreifenden, dominierenden Rollen man Frauen gegenüber spielt, die man eigentlich besser nicht spielen sollte.

Was mich auch beeindruckte, war seine Radikalität. Er war schließlich gegen alle, gegen die Rechten, die Liberalen, die Linken, die Anarchisten. Als ich ihn eines Tages fragte, ob er auch *für* jemanden ist, meinte er: ›Ich beobachte eigentlich nur, wo und was hier alles faul ist – ob das jetzt links ist, rechts, vorne, hinten, oben, unten, das ist mir ganz gleich. Ich schieße nach allen Richtungen.‹ Dieser Satz von Fassbinder hat mir sehr zu denken gegeben und mich tief beeinflusst. Damit konnte ich mich damals absolut identifizieren. Und kann es heute noch.

Aber vielleicht gibt es auch echte Vorbilder: die vielen einfachen Menschen, die ich in Äthiopien kennengelernt habe, die ums reine Überleben kämpfen müssen, und doch ihren Lebensmut nicht verlieren. Diese Mütter und Väter, die alles tun würden, um ihren Kindern eine Zukunft zu sichern – und sich auch gegenseitig helfen, die zusammenhalten. Das ist wahre Humanität, die jede Unterstützung verdient.«

»Ich bete für die Niederlage meines Landes, da ich glaube,
dass das die einzige Möglichkeit ist, um für das ganze Leid zu
bezahlen, das mein Land in der Welt verursacht hat.«

# Dietrich Bonhoeffer

4. Januar 1906 Breslau – 8. April 1945 im KZ
Flossenburg

»Er wäre gern und früh gestorben, einen schönen
frommen Tod. Sie sollten es alle sehen und wissen,
dass das Sterben nicht hart, sondern herrlich ist für den, der an Gott
glaubt«, schreibt der sechsundzwanzigjährige Theologe in einer selbst-
kritischen Kindheits-Selbstreflexion, in der er über sich in der dritten
Person spricht: »Er war wirklich todesbereit, es war nur sein animali-
sches Dasein, das ihn immer wieder vor sich selbst verächtlich machte,
das ihn an sich irre werden ließ.«

In April 1943 – drei Monate nach seiner Verlobung mit der um achtzehn Jahre jüngeren Maria von Wedemeyer – wurde der Protestant
von der Gestapo verhaftet. In Dezember notierte er: »Es ist Übermut,
alles auf einmal haben zu wollen, das Glück der Ehe und das Kreuz
und das himmlische Jerusalem.« Im Sommer 1944 fragte er in einem
Gedicht: »Wer bin ich? Einsames Fragen treibt mit mir Spott. Wer ich
auch bin, Du kennst mich, Dein bin ich, o Gott.«

Nach dem Abitur entschied er (das sechste von acht Kindern),
Theologie zu studieren. Seine Zwillingsschwester Sabine glaubte, dass
er Theologie wählte, weil er einsam war, und einsam geblieben ist, weil
er Theologe wurde (er litt immer wieder an Ohnmachtsanfällen).

1924: Studienaufenthalt in Rom: »Der erste Tag, an dem mir etwas
Wirkliches vom Katholizismus aufging ... ich fange, glaube ich, an, den
Begriff ›Kirche‹ zu verstehen.« Er versteht sie als eine »Gemeinschaft
der Heiligen« und koppelt von da an theologische Fragen an seine persönliche Existenzfrage, verkörpert die »Theologie im Vollzug«.

1928: Vikariat in Barcelona: »Ich glaube, dass hier wirklich einmal
das dumme Schlagwort von der Volksverdummung durch die Religion
eine gewisse Berechtigung hat.«

Heimgekehrt, erlebt er, wie Antisemitismus zur Staatsideologie erhoben wird.

1930: Theologiestudium in New York. 1933: Pfarramt in London. Wieder in Deutschland, organisiert er die kirchliche Opposition gegen die Gleichschaltungsversuche des Staates, leitet ein illegales Predigerseminar der Bekennenden Kirche, stellt die Schlüsselfrage: Welche Rolle spielt Christus in einer religionslosen Welt? »Christus ist nicht in die Welt gekommen, dass wir ihn begriffen, sondern dass wir uns an ihn klammern, dass wir uns einfach von ihm hinreißen lassen in das ungeheure Geschehen der Auferstehung.«

Am 9. April 1945 wurde er als Reichsfeind gehängt.

Seitdem ist Bonhoeffer eine Symbolfigur des Widerstands der evangelischen Kirche gegen das Naziregime, die – gemeinsam mit dem Widerstandskreis der Wehrmacht um Admiral Wilhelm Canaris – Adolf Hitler stürzen wollte, wohl wissend wie »undeutsch« dieses Unterfangen war: »Wir Deutsche haben in einer langen Geschichte die Notwendigkeit und die Kraft des Gehorsams lernen müssen. In der Unterordnung aller persönlichen Wünsche und Gedanken unter den uns gewordenen Auftrag sahen wir Sinn und Größe unseres Lebens.«

»Ich will ein Heiliger werden«, sagte er als Student.

»Ein Mensch wie Bonhoeffer, der gern Klavier spielt, der sich ins Gefängnis Zigaretten schicken lässt und ein gutes Glas Wein nicht verschmäht, taugt durchaus, ein Heiliger zu sein«, urteilte Wolfgang Huber, der Ratsvorsitzende der Evangelischen Kirchen Deutschlands.

In der Londoner Westminster Abbey steht eine Skulptur, die ihn als einen der zehn Märtyrer des 20. Jahrhunderts darstellt: »Auf dem Weg zur Freiheit ist der Tod das höchste Fest.«

# Haus-Vorbilder

»Für wen das Elternhaus so sehr ein Teil des eigenen Selbst geworden ist wie für mich, der empfindet jeden Gruß mit ganz besonderer Dankbarkeit«, schrieb Bonhoeffer am 15. Mai 1943 aus dem Gefängnis.

»Obwohl beide Eltern für Dietrich eine wichtige Rolle spielen, ist er in seiner Kindheit nicht auf Vater oder Mutter fixiert ... Offenbar hat er Zeit seines Lebens versucht, die von der Mutter geerbte psychische Konstitution mit den vom Vater übernommenen Normen zu kompensieren und zu kontrollieren.« (Renate Wind)

**Vater Karl Friedrich Bonhoeffer (1868–1948)** »Quälend ist oder wäre für mich nur der Gedanke, dass Ihr Euch ängstigt und quält, dass Ihr nicht richtig schlaft und esst. Verzeiht, dass ich Euch Sorge mache, aber ich glaube, daran bin diesmal weniger ich als ein widriges Schicksal schuld. Dagegen ist es gut, Paul-Gerhard-Lieder zu lesen und auswendig zu lernen, wie ich es jetzt tue«, steht in seinem Gefängnis-Brief vom 14. April 1943.

»Du, Papa, kennst das ja alles gut aus Deinen langen Erfahrungen mit Gefangenen. Was die sogenannte Haftpsychose ist, weiß ich allerdings selbst noch nicht; ich kann mir nur die Richtung ungefähr vorstellen«, 3. Juli 1943.

»Seine Ablehnung der Phrase hat uns zu Zeiten einsilbig und unsicher gemacht, aber erreicht, dass wir als Heranwachsende an Schlagwörtern, Geschwätz, Gemeinplätzen und Wortschwall keinen Geschmack mehr fanden«, erinnerte sich Bonhoeffers Zwillingsschwester Sabine an ihren Vater – der als Psychiatrie-Professor und Chef der Berliner Charité zu der Bildungselite des Deutschen Reiches zählte.

Bonhoeffer fand den Vater »zugleich einfühlsam und distanziert. Ich habe mich unter seinem Einfluß entscheidend verändert. … Manche verderben sich selbst dadurch, dass sie sich mit Mittlerem abfinden … Ich habe es als einen der stärksten Erziehungsfaktoren in unserer Familie empfunden, dass man uns so viele Hemmungen zu überwinden gegeben hat (in Bezug auf Sachlichkeit, Klarheit, Natürlichkeit, Takt, Einfachheit etc.), bevor wir zu eigenen Äußerungen gelangen konnten.«

Übrigens: Der Vater wurde – als eine unumstrittene wissenschaftliche Autorität – beauftragt, den Niederländer Marinus van der Lubbe, der 1933 den Reichstagsbrand gelegt haben sollte, zu untersuchen. Er bestätigte seine Zurechnungsfähigkeit. Das war ein »wissenschaftlich korrektes« Urteil, aber auch eines, das dem Naziregime in die Hände spielte (van der Lubbe wurde 1934 hingerichtet) – was der Sohn Jahre später natürlich erkannte.

**Mutter Paula geb.** von Hase (1876–1951) »Das könnt Ihr euch nicht vorstellen, was es bedeutet, wenn einem plötzlich gesagt wird: Ihre Mutter, Ihre Schwester waren eben da und haben etwas für Sie abgegeben.« (25. April 1943 aus dem Gefängnis) Die Tochter des Hofpredigers von Wilhelm II. pflegte zu sagen, »den Deutschen würde im Leben zweimal das Rückrat gebrochen, erst in der Schule und dann beim Militär«.

»Paula war optimistisch und kontaktfreudig, lebhaft, voller Einfälle und dabei energisch; unlösbare Probleme gab es für sie kaum. ... Sie unterrichtete die älteren Kinder in den ersten Schuljahren selbst. ... Das Hauptziel der Erziehung lag darin, die Kinder zu verantwortlichen Menschen heranzubilden. Die Mutter hat hierin einen christlichen, der Vater einen humanistischen Wert. ... Jedes Kind bekam Unterricht in Klavier, Gesang, Geige oder Cello. Dietrich wurde schon früh ein guter Klavierspieler; als Begleiter seiner Mutter leistete er bald Erstaunliches, so daß er und seine Eltern, als er etwa vierzehn Jahre alt war, an eine Ausbildung zum Pianisten dachten.« (Eberhard Bethge)

## Wahl-Vorbilder

Es fällt auf, dass die Menschen, an denen sich der Sohn einer deutschen »Vorzeige-Familie« orientierte, keine Deutschen waren.

**Karl Barth** (1886–1968) »Gestern ein paar Stunden zum Mittagessen bei Barth. ... Es ist doch wichtig und in schönster Weise überraschend, zu sehen, dass Barth noch jenseits seiner Bücher steht. Es ist da eine Offenheit, Bereitschaft für den Einwand, der auf die Sache zielen soll, und dabei eine derartige Konzentration und ein ungestümes Drängen auf die Sache, der zuliebe man stolz oder bescheiden, rechthaberisch oder völlig unsicher reden kann. ... Mehr noch als von seinem Schreiben und Vortragen bin ich von seiner Diskussion beeindruckt. Da ist er wirklich ganz da. Ich habe so etwas vorher nie gesehen noch für möglich gehalten.«

Dem evangelisch-reformierten Schweizer Theologen (auch als »Kirchenvater des 20. Jahrhunderts« respektiert) verdankte Bonhoeffer seine Maxime: »Nicht das Beliebige, sondern das Rechte tun und wagen, nicht im Möglichen schweben, das Wirkliche tapfer ergreifen.«

Nach Hitlers Machtübernahme verlor Bonhoeffer »seine Kirche« (»die sichtbare Gestalt Christi auf Erden«), denn die hatte sich unter dem Reichsbischof eingerichtet und mit der Parole »ein Volk, ein Reich, ein Führer, eine Kirche« identifiziert. Er ging nach England, aber Barth holte ihn zurück nach Deutschland: »Sie müßten das eine bedenken. Daß Sie ein Deutscher sind, daß das Haus Ihrer Kirche brennt, daß Sie genug wissen und, was Sie wissen, gut genug zu sagen wissen, um zur Hilfe befähigt zu sein, und daß Sie im Grunde mit dem nächsten Schiff auf Ihren Posten zurückkehren müssten!«

Übrigens: Die Männer der Opposition haben ein Gespräch Barth-Hitler angedacht. Bonhoeffer allerdings war überzeugt: »Ein Gespräch Hitler-Barth halte ich nunmehr für völlig aussichtslos und sogar nicht mehr erlaubt. Hitler hat sich als der ganz klar gezeigt, der er ist, und die Kirche muss wissen, mit wem sie zu rechnen hat.«

**Union Theological Seminary (gegründet 1836)** »Eine Theologie gibt es hier nicht«, schreibt er 1930 nach der Ankunft in dem New Yorker ökumenischen Seminar, das (nach dem Vatikan) über die zweitgrößte Fachbibliothek der Welt verfügt.

Ein Jahr später: »Der Eindruck, den ich von den heutigen Vertretern des *social gospel* empfangen habe, wird für mich auf lange Zeit hinaus bestimmend sein.«

Er verließ zum ersten Mal seine bildungsbürgerliche Glasglocke und traf Menschen, die ein bodenständiges, sozial-politisches Christentum verkörperten.

Seine Freunde, vor allem Paul Lehmann, nahmen ihn mit in die Harlemer Kirchen: »Ich habe in den Negerkirchen das Evangelium predigen gehört. ... Ich kam zum ersten Mal zur Bibel. ... Ich habe schon oft gepredigt, ich hatte schon viel von der Kirche gesehen, darüber geredet und geschrieben – und ich war noch kein Christ geworden, sondern ganz wild und unbändig mein eigener Herr... Ich war bei aller Verlassenheit ganz froh an mir selbst. Daraus hat mich die Bibel befreit. Es gibt nun einmal Dinge, für die es sich lohnt, kompromisslos einzutreten. Und mir scheint, der Friede und die soziale Gerechtigkeit oder eigentlich Christus, sei so etwas.«

**George Kennedy Allen Bell (1883–1958)** Bonhoeffers letzte Worte unmittelbar vor dem Abtransport zur Hinrichtung, galten dem Bischof der Church of England (Anglikaner), dem führendem Vertreter der Ökumene.

»Sagen sie dem Bischof, dies ist für mich das Ende, aber auch ein Anfang. Mit ihm [dem Bischof] glaube ich an unsere universale christliche Bruderschaft, die sich über alle nationalen Interessen erhebt, und glaube daran, dass uns der Sieg gehört.«

Am 27. Juli 1945 hielt Bell in der Londoner Holy Trinity Church einen Gedenkgottesdienst für Bonhoeffer, die BBC überträgt die Feier life nach Deutschland, sodass viele von Bonhoeffers Verwandten, Freunden und Schülern erst jetzt von seinem Tod erfuhren.

**Mahatma Gandhi (1869–1948)** »Im Blick auf Ihren Wunsch, an meinem Alltag teilzunehmen, möchte ich Ihnen sagen, dass Sie sich bei mir aufhalten können, wenn ich nicht im Gefängnis bin«, schrieb Gandhi 1934 an Bonhoeffer, der dreimal Vorbereitungen getroffen hatte, um sein Vorbild, den Mann des gewaltlosen Widerstands, zu treffen. In einer Predigt sagte er: »Wir sollen uns hier auch nicht vor dem Wort ›Pazifismus‹ scheuen«, – als eine Verbeugung vor dem Vorreiter des gewaltlosen Widerstands.«

*Literatur:*

Dietrich Bonhoeffer: »Widerstand und Ergebung«, München und Hamburg 1951

Renate Wind: »Dem Rad in die Speichen fallen – Die Lebensgeschichte des Dietrich Bonhoeffer«, Weinheim/Basel 1990

Eberhard Bethge: »Bonhoeffer«, Reinbek 1976

»Widerstand in Deutschland 1933–1945 – Ein historisches Lesebuch«, Hrsg. Peter Steinbach und Johannes Tuchel, München 1994

»Mitgetan zu haben, dass der deutsche Name, der Begriff des Friedens und die Aussicht auf europäische Freiheit zusammengedacht werden, ist die eigentliche Genugtuung meines Lebens.«

# Willy Brandt

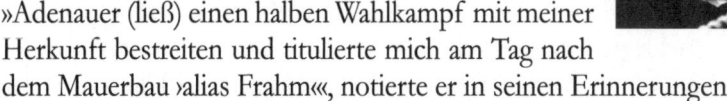

18. Dezember 1913 Lübeck – 8. Dezember 1992
Unkel am Rhein

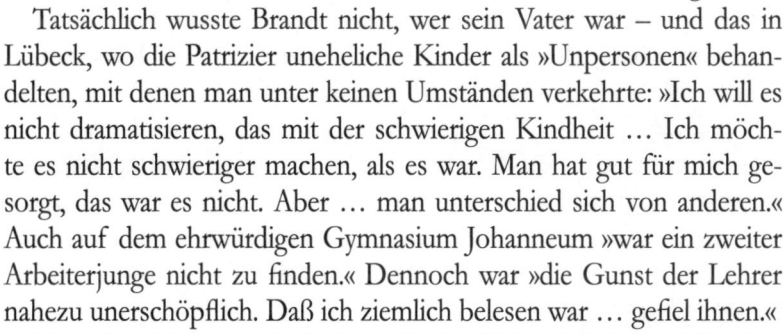

»Adenauer (ließ) einen halben Wahlkampf mit meiner Herkunft bestreiten und titulierte mich am Tag nach dem Mauerbau ›alias Frahm‹«, notierte er in seinen Erinnerungen. Tatsächlich wusste Brandt nicht, wer sein Vater war – und das in Lübeck, wo die Patrizier uneheliche Kinder als »Unpersonen« behandelten, mit denen man unter keinen Umständen verkehrte: »Ich will es nicht dramatisieren, das mit der schwierigen Kindheit ... Ich möchte es nicht schwieriger machen, als es war. Man hat gut für mich gesorgt, das war es nicht. Aber ... man unterschied sich von anderen.« Auch auf dem ehrwürdigen Gymnasium Johanneum »war ein zweiter Arbeiterjunge nicht zu finden.« Dennoch war »die Gunst der Lehrer nahezu unerschöpflich. Daß ich ziemlich belesen war ... gefiel ihnen.«

Nach dem Abitur wurde der junge Frahm Volontär bei einer Lübecker Schiffsmaklerei und SPD-Mitglied. Von Hitler verboten, kämpfte die Partei aus dem Untergrund gegen die Nationalsozialisten. 1934 legt sich Genosse Frahm den Decknamen Willy Brandt zu, den er 1947 offiziell übernahm, emigrierte nach Norwegen, und organisierte den Widerstand im Ausland. Nach Kriegsende wurde Brandt Regierender Bürgermeister von Berlin (1957–1966) und machte Partei-Karriere. 1969 wurde er zum ersten SPD-Bundeskanzler gewählt.

1970 kniete der Kanzler der Bundesrepublik Deutschland vor dem Mahnmal im Warschauer Ghetto: »Ich weiß es auch nach zwanzig Jahren nicht besser als jener Berichterstatter, der festhielt: ›Dann kniet er, der das nicht nötig hat, für alle, die es nötig haben, aber nicht knien – weil sie es nicht wagen oder nicht können oder nicht wagen können.‹«, kommentierte er den Kniefall.

»Time«-Magazin wählte ihn zum »Mann des Jahres«. 1971 erhielt er den Friedensnobelpreis.

1974 stellte sich heraus, dass Brandts Vertrauter, der Referent Günter Guillaume, ein Ostberliner Spion war. Parteifreunde rieten, die Affäre auszusitzen. Brandt trat zurück: »In Wahrheit war ich kaputt, aus Gründen, die gar nichts mit dem Vorgang zu tun hatten, um den es damals ging.« Aber noch 1991 stimmte der Bundestag seinem Antrag zu, Berlin zum neuen Regierungssitz zu machen.

Brandt war ein Melancholiker und notorischer Morgenmuffel voller Widersprüche: Er wollte mehr Demokratie und verteidigte Berufsverbote (Ausschluss von Kommunisten vom Staatsdienst); politisch »bis zum Letzten ehrlich« (Walter Scheel), privat ein konfliktscheuer Mann, dem es schwerfiel, treu zu sein (drei Ehen, vier Kinder); in der Öffentlichkeit diszipliniert, jenseits des Rampenlichts ein unorthodoxer Lebenswandel: »Jedes Leben von innen her gesehen ist nichts weiter als eine Kette von Niederlagen«, kritzelte der Visionär und Weltpolitiker auf einen jener Zettel, die in unregelmäßigen Abständen ihren Weg in zwei Aktenmappen mit Zitatensammlungen fanden: »Warum habe ich es mir so lange so schwer gemacht?«

## Haus-Vorbilder

»Ich weiß, dass ich nichts von Wert hätte zustande bringen können, wäre ich in meiner Jugend den vermeintlich leichten Weg gegangen.«

**Mutter Martha Frahm (1894–1969)** »Wenn man mich heute fragt, wie ich Sozialist wurde, müsste ich antworten: Durch meine Mutter. Sie war zwar damals noch sehr jung [erst neunzehn, als der Sohn geboren wurde] … aber mit achtzehn war sie schon in der Gewerkschaftsjugend, der Kulturgruppe, der Genossenschaft. So wurde ich nicht nur in die sozialistische und Gewerkschaftsbewegung hineingeboren – ich wuchs mit ihnen auf.«

**Großvater Ludwig Frahm (1875–1934)** »Großvater Ludwig Frahm, bei dem ich aufwuchs, zu dem ich ›Papa‹ sagte und der noch im Reifezeugnis als Vater herhielt«, war ein Landarbeiter, der Lastwagenfahrer wurde: »Daß ich es weiter bringen möge …, darauf richtete sich sein Ehrgeiz, der ihn weit über seine Klasse emporhob.«Er hat ebenso wie die Mutter »in der Arbeiterbewegung ihre Heimat gefunden … Sie steckten mich, kaum dass ich laufen konnte, in die Kindergruppe des Arbeitersports, sodann in einen Arbeiter-Mandolinenclub. … Mein Zuhause suchte und fand ich in der Jugendbewegung, bei den Falken zuerst, dann in der SAJ, der sozialistischen Arbeiterjugend.« Der Sozialismus war für ihn »eine Religion«.

1934, ein Jahr nach Hitlers Machtübernahme und der erzwungenen Flucht des Enkels, nahm sich der »Papa« das Leben.

## Wahl-Vorbilder

»Große Führer kommen fast immer aus dem Chaos, aus der richtigen Ordnung kommen sie selten, und aus der Ochsentour nie.«

**August Bebel (1840–1913)** »Was sonst hätte Bebel, der gestorben war, als ich zur Welt kam, und von dem ich reden hörte wie von einem Mythos, anderes verkörpert? Das Erbe der Bebelschen Partei war großartig mit all den Organisationen von der Wiege bis zur Bahre, in denen nicht nur Ludwig und Martha Frahm sich einzurichten wussten.«

»In der Lübecker Sozialdemokratie, in der sozialistischen Emigration und dann noch einmal im Berlin der Nachkriegszeit fand der Vaterlose seine politischen Mentoren und geistigen Väter: Julius Leber, Jakob Walcher und Ernst Reuter.« (Carola Stern)

**Julius Leber (1891–1945)** »Rückblickend erscheint es mir, als hätte ich, der vaterlos aufgewachsen ist, in Bindungen und Spannungen zu ihm gestanden wie ein Sohn zu seinem Vater. … In meiner Zuneigung zu Leber fand ich mich selbst bestätigt. Sein Zuspruch und seine Anerkennung halfen Zweifel, die ich an mir haben mochte, zu zerstreuen; gerade weil er auch mit dem Tadel nicht zurückhielt und sich nicht scheute, mein jugendliches Ungestüm zu kritisieren. Er tat das mit leichter Ironie, die aber nie verletzend war. Er behandelte mich als seinesgleichen. Er nahm mich für voll.«

Leber, auch unehelich geboren, seit 1924 Reichstagabgeordneter, wurde 1945 als Widerstandkämpfer hingerichtet.

**Ernst Reuter (1889–1953)** »Reuter und ich waren – politisch und persönlich – nahe beieinander, fast ein Herz und eine Seele. Ich galt als ›sein junger Mann‹, und war stolz darauf, dass er mir Sympathie entgegenbrachte und ich ihm Stütze sein konnte. Was verband uns? Von seiner menschen-freundlich-umgänglichen Art, seiner Wärme, seinem Geist, seinem Bekennermut, seiner Freude an Verantwortung, dem optimistischen Grundzug, der selbstbewussten, nicht selbstherrlichen Art, sich zu geben, auch den Alliierten gegenüber, fühlte ich mich, aus Skandinavien kommend, angezogen. Wir waren beide ›draußen‹ gewesen, gewiß, doch das waren andere auch. Es kam darauf an, wie einer die Emigration erfahren hatte ... 1952 ermutigte mich Reuter, der Querelen überdrüssig, mich ins Rennen um den Landesvorsitz zu begeben. ... Daß Berlin, vor allem, so eng als irgend möglich, mit dem Bund verknüpft werden müsse, wurde Reuters und mein Credo.«

Der deutsche Sozialdemokrat war 1948 bis 1953 Regierender Bürgermeister von Berlin: »Auch Reuter kam aus jenem Chaos, von dem Julius Leber gesagt hatte, es allein bringe große Führer hervor.«

**Charles de Gaulle (1890–1970)** »Ich hatte Hochachtung vor dem General ... Für mich war und blieb der hochgeschossene Brigadier aus Nordfrankreich die Symbolfigur der Résistance«, beteuerte Brandt im Kapitel »Der große Charles und das kleine Europa« in seinen Memoiren.

»W. B. war kein Fanatiker der Wahrheit und auch insoweit kein Moralist. Zwischen Notwendigkeit und Legitimität unterschied er nicht unbedingt. Er wusste um die Bedingtheit alles Menschlichen und um die Fragwürdigkeit alles Großen. Den General aber bewunderte er sehr, ... Der Mythos, den de Gaulle verkörperte und dem Volk einpflanzte, war hilfreich für das Selbstverständnis.« (Brigitte Seebacher-Brandt)

*Literatur:*
Willy Brandt: »Erinnerungen«, Berlin 2002
Carola Stern: »Willy Brandt«, Reinbek 2002
Brigitte Seebacher-Brandt: »Willy Brandt«, München 2004

# Artur Brauner

geboren 1918 in Lodsch, lebt in Berlin

Kaum einer hat mit seinem Werk die Geschichte des deutschen Films nach 1945 so geprägt, wie der Sohn eines
jüdischen Holzgroßhändlers, der nach dem Abitur seine
ersten Dokumentarfilme im Nahen Osten drehte. Nach
Kriegsende gründete er in Berlin die »Central Cinema
Company« und produzierte seither Hunderte von Filmen, zum Beispiel die
erfolgreichen Edgar-Wallace- oder Karl-May-Verfilmungen. 1947 heiratete
»Atze« eine polnische Fremdarbeiterin, verkraftete die Kritik der radikalen
Jung-Filmemacher an »Opas Kino«, konzentrierte sich auf Filme, die die Nazi-
Vergangenheit zum Thema hatten (»Eine Liebe in Deutschland«, »Hitlerjunge
Salomon«): »Denn Menschen vergessen sehr schnell, insbesondere wenn es
sich um Vorgänge handelt, die sie nicht direkt tangieren ... Dennoch bin und
bleibe ich jemand, der das halbleere Glas immer als halbvoll bewertet. Und
zwar im Sinne einer Zukunft, die durch Hoffnung gesegnet werden soll.«

»Ich habe fünf Vorbilder:

Meinen Vater. Er war der anständigste Mensch, den ich je kennenlernte. Es waren seine Nächstenliebe, Ehrlichkeit, Gutgläubigkeit und
Herzlichkeit, die mich schon als Kind beeindruckten.

Charlie Chaplin – der genialste und gleichzeitig humanste
Schauspieler der letzten hundert Jahre. Ich bewundere seine Genialität,
verbunden mit humanen Aussagen in jedem Werk. Er war und blieb
ein Vorbild für die gesamte Welt ohne Unterschiede der Hautfarbe
und Rasse, verehrt von Jung und Alt.

Oskar Schindler – ein Mann, der obwohl verheiratet, auch andere
Frauen außer der Ehefrau liebte, Alkohol in großen Mengen genoss und
finanziell eine andere Einstellung hatte als Menschen gleichen Alters
und in gleichen Situationen. Jedoch hat dieser einfache Mann bewiesen, dass man durch Courage und aufgrund von besonderen Initiativen,
die nur aus humanem Denken kommen können, als auch durch den
festen Glauben an menschliche Regungen und Impulse, unzählige
Menschenleben retten kann, wenn Humanität oberstes Prinzip ist.

Moshe Dajan – der israelische General, der Israel im Jahre 1967 rettete. Er hat durch seine Courage sowie ungewöhnliche Denkensart das kleine Israel mit etwas über vier Millionen Einwohnern gerettet vor der enormen Übermacht von 220 Millionen Feinden. Einen ähnlichen Fall gibt es in der Geschichte der Menschheit nicht.

Und die Bundeskanzlerin Angela Merkel – eine vorbildliche Politikerin und ein beispielhafter Mensch. Sie überzeugt durch ihre Gradlinigkeit, Weltsicht, Wärme und Ehrlichkeit. Bei Politikern sind diese Eigenschaften nur äußerst sollten zu finden. Sie ist ein Vorbild – als Ehefrau beziehungsweise Tochter. Sie ist ein Gewinn nicht nur für die Bundesrepublik, sondern für die ganze Welt.«

# Peter Harry Carstensen

geboren 1947 im Elisabeth-Sophien-Kroog auf
Nordstrand, lebt in Kiel

1971 wurde der Agraringenieur CDU-Mitglied, seit 2005 ist der Witwer Ministerpräsident des Landes Schleswig-Holstein. Er war Landwirtschaftslehrer und Wirtschaftsberater und ist seit 2006 Botschafter des Bieres vom »Deutschen Brauer Bund«. Als passionierter Jäger behielt er den geerbten Hof auf Nordstrand mit seinem Gewächshaus, den Fischteichen und Windrädern, unterstützt ehrenamtlich etliche ökologische Initiativen und hat sich vorgenommen, für seine drei Enkel Heimat-Märchen zu schreiben. Sein Motto: »Das Leben ist schön.«

»Ich habe Schwierigkeiten mit dem Bezug des Wortes ›Vorbild‹ auf eine Person. Natürlich gibt es auch bei mir in jedem Lebensbereich und in jeder Lebensphase, im Privaten und im Beruflichen, Menschen, deren Lebenseinstellung oder Arbeitsweise mich interessieren. Das können Politiker, aber auch Schriftsteller, Wissenschaftler oder

Menschen sein, die etwas ganz besonders gut können. Ich setze mich mit ihnen auseinander oder versuche, ihre Entscheidungen und Entscheidungsfindungen zu verstehen, Ich weiß aber, dass ich weder genau wie sie leben noch die Arbeit wie sie machen kann, weil ich völlig anders bin. Vorbilder sind das also nicht.

Gibt es jemanden, dem ich die Verantwortung aufbürden kann, indem ich sage: Ich möchte so leben und so sein wie du, sei doch mein Vorbild? Das wird schwierig. Die Menschen, die ich mir als ›Vorbild‹ nehme, an die ich häufig denke, wenn es darum geht, die Grundlage meines Handelns zu identifizieren und auf den Punkt zu bringen, können für keinen außer mich ein Vorbild sein, weil sie kaum einer so wie ich kennt. Meiner Meinung nach verbindet man mit dem Begriff ›Vorbild‹ normalerweise etwas allgemein Gültiges, etwas für alle Menschen Verbindliches.

Wirklich geprägt und verändert hat mich mein Elternhaus. Wenn ich an die tiefe Zufriedenheit meines Vaters mit seinem Leben denke, wünschte ich, ich könnte sie auch erreichen. Meine Mutter richtete nach dem Credo ›Keinen Herrn über mir, keinen Knecht unter mir‹ ihr Leben aus. Das habe ich übernommen. Ich fühle mich von Gott gelenkt, habe aber – beruflich gesehen – keinen Herrn über mir, bin frei und ungebunden und in manchen Entscheidungen unabhängig. Das scheint mir eine vorbildliche Art und Weise zu leben und zu denken zu sein. Aber macht diese Maxime meine Mutter zu meinem Vorbild?

Im Mittelpunkt meines Weltbildes steht der Mensch, der Mensch jenseits von Hierarchien und Kasten und Ämtern. Für mich ist jeder Mensch in erster Linie gut. Wer heute zu mir ins Büro kommt, kommt als Mitarbeiter oder Kollege. Den Dienstgrad meiner Mitarbeiterinnen und Mitarbeiter kenne ich in den meisten Fällen überhaupt nicht. Ich habe kein übernommenes, sondern ein eigenes und sehr persönlich ausgeprägtes Welt- und Menschenbild. Auch ohne konkrete und direkte Vorbilder.«

# Sabine Christiansen

geboren 1957 in Preetz, lebt in Berlin, auf Mallorca
und in Paris

Von Januar 1998 bis Juni 2007 moderierte und produzierte die Ex-Stewardess die ADR-Talkshow »Sabine
Christiansen«, eine der bekanntesten Polit-Sendungen
der bundesdeutschen TV-Landschaft. Diese »Talkshow
einer Unpolitischen hat die Republik verändert« (FAS): »Das berufsmäßi-
ge Gesicht ist wohl bei niemandem hundertprozentig identisch mit dem
privaten – das gilt sicher genauso für Bankangestellte oder Professoren.«
Sie ist Botschafterin des Kinderhilfswerks UNICEF, »ein zeitaufwendiger
Nebenjob« und Geschäftsführerin ihrer »Kinderstiftung«.

»Ich bin keine Kopie, das würde auch gar nicht funktionieren, man
muss sich selber finden.«

Als ihr Vorbild nennt sie Journalisten wie Dan Rather, den jüngst
verstorbenen Anchorman im US-Fernsehen: »Seine Art, komplizierte Zusammenhänge in klaren, einfachen Sätzen zu erklären, hat mich
fasziniert.«

aus: www.archiv.tagesspiegel.de

# Erich von Däniken

geboren 1935 in Zofingen/Schweiz,
lebt in Zürich

Der gelernte Hotelier landete 1968 mit »Erinnerungen
an die Zukunft« einen Weltbestseller mit der These:
Außerirdische waren lange vor uns auf der Erde.
Nach diesem »Schlüsselwerk« folgten Fernsehserien,
Filmproduktionen und weitere Bestseller: »Zurück zu den Sternen« (1969),
»Die Götter waren Astronauten« (2001). Für Archäologie und Astronomie
interessierte sich der bekennende Kettenraucher schon als Klosterschüler
und betonte unermüdlich, dass er für seine Hypothesen keinen Anspruch
auf Wahrheit erhebe. Seit 2003 präsentiert er auf seinem »Mystery Park«
in Interlaken seine Theorien und Erkenntnisse: »Es sind die Fantasten,
die die Welt in Atem halten. Nicht die Erbsenzähler.« Die Rückkehr der
Außerirdischen erwartet er anno 2012: »Der Termin entstammt nicht meinem
mysteriösen Gehirn, sondern dem Kalender der Maya, und der ist hundertprozentig richtig.« Die NASA sucht inzwischen hochoffiziell nach Leben im
Weltall.

»Ich habe kaum Vorbilder.

Aber ein Mann, den ich wirklich bewunderte, war der deutsche
Raketenbauer Wernher von Braun. Nicht nur weil er sehr, sehr korrekt und gründlich gearbeitet hat: Eine Rakete muss schließlich zuerst
durchgerechnet werden, jede Schraube muss sitzen, jeder Ölfilter getes-
tet – das braucht enormes Durchsetzungsvermögen.

Aber als ich ihn persönlich kennengelernt hatte, erlebte ich ihn als
eine zuverlässige, korrekte und fleißige Persönlichkeit – seitdem hat er
mir nicht nur als Ingenieur, sondern auch als Mensch imponiert.

Natürlich weiß ich, dass man ihm später seine Tätigkeit während der
Nazi-Zeit als Opportunismus vorgeworfen hat, weil er die Entwicklung
der V2-Raketen nicht unterbrach, obwohl er sich hätte denken können, wie sie die Nazis einsetzen werden. Ich weiß auch, dass er sich
am 2. Mai 1945 den Amerikanern stellte, nach Huntsville/Alabama

– dort haben wir uns getroffen – kam und als technischer Berater der NASA weiter forschte, obwohl man in den USA die deutschen Ingenieure fast wie Kriegsgefangene behandelte. Man überhäufte sie mit Hohn und Spott, entzog ihnen das Vertrauen, erschwerte absichtlich die Arbeitsbedingungen. Es dauerte sehr lange, bis die amerikanische Bevölkerung und auch die Immigrations-Behörde schlussendlich die deutschen Raketenbauer akzeptiert haben. Um das durchzustehen, und sich nicht von seiner Sache abbringen zu lassen, brauchte es ein handfestes Durchhaltevermögen.

Seine Sache, sein Ziel, erzählte er, sei immer nur eines gewesen: der Mond. Auch die V2-Raketen waren für ihn vor allem eines: die Vorbereitungsrakete für den Flug zum Mond.

Er teilte übrigens meine Überzeugung, dass wir Menschen zu arrogant wären, wenn wir annähmen, dass die ganze gewaltige Schöpfung nur wegen uns stattgefunden hat. Aus statistischen Gründen gibt es, meinte er, keinen Grund gegen meine Hypothese, und aus religiösen und philosophischen Gründen auch nicht. Im Gegenteil. Aber, so hat er eingeschränkt, aus technischen Gründen wüsste er nicht, wie man eine Raumfahrt von Stern zu Stern bewerkstelligen könnte.

Er war einer jener großen Wissenschaftler und Philosophen, die wieder gläubig werden. Sie meiden zwar das Wort ›Gott‹, aber vermuten am Ende der Kette, dort, wo das Universum begonnen hat, bevor der Urknall da gewesen ist, irgendetwas, das wir ›Gott‹ oder ›Schöpfung‹ nennen, da wir nicht wissen, was ist gewesen ist.

Außerdem habe ich ein Vorbild, dem ich nie begegnet bin, das seit Jahrtausenden tot ist: Hennoch, einer der zehn Patriarchen im Alten Testament. Er hat ein Buch verfasst, das die Bibelväter für so absurd hielten, das sie es nicht in die Alttestamentarische Text-Sammlung aufgenommen hatten. Es blieb ein Apokryph, das man »Buch Hennoch« nennt.

Und wenn man es liest – ich habe es seinerzeit noch in griechischer Sprache gelesen –, dann gewinnt man die Überzeugung, dass Hennoch einer der wenigen lebenden Menschen gewesen ist, der die Außerirdischen erlebte. Er schreibt, und zwar in der ersten Person, also in der Ich-Form, dass er zwölf Jahre alt gewesen sei, als die Wolken sich geöffnet hätten und aus den Wolken seien zweihundert Wächter des Himmels herniedergestiegen. Und er beschreibt einige von denen, die ihn ihre Sprache und Astronomie lehrten.

Hennoch war für mich mein ganzes Leben ein Mensch, der für das lebte, woran er glaubte, und der daran glaubte, was er erlebte – trotz allerhand Spötter und Zweifler. Und ich habe mir immer wieder gesagt: ich hätte gerne das Gleiche wie er erlebt. Aber ich wollte nie wie er *sein*.

Es ist doch so: Ich bin ein sehr verlässlicher Mensch, ich kann mich auf mich selber verlassen. Ich weiß genau: Wenn es Probleme oder Krisen gibt, egal wie schwer, kann ich mich auf mich selbst verlassen. Da braucht man keine Vorbilder.«

# Kai Diekmann

geboren 1964 in Ravensburg, lebt in Hamburg

Sechzehn Jahre nach seinem Volontariat beim Springer-Verlag wird er im Januar 2001 Chefredakteur der Bild-Zeitung. Damit ist der Vater von drei Kindern verantwortlich für Schlagzeilen wie »Wir sind Papst«, die zum Volksgut werden, aber auch für eine Buch-Reihe, die die Klassiker der Weltliteratur für jedermann erschwinglich macht (fünf Euro pro Buch) und für mehrere Bibel-Ausgaben. Seine Interviews mit US-Präsident George W. Bush im Weißen Haus und Wladimir Putin im Kreml, mit dem Papst im Vatikan oder dem Dalai Lama in seinem indischen Exil zählen zu den Höhepunkten seines politischen Journalismus; die »Mieze« auf der Seite Eins polarisiert trotz des gestiegenen gesamt-gesellschaftlichen Sex-Pegels immer noch die Gemüter. Kai Diekmanns Credo »Wir teilen aus, wir stecken ein. Wenn ich einen Beliebtheitswettbewerb gewinnen wollte, wäre ich am falschen Platz. Was mich aber stört, ist Heuchelei.«

»Nach intensiver Recherche in Sachen Vorbild bin ich zu einem recht ernüchternden Ergebnis gekommen: Ich habe keins. Materiell gesehen leide ich also an einer Mangelerscheinung und sollte mich schleunigst bemühen, etwas angemessen Vorbildhaftes an Land zu ziehen. Ideell betrachtet gleicht sich dieser Mangel, so hoffe ich, jedoch wieder aus. Denn das, was Vorbilder vermitteln sollten – also Werte, Prinzipien und Grenzen – wurde mir vermittelt. Von vielen verschiedenen Menschen, die mich prägten und deren Urteil ich heute immer noch schätze.

Was mich mit diesen Menschen verbindet, ist aber nicht ihre Vorbildfunktion – die sie zweifellos hätten –, sondern die Tatsache, dass wir einander auf gleicher Augenhöhe begegnen. Wir messen uns nicht aneinander, und das erleichtert es vielfach, Ratschläge zu geben und anzunehmen. Der richtige Begriff dafür lautet glaube ich: Freundschaft.

Zu meiner eigenen Vorbildfunktion kann ich übrigens nur einen unbekannten Weisen zitieren: ›Versuche niemals, jemanden so zu machen, wie du selbst bist, denn einer von deiner Sorte genügt.‹«

»Glücklichsein ist eine Frage der Disziplin.«

# Marion Gräfin Dönhoff

2. Dezember 1909 auf Schloss Friedrichstein in Ostpreußen – 11. März 2002 auf Schloss Crottorf in Rheinland-Pfalz

»Eine Schwester von mir war mongoloid. Bis etwa zu meinem elften Lebensjahr lebten wir in der gleichen Kinderstube zusammen«, schrieb die Gräfin in ihren Erinnerungen an die »Kindheit in Ostpreußen«. »In einer Zeit, die weniger über Gott und mehr über Sigmund Freud nachdenkt, würde man diese Regelung sicher nicht verantworten wollen. Für mich war sie durch Gewohnheit zur Selbstverständlichkeit geworden und hatte auch mich gelehrt, Schicksalsschläge ohne Auflehnung zu akzeptieren.«

Eine der bedeutendsten Journalistinnen der bundesdeutschen Medienlandschaft wächst auf dem Familienschloss Friedrichstein (bei Königsberg) auf: Sie lernt die Kaiserin kennen, die zu Besuch kommt, oder den Feldmarschall von Hindenburg, der hier den Urlaub verbringt: »Vielleicht kann man sagen, dass damals die Ehre die Rolle spielte, die heute das Geld einnimmt. Sie war der Güter höchstes.« Erzogen wurde das jüngste von sieben Kindern – come il faut – von angestellten Erziehern. Aber in der Diele lag internationale Presse (»Le Temps«, »Times«) und in der Schlossbibliothek fand sie Thomas Mann, Fallada, Hugo, Rilke, Dostojewski und Karl May. Aber »kein Autor, auch kein Lyriker, kann poetischer sein als jene herbstlichen Morgen, an denen man noch im Dunkeln zum Pirschen aufbricht. Wenn die Sonne aufgeht, dann fühlt man sich dem Wesentlichen zum Greifen nah, als sei der Mensch durchlässig für das Wunder der Schöpfung.«

Sie beschloss, Volkswirtschaft zu studieren (»Ich wollte einfach mehr begreifen von den Zusammenhängen«), aber da die »rote Gräfin« nach Hitlers Machtübernahme antisemitische und antikommunistische Plakate von den Uni-Wänden riss, musste sie in Basel zu Ende studieren und promovieren. Seit 1939 – nachdem die Brüder eingezogen worden waren – übernahm das Fräulein Doktor die Verwaltung der Familiengüter und führte ein Doppelleben: Die scheinbar regimeloyale Gräfin unterstützte die Widerständler um Graf von Stauffenberg.

Beim Einmarsch der Roten Armee in Januar 1945 floh sie zu Verwandten nach Westfalen: »Kein großer Abschied. Ich bestieg rasch meinen Fuchs, überlegte nur einen Moment, ob ich das Handpferd zum Wechseln mitnehmen sollte …« Ihr Ritt durch das zerbombte Land (Schloss Friedrichstein wurde völlig zerstört) ist Legende – und die Basis ihrer couragierten Ostpolitik.

Als 1946 Gerd Bucerius »Die Zeit« gründete, wurde sie Politik-Redakteurin. 1961 kommentierte sie den Mauerbau: »Wir sind dem Abgrund ein gut Stück nähergerückt.« 1968 wurde sie Chefredakteurin, 1973 Herausgeberin. Viele ihrer Bücher wurden Bestseller: In »Namen, die keiner mehr kennt« oder »Menschen, die wissen, worum es geht«

präsentierte sie ihre »Helden«, um an Beispielen beweisen zu können, dass man dem entfesselten Kapitalismus westlicher Provenienz Moral und Idealismus entgegensetzen kann und muss.

»Ich habe nie nach den Sternen gegriffen. Ich bin dahin immer geschubst worden.«

Die Gräfin ist »ein Vorbild mehrerer Journalisten-Generationen« (Alice Schwarzer), »sie ist und bleibt mein Vorbild« (Rudolf Augstein).

»Wie erklären Sie sich Ihre Vorbild-Funktion?«, wurde die Gräfin von der »Emma«-Herausgeberin gefragt. Die Antwort: »Gar nicht.«

## Haus-Vorbilder

»Die Institutionen, die in früheren Zeiten Werte setzten und Spielregeln festlegten, Elternhaus und Schule, sind dazu nicht mehr in der Lage.«

**Vater August Graf Dönhoff (1845–1920)** »Meinen Vater habe ich kaum gekannt.«

Der Diplomat, erbliches Mitglied des Preußischen Herrenhauses (Sinnbild der vorindustriellen Agrar-Zeit) war vierundsechzig, als Marion geboren wurde. Er kämpfte seinerzeit gegen Indianer in Amerika und sammelte Teppiche und Kunst: »Wenn ich ihn tagsüber irgendwo durchs Haus wandern sah, verdrückte ich mich schnell, aus Angst, ihm (Zeitungen) vorlesen zu müssen. ... Wie sehr bedauere ich heute, nicht mehr von meinem Vater zu wissen ...(wir nannten ihn) ›der Mann, der alles wissen will‹.«

**Mutter Maria Gräfin Dönhoff geb. von Lepel (1869–1940)** »Meine Mutter war Palastdame der Königin, und so war der Hof für sie natürlich eine Richtschnur für viele Anschauungen. ... Sie war eine musische Frau, voller Phantasie, ein wenig romantisch. ... Sie hatte eine schöne Stimme, schrieb hübsche Märchen für den Hausgebrauch, malte ein bisschen und konnte wunderbar sticken, ... (Sie) war sich ihrer Stellung sehr bewusst. ... Ihre Richtschnur war, was ›man‹ tut, und noch wichtiger, was ›man‹ nicht tut. Hierin war sie unbeirrbar und unbeugsam. Das waren die Spielregeln der Gesellschaft, die sich in langen Generationen herausgebildet hatten. Denn natürlich verlangten Privilegien eine Gegenleistung, ein ganz bestimmtes Verhalten. ... Konvention war für meine Mutter etwas sehr Maßgebliches. Im Zentrum jener Spielregeln stand die Ehre als ein aus ritterlichen Zeiten überkommenes Erbstück. Zum Ehrenkodex gehörte auch, sich Schmerzen nicht anmerken zu lassen, ... Die Spielregeln waren – auch dies ist wichtig – ein Schutzschild gegen allerlei Anfechtungen, sozusagen ein Sicherheitsgeländer, an dem man sich entlang hangeln konnte. ...(Wichtig für sie war) das Gefühl, für alles verantwortlich zu sein, was sich im eigenen Herrschaftsbereich ereignete.« Natürlich zählte auch die Pflege der Kranken dazu:»Das Verhaftetsein im Konventionellen wurde bei meiner Mutter in gewisser Weise durch ihre tiefe Frömmigkeit kompensiert. Sie akzeptierte jede Schicksalswende. ... Verantwortung zu tragen, das wurde uns nicht gepredigt. Das ergab sich einfach in der Gemeinschaft. ... Sie war außerordentlich sozial und tat viel für die Wohltätigkeit. Ich weiß nicht, ob dieses Kontrastprogramm von luxuriöser Repräsentation und persönlicher Enthaltsamkeit bewusst inszeniert wurde ... Möglich, dass auch ein bisschen schlechtes Gewissen mitsprach.«

Übrigens:»Der eigentliche Lehrmeister« der kleinen Gräfin war der Kutscher Grenda:»Er war ohne jede Frage eine Autorität – zumindest regierte er auf eine höchst autoritäre Weise« und behandelte die Stalljungen genauso wie die Komtesse. Grenda versteckte die Kinder vor Hauslehrern oder Erzieherinnen und »war immer auf unserer Seite, ... eine der wichtigsten Personen meiner Jugend.«

## Wahl-Vorbilder

In dem Buch»Namen, die keiner mehr nennt« (1962) setzte sie jenen couragierten Landsleuten und Verwandten ein Denkmal, an denen sie sich orientierte:»Im Grunde waren es weniger Eltern und Erzieher – Gouvernanten und Hauslehrer – die den werdenden Menschen prägten, als das Hineingewobensein in eine vom Praktischen her bestimmte Gemeinschaft. Alle waren sie Lehrmeister, unerbittlich strenge Lehrmeister, (auch dank ihrer) bedingungslosen Heimatliebe.«

Und in »Menschen, die wissen, worum es geht« (1972) beschrieb sie siebzehn Persönlichkeiten des öffentlichen Lebens, zum Beispiel US-Außenminister Henry Kissinger, Bundeskanzler Helmut Schmidt, Bundesbankpräsident Karl Klasen, Lew Kopelew, den Autor und Theologen Ivan Illich, den Inder Satyanarayan Sinha. Diese Männer unterschiedlicher Professionen verbindet vor allem ihr menschliches Profil: »Sie sind ganz echt – sie lassen sich nicht vom Zeitgeist oder von Werbeagenturen stilisieren. Sie machen keine Konzessionen an Publikum, Mode, Karriere. Sie sind ohne Furcht. Sie folgen ihren eigenen Maßstäben und ihrer Intuition. Intuition hat mit Gefühl zu tun, aber auch in der Politik ist Gefühl wichtig – nicht im Sinne von Emotionen, sondern im Sinne von Gewissheit.«

»Es gab Vorbilder«, heißt das letzte Kapitel ihres Buch »Zivilisiert den Kapitalismus, Grenzen der Freiheit«, einer Auseinandersetzung mit den Vorbildern, die ein deutsches Kind im 20. Jahrhundert angeboten bekam, von Goethe über Kant bis Bismarck.

An dieser Stelle erklärte sie »den alten Fritz« zu ihrem Vorbild: »Wer war denn überhaupt dieser Friedrich II., den die Alliierten bei ihren re-education-Bemühungen samt Luther und Bismarck in eine Linie stellten mit Hitler? ... Mitten in der alten Welt des Absolutismus war dieser König vom Geist der Aufklärung erfüllt und setzte ihn um in praktische Politik.«

Die Männer des 20. Juli fand sie ebenso vorbildlich wie Peter Graf York, der am 8. August 1944 hingerichtet wurde: »Er hatte ein seismographisches Gefühl für Recht und Gerechtigkeit, ohne Moralist zu sein. Ausgesprochene Großzügigkeit zeichnete ihn aus, bei gleichzeitiger Bescheidenheit. ... Er war konservativ, Familie und Traditionen bedeuteten ihm viel, allen Utopien stand er skeptisch gegenüber, war aber gleichzeitig modernen Betrachtungsweisen durchaus aufgeschlossen, tief religiös, doch hatte er nichts Frömmelndes oder Pietistisches ... Tatsächlich hielt er gerne Abstand, aber nicht aus Hochmut, sondern eher aus Scheu.«

»Aber wenn ich zum Beispiel darüber nachdenke, wen ich als Vorbild empfinde, muß ich sagen: Bundespräsident Weizsäcker. ... Zwei Dinge waren ihm in seinem politischen Leben stets von existentieller Wichtigkeit: das Schicksal Deutschlands in langfristiger Perspektive und die Auseinandersetzung mit den Grundwerten der modernen

Gesellschaft, (dass er) zu einer überparteilichen Integrationsfigur geworden ist, hängt mit dieser besonderen Art von Autorität zusammen. Sie beruht nicht auf Macht, sondern speist sich aus tieferen Quellen. In seiner Person ist in gewisser Weise die Spannung zwischen Macht und Moral aufgehoben.«

Last but not least: doch noch eine Frau – Rosa Luxemburg (1871–1919):»Die hat mich immer enorm interessiert. Sie wurde als Flintenweib abgestempelt, dabei hatte sie auch weibliche Züge.«

Die Kommunistin hat nie geheiratet und ist kinderlos geblieben, wie die Gräfin.

*Literatur:*
Marion Gräfin Dönhoff:»Zivilisiert den Kapitalismus«, Stuttgart 1997
Marion Gräfin Dönhoff:»Kindheit in Ostpreußen«, Berlin 1988
Marion Gräfin Dönhoff:»Namen, die keiner mehr nennt«, Düsseldorf/Köln 1962
Marion Gräfin Dönhoff:»Weit ist der Weg nach Osten«, München 1985
Marion Gräfin Dönhoff, Gerd Bucerius:»Ein wenig betrübt, Ihre Marion«. Ein Briefwechsel aus fünf Jahrzehnten, Berlin 2003
Marion Gräfin Dönhoff:»Menschen, die wissen, worum es geht«, Hamburg 1976
Alice Schwarzer:»Warum gerade sie – Weibliche Rebellen«, Frankfurt/Main 1989

# Florian Graf Henckel von Donnersmarck

geboren 1973 in Köln, lebt in Berlin

Von der Berlinale abgelehnt, gewinnt sein Film »Das Leben der Anderen« (Etat: 1,6 Millionen Euro) 2007 den Oscar. Dass er Regisseur wird, beschloss der Sohn eines Lufthansa-Managers (und Malteser-Ritters) während seines Politikstudiums in Oxford, als er für einen Essay (über seinen Traumberuf) ein Praktikum beim britischen Großmeister Richard Attenborough gewann. Er begann ein Zweitstudium an der Filmhochschule in München (studiert hat er auch in St. Petersburg, Russisch und Philosophie). Der Nachkomme einer schlesischen Adelsfamilie, der seinen Stammbaum bis ins 14. Jahrhundert zurückverfolgen kann, ist mit einer Juristin verheiratet, das Paar hat zwei Kinder:»Ich bin ein Perfektionist. Im Film, aber leider auch im Leben.«

»Als ich ›Das Leben der Anderen‹ recherchiert und geschrieben habe, musste ich mich über die ganze lange Zeit – drei Jahre! – irgendwie motivieren. Die Stasi-Thematik war trostlos, ebenso die Recherche, ich schrieb Fassung um Fassung, und mein winziges Büro im Erdgeschoss der Berliner Linienstraße 20 war eine Art dostojewskisches Kellerloch mit Kohleofen.

Damals habe ich mir aus dem Internet und aus Büchern Bilder von Leuten zusammengesucht, von denen ich hoffte, dass sie mir Kraft geben würden, das Projekt durchzuziehen. Ich habe diese Bilder auf die Rückseite der Tür geklebt, sodass sie kein Besucher sehen könnte … aber es kam sowieso keiner.

Und das waren meine Vorbilder im wahrsten Sinne des Wortes. Das waren Menschen, die ich für ganz bestimmte Eigenschaften bewunderte – für Eigenschaften, die ich dann versuchte, auch bei mir zu kultivieren. Amerikaner nennen so etwas Benchmarking.

Für mich sind Vorbilder eben eher Benchmarken, und keine Gesamtpersonen, denen man sich unterordnet, oder denen man in jeder Hinsicht nachstreben würde. Es ist unmöglich, so zu sein wie ein anderer, und außerdem auch gar nicht wünschenswert, selbst wenn es sich um Shakespeare oder Kurosawa handelt. Wenn die Vorbilder für einen ›Überväter‹ bleiben, von denen man nie glaubt, sie erreichen zu können, hält man sich dadurch selber klein … (Stefan Zweig zum Beispiel. Was war er doch für ein Schwärmer für die Großen! Vielleicht war das, was sein Genie limitierte, gerade sein Gefühl, dass die anderen so viel größer waren als er.)

Man muss die Vorbilder einfach als seinesgleichen sehen, sonst hat das Ganze keinen Sinn. Sicher, sie haben Großartiges geschaffen, aber sie hatten dabei mit den gleichen Zweifeln, der gleichen Faulheit und der gleichen Eitelkeit zu kämpfen, wie wir alle … (Das gilt auch für die Heiligen der Kirche, auch sie sind ganz normale Menschen gewesen.) Auf meiner Tür hingen also Menschen, die Großes geleistet haben, aber sich dabei auch immer die Frage stellten: Wie können wir in unserem Gebiet weitergehen, als diejenigen, die vor uns kamen? Sie sind daran oft fast verzweifelt, aber haben es dann doch geschafft.

Wer hing dort? Natürlich Goethe und Schiller, aber nicht als jene Klassiker, die sich in großer Verbundenheit die Hand geben, sondern jeder für sich. An Schiller begeisterte mich der unglaubliche Freiheitsdrang, seine Leidenschaft und sein Mut, gesellschaftliche Konventionen beiseite zu werfen. Goethe hingegen hat es mit seiner Geschmeidigkeit, seiner Klugheit und seinem Sinn für Nuancen so viel besser als Schiller verstanden, innerhalb des Systems voranzukommen. Und die Tatsache, dass wir Deutschen sie immer zusammenstellen, ist doch nichts anderes als der Ausdruck unserer Sehnsucht nach *einer* Figur, die die Eigenschaften von beiden verbinden würde.

Wer noch? Stephen King und George Simenon – die beiden Schriftsteller, die mir vor Augen führen sollten, dass letztendlich nicht entscheidend ist, wie man von der Kritik wahrgenommen wird, sondern ob man – gerade als Künstler – die Menschen berührt, alte, junge, gebildete, ungebildete, reiche, arme Menschen gleichermaßen. Die beiden haben es ja geschafft, Millionen höchst unterschiedliche Menschen auf der ganzen Welt tief zu berühren. Und das wollte ich auch.

Übrigens gibt es innerhalb des Benchmarking auch Ausschlusskriterien. Ich würde mich zum Beispiel niemals an jemandem orientieren, der sich an den zerstörerischen Momenten des Lebens weidet, ganz gleich, wie genial er ist. Vor allem bei Lyrikern bin ich da vorsichtig. Mehr als an Paul Celan oder an Sylvia Plath orientiere ich mich an Menschen, die es geschafft haben, ihre Verzweiflung in etwas Positives umzuspinnen.

Wie Leonard Bernstein, der einen Grad von Weisheit erreichte, der mich fasziniert, oder Karl Lagerfeld. Auch sie hingen an der Tür.

Und Bill Clinton. Der Mann ist ein Phänomen an angewandter psychologischer Begabung. Gerade als Rhetoriker, und gerade vor großen Gruppen. Er findet in jeder Situation das richtige Wort (auch wenn es, zugegebenermaßen, zuweilen ein Wort jenseits der Wahrheit ist) und konnte dadurch ein ganzes Land prägen. Aber auch hier ist es nur genau diese Eigenschaft, die mich fasziniert, und nicht der ganze Mann. Denn spätestens seit seiner Autobiographie ist klar, wie sehr Clinton durch seine Orientierung nach außen die Verbindung nach innen verloren hat. Er weiß gar nicht mehr, wer er ist, und wofür er angetreten ist. Ein maßlos enttäuschendes, aber auch entlarvendes Buch.

Und dann hing dort ein Mann, der in seiner Autobiographie ›A Life‹ die ehrlichste Selbstbetrachtung aufgeschrieben hat, die ich kenne: Elia Kazan, der Regisseur von ›Jenseits von Eden‹ und ›Die Faust im Nacken‹. Wenn ich sein Bild an der Tür sah, habe ich mir immer wieder gesagt: ›Florian, denk an Kazan und sei zu jedem Zeitpunkt ehrlich mit dir selber. Treibe Pragmatismus und Ehrgeiz nicht so weit, dass du den Kontakt zu dir selber verlierst. Denn in dem Moment würde dein Werk einfach uninteressant.‹

Und dann hing dort ein wunderbares schwarz-weißes Foto von Arnold Schwarzenegger beim Mr.-Olympia-Wettkampf. Schwarzenegger ist für mich der im wahrsten Sinne des Wortes Fleisch gewordene Wille. Wenn Sie sich überlegen, wie schlecht seine Startbedingungen waren: Sohn eines Kleinstadtpolizisten und NSDAP-Mitglieds aus Thal bei Graz in Österreich, ohne besondere erkennbare Begabungen, und was er durch seinen unbändigen Willen zur Leistung alles erreicht hat! (Und Leistung hängt – im Unterschied zum Erfolg – völlig von einem selber ab.) Er hat einfach, aus dem Wunsch heraus, besser und besser zu werden, immer das Maximum aus sich herausgeholt. Self-Improvement nennen das die Amerikaner. Wenn dieser Mann, der aus dem Nichts kam, Oberhaupt der fünftgrößten Wirtschaftsmacht der Welt werden konnte – dann habe ich, der ich so privilegiert aufgewachsen bin und der so viel gefördert wurde, keine Ausrede mehr, wenn ich nicht auch mindestens Papst werde.

Wenn ein Mensch durch ehrliche Arbeit und Leistung Erfolg hat – dann will ich von ihm lernen. Erfolg ist für mich wirklich etwas Positives. Das klingt banal, aber ich weiß leider, wie viele Menschen das anders sehen. Neid ist doch eine weit verbreitete Krankheit. Dabei schadet der Neider nur sich selber. Er macht sich die Chance auf eigenen Erfolg durch den Neid kaputt. Denn für einen Menschen, der eher von Neidinstinkt als vom Anerkennungsinstinkt beherrscht wird, bleibt der Erfolg immer negativ besetzt, und daher auch immer flüchtig. Warum sollte Fortuna, die eine scheue, stolze Göttin ist, zu jemandem kommen, der über all die anderen, die sie bisher eines Kusses für würdig befunden hat, nur lästert?

Ich glaube, es ist wichtig, dass man sich mit Vorbildern beschäftigt, dass man sie bewundert – aber auch, dass man sie entmystifiziert. Man hat doch so leicht das Gefühl, dass man zum Beispiel nicht gebildet genug ist, um seinen Vorbildern das Wasser zu reichen. Ich kann nur raten: Lesen Sie die Biographien. Picasso zum Beispiel war fraglos einer der größten Künstler des 20. Jahrhundert, war aber extrem ungebildet – ein Primitiver, im positivsten Sinne des Wortes. Macht ihn das zu einem kleineren Künstler?

Aber auch im privaten Bereich habe ich Vorbilder. Ich hatte das Glück, in der Gestalt meines Vaters, einem der letzten Herren, die sich auf dem Parkett der k.u.k.-Monarchie genauso selbstverständlich wohlfühlen würden wie im modernen Geschäftsleben, einen sanften Führer durchs Leben zu haben. Er entstammt einer Familie, die seit dem 14. Jahrhundert in Deutschland eine Position von großem Einfluss und großer Sicherheit innehatte, die also nie den brechtschen Überlebenskampf führen musste, wo »erst das Fressen und dann die Moral« kommt. Die Henckel von Donnersmarcks sahen sich als freie Standesherren in der Verantwortung, ihren Teil des Landes weise und christlich zu führen, und anderen Menschen Vorbilder zu sein. Diese alte, Macht gewohnte Familie wusste immer schon, dass man das Schicksal selber gestalten kann und muss.

Auch von meiner Mutter konnte ich aber vieles für mein Benchmarking verwenden: Sie ist eine fast unheimlich einfühlsame Psychologin, weiß immer alles, noch bevor man selbst dahintergekommen ist.

Das größte Vorbild in der Großelterngeneration war der beste Freund – fast schon der Ersatzvater – meiner Mutter, John White, ursprünglich Johannes Schwarzkopf, 1910 in Wien geboren, 1938 nach Amerika emigriert, wo er Direktor der New York City Opera im Lincoln Centre wurde und zum Beispiel Placido Domingo seinen ersten Job gab. Er war einer dieser seltenen Alten, die junge Menschen ganz ernst nehmen. Über die sechs Jahre, die wir als Kinder in New York lebten, hatten wir eine feste Loge in seiner Oper. Nachdem wir von New York wegzogen, kam er uns jedes Jahr zweimal in Europa besuchen, und wir ihn zweimal in New York. Sein Einfluss auf mich war enorm. Ich war in Deutschland zunächst kein besonders guter Schüler, weil die autoritären Lehrer mich ärgerten und ihr Unterricht mich langweilte. Irgendwann machte John mir dann aber klar, dass diese Form von Rebellion nur kindisch war, und dass ich versuchen müsste, das System für mich zu verwenden, wenn ich darin irgendeine Freiheit erreichen wollte. Er hat mir den Spaß an strukturierter akademischer Arbeit beigebracht, und auch an der Interpretation von Kunst. Dabei weckte er auch mein Interesse an Dingen, mit denen ich in meinem konservativen Familienumfeld kaum Berührungspunkte gehabt hätte. Nachdem er pensioniert war, forschte er zum Beispiel über das Göttliche im Weiblichen im Judentum und im Christentum. Er schrieb bis zu seinem Tod an einem großen Werk darüber. Ich sehe uns noch gemeinsam durch Nebensäle der Pariser Museen und zu versteckten Winkeln von Kirchen wandern, wo er mir überall Darstellungen zeigte, auf denen der Sohn Gottes mit Brüsten dargestellt ist. Er war natürlich Freud-Schüler, und auch Freud habe durch ihn kennen gelernt.

Und so kommen wir zu Sigmund Freud – seins war das größte Bild an meiner Tür. Keiner hat so stark mit den Konventionen seiner Zeit gebrochen. Keiner war so sehr bereit, Autorität zu missachten und nur seiner inneren Stimme zu folgen. Man darf nicht vergessen, dass Freud den Großteil seines Lebens als verlachte, verhöhnte Figur verbrachte. Aber er hatte den Mut, seiner Intuition und seinem eigenen Geist zu trauen, und sich in diesem Vertrauen sogar gegen die Gesellschaft und die Wissenschaft zu stellen. Und irgendwann hatte er beide verändert. Beeindruckend. Und eben vorbildhaft.

In unserer Gesellschaftsstruktur gibt es immer noch vieles, was im Argen ist. Aber es gibt auch zu jeder Zeit große Figuren, die bereit sind, nur auf ihr Inneres zu hören und im Kampf mit den Missständen Großes zu leisten. Und das sind meine Vorbilder.

Übrigens: Als ich aus dem Büro ausgezogen bin, habe ich vergessen, meine Vorbilder mitzunehmen. Mein Freund Christoph Hochhäusler, der die Wohnung übernahm, schickte mir später einen Umschlag mit den abgepflückten Fotos. Den hatte er mit der Hand beschriftet: ›Florians Idole‹. Das war natürlich peinlich.«

# Eugen Drewermann

geboren 1940 in Bergkamen, lebt in Paderborn

Obwohl Mitglied der katholischen Kirche ist er als »öffentlicher Sünder« von den Sakramenten ausgeschlossen, darf zum Beispiel auch keine Kommunion empfangen. Am 8. Oktober 1991 hat Kardinal Johannes Joachim Degenhardt seinem populärsten Priester nach einem langen Streit über das wahre Glaubensverständnis die Lehrerlaubnis an einer katholischen Hochschule entzogen, im Januar 1992 verbot er dem Bergarbeitersohn über das Thema »Jesus hat diese Kirche nicht gewollt« zu predigen. Seitdem lebt der Mann, den die einen für den größten Reformator seit Luther, die anderen für einen geschwätzigen Häretiker halten, als Psychotherapeut und Schriftsteller (»Lieb Schwesterlein, laß mich herein«, Grimms Märchen tiefenpsychologisch gedeutet.) Er meint: »Wer die Bibel symbolisch deutet, findet einen tiefen Sinn. Wer sie wörtlich nimmt, führt Menschen zum Unglauben.« Er besitzt weder einen Kühlschrank noch einen Fernseher und spendet fast alle Einkünfte wohltätigen Zwecken.

»Ganz entscheidend für mich ist die Person Jesu, das sage ich nicht ohne Weiteres als ein Christ, sondern einfach deshalb, weil mich jeden Morgen beim Lesen der Zeitungen die Person des Mannes aus Nazaret davon überzeugt, dass eine andere Welt möglich sein muss als die Unerträglichkeit endloser Ausbeutungen und Gewalt.

Ich bin groß geworden in einer Zeit, in der der Krieg tobte. Ich bin leidenschaftlich gegen den Krieg, aber für diese Überzeugung brauchte ich einen Außenhalt. Der war nicht gegeben in den Tagen der Wiederbewaffnung der Bundesrepublik, als die katholische Kirche vom Papst herunter bis zum Dorfkaplan verkündete, kein Katholik darf den Wehrdienst verweigern und sich dabei auf sein Gewissen berufen.

Ich war damals sechzehn Jahre, und ich wusste nichts anderes, als mich auf mein Gewissen zu berufen. Das war eine Einsamkeit, die

dringend nach einer geistigen Bestätigung auf die Suche gehend musste – und da waren die Bergpredigt und die Botschaft des Buddha.

Seine Botschaft hat mir im abendländisch-christlichen Kulturkreis
erlaubt, Mitleid und Mitgefühl auszudehnen auf die Tiere und den
Anthropozentrismus unseres Weltbildes ein für alle Mal zu verlassen.
Ich habe nie verstanden, wer dem Menschen das gute Recht gibt, sie
zu quälen, sie zu Milliarden auszubeuten, ihre Existenzgrundlage zu
vernichten und sie dann noch mit Appetit auf den Teller zu bringen.
Ich finde das alles abscheulich, und es war mir selbstverständlich, ein
Teil des Protestes dagegen zu werden.

Zwei große Interpreten aus dem 20. Jahrhundert für die Bergpredigt
und die Lehre Buddhas waren und sind geblieben Mahatma Gandhi
und Albert Schweitzer. Das Engagement gegen den Krieg und für den
Frieden und gegen den Missbrauch der Kreaturen sowie das universale
Mitleid, sind mir die wichtigsten Inhalte der Humanität und in diesen
vier Persönlichkeiten exemplarisch verkörpert … sie sind wie Bäume,
die an einem bestimmten Orte wachsen und ihre Wurzeln unter die
Erde senken, dann aber ihre Zweige über die Zäune aller Zeiten und
Zonen der Welt breiten und ihre Blätter und Früchte die Wahl aus-
breiten.«

»Ich mag nicht in den Himmel, wenn es dort keine Weiber gibt.
Was soll ich mit bloßen Flügelköpfchen?«

# Albrecht Dürer

### 21. Mai 1471 Nürnberg – 6. April 1528 Nürnberg

»Hier bin ich ein Herr, daheim ein Schmarotzer«,
schreibt er während seines Aufenthalts in Italien
heim nach Deutschland.

Und in der Tat: Seine Bilder beeindrucken die großen Meister der
italienischen Renaissance, er wird hofiert. Daheim war er zwar »gut im
Geschäft«, aber keineswegs »salonfähig«.

Zwei Jahre vor seinem Tod schenkte er seiner Heimatstadt sein Meisterwerk »Vier Aposteln« – ob das ein Versuch war, seinen Status zu verbessern? »Nachdem ich aber in jüngst vergangener Zeit eine Tafel gemalt und darauf mehr Fleiß verwandt habe, als auf andere Gemälde ... verehre ich sie auch Euer Weisheit, untertänig und angelegentlich bittend, Dieselben wollen dies mein kleines Geschenk wohlgefällig und günstig annehmen. Im Herbst 1526.«

Dürer malte, wie Mozart musizierte: »dank der Gottesgnade, von den oberen Eingießungen«.

Das erste erhaltene Werk war ein Selbstporträt: »Daz hab jch aws eim spiegell nach mir selbst kunterfet jm 1484 jar, do ich noch ein kint was. Albrecht Dürer.«

Ein weiteres Selbstbildnis schickte er Raffael: »Dieses Werk erschien Rafale wunderbar, und deshalb Sandte er ihm viele von seiner Hand gezeichneten Blätter, die dem Albrecht sehr teuer waren« (berichtete Vasari in seiner Biographien-Sammlung großer Künstler). Das berühmte »Münchner«-Bildnis erinnert an frühe Christus-Darstellungen (»Christus, der Herr, der das schönste aller Welt ist«).

Auf dem letzten zeichnete er seinen ganzen Körper, völlig nackt, und »notierte« jede Einzelheit (sein Geschlechtsteil inkl.) mit fotografischer Gnadenlosigkeit.

Das war neu – dieser akribische Realismus, das meisterliche Handwerk einerseits, andererseits seine künstlerische Freiheit, seine Individualität. Er war einer der Ersten, der seine Werke signierte (mit einem D in einem A), der dem anonymen Handwerker der Vorzeit ein Gesicht gab. Und der in seinen Werken die geistigen Strömungen seiner Zeit visualisierte: die Angst vor Seuchen und Türken, die allgemeine Verunsicherung durch Luther, Bauernaufstände, Kolumbus. Die Nachfrage nach seinen Stichen »Melancholie«, »Betende Hände«, »Die vier apokalyptischen Reiter«, »Junger Feldhase« war so enorm, dass sich Dürer eine moderne Druckmaschine anschaffte, um alle Interessierten bedienen zu können.

»Er selbst hat von seiner Bedeutung gewusst, und er war tief durchdrungen von seiner Sendung, der Praeceptor Gemaniae, der große Lehrer der Deutschen, zu sein. Dieses ausgeprägte Selbstbewusstsein gibt jedem seiner Werke eine unerschütterliche Sicherheit.« (Franz Winzinger)

Dürer hinterließ etwa 350 Holzschnitte, 100 Kupferstiche und Radierungen, rund 1000 Zeichnungen und etwa 125 Gemälde: »Was aber die Schönheit ist, das weiss ich nicht.«

# Haus-Vorbilder

Von Dürer gibt es nicht nur eine Reihe von Selbstporträts, sondern auch eine selbstverfasste Familienchronik – ein Zeugnis des neuen Selbstwertgefühls des aufkommenden Bürgertums:

»Ich, Albrecht Dürer der Jüngere, habe aus meines Vaters Schriften zusammengetragen, woher er gewesen, wie er hergekommen und hier geblieben sei und selig geendet habe. Gott sei ihm und uns gnädig. Amen. Anno 1524.«

**Vater Albrecht Dürer d. Ä.**(1427–1502) »Albrecht Dürer der Ältere ist seinem Geschlecht nach geboren im Königreich Ungarn, ... hat sein Leben unter großer Mühe und schwerer, harter Arbeit zugebracht und nichts anderes zu seinem Unterhalt gehabt, als was er für sich, sein Weib und seine Kinder mit seiner Hand verdiente. Darum hat er gar wenig gehabt. Er hat auch mancherlei Betrübnis, Anfechtung und Widerwärtigkeit erfahren. Er genoß aber von allen, die ihn kannten, ein gutes Lob, denn er führte ein ehrbares, christliches Leben, war ein geduldiger Mann, sanftmütig und friedsam gegen jedermann; und er war sehr dankbar gegen Gott. Er hat für sich auch nicht viel Gesellschaft und weltlicher Freuden bedurft; er war auch von wenig Worten und ein gottesfürchtiger Mann. Dieser mein lieber Vater wandte großen Fleiß auf seine Kinder, sie zur Ehre Gottes zu erziehen, denn sein höchster Wunsch war, dass er seine Kinder in Zucht wohl aufbrächte, damit sie Gott und den Menschen angenehm würden. ... Und insbesondere hatte mein Vater an mir ein Gefallen, da er sah, dass ich fleißig in der Übung war zu lernen. Darum ließ mich mein Vater in die Schule gehen. Und da ich das Schreiben und Lesen gelernt hatte, nahm er mich wieder aus der Schule und lehrte mich das Goldschmiedehandwerk.«

Nach dem Tod des Vaters: »Ich sah den Toten an mit großem Schmerz, weil ich nicht würdig gewesen bin, bei seinem Tode zugegen zu sein. ... Er hinterließ meine Mutter als eine betrübte Witwe. Die

hatte er mir jederzeit höchlich gelobt, wie sie eine gar so fromme Frau
wäre – deshalb nehme ich mir vor, sie nimmermehr zu verlassen!«

**Mutter Barbara Dürer geb.** **Holper (1451–1514)** »Sodann, zwei Jahre
nach meines Vaters Tode, nahm ich meine Mutter zu mir, denn sie
besaß nichts mehr.« Neun Jahre ist bei dem Sohn geblieben: »Und
ihr häufigster Brauch war, viel in die Kirche zu gehen, und sie ta-
delte mich immer fleißig, wenn ich nicht gut handelte, und immer
hatte sie für mich und meine Brüder große Besorgnis vor Sünde. Und
ich mochte aus- oder eingehen, so war stets ihr Sprichwort: Geh' im
Namen Christi! ... Diese meine Mutter hat achtzehn Kinder getragen
und erzogen, hat oft die Pestilenz gehabt und viele andere schwere
Krankheiten, hat große Armut erduldet, Verspottung, Verachtung,
höhnische Worte, Schrecken und große Widerwärtigkeiten. Dennoch
ist sie nie rachsüchtig gewesen. ... (Sie) verschied mit Schmerzen.
Darüber habe ich solchen Schmerz empfunden, dass ich's nicht aussprechen kann.«
     Kurz vor ihrem Tod 1514 zeichnet Dürer seine sterbenskranke
(Krebs?) Mutter mit dem gleichen erschreckenden Realismus wie sich
selbst als Akt.

Übrigens: Er war das dritte von achtzehn Kindern, seine eigene Ehe
mit der Nürnberger Patriziertochter Agnes blieb – kinderlos.

## Wahl-Vorbilder

**Martin Schongauer (um 1450–1491)** Um diesen »trefflichen, begehr-
ten Meister« kennenzulernen, reiste Dürer 1492 nach Colmar. Doch
der bedeutendste Pionier der Kupferstecherei der deutschen Spätgotik,
dessen Arbeiten selbst Michelangelo kopierte, war bei Dürers Ankunft
bereits tot: »Diese Begegnung (mit Schongauer) wäre für Dürer von
allergrößter Bedeutung gewesen, da kein anderer Künstler der Zeit
auf seine frühe Entwicklung einen auch nur annähernd so entscheidenden Einfluss ausgeübt hatte. Vorbildlich waren für Dürer vor allem
die 115 meisterhaften Kupferstiche Schongauers, die als Muster zu
dieser Zeit in allen Künstlerwerkstätten auslagen ... Dürer übernahm

das gesamte Formengut Schongauers so vollkommen, dass sich sein Frühwerk nahtlos an das Schongauers anfügt; so war es bei einigen Zeichnungen lange Zeit unentschieden, ob sie von Dürer oder von Schongauer stammen.« (Kindlers Malerei-Lexikon)

**Willibald Pirckheimer (1470–1530)** »Ich habe keinen anderen Freund auf Erden als Euch. Ich gebe dem auch keinen Glauben, dass Ihr mir zürnet, denn ich halte Euch nicht anders. Als für einen Vater. Ich wollte, dass Ihr hier zu Venedig wäret!«, schreibt Dürer, der den reichen Nürnberger Ratsherrn stets mit »Sie« anspricht, und ihn »ehrsamer, hochgeachteter Herr, hochgelehrter, bewährter, weiser, vieler Sprachen mächtiger, kühner Entdecker aller vorgebrachten Lügen und schneller Erkenner rechter Wahrheit« nennt. (Pirckheimer duzt ihn.)

Der Freund von Pico della Mirandola, Cosimo I. de Medici, Bramante, da Vinci und so weiter überzeugte Dürer, dass die Zukunft der Malerei in Italien liegt (und nicht in Holland, wohin Dürers Nachfolger zu den übermächtigen Rubens und Rembrandt pilgerten): »Er übte auf dessen Weltbild einen kaum zu überschätzenden Einfluß aus, indem er ihm vor allem die Bildungselemente der Antike und Italiens vermittelte.« (Franz Winziger)

Diesem Humanisten widmet Dürer seine »Proportionslehre«, ihm berichtet er: »Ich habe mir selbst ein graues Haar gefunden (und mir) vorgenommen, tanzen zu lernen und zweimal auf die Tanzschule zu gehen.« Ihn lässt er seine Gedichte redigieren – »das obige gefiel aber Herrn Willibald Pirckheimer nicht«.

**Giovanni Bellini genannt Giambellino (um 1430–1516)** »Ich habe viele gute Freunde unter den Italienern, die mich warnen, dass ich nicht mit ihren Malern ja nicht esse und trinke. Auch sind mir ihrer viele feind und machen mein Werk nach in den Kirchen und wo immer sie es bekommen mögen; bar schelten sie es und sagen, es sei nicht antikischer Art, darum sei es nicht gut. Aber Giambellin, der hat mich vor vielen Edelleuten gar sehr gelobt. Er wollte gern etwas von mir haben und ist selber zu mir gekommen und hat mich gebeten, ich solle ihm etwas machen, er wolle es gut zahlen. Und die Leute sagen mir alle, was er für ein rechtschaffener Mann sei, dass ich ihm ebenso gewogen bin. Er ist sehr alt und ist noch immer der beste in der Malerei.«

Bellini war der Mittelpunkt der bedeutendsten Künstler-Sippe Venedigs und Lehrer von Giorgione und Tizian.

Übrigens: Dürers »Haller Madonna« hielt man lange für ein Werk Bellinis, andererseits: In einer Seitenkapelle der St. Maria-Dolorosa der venezianischen Frari-Kirche befinden sich Bellinis »Vier Evangelisten«, die Dürer zu seinem Meisterwerk »Vier Evangelisten« anregten.

**Martin Luther (1483–1546)** »Und hilft mir Gott, dass ich zu Doktor Martinus Luther komme, so will ich ihn mit Fleiß abkonterfeien und in Kupfer stechen zu einem dauernden Andenken des christlichen Mannes, der mir aus großen Ängsten geholfen hat. Und ich bitte Euch, … wenn Doktor Martinus etwas Neues macht, das deutsch ist, wollet es mir für mein Geld zusenden!«

»O Gott! Ist Luther tot, wer wird uns hinfort das heilige Evangelium so klar vortragen? Ach Gott! Was hätte er uns noch in zehn oder zwanzig Jahren schreiben können! … Sieht doch ein jeglicher, der da Martin Luthers Bücher liest, wie seine Lehre so klar und durchsichtig ist, wo er das heilige Evangelium vorträgt. Und darum sind dieselben in großen Ehren zu halten, und nicht zu verbrennen; es wäre denn, dass man seine Widersacher, die allezeit der Wahrheit widerstreiten, auch ins Feuer würfe mit allen ihren Opinionen, die da aus Menschen Götter machen wollen; dabei aber doch so verführe, dass man dann wider neue Drucke von Luther Büchern hätte. … O ihr fromme Christenmenschen all! Helft mir fleißig beweinen diesen gottbegeisterten Menschen und Gott bitten, dass er uns einen andern erleuchteten Mann sende.«

*Literatur:*
Albrecht Dürer: »Tagebücher und Briefe«, München-Wien 1969
Franz Winzinger: »Dürer«, Reinbek 1971
»Vorbilder aus der deutschen Geschichte«, München 1983

# Sky du Mont

geboren 1947 in Buenos Aires, lebt in Hamburg

Zu schön, um »gut« zu sein – das ist ein Klischee, mit dem sich das FDP-Mitglied hierzulande herumplagen muss. In Amerika störte sein Gentleman-Look keinen, dort spielte er in neunundfünfzig Folgen der Krankenhaus-Serie »General Hospital« und in Hollywood-Produktionen an der Seite von Gregory Peck & Co. Stanley Kubrick holte Tom Cruise, Nicole Kidman und ihn für seinen letzten Film »Eyes Wide Shut«. Der zweifache »Deutscher Comedypreis«-Träger (»Der Schuh des Manitu«, »(T)Raumschiff Surprise«) engagiert sich für die Hilfsorganisation »World Vision« und schreibt seit 2003 Romane. Mit seiner vierten Frau (neunundzwanzig Jahre jünger), hat er zwei Kinder. Sein Motto: »Über jede neue Falte sollte man sich freuen, weil sie die Glätte nimmt.«

»Vorbilder prägen tatsächlich, bewusst oder unbewusst, und da schließe ich mich nicht aus. Ein Vorbild ist für mich eine Person, die ich respektiere und der ich auch nacheifere, wohlwissend, dass ich diese »Höhe« nie erreichen werde, die mich prägt, bewusst oder unbewusst.

Um es gleich zu sagen: Die großen Künstler, mit denen ich gearbeitet habe, wie William Holden, Gregory Peck, Anthony Quinn oder Stanley Kubrick, das sind für mich keine Vorbilder. Kubrick ist ein Genie, die anderen sind Stars. Und Stars werden von der ganzen Welt verwöhnt, werden getragen. Wenn sie mal betrunken vom Barhocker fallen, dann finden es die Leute nicht so schlimm. Sie kriegen den besten Tisch und alles umsonst, und das ist für die Bildung eines guten Charakters nicht unbedingt förderlich.

Mein großes Vorbild ist unser Altbundeskanzler Helmut Schmidt. Schon seit Jahrzehnten bewundere ich diesen überragenden Politiker. Aber nicht nur seine politische Weitsicht, sondern auch sein Verhältnis zu seiner Frau, die Art, wie er mit seiner Familie ist, seine Bescheidenheit et cetera et cetera.

Auch Richard von Weizsäcker möchte ich mein Vorbild nennen.

An diesen beiden Politikern beeindruckt mich ganz besonders, wie sie den Versuchungen der Macht widerstanden haben. Sie verfügten über eine für einen Nicht-Politiker schwer vorstellbare Machtfülle und sind trotzdem bescheiden geblieben, so unendlich unarrogant. Und sie haben es beide geschafft, aus dem Rampenlicht zurückzukehren ins normale Leben, ohne irgendwelche Ansprüche zu erheben. Dieses vornehme Sichzurückziehen – das ist für mich ganz bemerkenswert, das zeigt menschliche Größe.«

»Unser Prozeß der Revolution wird ein sehr langer Marsch sein.«

# Rudi Dutschke

7. März 1940 Schönefeld bei Luckenwalde –
24. Dezember 1979 Aarhus, Dänemark

»Ohne etwas zu ahnen, sah ich, wie er mir immer näher kam, und plötzlich stand er vor mir, nur ca. sechs bis sieben Meter entfernt, er weiterhin auf dem Mittelweg der Straße. Was in ihm vor sich ging, weiß ich nicht, ich empfand keinerlei Bedrohung ... (kaum hatte er den Gehweg erreicht), wendete er sich direkt an mich und fragte in einem Abstand von ca. zwei Metern: ›Sind Sie Rudi Dutschke?‹ Ich zögerte nicht und sagte: ›Ja‹ – und in einem sekundenhaften, blitzartigen Augenblick riß er eine Pistole aus der Jackentasche und schießt. Da war keine andere Frage, kein Nachdenken, kein Zögern bei diesem Lohn-Sklaven, diesem Maler Bachmann.« So schilderte der Studentenführer das Attentat vom 11. April 1968.

»Nachdem ich die Kugeln schon in Kopf und Körper hatte, war ich es wert, als Mensch zu gelten, vorher hatten die Herren da oben alles getan, um Unmenschlichkeit wachsen zu lassen«, sagte er später (der dreiundzwanzigjährige Attentäter beging 1970 Selbstmord, Dutschke bereute, kaum Kontakt zu ihm gehabt zu haben).

Nachdem ihm in der DDR das begehrte Sportstudium verwehrt geblieben war (der FDJ-ler entpuppte sich als Pazifist und verweigerte den Wehrdienst in der Volksarmee), ging der jüngste der vier Söhne eines Elektrikers, inzwischen Industriekaufmann, 1961 nach West-Berlin, um Soziologie zu studieren: »Als ich wenige Tage vor dem Bau der Mauer die DDR verließ, war mir eins klar: Du gehst nicht ins ›Exil‹, du gehst in eine andere Staatsform, nicht aber in ein anderes Land.« In West-Berlin schreibt er Sportreportagen für das Springer-Blatt B. Z., gründet die Gruppe »Subversive Aktion« (die sich später dem »Sozialistischen Deutschen Studentenbund«/SDS anschließt) und lernt die amerikanische Theologiestudentin Gretchen Klotz kennen: »Wir diskutierten lange, ob wir heiraten sollten. Ideologisch wär's falsch, aber praktisch.« Ende März 1966 schreibt er: »Nun sind wir verheiratet. Mal sehen, wohin das führt. Die Genossinnen und Genossen haben ihre Bedenken lustig angemeldet.« Das Paar bekommt drei Kinder (1968, 1969 und 1980): »Unsere Tochter, unser Sohn sollen lernen, keine panische Angst vor Gefängnissen zu haben.«

Ende 1969 appelliert der Marxist an alle Gegner der Großen Koalition, die die Einführung der Notstandsgesetze plant, sich in einer »Außerparlamentarischen Opposition« zu sammeln: »Der Sozialismus ist kein Warten auf Godot, kein Warten auf Rezepte, keine Hoffnung auf große Führer.« Als APO-Vordenker organisiert Dutschke, ein charismatischer Redner, Sitzblockaden, Hungerstreiks und – nachdem die Polizei den Studenten Benno Ohnesorg bei einer Demonstration erschossen hat – die »Springer-Kampagne«, die die Enteignung des Verlegers fordert. Gleichzeitig distanziert er sich von terroristischen Aktionen: »Sich selbst zu verändern, glaubwürdig zu werden, Menschen zu überzeugen und den verschiedensten Formen von Ausbeutung und Terror entgegenzuwirken, das mag in manchen Augenblicken ungeheuer schwer erscheinen. Und dennoch gibt es dazu keine Alternative.«

Seit 1968 lebte er mit seiner Familie im Exil (Schweiz, London, Dänemark), promovierte in Berlin zum Dr. phil., hielt Vorträge, engagierte sich für Die Grünen, schrieb.

An Heiligabend 1979 ertrank er in der Badewanne. Der epileptische Anfall war eine Spätfolge des Attentats.

»Wenige, lumpige Jahre aktiv im Leben politischer Arbeit gewesen zu sein und Kugeln in den Kopf zu bekommen, welche Notwendigkeit war da?«

# Haus-Vorbilder

**Vater Alfred Dutschke (1901–1988)** »Der Grund für das Beten, der Krieg, war weg, doch es ging noch weiter. Schließlich war der Vater noch nicht zu Haus, und die Mutter weinte des öfteren, es war nicht zu übersehen. ... (1945 nahm ihm ein Rotarmist ihr Fahrrad weg.) Es war das meines Vater, der sich zu dieser Zeit noch in der Sowjetunion befand, ... (dann) erhielten wir ein anderes Fahrrad, eines für Frauen mit Kinder-Vorsitz.«

Rudi war sieben, als er seinen Vater zum ersten Mal sah, nach seiner Rückkehr aus russischer Kriegsgefangenschaft.

Anfang der fünfziger Jahre »sagte er zu mir: ›Rudi, du wirst noch mal General!‹ ... (In der Schule jedoch) wurden wir aufgefordert, alle gemeinsam unser Kriegsspielzeug auf den Müll« zu werfen.

**Mutter Elsbeth Dutschke (1910–1967)** »Meine Mutter hat uns vier Söhne nicht für den Krieg geboren.« ...

»Elsbeth Dutschke wird als eine einfache, strenge und sehr fromme Frau beschrieben. Sie war die absolute Respektsperson im Haus, musste es wohl sein. ... An Politik war (sie) wenig interessiert. (In Krisensituationen) betete Rudi in sich hinein. So hatte er das von seiner Mutter gelernt, wenn sie sich in Bedrängnis fühlte.« (Ulrich Chaussy)

»Mit dem Beten begann ich schon in den vierziger Jahren und als die Bomben in der Nähe unseres Hauses fielen, die unbekannten Flugzeuge über unsere Stadt flogen, hatte ich dazu, wie viele andere, durchaus Gründe. ... Das Beten festigte sich, und die Mitarbeit in der christlichen Gemeinde im nächsten Jahrzehnt war neben Schule und Sport von wesentlicher Bedeutung.«

1965 erhielt er eine Einladung in die Sowjetunion: »Mutter rät mir ab, nach Moskau zu fahren, ich könnte doch nicht einmal nach Luckenwalde zu Besuch kommen. ... Ich fahre auf jeden Fall mit.«

Wie sehr er seine Eltern – trotz Meinungsverschiedenheiten – respektierte, zeigen vor allem einige Alltagsepisoden: Als sich die Mutter zu Besuch anmeldet, leiht sich Rudi von einem Freund seinen Anzug und seine Krawatte und putzt die verdreckte Wohnung, um ihr dann, am Küchentisch sitzend, Rede und Antwort zu stehen und ihr »zu erklären, warum Lenin und Liebe im christlichen Sinne eben doch zusammenpassen«.

Ein anderes Mal erscheint er bei einem SDS-Workshop mit einer mehrtägigen Verspätung und gibt als Entschuldigung den Besuch der Eltern an:»Das schien dem großartigen revolutionären Anspruch, den die Gruppe an sich stellen wollte, ins Gesicht zu schlagen. Wegen der Eltern, Repräsentanten der bürgerlichen Autorität, die man bekämpfen wollte, durfte niemand zu spät kommen!«

# Wahl-Vorbilder

**Florian Oertel, Harry Valerien** Mit sechzehn wurde Rudi, der Vorsitzende der lokalen FDJ-Sportabteilung, Drittbester im Zehnkampf der DDR-Jugend:»In den wenigen Jahren eines keimhaft sozialistischen Selbstverständnisses mit christlicher Gläubigkeit und sportlicher Enthaltsamkeit von der Sexualität war mir eins aber immer deutlicher geworden: Christlicher Sozialist zu sein und nicht von der Lüge, Halbwahrheit und marxistisch-leninistischer Anpassungshinnahme zu leben, bringt eindeutig Schwierigkeiten.«

Trotz Erfolgen im Leistungssport hat er, sich eher»als zukünftiger Sportjournalist verstehend, unzählbar oft zu Hause Radioberichterstattungen durchgeführt. Mit den sportjournalistischen Größen glaubte ich in der Tat schon konkurrieren zu können.«

Mit den»Großen« meinte er den DDR-Sportreporter Heinz Oertel und Harry Valerien aus der Bundesrepublik (Auskunft von Ulrich Chaussy).

**Jesus Christus** »Eines steht fest, das Christentum im Allgemeinen und Jesus Christus im Besonderen lagen bei mir viel früher als Marx«, gestand der Studentenanführer mit entwaffnender Aufrichtigkeit, »genauso wie es bei uns nie einen sich ausschließenden Gegensatz von Christentum und Sozialismus [gab]. Die soziale und die Glaubensfrage waren lutherisch verknotet: man kümmerte sich um einzelne soziale Sorgen – aber politische Allgemeinprobleme standen kaum zur Debatte.«

Am 20. März 1963 notierte er in sein Tagebuch:»In diesen Stunden verschied keuchend im Morgenlande der Welt größter Revolutionär – Jesus Christus. Die nichtwissende Konterrevolution schlug ihn ans Kreuz. Christus zeigt allen Menschen einen Weg zum Selbst. Die Gewinnung der inneren Freiheit ist für mich allerdings nicht zu trennen von der Gewinnung eines Höchstmaßes an äußerer Freiheit, die gleichermaßen und vielleicht noch mehr erkämpft sein will.«

**Herbert Marcuse (1898–1979)** »Die Marcuse-Analyse gibt hervorragende Hinweise darauf, dass für eine herrschende bürokratische Klasse die ›Notwendigkeit‹ besteht, andere Länder zu besitzen, Okkupationen in der eigenen Zone durchzuführen. … Mit Hilfe des analytischen Nachweises von Herbert Marcuse über die Verschiebung der ›ideologischen Sphäre‹ von der total beherrschten und unterdrückt gehaltenen Philosophie zur neuen Szene von Widerstand in ›Literatur und Kunst‹ – was in den sechziger Jahren die CSSR bewies –, musste mir am Anfang der siebziger Jahre eins völlig klar sein: Du mußt endlich ran an die Rußlandanalysen von Marx und Engels und die mit dem Leninschen Denken in Sachen russische Geschichte vergleichen. Es galt, den ideologischen Nebel des ›Marxismus-Leninismus‹ über die Rekonstruktion der Geschichte der Produktionsweisen in diesem Lande aufzusprengen.«

1967 laden die Studenten den alten Mann, der als Berliner Jude vor den Nazis nach Amerika emigrierte, in seine Geburtsstadt ein, um mit ihm über ihre Ziele und Strategien diskutieren zu können.

Der Erfahrung des Ersten Weltkrieges, der Wiederholung der Misere, hielt Marcuse existentialistische Fragen entgegen: »Was ist eigentlich Existenz, und wie ist eigentlich Existenz überhaupt? … Marcuse insistiert immer wieder auf der Bedeutung der Zersetzung der Arbeitsethik als Voraussetzung für die Freiwerdung neuer Bedürfnisse. … Die Bedeutung der Auflösung von Arbeitsmoral, um Lebensqualität überhaupt denken zu können, ist mir über Marcuse theoretisch verständlicher geworden.«

1969 trafen sie sich in London. Lange vor dem Besuch des Alten Mannes wurde die sonst eher chaotische Dutschke-Wohnung geputzt und auf Hochglanz gebracht: »Als Herbert Marcuse erfuhr, dass bei uns diskutiert werde, ob es für mich nicht besser wäre, einen

Psychoanalytiker aufzusuchen, um mit dem ›Trauma‹ vom 11. April fertig zu werden, sagte er strikt: ›Was soll der Unsinn.‹« Daraufhin beschloss Dutschke, seine unbewussten Ängste selbst in Griff zu kriegen.

**Georg Lukács (1885–1971)** »Mein Beten für den ungarischen Aufstand war ohne ›Erfolg‹. Aber mein Sozialismus-Verständnis ist neu gestärkt worden, wie mein Misstrauen gegenüber dem ›Marxismus-Leninismus‹ der führenden Partei bei uns oder anderswo sich erweitern musste.«

Nach dem Krieg wurde Lukács, der Sohn eines jüdischen Bankdirektors in Budapest, Kultusminister in der Regierung von Imre Nagy und somit einer der intellektuellen Anführer des Budapester Aufstands von 1956.

»Georg Lukács wendet sich nach tiefer, moralischer Kritik des Bolschewismus schließlich doch der kommunistischen Partei Ungarns zu, um als ›Praktiker der Theorie‹ wirksam zu werden.«

In Mai 1966 besuchte Rudi den Mann, der für ihn als »theoretische Autorität« unverzichtbar geworden war, in Budapest. Rudi schreibt in seinem Tagebuch, dass er »kindlich aufgeregt« gewesen sei und wie gewissenhaft er sich auf dieses Treffen vorbereitet habe: »Er bedankte sich desgleichen für meinen Brief. Ich hatte mir viele Fragen aufgeschrieben.«

Der alte Mann antwortete nicht so, wie es der junge Theoretiker erwartete, doch in einem waren sie sich einig: Ohne »Tat« bleibt jeder Gedanke wirkungslos.

*Literatur:*
Rudi Dutschke: »Aufrecht gehen. Eine fragmentarische Autobiographie«, Berlin 1981
Rudi Dutschke: »Mein langer Marsch«, Reinbek 1980
Rudi Dutschke: »Die Tagebücher 1963 bis 1979«, Köln 2003
Ulrich Chaussy: »Die drei Leben des Rudi Dutschke. Eine Biographie«, Berlin 1993
http://www.kulturnation.de
»Junge Welt« vom 11. April 1998

»Ich sorge mich nie um die Zukunft. Sie kommt früh genug.«

# Albert Einstein

14. März 1879 Ulm – 18. April 1955 Princeton/USA

»Was hat es denn für Augerl? Wem von uns sieht es
mehr ähnlich?«, schrieb der frischgebackene Vater
an LSD (»Liebes Süßes Doxerl«), als Mileva Maric
1902 zum ersten Mal Mutter wurde, und fügte hinzu: »Ich habe es so lieb & kenns noch gar nicht!«
Das unehelich geborene Mädchen erhielt den Namen Lieserl – und
verschwand. Niemand weiß, ob sie erkrankte und starb oder zur
Adoption freigegeben wurde. Und der künftige Nobelpreisträger erwähnte sie auch nie wieder … Der Mann, der unser Verständnis von Zeit,
Raum, Licht, Energie und Schwerkraft revolutionierte, passt so ganz
und gar nicht in das Klischeebild eines genialen Wissenschaftlers.

Fünfzehnjährig beschloss Einstein, auf die deutsche Staats-
angehörigkeit, auf die Verbindung zur jüdischen Religionsgemein-
schaft sowie auf den weiteren Schulbesuch zu verzichten: »Das
deutsche Gymnasium erdrosselt die Freude, die heilige Neugier des
Forschens.«

Da er nach dem Universitätsabschluss keine Assistentenstelle fand,
wurde er 1902 Beamter am Berner Patentamt und prüfte eingereichte
Erfindungen auf praktische Tauglichkeit. Im gleichen Jahr heiratete er
Mileva, die wie er in Zürich Physik studiert hatte – gegen den Willen
seiner Eltern.

1905 lehnte die Universität Zürich seine Habilitation ab. Aber
1905 war auch das Jahr »einer geistigen Explosion von Genie. Vier
Publikationen über verschiedene Themen, deren jede, wie man heu-
te sagt, nobelpreiswürdig ist: die spezielle Relativitätstheorie, die
Lichtquantenhypothese, die Bestätigung des molekularen Aufbaus der
Materie durch die ›brownsche Bewegung‹, die quantentheoretische
Erklärung der spezifischen Wärme fester Körper« (Carl Friedrich von
Weizsäcker). 1907 »darf« er sich habilitieren, seine Theorien setzten sich
in der Wissenschaft schnell durch, sodass er 1914 an die Preußische

Akademie der Wissenschaften in Berlin berufen wurde – von nun an konnte er sich ausschließlich der Forschung widmen und erhielt 1921 den Nobelpreis (und später sechsundzwanzig Ehrendoktorwürden).

Nach Hitlers Machtübernahme erklärte er, er könne »nicht in einem Staat leben, in dem den Individuen nicht gleiches Recht vor dem Gesetz sowie Freiheit des Wortes und der Lehre zugestanden wird«. Die Nazis entzogen ihm »die deutschen Ehrenbürgerrechte«, konfiszierten sein Vermögen, setzten eine Prämie auf seinen Kopf aus: »Es ist kein Wunder, wenn man nach und nach Menschenverächter wird.«

Als Jude erfuhr der geniale Physiker das soziale Stigma, das in die Isolation führt, obwohl er sich für »konfessionslos« hielt. Die Beziehung der Welt zum Judentum jedoch blieb für ihn ein »Barometer des moralischen Standards in der politischen Welt.«

Und weil er überzeugt war, dass »alle Religionen, Künste und Wissenschaften Zweige desselben Baumes sind«, hielt er es für ausgeschlossen, theoretische und ethische Problem zu trennen, und glaubte, dass ein Naturforscher die moralische Verantwortung für die praktischen Ergebnisse seiner Arbeit übernehmen muss – sein resoluter Pazifismus verschaffte ihm fast ebensolche Popularität wie seine Relativitätstheorie.

Seit 1933 lehrte und lebte er (mit seiner zweiten Frau) in Princeton: »Ich bin ein richtiger ›Einspänner‹, der dem Staat, der Heimat, dem Freundeskreis, ja selbst der eigenen Familie nie mit ganzem Herzen angehört hat, sondern all diesen Bindungen gegenüber ein nie sich legendes Gefühl der Fremdheit und des Bedürfnisses nach Einsamkeit empfunden hat, ein Gefühl, das sich mit dem Lebensalter noch steigert.«

1952 hatte man ihm angetragen, Staatspräsident von Israel zu werden. Einstein lehnte ab, er habe nie eine Aufgabe übernommen, die seinen Fähigkeiten nicht entsprochen hätte.

»Die angestrengte geistige Arbeit & das Anschauen von Gottes Natur sind die Engel, welche mich versöhnend, stärkend doch unerbittlich streng durch alle Wirren dieses Lebens führen.«

Übrigens: Sein Geburtstagsgruß von 1951 (das Foto, auf dem er die Zunge ausstreckt) ist – fast – genauso berühmt wie seine Formel $E=mc^2$.

# Haus-Vorbilder

**Vater Hermann Einstein (1847–1902)** »Ein Wunder erlebte ich als Kind von 4 oder 5 Jahren, als mir mein Vater einen Kompaß zeigte. ... Da musste etwas hinter den Dingen sein, das tief verborgen war. Was der Mensch von klein auf sieht, darauf reagiert er nicht in solcher Art. Das Schönste, was wir erleben können, ist das Geheimnisvolle. Es ist das Grundgefühl, das an der Wiege von wahrer Kunst und Wissenschaft steht. Wer es nicht kennt und sich nicht mehr wundern, nicht mehr staunen kann, der ist sozusagen tot und sein Auge erloschen.«

Der Vater führte ein schlecht gehendes Elektrogeschäft (obwohl seine Firma das erste elektrische Licht auf dem Oktoberfest einführte) und ließ den Sohn in München zurück, als er in Mailand einen Neuanfang startete. Er baute unverkäufliche Elektrogeräte.

Als sein Vater 1902 im Sterben lag, fuhr Einstein nach Mailand, um bei ihm zu sein. Vergeblich, weil der Kranke seine Familie – als er spürte, dass es zu Ende gehen würde – gebeten hatte, das Zimmer zu verlassen. Einsteins Biographinnen Helene Dukas und Banesh Hoffmann zitieren den Sohn: der »betäubt und verständnislos, ... überwältigt von einem Gefühl der Verzweiflung, sich wiederholt fragte, warum sein Vater sterben musste und nicht er ... (und dass der Tod) der tiefste Schock war, den er je erfahren hatte«.

Übrigens: Auf dem Sterbebett hat Hermann Einstein doch noch die Einwilligung zur Hochzeit seines Sohnes mit Mileva gegeben.

**Mutter Pauline Einstein geb. Koch (1858–1920)** »Meine Mutter & Schwester finde ich ein wenig engherzig & philiströs bei aller Sympathie, die ich für sie empfinde. Es ist merkwürdig, wie allmählich die Lebensweise uns verändert mit allen Tönen unserer Seele, so dass die engsten natürlichen Bande der Familie zur Gewohnheitsfreundschaft heruntersinken.«

Sie, eine passionierte Hobby-Pianistin, schickte den Jungen, der erst mit drei Jahren zu sprechen begann, mit zwölf zum Geigenunterricht: »Paulines Ehrgeiz war ein besonderer Ansporn für die Entwicklung ihres Sohnes gewesen. Er hatte ihr begierig von seinen Erfolgen erzählt und ihr im Mai 1919 einen Zeitungsausschnitt ›zur weiteren Nahrung für Mamas ohnehin schon gehörigen Mutterstolz‹ geschickt. Als er die entscheidenden Daten von der Sonnenfinsternis erfuhr, hatte er als erstes seiner Mutter eine Postkarte geschickt, um ihr die ›freudige Nachricht‹ mitzuteilen. … Der Versuch, sich von seiner Mutter zu trennen, die ihn gefühlsmäßig besonders stark band, zeichnete ihn sein Leben lang.« (Highfield/Carter)

Andererseits provozierte er die Mutter mit Berichten über seine Beziehung zu Mileva: »Mama warf sich auf ihr Bett, verbarg den Kopf in den Kissen und weinte wie ein Kind. Als sie sich von dem ersten Schreck erholt hatte, ging sie sofort zu einer verzweifelten Offensive über: ›Du vermöbelst Dir Deine Zukunft und versperrst Dir Deinen Lebensweg.‹ ›Die kann ja in fast keine anständige Familie.‹ ›Wenn sie ein Kind bekommt, dann hast Du die Bescherung.‹ Bei diesem letzten Ausbruch, dem noch mehrere vorangegangen waren, brach mir endlich die Geduld. Ich wies den Verdacht, dass wir unsittlich zusammengelebt hätten, mit aller Energie zurück, schimpfte tüchtig.«

Manchmal verzweifelte er: »Wenn ich das schlechte Verhältnis zwischen meiner Frau und Maja (Schwester) oder meiner Mutter vor mir sehe, so muss ich mir leider sagen, dass mir alle drei recht wenig sympathisch sind, leider. Jemand lieb haben muss ich aber, sonst ist es erbärmlich zu existieren.«

Ende Januar 1920 befand sich seine Mutter »in hoffnungslosem Zustande«. Nach ihrem Tod schrieb er: »Wir sind alle ganz erschöpft. … Man fühlt bis in die Knochen, was die Bande des Blutes bedeuten. Einen eigentlichen Schmerz empfinde ich darüber nicht, Gott verzeih mir's.«

»Das ist Disziplin«, antwortete seine Mutter lächelnd, als er sie fragte, wieso in ihrem Haushalt alles so gut laufe.


## Wahl-Vorbilder

»Schopenhauers Spruch: ›Ein Mensch kann zwar tun, was er will, aber nicht wollen, was er will‹, hat mich seit meiner Jugend lebendig erfüllt.«

**Jost Winteler (1846–1929)** »Ich muß oft an Papa Winteler denken und an die seherhafte Richtigkeit seiner politischen Ansichten«, schrieb

Einstein nach dem Zweiten Weltkrieg über den Hobby-Ornithologen und Direktor der Kantonalschule in Aarau, wo er 1896 seinen Schulabschluss nachgeholt hatte: »Diese Schule hat durch ihren liberalen Geist und durch den schlichten Ernst der auf keinerlei äußere Autorität sich stützenden Lehrer einen unvergesslichen Eindruck in mir hinterlassen; durch Vergleich mit sechs Jahren Schulung an einem deutschen, autoritär geführten Gymnasium wurde mir eindringlich bewusst, wie sehr die Erziehung zu freiem Handeln und Selbstverantwortlichkeit jener Erziehung überlegen ist, die sich auf Drill, äußere Autorität und Ehrgeiz stützt. Echte Demokratie ist kein leerer Wahn.«

**Immanuel Kant (1742–1804)** »Ich lese hier unter anderem Kants Prolegomena und fange an, die ungeheuere suggestive Wirkung zu begreifen, die von diesem Kerl ausgegangen ist und immer noch ausgeht. Wenn man ihm nur die Existenz synthetischer Urteile a priori zugibt, ist man schon gefangen.«

Einstein berauschte sich bereits in der Aarauer Schulzeit an der »Kritik der reinen Vernunft«, und diese Affinität zu dem Verfasser des »kategorischen Imperativs« hat ihn nie verlassen, denn er ist wie Kant überzeugt: »Das Wirkliche ist uns nicht gegeben, sondern (nach Art eines Rätsels) aufgegeben – das zu lösen, ist die höchste Aufgabe.«

Gefragt, ob er seine Relativitätstheorie doch nicht im Widerspruch zu Kant sehe, antwortet er: »Das ist schwer zu sagen. Jeder Philosoph hat eben seinen eigenen Kant.« Außerdem imponierte ihm »Kants Respektlosigkeit«.

Übrigens: Hegels Philosophie empfand er als »das Gefasel eines Trunkenen«, und die Schriften des Aristoteles waren für ihn »recht enttäuschend; wenn es nicht so dunkel und konfus wäre, hätte sich diese Art Philosophie nicht so lange halten können. Aber die meisten Menschen haben eben einen heiligen Respekt vor Worten, die sie nicht begreifen können, und betrachten es als ein Zeichen von Oberflächlichkeit eines Autors, wenn sie ihn begreifen können.«

**Benedikt Spinoza (1632–1677)** »Ich glaube an Spinozas Gott, der sich in der Harmonie des Seienden offenbart. Jene mit tiefem Gefühl verbundene Überzeugung von einer überlegenen Vernunft, die sich in der erfahrbaren Welt offenbart, bildet meinen Gottesbegriff. Man kann ihn also in der üblichen Ausdrucksweise als ›pantheistisch‹ bezeichnen. ... Die Anschauung der objektiven Natur wird zur Kraftquelle der Befreiung aus den Fesseln des Ichs. Da gab es draußen diese große Welt, die unabhängig von uns Menschen da ist und vor uns steht wie ein großes, ewiges Rätsel, wenigstens teilweise zugänglich unserem Schauen und Denken. ... Das Schönste ist, dass wir uns mit der Anerkennung des ›Wunders‹ bescheiden müssen, ohne dass es einen legitimen Weg darüber hinaus gäbe.«

Spinoza gilt als der Begründer der modernen Bibelkritik, aber vor allem als einer der ersten bekennenden Pantheisten Europas (»Deus sive natura«).

**Albert Schweitzer (1875–1965)** »Schweitzer ist der einzige Mensch in der westlichen Welt, der eine mit Gandhi vergleichbare übernationale moralische Wirkung auf diese Generation gehabt hat. Wie bei Gandhi beruhte die Stärke dieser Wirkung überwiegend in dem Beispiel, das er durch sein praktisches Lebenswerk gegeben hat.«

Sie haben sich zweimal getroffen: »Deshalb sage ich Ihnen anfangs, dass das Schicksal der Menschheit heute stärker denn je zuvor von ihren moralischen Kräften abhängt. Überall führt der Weg zu frohem und glücklichem Dasein über Verzicht und Selbstbeschränkung.«

*Literatur:*
Albert Einstein: »Mein Weltbild«, Berlin 1991
Klaus Fischer: »Einstein«, Freiburg im Breisgau 1999
Johannes Wickert: »Einstein«, Reinbek 1972
Anna McGrail: »Fräulein Einsteins Universum«, München-Zürich 1998
Roger Highfield, Paul Carter: »Die geheimen Leben des Albert Einstein«, München 1994

# Iring Fetscher

geboren 1922 in Marbach, lebt in Frankfurt

Der ehemalige Berater von Willy Brandt gilt als »Grandseigneur der deutschen Politikwissenschaft«. Zu Schwerpunkten seiner Forschung gehörten Rousseau und Hegel, aber vor allem der europäische Marxismus. Von 1963–1987 war er Professor für Politische Wissenschaften in Frankfurt. Gast-Professor auf allen Kontinenten. In seinem Bestseller »Wer hat Dornröschen wachgeküsst?« unterzieht er die Protagonisten der Grimm'schen Märchen einer geistreichen Psychoanalyse. Seine Autographen-Sammlung ist von musealer Qualität (Kant, Goethe, Hegel, Marx, Bismarck), sein Maxime lautet: »Glück ist eine befriedigende Tätigkeit«.

»Nach meinen Vorbilder befragt, zögere ich nicht lange und antworte: mein Vater. Er hat mich schon immer beeindruckt. Als ich etwa sechs Jahre alt war, durch die überraschende Begrüßung, die ihm von Seiten des Kaspers im Dresdner Großen Garten zuteil wurde. Einige Zeit später fragten mich Nachbarn in einer Pension an der Ostsee, welchen Beruf mein Vater ausübe. Meine, von der liebevollen Mutter überlieferte Antwort lautete: ›Der schreibt Bücher, aber in denen steht immer dasselbe drin‹ Natürlich nahmen die Frager an, er sei ein Romanautor, in dessen (vermutlich sentimentalen?) Texten immer der gleiche Plot verwendet wird. Vermutlich wurde dieser Eindruck korrigiert. Ich hatte einen Stoß Belegexemplare eines seiner vielen Bücher gesehen. In ihnen stand wirklich immer das Gleiche.

Es dauerte etwas bis zu meinem zehnten Lebensjahr, bevor ich einigermaßen verstand, wer und was mein Vater war. Er lehrte Sozialhygiene an der Technischen Hochschule in Dresden und beriet darüber hinaus an einer der wenigen »Ehe und Sexualberatungsstellen«, die es damals in Deutschland gab. Gelegentlich bekam ich mit, wie er den Ratsuchenden half. Als psychosoziale Probleme wahrnehmender Arzt wandte er – was die Freudianer übrigens ablehnten – auch Hypnose als

Behandlungsmethode an. Bei ihm schon vertrauten Patienten konnte er die sogar telefonisch praktizieren.

Als er ganz energisch gegen die Entlassung jüdischer Kollegen aus dem Hochschuldienst eintrat, wurde er auf Grund des »Gesetzes zur Widerherstellung des Berufsbeamtentums« aus seiner außerordentlichen Professur entlassen. Über gescheiterte Versuche, im Ausland – in der Schweiz oder in der Tschechoslowakei – eine berufliche Möglichkeit zu finden, habe ich erst viel später etwas erfahren. Schließlich, nachdem er bis zu seinen Urgroßeltern die »arische Abstammung« nachgewiesen hatte, erhielt er die Zulassung als praktischer Arzt.

Dieser Schicksalsschlag, von dem wir auch als Kinder etwas mitbekamen, weil wir die schöne (teure) Wohnung aufgegeben und in eine preiswerte in dem Stockwerk über den Praxisräumen umziehen mussten, nahm mein Vater mit großer Gelassenheit und entschlossenem Engagement hin.

Seine Tätigkeit als Arzt, die bald großen Zuspruch fand, befriedigte meinen Vater ungemein, auch wenn er oft erschöpft von seiner Arbeit nach Hause kam.

Große Genugtuung verschaffte meinem Vater die Tatsache, dass er – trotz seiner offiziellen Diskriminierung (ab 1938 wurde ihm auch noch die Führung des Professortitels untersagt) – im Laufe der Jahre zu einer der meistgesuchten Ärzte der Stadt geworden war.

In den ersten Jahren seiner Tätigkeit als Arzt kamen vor allem viele seiner ehemaligen Studenten mit ihren Familien in die Praxis, später waren auch einflussreiche Nazis unter ihnen. Einer war so freundlich ihm mitzuteilen, dass sein Telefon abgehört wurde. Obgleich ohnehin kein vernünftiger Antinazi am Telefon seine kritische Haltung erkennen ließ, war es doch beruhigend zu wissen, wann man sich besonders vorsehen musste.

Als ich 1940 meine Gymnasialzeit beendet hatte und mich nach einem Beruf umsah, war mein Vater sicher nicht begeistert, als ich erklärte, ich wolle aktiver Offizier werden. Vermutlich wäre es ihm lieber gewesen, wenn ich ein Medizinstudium begonnen und dann als Sanitätssoldat zum Heer gegangen wäre, aber er nahm – ohne deutlich erkennbare Missbilligung (vermutlich traurig, aber verständnisvoll) meinen Entschluss hin ...

Ganz ungewöhnlich waren die letzten Lebensjahre meines Vaters in Dresden. Aufgefordert, eine Luftschutz-Rettungsstelle einzurichten, machte er seine Aufgabe so vorbildlich, dass ihm bald die Ausbildung der anderen Rettungsärzte übertragen wurde und er von Zeit zu Zeit den Generalarzt der Polizei im Polizeipräsidium vertreten musste. Von dieser offiziellen Tätigkeit erfuhr ich immer wieder in Briefen, die mir mein Vater regelmäßig ins Feld schickte …

Während der schweren Luftangriffe auf Dresden setzte er sich mit seiner ganzen Energie für die Versorgung von Verletzten ein. In einem Brief teilte er mir mit, dass er »24 Stunden lang pausenlos gearbeitet und dann noch einmal mit Unterbrechung etwa 800 Verletzte und mehrere 100 Rauchgeschädigte versorgt habe«. Diese Menschen waren schließlich nicht schuld an dem, was die Nazis ihm angetan hatten. Immer wieder erinnerte er mich an seine Maxime »verantwortungsbewusste Menschenliebe«. Diese Auffassung von der Pflicht nicht nur eines Arztes führte am 8. Mai 1945 dazu, dass er versuchte, Kontakt mit der Führung der in die Stadt einziehenden Roten Armee aufzunehmen. Mitten im Zentrum des zerstörten Dresden, das er mit seinem lebendigen Sinn für Schönheit schließlich liebgewonnen hatte, ist er – noch nicht fünfzig Jahre alt – von einer SS-Streife erschossen worden … Aus dem Vorbild war ein auf immer in das trauernde Gedächtnis aufgenommener Friedensheld geworden.

Mein Bruder, der fünf Jahre jünger ist als ich, und ich beschlossen damals, unbedingt dem Vorbild des opferbereiten Menschenfreundes Rainer Fetscher nachzufolgen. Beide beschlossen wir zu studieren, um als Arzt der Maxime unseres Vaters zu folgen. Ich entdeckte im Laufe des Studiums, dass mir Philosophie und Geschichte weit mehr liegen und wechselte schließlich das Studienfach. Durch kritische Untersuchung der Ursachen des »Dritten Reiches« und seiner Verbrechen glaubte ich einen wichtigen Beitrag für meine Mitbürger leisten zu können, und bin auf etwas andere Weise dennoch meinem Vorbild treu geblieben.«

# Jürgen Flimm

geboren 1941 in Gießen, lebt in Hamburg

Er war einundzwanzig Jahre lang Theaterintendant, Präsident der Deutschen Bühnenvereins, leitete die Ruhrtriennale und die Salzburger Festspiele und inszenierte Opern in Bayreuth, Mailand, New York, London, Wien:»Als Regisseur muss man ewig geben und bekommt nur wenig zurück. Aber das liegt in der Natur der Sache.« Seine fünfzehnjährige Intendanz am Hamburger Thalia-Theater, seine Tschechow-Inszenierungen, sind Legende:»Wir alle kennen das Gefühl, einen Ball Vollspann zu treffen, und bumm, ist er drin.« Der Fußball-Freak war Gastprofessor in Harvard, Cambridge und an der New York University, hat mit fast allen namhaften Schauspielern und Sängern gearbeitet und den Ex-Kanzler Gerhard Schröder davon überzeugt, das Amt des Kulturstaatsministers einzuführen:»Wäre ich nicht Theaterregisseur geworden, wär' ich Pastor geworden, weil ich mich gern um Menschen kümmere.«

»Künstlerisch war der Schauspieler und Regisseur Fritz Kortner mein Vorbild. Er musste vor den Nazis fliehen, aber kam aber bereits 1947 wieder, stürzte sich in die Arbeit. Er probte mit einer Hingabe, die mich – ich war eine Zeit lang sein Assistent – maßgeblich prägte. Aber was mich noch mehr als seine Arbeit mit den Schauspielern beeindruckte, war sein Umgang mit Texten.

Er war unglaublich genau. Er konnte sehr, sehr gut ›lesen‹, das Gelesene analysieren, und aus der Analyse Bilder entwickeln. Das war für ihn das Wichtigste: mit dem Text zurande zu kommen. Das Publikum, das war ihm eigentlich erst mal egal.

Und dann gibt es noch einen Künstler, den ich sehr bewundere, für beides: Was er geschrieben und wie er gelebt hat – Anton Pawlowitsch Tschechow. Er hat großartige Texte geschrieben, hinter denen eigentlich nur eines steht: Mitleid.

Du musst mit den Menschen mit-leiden, damit du weißt, was du verändern musst. Nach dieser Maxime hat er dann auch gelebt: Er musste als Arzt Eltern und Geschwister ernähren, hat auf seinem Landgut bei Moskau kostenlos Bauern behandelt, reiste – obwohl er wusste, dass er Tuberkulose hat – nach Sibirien, um über die Lage der Gefangenen berichten zu können. Das hatte bis dahin keiner gewagt, Strafgefangene waren für das Zarenreich Aussätzige. Kortner also ist ein absolutes Vorbild. Und natürlich bewundere ich die Leute des Widerstands, allen voran Dietrich Bonhoeffer – ein große Figur. Weil er allen Mitläufern gezeigt hat, dass man dem Gleichschaltungsterror widerstehen kann, und weil er eine so wunderbare Zuversicht hatte, die er aus seinem Glauben schöpfte. Diese Haltung, die Kraft und die Texte, die er geschrieben hat, noch kurz vor seiner Hinrichtung in Plötzensee – das ist enorm.«

»Manchmal glaube ich, dass Gott mich auf die Probe stellen will, jetzt und auch später. Muss ich ein guter Mensch werden, ohne Vorbilder und ohne Reden, damit ich später besonders stark werde?«

# Anne Frank

12. Juni 1929 Frankfurt/Main – Februar oder März 1945 im KZ Bergen-Belsen

»Liebe Kitty! ... Das ist das Schwierige in dieser Zeit: Ideale, Träume, schöne Erwartungen kommen nicht auf, oder sie werden von der grauenhaftesten Wirklichkeit getroffen und vollständig zerstört. Es ist ein Wunder, dass ich nicht alle Erwartungen aufgegeben habe, denn sie scheinen absurd und unausführbar. Trotzdem halte ich an ihnen fest, trotz allem, weil ich noch immer an das innere Gute im Menschen glaube«, schreibt das jüdische Mädchen Anne Frank am 15. Juli 1944 als sie sich mit ihrer Familie schon zwei Jahre in einem Amsterdamer Hinterhaus vor der Gestapo versteckt hält.

Knapp drei Monate zuvor, am 28. April 1944 heißt es: »Bin ich wirklich erst vierzehn? Bin ich wirklich noch ein dummes Schuldmädchen?

Bin ich wirklich noch so unerfahren in allem? Ich habe mehr Erfahrungen als die anderen, ich habe etwas erlebt, was fast niemand in meinem Alter kennt. Ich habe Angst vor mir selbst …«

»Kitty« ist ihr Tagebuch, ihr erstes, das sie zum dreizehnten Geburtstag als ein fröhliches, unbekümmertes Schuldmädchen bekommt, das freudig die anderen Geschenke aufzählt: ein Strauß Rosen, eine Topfpflanze, zwei Pfingstrosen, eine blaue Bluse (von Papa und Mama), ein Gesellschaftsspiel, eine Flasche Traubensaft, Creme, Geld, Gutschein für zwei Bücher …

Der erste Eintrag am 12. Juni 1942 lautet: »Ich werde, hoffe ich, dir alles anvertrauen können, wie ich es noch bei niemandem gekonnt habe, und ich hoffe, du wirst mir eine große Stütze sein.«

Bis zur Hitlers Machtübernahme lebte Otto Frank, Chef einer Lebensmittelfirma (Geliermittel, Gewürze), mit seiner Frau und seinen beiden Töchtern in Frankfurt/Main, in einer toleranten Nachbarschaft, in der die Konfession keine allzu große Rolle spielte; die Franks zählten zu den reformierten Juden, die die Traditionen respektierten, aber kaum praktizierten. Nachdem die Bank seines Vaters enteignet worden war, suchte Annes Vater Zuflucht in Holland.

1940 besetzten die Nazis das Königreich, führten die »Judengesetze« ein, Annes ältere Schwester sollte in ein Arbeitslager deportiert werden. Da eine Flucht undenkbar war, zog die Familie am 6. Juli 1942 in ein Versteck in einem Hinterhaus in Amsterdam um.

In diesem Fünfzig-Quadratmeter-Zimmer, abgeschnitten von der Außenwelt, wuchs Anne auf.

Am 6. Juli 1944 schrieb sie: »Ehrlich gesagt, ich kann mir nicht richtig vorstellen, wie jemand sagen kann ›Ich bin schwach‹ und dann auch schwach bleibt. Wenn man so etwas doch schon weiß, warum dann nicht dagegen angehen, warum den Charakter nicht trainieren?«

Nach fünfundzwanzig Monaten werden sie verraten und in Konzentrationslager verschleppt. Anne kam nach Auschwitz. Am 28. Oktober wurde sie in einem Viehwagon nach Bergen-Belsen gebracht, kurz vor Kriegsende gab ihr ausgemergelter Körper auf.

Der Vater überlebte und veröffentliche das »Tagebuch der Anne Frank«. Es gilt bis heute als einzigartiges menschliches Dokument aus der Zeit des Holocaust. Das jüdische Mädchen wurde zur Symbolfigur aller unschuldig Verfolgten. Das wohl berühmteste Tagebuch der

Geschichte ist in sechzig Sprachen übersetzt, die Weltauflage beläuft sich auf rund 30 Millionen Exemplare.

Der letzte Satz vom 1. August 1944, den Anne ihrer »Kitty« anvertraut:»... und suche dauernd nach einem Mittel, um so zu werden, wie ich gern sein würde und wie ich sein könnte, wenn ... wenn keine anderen Menschen auf der Welt leben würden.«

## Haus-Vorbilder

**Vater Otto Frank (1889–1980)** »Denn Vater ist mein Alles, er ist mein großes Vorbild, und ich liebe niemanden auf der Welt außer Vater. Er ist sich nicht bewusst, dass er mit Margot [ihre ältere Schwester] anders umgeht als mit mir. ... Ich verlange etwas von Vater, was er mir nicht geben kann. Ich bin nicht neidisch auf Margot, war es nie. Ich begehre weder ihre Klugheit noch ihre Schönheit. Ich würde nur so gerne Vaters echte Liebe fühlen, nicht nur als sein Kind, sondern als Anne-als-sie-selbst. ...« (30. Oktober 1943)

Vater will nun, dass ich die Bücher von bekannten deutschen Schriftstellern lese, ... hat Goethes und Schillers Dramen aus dem großen Bücherschrank geholt, er will mir nun jeden Abend etwas vorlesen. Mit ›Don Carlos‹ haben wir schon angefangen«, berichtet Anne am 29. Oktober 1942. Am 15. Juli 1944 schreibt sie dagegen:»... niemand anders als Vater hat mir immer viel Vertrauen geschenkt, niemand anders als Vater hat mir das Gefühl gegeben, dass ich vernünftig bin Aber etwas hat er vernachlässigt: Er hat nämlich nicht daran gedacht, dass mir mein Kampf, hochzukommen, wichtiger war als alles andere.«

Nachdem sie sich in einen Nachbarsjungen verliebt, gibt es Ärger und Kummer. Aber:»Ich bin nicht mehr allein, er (Peter) liebt mich, ich liebe ihn, ich habe meine Bücher, mein Geschichtenbuch, mein Tagebuch, ich bin nicht besonders hässlich, nicht besonders dumm, habe eine fröhliche Natur und will einen guten Charakter bekommen. ... Ich will mir Vater wieder zum Vorbilde nehmen, und ich werde mich bessern.« (7. Mai 1944)

**Mutter Edith Frank geb. Holländer (1900–1945)** »Mutter hat uns selbst gesagt, dass sie uns mehr als Freundinnen denn als Töchter betrachtet. Das ist natürlich ganz schön, aber trotzdem kann eine Freundin nicht die Mutter ersetzen. Ich habe das Bedürfnis, mir meine Muter als Vorbild zu nehmen und sie zu achten. Meistens ist sie auch ein Beispiel für mich, aber eben umgekehrt, wie ich es nicht machen soll.« (6. Januar 1944).»Und doch liegt mir Mutter mit all ihren Mängeln am schwersten am Herzen. Ich weiß nicht, wie ich mich beherrschen soll. Ich kann ihr nicht ihre Schlampigkeit, ihren Sarkasmus und ihre Härte unter die Nase reiben, kann jedoch auch nicht immer die Schuld bei mir finden. ... Für mich ist sie eben keine Mutter. Ich selbst muss meine Mutter sein. ... Ich nehme mir immer vor, nicht mehr auf Mutters falsche Beispiele zu achten, ich will nur ihre guten Seiten sehen, und was ich bei ihr nicht finde, bei mir selbst suchen«, schreibt sie am 30. Oktober 1943.

## Wahl-Vorbilder

Anne hatte keine Chance, sich – wie andere Teenager – in der Pubertät von ihren Eltern zu lösen, um sich an anderen Menschen zu orientieren. Aber wie die meisten Mädchen sammelte sie mit großer Begeisterung Postkarten von Filmstars (daher traf sie das Kino-Verbot für Juden so schwer): »Unser Zimmer war mit seinen nackten Wänden bis jetzt noch sehr kahl. Dank Vater, der meine ganze Postkarten- und Filmstarsammlung schon vorher mitgenommen hatte, habe ich mit Leimtopf und Pinsel die ganze Wand bestrichen und aus dem Zimmer ein einziges Bild gemacht. Es sieht viel fröhlicher aus.« (11. Juli 1942)

*Literatur:*
Anne Frank: »Tagebuch«, Frankfurt 1988
Alison Leslie Gold: »Erinnerungen an Anne Frank«, Ravensburg 1998

# Justus Frantz

geboren 1944 in Inowroclaw(Hohensalza)/Polen,
lebt in Hamburg und auf Gran Canaria

Der erste Klassik-Vermittler Deutschlands, Starpianist.
Herbert von Karajan verpflichtete den Jung-Pianisten
für eine Tournee mit den Berliner Philharmonikern, sein
Debütkonzert in New York dirigierte 1975 Leonard Bernstein. Der übernahm später auch eine Art »Patenschaft« über das Schleswig-Holstein Musik-Festival, das der Dirigent und »Achtung, Klassik!«-Moderator 1986 gründete und bis 1994 leitete. 1995 entstand die »Philharmonie der Nationen« – ein außergewöhnliches Orchester mit internationalem Klassik-Nachwuchs (Stand 2007: 196 Musiker aus 39 Ländern), das in vielen Ländern der Welt konzertiert. Für Frantz ist Musik »eine ganzheitlich Therapie, die mir Tag für Tag neue Kraft gibt und mich den Stress spielend ertragen lässt«. Sein erstgeborener Sohn Christopher (32) ist Pianist, und Justus (2) experimentiert bereits mit einem Kinder-Cello.

»Mein erstes Vorbild war meine Mutter Dosy von Gossler. Sie war in ihrem Leben immer bescheiden und hat sich ihren Optimismus und ihre ›Carpe diem‹-Haltung, diese Entschlossenheit, aus jedem Tag etwas Besonderes zu machen, immer bewahrt und trotz eines tragischen Schicksals niemals aufgegeben.

Sie entstammte einer sehr wohlhabenden Familie, war glücklich verheiratet, und hat kurz vor Kriegsende innerhalb von vierzehn Tagen ihre Heimat, ihr Geld, ihren Besitz und ihren Mann verloren.

Vorher hat sie im Dritten Reich unter der Führung von Helmuth James von Moltke, der als Nazi-Gegner im Januar 1945 hingerichtet wurde, – hemmungslos mutig – pazifistische Jugendlager organisiert. Die ›Rote Dosy‹, so nannte man sie in der Familie, war in den humanistischen Traditionen Europas so unwiderruflich verwurzelt, dass sie es für unerlässlich hielt, gegen Falsches, vor allem gegen alle Formen der Gewalt und des Krieges anzutreten. Für sie war der Tag, an dem die ersten Bundeswehrsoldaten vereidigt wurden, ein tragischer Unglückstag.

143

Darüber hinaus wollten mein Bruder und ich diesem Ereignis auch noch beiwohnen. Natürlich führte das zu Zerwürfnissen. Doch sie war ein sehr liberaler Mensch und fern jeden ›Self-pittyings‹. So hat sie sich nie gefragt: Wieso gerade ich? Hat sich nie mit der Frage gequält: Warum passiert das alles ausgerechnet mir?

Sie war dankbar für die schönen Momente des Lebens, und die schlechten verstand sie als Herausforderung.

Mein nächstes Vorbild war mein Lehrer, der Pianist und Komponist Wilhelm Kempff. Er lebte auch in Positano, wo er zusammen mit Alfred Cortot eine Sommerakademie begründet hatte. Dort habe ich bei ihm als Stipendiat der ›Studienstiftung des deutschen Volkes‹ gelernt. Er war damals schon betagt, aber es gab keinen einzigen Tag, an dem der Unterricht nicht spannend gewesen wäre – nicht nur musikalisch –, seine Interpretationen von einigen Beethoven-Klaviersonaten bleiben einmalig. Der große alte Mann war vor allem eines: ein Kreativer, der sich niemals, mit keiner einzigen Vokabel oder Interpretation, wiederholte. Vielleicht spielte Edwin Fischer – den ich als Pianisten auch bewundere – einige der dramatischen Sonaten eindrucksvoller, aber Kempff war für mich in seinen lyrischen Momenten unübertroffen.

Kreativität beschränkt sich ja nicht nur auf Musik, sie macht auch nicht vor anderen Dingen halt, egal, ob es um die Farbe des Badezimmers geht oder um die Form eines Motorboots, das Kempff mitentworfen hat. Er zeigte im allem jene Außerordentlichkeit, von der Goethe sagt, ›denn der Welt kann nur mit dem Außerordentlichen gedient sein‹.

Einer dieser Außerordentlichen war und ist für mich Helmut Schmidt. Ich habe ihn 1959 kennengelernt, kurz nachdem ich in die ›Junge Union‹ eingetreten bin, vermutlich aus Protest gegen meine ›rote‹ Mutter. Aber vielleicht auch, um jemanden zu finden, der einem Vaterlosen wie mir – mein Vater ist unter ungeklärten Umständen gegen Kriegsende ums Leben gekommen – helfen könnte, das Vermächtnis meines Vaters zu verwirklichen, das er mir – so empfinde ich es rückblickend – durch die Wahl meines Vornamens hinterließ: Justus heißt ›der Gerechte‹.

Also hatte ich, seit ich denken konnte, immer das Gefühl, ich muss mich für Demokratie und Gerechtigkeit einsetzen.

Ich hielt – obwohl Mitglied der Jungen Union – Helmut Schmidt für eine außerordentliche Persönlichkeit. Mich faszinierte seine geschliffene Rhetorik, sein Wissen, seine Bildung, seine Disziplin. Also habe ich ihn als Redner für unser JU-Diskussionsforum eingeladen. Nun, meine Kollegen waren von der Vorstellung, einem so bedeutenden SPD-Mann ein Forum zur Verbreitung seiner politischen Ideen zur Verfügung zu stellen, wenig begeistert, ich sollte den großen Visionär ausladen – diese Engstirnigkeit war mir Grund genug, meine junge ›Karriere‹ als Politiker zu beenden, eine Entscheidung, die ich als Musiker niemals bereute.

Später habe ich Schmidts Geradlinigkeit, seine Gelassenheit im Alltagsgeschehen, die Ensthaftigkeit, mit der er seine Ideale verfolgte, sein Nichtablassen von Visionen, seinen Fleiß und seine Disziplin bewundert – denn das sind Eigenschaften, die ich auch für mich anstrebte.

Und natürlich hat mich auch seine Musikalität beeindruckt. Einmal sagte er mir, er würde sich nach schweren, langwierigen Verhandlungen, gleich wie spät es sei, ans Klavier setzen und Bach spielen, um wieder zu sich zu finden.

Last but not least – zwei großartige Musiker, die mich nicht nur als Pianisten und Dirigenten vorbildlich prägten: Herbert von Karajan und Leonard Bernstein.

Karajan war als Mensch bescheiden, aber bei den Proben unendlich streng und schwierig. Die Vorarbeit war klanglich, rhythmisch und metrisch unglaublich diszipliniert, man ahnte dennoch, dass etwas Großes entstehen würde – das Konzert war dann auch wie ein Befreiungsschlag, stets auf höchstem Niveau.

Bernstein war das genaue Gegenteil. Manchmal erschien er gar nicht zu den Proben oder dirigierte andere Tempi, als wir geprobt hatten. Aber seine Impulsivität, Kreativität, sein Enthusiasmus, seine Freude an Musik, seine unglaubliche Intensität – die in den Konzerten weit über das Probenniveau hinausführte – schenkten uns Sternstunden der Musik.

Von diesen beiden lernen zu können, war Privileg und großes Glück.«

»Der Hauptpatient, der mich beschäftigt, bin ich selbst.
Die Analyse ist schwerer als irgendeine andere.«

# Sigmund Freud

6. Mai1856 Freiberg heute Pribor/Mähren
(Tschechien) – Freitod 23. September1939 London

»Die Biographen aber sollen sich plagen, wir wollen's
ihnen nicht zu leicht machen. Jeder soll mit seinen
Ansichten über die ›Entwicklung des Helden‹ recht behalten, ich freue
mich schon, wie die sich irren werden«, schrieb Dr. Freud 1885 an
seine Verlobte Martha und verbrannte fast alle persönlichen Notizen,
Briefe und Manuskripte.

Seinen Patienten hatte er die intimsten Geheimnisse entlockt – über
sich selbst wollte er höchstens das Notwendigste preisgeben.

Der Mann, der das Bild der heilen Familie auf immer zerstörte, der
das allmächtig geglaubte »Ich« entthronte und somit der Menschheit
– nach Kopernikus und Darwin – die dritte narzisstische Kränkung
zufügte, schuf mit seiner Psychoanalyse die wissenschaftliche Basis
der modernen Selbst-Wahrnehmung.

Er selbst wusste nicht, wann er geboren wurde. Man einigte sich
auf den 6. Mai, doch es hätte auch der 6. März gewesen sein können: Hat sein Vater das Geburtsdatum gefälscht (damit das Kind nicht
sechs, sondern anstandsgerecht neun Monate nach der Hochzeit das
Licht der Welt erblickt?), oder war es »nur« ein Übertragungsfehler aus
dem jüdischen Geburtenregister mit dem Eintrag: »Dienstag, Rosch
Hodesch Iyar 5616«?

Kaum geboren, war Sigmund bereits Onkel. Denn seine Mutter war
die dritte Frau ihres Gatten und zwanzig Jahre jünger. Sigmund hatte
zwei Halbbrüder: Der eine war ein Jahr älter als die Mutter, mit dem
jüngeren hatte die Mutter vermutlich eine Affäre. »Familienroman«
nannte der Psychoanalytiker später diese Konstellation.

Als er drei war, zog die Familie nach Wien um. Hier studierte er
später Medizin und eröffnete als promovierter Neuropathologe seine
Privatpraxis in der Bergstrasse 19, mit der berühmten »Couch«!

Ödipuskomplex, Verdrängung, Sublimierung, Penisneid, Ich, Es, Über-Ich – das sind Schlüsselbegriffe seiner Theorie, mit der er Menschen retten wollte, die nicht mehr zur Beichte gingen und zunehmend an ihrer Seele litten: »Ich behandle meine Patienten – Gott kuriert sie.«

Fest steht: »Das ›Über-Ich‹ schließlich steht für Vorbilder, traditionelle Werte und ist dem Gewissen ähnlich.«

Im Mai 1933 wurden Sigmund Freuds Schriften von den Nazis auf dem Scheiterhaufen verbrannt, wegen »seelenzerstörender Überschätzung des Sexuallebens«, die »den Adel der menschlichen Seele« verletzt. Freuds lakonischer Kommentar: »Was wir für Fortschritte machen! Im Mittelalter hätten sie mich verbrannt, heutzutage begnügen sie sich damit, meine Bücher zu verbrennen.«

Er erkannte die Gefahr, doch wollte nicht »fliehen«. Erst als 1938 seine Lieblingstochter Anna – die sich vom Papa jahrelang analysieren ließ, seine Schülerin und Nachfolgerin – von der Gestapo verhört wurde, war er, fast zu spät, bereit nach London zu emigrieren. Seine vier älteren Schwestern kommen in KZs ums Leben.

Aber noch in Wien hatte der Krebskranke seinem Vertrauensarzt das Versprechen abgenommen, dass, »wenn es mal so weit ist, Sie mich nicht unnötig quälen lassen«. Sein Wunsch war es: »Im Harnisch lasst uns sterben, wie König Macbeth sagt«, nicht als ein von Schmerzen zerrüttetes Menschenwrack. Am 22. September 1939 spritzte ihm der Arzt Morphium: »Die Absicht, dass der Mensch glücklich sei, ist im Plan der Schöpfung nicht enthalten.

Übrigens: Freud lehnte es ab, Künstler (zum Beispiel Dalí) zu therapieren, da er überzeugt war, dass die ungelösten Seelenprobleme ihre »Inhaber« zur Höchstleistung verleiten.

## Haus-Vorbilder

**Vater Jacob Freud (1815–1896)** »Aus dir wird nie etwas werden«, prophezeite der Vater, als der Fünfjährige in das Schlafzimmer seiner Eltern urinierte.

Dennoch berichtete Freud: »Obwohl wir in sehr beengten Verhältnissen lebten, verlangte mein Vater, dass ich in der Berufswahl nur meinen Neigungen folgen sollte«, und beschrieb den Wollhändler als einen Mann »von tiefer Weisheit und phantastisch leichtem Sinn, mit Anstand und Würde«.

Zu den entscheidenden Kindheitserinnerungen zählt eine Geschichte, die der Vater dem etwa zehnjährigen Sohn erzählte: »Als ich ein junger Mensch war, bin ich am Samstag in der Straße spazieren gegangen, schön gekleidet, mit einer neuen Pelzmütze auf dem Kopf. Da kommt ein Christ daher, haut mir mit einem Schlag die Mütze in den Kot und ruft dabei: ›Jud, herunter vom Trottoir!‹ ›Und was hast du getan?‹ ›Ich bin auf den Fahrweg gegangen und habe die Mütze aufgehoben‹, war die gelassene Antwort. ... Das schien mir nicht heldenhaft von dem großen starken Mann, der mich Kleinen an der Hand führte. Ich stellte dieser Situation eine andere gegenüber, die Szene, in welcher Hannibals Vater seinen Knaben vor dem Hausaltar schwören läßt, an den Römern Rache zu nehmen.«

Von nun an identifizierte sich der Kleine mit Hannibal, und änderte mit sechzehn Jahren seinen Namen von Schlomo auf »Sigmund«.

Zur Beerdigung des Vaters kam er zu spät, weil er angeblich zuvor beim Friseur länger als gedacht hatte warten müssen: »Auf irgendeinem dunklen Wege hinter dem offiziellen Bewusstsein hat mich der Tod des Alten sehr ergriffen. Ich hatte ihn sehr geschätzt, sehr genau verstanden, und er hat viel in meinem Leben gemacht, mit der ihm eigenen Mischung von tiefer Weisheit und phantastisch leichtem Sinn. Er war lange ausgelebt, als er starb, aber im Innern ist wohl alles Frühere bei diesem Anlaß aufgewacht. Ich habe nun ein recht entwurzeltes Gefühl. ... (Vaters Tod) revolutionierte meine Seele.«

Er begann, seine Herkunft und die Geschichte unserer Zivilisation genauer zu erforschen, schrieb »Die Traumdeutung«:

»Für mich hat dieses Buch nämlich noch eine andere subjektive Bedeutung, die ich erst nach seiner Beendigung verstehen konnte. Es erwies sich mir als ein Stück meiner Selbstanalyse, als Reaktion auf den Tod meines Vaters. Also auf das bedeutendste Ereignis, den einschneidendsten Verlust im Leben eines Mannes.«

**Mutter Amalie Freud geb. Nathanson (1835–1930)** »Amalie ver-
götterte ihren ältesten Sohn. Er war und blieb ihr ›goldener Sigi‹.
(Als Erwachsener) besuchte er sie fast jeden Tag, sicher jeden
Sonntagmorgen … Sigmund war ein ›guter Sohn‹. Er kümmerte sich
pflichtbewußt um seine Mutter und war oft um ihre Gesundheit besorgt.« (Jürg Kollbrunner)

Am 15. Oktober 1897 notierte Mamas »Goldjunge«: »Meine Selbstanalyse ist in der Tat das Wesentlichste, was ich jetzt habe, und verspricht,
von höchstem Wert für mich zu werden. … Ich habe die Verliebtheit in
die Mutter und die Eifersucht gegen den Vater auch bei mir gefunden
und halte sie jetzt für ein allgemeines Ergebnis früher Kindheit.«

Der Analytiker hatte Angst, vor ihr zu sterben: »Der Verlust der
Mutter muß etwas ganz Merkwürdiges, mit anderem Unvergleichbares
sein und Erregungen erwecken, die schwer zu fassen sind.« Beim ihrem Begräbnis ließ er sich von seiner Tochter Anna vertreten.

Zwei Tage später schrieb er: »Es hat merkwürdig auf mich gewirkt,
dies große Ereignis. Kein Schmerz, keine Trauer, was sich wahrscheinlich aus den Nebenumständen, dem hohen Alter, dem Mitleid mit ihrer Hilflosigkeit am Ende, erklärt, dabei ein Gefühl der Befreiung, der
Losgesprochenheit.«

Übrigens: Seine Frau Martha nannte er »Mama«.

**Die »zweite Mutter« Monika Zajic** »Sie war ein hässliches, älteres, aber
kluges Weib, das mir viel vom lieben Gott und von der Hölle erzählt
und mir eine hohe Meinung von meinen eigenen Fähigkeiten beigebracht hat; … Sie war meine Lehrerin in sexuellen Dingen und hat
geschimpft, weil ich ungeschickt war, nichts gekonnt habe«, berichtete Freud über seine Kinderfrau, die in seinem zweiten und dritten
Lebensjahr die Mutter ersetzen musste, weil Amalie in dieser Zeit zwei
weitere Kinder gebar.

Monika war etwa vierzig, eine streng katholische Tschechin und vermutlich die Tochter des Hausbesitzers. Sie nahm den »Gold-Sigi« in
katholische Gottesdienste mit und weihte ihn in ihre Vorstellungen
von Himmel und Hölle, von Erlösung und Auferstehung ein.

Als sie wegen Diebstahls entlassen wurde, war er so betroffen, dass
er noch vierzig Jahre später in seiner Selbstanalyse ihre Bedeutung für
ihn formulierte. Das Verschwinden der Kinderfrau musste ein Trauma

ausgelöst haben, das sein enormes Interesse an Männern mit »zwei Müttern« wie da Vinci, Michelangelo, Moses und natürlich Ödipus stiftet, die alle bei Ersatzmüttern aufgewachsen sind.

## Wahl-Vorbilder

»Wichtiger ist jene lange Serie von Identifikationen, die Freud, bewusst sowie in Traumleben und Phantasie, vollzogen hat, und zwar nicht nur in seiner frühen Jugend bei der Suche nach der eigenen Identität, sondern bis ins hohe Alter zur ständigen Selbstkorrektur und Selbststabilisierung. Diese Identifikationen sind eine biographisch besonders aufschlussreiche Variante seines durchgängig historischen, ohne Zweifel am Studium antiker Lebensweise geschulten Ich-Gefühls, jener Faszination, welche die Vergegenwärtigung des Vergangenen stets auf ihn ausgeübt hatte. Das Sichhineinversetzen in ›gelebte Vita‹ war für ihn nicht ein bloßes Repetieren vorbildhafter historischer und mythologischer Biographien, er übte es als phantasievolles, nicht selten auch ironisches Spurenverfolgen, als Bereicherung des eigenen Selbst durch erinnerte Tradition« (Ilse Grubrich-Simitis).

Zu den historischen Alter-Egos gehörten der biblische Joseph, Echnaton, Alexander der Große, Cäsar und Brutus, Wilhelm der Eroberer, Cromwell, Helden der Französischen Revolution, Napoleon, Garibaldi, Schliemann, Sophokles, Horaz, Lessing und Goethe, doch vor allem Hannibal und Da Vinci.

**Leonardo da Vinci (1452–1519)** »Ich bin ganz Leonardo«, verkündete Freud, lange bevor er 1910 (nach zwölf Jahren!) seine Studie »Eine Kindheitserinnerung des Leonardo da Vinci« beendete. Mit »dem Schöpfer des Abendmahls und der Mona Lisa konnte er sich in mancherlei Hinsicht identifizieren, … (fand) gewisse Parallelen zwischen seinem und Leonardos Los« (George Markus).

Das Universalgenie verkörperte für Freud kühle Sexualablehnung, Enthaltung, Sublimierung, denn seine Schriften »wichen allem Sexuellen so entschieden aus, als wäre allein der Eros, der alles Lebende enthält, kein würdiger Stoff für den Wissensdrang des Forschers. … Die stürmischen Leidenschaften erhebender und verzehrender Natur, in denen andere ihr Bestes erlebten, scheinen ihn nicht getroffen zu haben. Wer die Großartigkeit des Weltzusammenhanges und dessen Notwendigkeit zu ahnen begonnen hat, der verliert leicht sein eigenes kleines Ich.«

**Samuel Hammerschlag (um 1850–1904)** »Ich kenne keinen besseren, humaneren, allen unedlen Motiven ferneren Menschen als die sind, abgesehen von der tief gewurzelten Sympathie, die seit den Gymnasialjahren zwischen dem braven jüdischen Lehrer und mir besteht«, schrieb er 1884 über seinen Lieblingsprofessor, der sich zum Judentum bekannte, ohne orthodox zu sein, und mit dem er Kontakt bis zu seinem Tod hatte.

Seine jüngste Tochter Anna erhielt den Namen von Hammerschlags Tochter.

**Charles Darwin (1809–1882)** »Indes, die damals aktuelle Lehre Darwins zog mich mächtig an, weil sie eine außerordentliche Förderung des Weltverständnisses versprach«, gestand Freud. Er hielt Darwins Theorie über »Die Entstehung der Arten« für »eine Kränkung der Menschen, gleichzustellen dem Heliozentrismus des Kopernikus und seiner eigenen Psychoanalyse« (Margarete Mitscherlich).

Er bemühte sich um ein Treffen mit dem Naturforscher, doch der reagierte äußerst zurückhaltend: »Besonders seinem großen Vorbild Darwin neidete er es, dass der als der große Empiriker dastehe, während er, Freud, als Seelendoktor geradezu im Metaphysischen angesiedelt werde« (Sonderbeilage: Die Welt, 6. Mai 2006).

*Literatur:*
Sigmund Freud: »Selbstdarstellung«. Schriften zur Geschichte der Psychoanalyse. Hrsg. von Ilse Grubrich-Simitis, Frankfurt/Main 1971
Jens Heise: »Freud-ABC«, Leipzig 2001
Jürg Kollbrunner: »Der kranke Freud«, Stuttgart 2001
Georg Markus: »Sigmund Freud und das Geheimnis der Seele«, München 1989
Hans-Martin Lohmann: »Sigmund Freud«, Reinbek 1998
Lisa Appignanesi, John Forrester: »Die Frauen Sigmund Freuds«, München, Leipzig 1994
DIE WELT, Sonderbeilage Sigmund Freud vom 6. Mai 2006

# Michel Friedman

geboren 1956 in Paris, lebt in Frankfurt/Main

Anwalt, politischer Fernsehmoderator von 2000 bis zum »Kokain-Skandal« 2003, Vize-Präsident des Zentralrats der Juden. Achtundvierzig seiner Verwandten wurden in KZs umgebracht (»ich bin auf einem Friedhof geboren«), die Eltern und die Großmuter rettete Oskar Schindler. Aufgewachsen ist der Sohn eines Pelzhändlers in Paris, seine Doktorarbeit »Über das Initiativrecht des Betriebsrats im Zusammenhang mit der Unternehmerischen Freiheit«, cum laude, widmete er seinen Eltern. Seit 1983 ist er CDU-Mitglied (»Parteimitglied ist für mich nicht Parteisoldat«), bis zu seinem Zerwürfnis mit Kanzler Kohl war er im Bundesvorstand der Partei. Seine Lust am Klartext, das öffentliche Unbequemsein, hat seinen Preis: um die fünfzig Drohbriefe monatlich, Personenschutz, gepanzerter Wagen: »Manchmal bluten meine Wunden so, dass ich sage: Vergiss es.«

»Ich habe zwei Vorbilder.

Meine Mutter und meinen Vater. Meine Eltern, die den Teufel im Menschen kennengelernt haben, die im Holocaust, mit Ausnahme meiner Großmutter mütterlicherseits, alle Verwandten durch Mord und Brutalität von Menschen, in diesem Falle von Deutschen, verloren haben. Dennoch haben sie mir nie, auch nicht einen Augenblick, Hass und Gewalt und Aggression beigebracht, sondern eigentlich immer nur – bei aller Kritik und Nachdenklichkeit – Liebe und einen liebevollen Blick auf Leben und Menschen. Aber es war keine naive Liebe, sondern eine letztendlich immer dem Menschen zugewandte, ein Versuch, das Leben zu sehen und den Menschen an sich zu lieben und nicht zu hassen.

Meine Mutter hat mir einen sehr zentralen Satz gesagt, den ich mit fünfzehn Jahren nicht ganz verstanden habe, aber je älter ich werde, desto mehr. Sie sagte: Michel, denk immer daran, der Hassende ist vergifteter als der Gehasste, denn der Hassende muss vierundzwanzig Stunden mit seinem eigenen Gift leben.

Diese Haltung war und ist ein großes Vorbild für mein Leben.

Der zweite Grund, warum meine Eltern mein Vorbild sind – sie haben nie die Hoffnung verloren. Das heißt: Egal an welchem Punkt des Schicksals sie sich befunden haben, sie haben sich nicht in Depressionen, sich nie in völlige Hilflosigkeit und Sinnlosigkeit und in dem Gefühl, ›man könne doch nichts mehr tun‹, verloren. Vielleicht sind sie nachts sehr traurig ins Bett gegangen, aber morgens sind sie aufgestanden und haben das Leben wieder in die eigenen Hände genommen und es immer wieder aufgebaut, inklusive ihre Kinder in die Welt gesetzt – was, finde ich, der größte Vertrauens- und Hoffnungsbeweis des Menschen an sich ist.

Und diese Kombination von ›trotz allem in Liebe leben‹ und von ›das Prinzip Hoffnung siegen zu lassen‹, das finde ich vorbildhaft, und das hat mir – wenn ich mich daran erinnerte – immer wieder sehr geholfen, auch in den schwersten Krisen meines Lebens.«

»Die Religionen müssen alle toleriert werden.
Denn hier muss ein jeder nach seiner Façon selig werden.
Und wenn Türken und Heiden nach Berlin kommen, so wollen wir Moscheen für sie bauen; wenn sie nur das Land bevölkern.«

# Friedrich II.

24. Januar 1712 Berlin – 17. August 1786 Potsdam

»Niemand weiß, was ich ertragen muß. Täglich bekomme ich Schläge, werde behandelt wie ein Sklave und habe nicht die mindeste Erholung. Man verbietet mir das Lesen, die Musik, die Wissenschaften … Der König läßt mich des Morgens rufen; sowie ich eintrete, fasst er mich bei den Haaren, wirft mich auf den Boden«, gesteht Prinz Friedrich, der Thronfolger Preußens, seiner Schwester Wilhelmine. »Sage nun selbst, ob mir ein anderes Mittel übrig bleibt als die Flucht? Katte und Keith sind bereit, mir bis ans Ende der Welt zu folgen.«

Die Gelegenheit zur Flucht ergibt sich im Sommer 1730. Doch die »Verschwörer« werden entdeckt, der cholerische Monarch verurteilt den »Deserteur« zur Haft in der Festung Küstrin. Leutnant von Katte wird zum Tod verurteilt und der »Soldatenkönig« Friedrich Wilhelm I. zwingt den Sohn, die Exekution seines besten Freundes anzusehen. Friedrich wird ohnmächtig.

Um zu überleben, um aus der Thronfolge nicht ausgeschlossen zu werden, entscheidet er sich für einen passiven Widerstand, schreibt als Gefangener nach Berlin: »Allerdurchlauchtigster König und Vater, Ich erkenne mit aller Submission die Gnade, so Sie mir erwiesen und mir öfters erlauben, an Sie zu schreiben und meinen untertänigsten Respekt und Treue zu versichern.«

Widerstandslos heiratet er die Nichte des Kaisers (später verbietet er der Gattin, mit ihm in seinen Schlössern zu wohnen), führt aber sein Junggesellenleben unbeirrt weiter. Er hegt »zarte, unverfälschte Freundschaft« mit Männern, schreibt Gedichte, spielt Flöte, komponiert, widmet sich Künsten und Wissenschaften.

Nach dem Tod des Vaters wird Friedrich II. Herr über Preußen.

»Berlin muß *die* Theaterstadt Europas werden!«, verkündet er, öffnet die staatlichen Kornspeicher für die Armen, lässt einen Botanischen Garten anlegen.

Er kritisiert die Zensur (»Gazetten, wenn sie interessant sein sollen, dürfen nicht geniert werden!«), schafft die Folter ab (»Wir wollen dass die peinliche Befragung der Angeklagten, dass die Tortur ein für allemal zu unterbleiben hat«), plädiert für Toleranz in Glaubensfragen (»Alle Religionen sind gleich gut«): »Unsere größte Sorge soll darauf gerichtet sein, einen jeden Unserer Untertanen vergnügt und glücklich zu machen!« Ganz Europa applaudiert dem Reformfürsten, alle erhoffen ein Zeitalter, in dem Moral vor Macht geht.

Friedrich hingegen weiß: »Wenn man im Vorteil ist, soll man ihn nützen.« Und lässt siebzehn neue Infanterie-Bataillons und ein Kavallerie-Regiment errichten. Ein halbes Jahr nach seiner Inthronisierung überfällt der elegante »Friedensfürst« Schlesien, das zu Österreich gehört. 1745, nach dem ersten »Schlesischen Krieg« behauptet er: »Ich werde in Zukunft keine Katze mehr angreifen, es sei denn, um mich zu verteidigen. Ich will endlich leben und leben lassen.« Zum »Beweis« lässt er sein Potsdamer Schloss »Sanssouci« (ohne Sorge) bauen.

Als er von dem Zweiten Schlesischen Krieg zurückkommt, nennt man ihn »Friedrich der Große«, ab 1763, nach dem Ende des »Siebenjährigen Krieges« nur noch »Alter Fritz«.

»Ich bin der erste Diener meines Staates«, sagt der Monarch, der in seinem Land einen aufgeklärter Absolutismus praktiziert, also das Gesetz über die königliche Gewalt setzt. In seinen sechsundvierzig Regierungsjahren verdoppelt sich die Bevölkerung auf 5,5 Millionen, und er macht aus den verstreuten Provinzen Preußens eine politische Einheit mit solider Infrastruktur. Preußen wird zur Großmacht: »Es ist nicht nötig, dass ich lebe. Wohl aber, dass ich meine Pflicht tue.«

Seine »Tafelrunden« in Sanssouci mit Gästen, die Macht und Geist verkörperten, waren legendär: »Wir waren alle fritzisch geworden« (Goethe).

Die deutsche Sprache allerdings empfand er als »weitschweifig, spröde, unmelodisch, halb barbarisch ... Ich habe von Jugend an kein deutsch Buch gelesen, und ich rede wie ein Kutscher.«

Da er kinderlos blieb, bestimmte er zu seinem Nachfolger seinen Neffen Friedrich Wilhelm II.: »Die Torheiten der Väter sind für ihre Kinder verloren. Jede Generation muß ihre eigenen begehen.«

Übrigens: Einer der von Fritz komponierten Märsche hat 1869 ein Preisausschreiben gewonnen, wurde zur Spanischen Nationalhymne und blieb es bis 1922.

## Haus-Vorbilder

**Vater Friedrich Wilhelm I. (1688-1740)** »Ich liebe ihn dennoch!«, beteuerte der Kronprinz emphatisch, nachdem ihn der Vater in aller Öffentlichkeit als »Coquin« (Hanswurst) beschimpft und gedemütigt hatte: »Wenn mein Vater mich so behandelt hätte, so hätte ich mich längst umgebracht. Aber du hast keinen Mut und bist ein bloßer Schurke.«

Und als Friedrich längst als König Kriege führte, erschien der Vater seinem Sohn immer wieder im Traum, wie er seinem Vorleser Henri de Catt berichtete: »Schweißgebadet sei er, Friedrich, in seinem Bett hochgefahren und habe gerufen: ›Habe ich es gut gemacht, Vater?‹–

›Ja, sehr gut‹, habe der Soldatenkönig gesagt. ›Dann bin ich zufrieden‹, habe er weinend geantwortet. ›Ihre Anerkennung ist mir mehr wert als die des ganzen übrigen Weltalls.«

Der Alte Fritz hat den vermutlich schrillsten Generationenkonflikt seiner Epoche niemals ausgestanden.

Übrigens: Friedrichs Taufpate, der Zar Peter der Große, hat seinen Sohn Alexej nach einem Fluchtversuch foltern lassen. Der Thronfolger starb an den Folgen der Marter. Aber das war in Russland …

### Mutter Sophie Dorothea von Hannover (1687–1757)

*»Als ich beim Abschied Dich mit meinen Tränen netzte,*
*Verriet es mir das Herz, dies Scheiden war das letzte«,*
dichtete er am 12. Januar 1757 nach dem Abschied von seiner Mutter.

»Sie war ja sein einziger Anker im Leben … war immer für ihn dagewesen, hatte mit nimmermüdem Stolz die Triumphe ihres strahlenden, ruhmgekrönten Sohnes gekostet. Und er, der Sohn, war überglücklich gewesen, wenn er der Mutter die zartesten Aufmerksamkeiten, die köstlichsten Überraschungen, bereiten durfte, wenn er dieser Königin, die so unendlich unter dem polternden, ungeschliffenen Wesen ihres Mannes gelitten hatte, die strahlendsten Feste ausrichten durfte.« (Wolfgang Venohr)

Die Königin hatte ihn (das vierte ihrer vierzehn Kinder) mit ihrer Passion für Kunst, Literatur und Philosophie angesteckt.

Am 28. Juni starb die Mutter: »Alles Unglück trifft mich auf einmal. O meine liebe Mutter! O guter Gott, ich werde nicht mehr den Trost haben, sie zu sehen. O Gott, welches Verhängnis für mich. Ich bin mehr tot als lebendig. … Vielleicht hat der Himmel unsere liebe Mutter hinweggenommen, damit sie das Unglück unseres Hauses nicht erlebt. – Meine liebe Schwester, ich bin unfähig, mehr zu schreiben.« Zwei Tage lang ließ der König niemanden zu sich.

Übrigens: »Als Kind galt seine Liebe uneingeschränkt Wilhelmine, die ihm Freundin und Vorbild war. Er orientierte sich an den Vorlieben der älteren Schwester, die sich gern mit kleinen Theaterspielen, Kostümen, Puppen und Blumen beschäftigte«, schrieb sein direkter Nachkomme Friedrich Wilhelm Prinz von Preußen.

# Wahl-Vorbilder

1751 schrieb Friedrich der Große das Lehrgedicht »Die Kriegskunst«, mit dem er sich an junge Soldaten wendet:

*»Nicht Attila geb' ich zum Muster dir.*
*Nein, echte Helden: Titus, Marc Aurel,*
*Trajan; voll Tapferkeit, doch ohne Fehl,*
*Der Menschheit Vorbild, ihres Ruhmes Zier!«*

**Niccolò Machiavelli (1469–1527)** »Ich habe Machiavellis Fürstenspiegel stets für eines der gefährlichsten Werke angesehen, die auf Erden verbreitet sind«, verkündete der Kronprinz und entwarf 1739 seinen »Antimachiavelli«, eine polemische Antwort auf »El Principe«, das Schlüsselwerk des italienischen Diplomaten: »Der Fürst ist der erste Diener des Staates«, heißt er dort. Für Machiavelli hingegen zählten nur die Größe und die Macht des Staates, die jegliche Handlung im Rahmen der Staatsnotwendigkeit rechtfertigen.

1752 bekannte König Friedrich II. in seinem Testament: »Ich muss zugeben, dass Machiavelli recht hat.«

**François Marie Voltaire (1694–1778)** »Sie mussten zur Welt kommen, damit ich glücklich werde«, schwärmte der junge Friedrich, und der gefeierte französische Philosoph und Historiker prahlte mit seinen Briefen in den Pariser Salons.

Den ersten Brief verfasste Friedrich mit fünfundzwanzig, der liberale Aufklärer antwortete: »Ich habe nun erkannt, dass es in der Welt einen Fürsten gibt, der als Mensch empfindet, einen Fürsten-Philosophen, der die Menschen glücklich machen wird. Ein Fürst, der solche Gedanken hat, könnte für seine Staaten das Goldene Zeitalter heraufführen.« Sie wechselten Briefe bis zu Voltaires Tod, also zweiundvierzig Jahre lang. Auf die Einladung des Königs (»Berlin werde Athen!«) reiste der schlagfertige Freigeist 1750 nach Potsdam: »Er besitzt die Beredsamkeit Ciceros, die Liebenswürdigkeit des Plinius, die Weisheit Agrippas. Sein Geist arbeitet unaufhörlich. ... Ich kann nur bewundern und schweigen. ... Sie gleichen Horaz, Sie sollen aufgenommen werden wie ein Virgil des Jahrhunderts!«

Als sich Voltaire allerdings mit ihm über Politik unterhalten wollte, bekam er zu hören: »Mich mit Ihnen über Politik unterhalten, wäre dasselbe wie seiner Geliebten ein Glas Medizin zu reichen.«

Nach einem Streit ums Geld (Fritz kürzte Voltaire seine Ration Zucker und Kaffee, weil er die Haushaltführung seines Gastes zu üppig fand) verließ das Idol seiner jungen Jahre 1753 sein Königtum: »Es ist schade, daß eine so niedere Seele mit einem schönen Geist verbunden ist. Er hat die Artigkeiten und Bosheiten eines Affen.« Und als er von Voltaires Tod erfuhr, rief der Alte Fritz gotteslästerlich: »Himmlischer Voltaire, bitte für uns!«

*Literatur:*
Georg Holmsten: »Friedrich II.«, Reinbek 1969
Ludwig Reiners: »Friedrich – Das Leben des Preußenkönigs«, München 1952
Wolfgang Venohr: »Der große König«, Bergisch-Gladbach 1995
Sibylle Prinzessin von Preußen, Friedrich Wilhelm Prinz von Preußen: »Die Liebe des Königs – Friedrich der Große, seine Windspiele und andere Passionen«, Berlin 2006

# Friedrich Wilhelm Prinz von Preußen

geboren 1939 in Berlin, lebt im Berliner Elternhaus »Monbijou«

Der Nachfahre Friedrichs des Großen und älteste Urenkel des letzten deutschen Kaisers Wilhelm II. wuchs mit seinen sechs Geschwistern auf dem Familienanwesen »Wümmehof« bei Bremen auf. Er studierte Geschichte und Politische Wissenschaften, promovierte 1984 zum Dr. phil.. Der Historiker beschäftigt sich vorrangig mit seiner »Familie« (also der preußischen beziehungsweise deutschen Geschichte), zum Beispiel in den Büchern »Gott helfe unserem Vaterland« (über das Haus Hohenzollern von 1918–1945) oder in »Die Liebe des Königs« (das er mit seiner Frau Sibylle Prinzessin von Preußen verfasste). 1994 von der Erbfolge wegen »nicht standesgemäßer Ehe« von seinem Vater ausgeschlossen, kämpfte der designierte Chef des Hauses Preußen juristisch gegen Herkunftsdiskriminierung und für grundgesetzlich garantierte Gleichheit im demokratischen Deutschland. Gäbe es noch eine Monarchie, würde der Onkel und zugleich Vetter von Prinz Charles (die Verwandtschaftsgrade des Prinzen sind ebenso beeindruckend wie verwirrend) heute Deutschland regieren: »Ohne die Reichsgründung 1871 würde es Preußen wahrscheinlich heute noch geben.«

»Vorbild – ja, was versteht man darunter. Für mich waren Persönlichkeiten mit Vorbildcharakter im Laufe meines Lebens jene, die Menschlichkeit im tiefsten, ethischen Sinne des Wortes verkörperten, die sich häufig zudem – gegen den Strom der vorherrschenden Meinung, gegen den sogenannten Zeitgeist – mit Zivilcourage und Mut für ethische Werte einsetzten. Das gilt sowohl für den alltäglichen, privaten als auch für den öffentlichen Bereich.

Zu den Menschen, die mir in meiner Kindheit Vorbild waren, zählten zuallererst meine Eltern, Prinz Louis Ferdinand und Prinzessin Kira von Preußen, eine geborene Großfürstin aus dem Hause Romanow. Ich wurde als deren ältester Sohn geboren. Noch im Mai 1939 reisten meine stolzen Eltern in die Niederlande nach Doorn, um Kaiser Wilhelm II. im Exil seinen ersten Urenkel zu präsentieren; die kleine holländische Prinzessin Beatrix und ihre Mutter, die damalige Kronprinzessin Juliana, eine meiner Taufpatinnen, waren auch anwesend.

Nur wenige Monate später brach der Zweite Weltkrieg aus. Während des Krieges und besonders auf der Flucht aus Ostpreußen im Jahre 1944 hat meine Mutter fast Unglaubliches geleistet: Sie hatte inzwischen fünf kleine Kinder, mein Vater blieb noch in Cadinen, sie wusste nicht, wann sie ihn wiedersehen würde, und es gab keinen Zweifel daran, dass in Ostpreußen alles verloren war. Meine Mutter aber bewahrte eine derart positive Haltung, dass uns Kindern die eigentliche Dramatik und Schicksalhaftigkeit der Situation verborgen blieb.

Wir fanden schließlich in Oberneuland, einem Vorort von Bremen, ein neues Zuhause. Zunächst waren wir nicht sehr willkommen. Meine Klassenkameraden in der Volksschule beschimpften mich als ›Kronscheißer‹. Damit konnte ich wenig anfangen.

Als ich meinen Vater fragte, was diese Titulierung durch meine Mitschüler wohl bedeutete, sagte er lediglich: »Lass' sie doch reden, das geht irgendwann vorbei.« Er ließ sich durch abfällige Äußerungen anderer nie aus der Fassung bringen, das gefiel mir. Zudem sollte er mit seiner Einschätzung recht behalten. Einige Wochen später begegneten mir meine Mitschüler schon sehr viel freundlicher.

Als Jugendlicher wurde mein Französischlehrer am Bremer Gymnasium, Dr. Philipp Rudolf, ein sehr markanter Mann, mein Vorbild. Er ging völlig in seinem Beruf auf und verstand es, uns für seinen Unterricht zu begeistern. Für einen Pädagogen der damaligen Zeit sehr ungewöhnlich, thematisierte er unsere Stärken und nicht unsere Schwächen. Bildung war für ihn *der* Schlüssel zur geistigen Unabhängigkeit, und diese Haltung hat er uns authentisch vermittelt. Er sprach ein fabelhaftes Französisch, das er uns fast sinnlich nahebrachte. So übten wir mit großem Spaß vor einer brennenden Kerze das französische ›P‹ und ›T‹ so lange, bis kein Luftzug die Flamme mehr flattern ließ. Damals ahnte ich noch nicht, dass mein Vorfahr, Friedrich der Große, Französisch für die einzig wahre Kultursprache hielt und es weit besser sprach als Deutsch. Aber auch meine lebenslange Liebe zu dieser Sprache war dank Dr. Rudolf geweckt worden.

Im Alter von zwölf Jahren wurde Billy Jenkins mein Vorbild. Ich habe als Schüler mit großer Begeisterung seine Groschenromane verschlungen, die seinerzeit unter das Rubrum ›Schmutz- und Schund-Literatur‹ fielen. Erich Fischer (1885–1954) alias Billy Jenkins, ein Zirkusartist, Weltenbummler und gelernter Cowboy, der zum Titelhelden der frei erfundenen Western-Romane wurde, faszinierte mich: Er stand für Gerechtigkeit in einer Welt, die von miesen Revolverhelden unsicher gemacht wurde; er war unbesiegbar und stets vor Ort, um zu helfen, wenn die Lage fast hoffnungslos erschien. Er verhalf der Gerechtigkeit zum Sieg.

Ich habe Billy Jenkins in großer Bewunderung sogar einen Brief geschrieben – ohne zu wissen, dass die erfolgreichste deutsche Western-Reihe aus seinen Geschichten bestand –, er hat sogar geantwortet und mir ein Foto mit persönlicher Widmung, »für meinen Freund Friedrich Wilhelm«, gesandt. Durch seine Romane intensivierte sich auch mein Zugang zu deutscher Literatur; hatte man genug Romanhefte gesammelt, konnte man sie in den fünfziger Jahren gegen ein sogenanntes gutes Buch tauschen, zum Beispiel gegen Bücher von Theodor Fontane oder Theodor Storm. Und die habe ich genauso gern gelesen.

Später während meiner Internatszeit in Plön wurde erneut ein Lehrer zu meinem Vorbild. Er verstand es, aus einer Krise eine lehrreiche Chance für mich werden zu lassen. Während einer Klassenarbeit hatte ich unerlaubterweise ein Wörterbuch benutzt, was von der Aufsicht bemerkt wurde und in der Schule als großes Vergehen galt, das mit scharfen Konsequenzen geahndet wurde, selbst ein Schulverweis wäre durchaus möglich gewesen.

Ich hatte mich also beim Direktor zu melden. Statt meiner ging aber Dr. Adolf Geisler, unser eigentlicher Englischlehrer, zum Direktor. Ich wartete vor der Tür. Er kehrte mit eindringlichen Ermahnungen zurück und ließ mich dann ›zur Strafe‹ vor der Klasse den ›Hamlet‹-Monolog ›To be or not to be‹ vortragen, den ich in diesem Kontext plötzlich ganz neu begriff.

Mein Vater, selbst einst ein sehr guter Schüler und Student, hat uns Kinder ebenfalls ohne den sogenannten erhobenen Zeigefinger erzogen. Auch, wenn wir die schlechtesten Noten nach Hause brachten, wurde nicht getadelt oder gestraft, sondern Nachhilfelehrer hinzugezogen, mit denen wir in Ruhe den Unterrichtsstoff erarbeiten konnten.

Obgleich ich Mitglied eines abgesetzten Königshauses bin, das lange – nicht zuletzt wegen des alliierten Kontrollratsbeschlusses aus dem Jahre 1947, in dem Preußen verurteilt und aufgelöst wurde – eine ungerechte, negative Bewertung erfuhr, sehe ich einige meiner Vorfahren aus ihrer Zeit heraus und im Vergleich mit anderen europäischen Herrschern durchaus positiv.

Friedrich der Große hat beispielsweise meinen Respekt, je mehr ich mich als Historiker mit seinen verschiedenen Facetten beschäftige. Verglichen mit seinen Kollegen, Ludwig XV. von Frankreich, Zarin Elisabeth I. von Russland, Erzherzogin Maria Teresia von Österreich, schneidet er ausgesprochen positiv ab. Seine Toleranz in Religionsfragen, sein konsequenter wirtschaftlicher Aufbau seines Königsreichs, seine Wertschätzung der Kultur, sein europäisches Denken, die Entwicklung eines Rechtssystems in Preußen, seine dienende, uneitle Haltung – darin ist er vielleicht sogar vorbildlich.

Aber auch Persönlichkeiten des 20. und 21. Jahrhunderts beeindrucken mich positiv. Michail Gorbatschow imponierte mir, weil er das Sowjetreich für obsolet erklärte. Und Ronald Reagan, mein Vater und auch Axel Springer sollten Erwähnung finden, weil sie in Zeiten, als noch niemand daran glaubte, unerschütterlich an ihrer Vision vom Fall der Mauer festhielten. In diesem Zusammenhang berührt mich auch das Engagement und der Einsatz von Persönlichkeiten wie Nelson Mandela, Alexander Dubček, des Dalai Lama – um nur einige wenige zu nennen – für Menschenrechte und Toleranz.

Obwohl ich traditionsgemäß ein evangelischer Christ bin, hat mich auch die Persönlichkeit von Papst Johannes Paul II., seine Authentizität, sein bedingungsloser Glaube an die göttliche Liebe, die auch sein außergewöhnliches und mutiges Leben prägte, tief bewegt.

Dieser Papst ist sicher in seiner Einzigartigkeit als Vorbild unerreichbar, aber auch sogenannte normale Menschen können wirkliche Vorbilder sein. Stellvertretend für viele Ungenannte, werden einige von ihnen einmal im Jahr durch den Bundespräsidenten auszeichnet: Ein ›namenloser‹ Feuerwehrmann, der unter Lebensgefahr Bewohner aus einem brennenden Haus rettete. Ein junger Mann, der einem Wehrlosen half, als er von neonazistischen Gewalttätern angegriffen wurde. Eine junge Frau, die ein Kind vor dem Ertrinken bewahrte.

Sie alle haben Mut und Zivilcourage bewiesen und sind Vorbild für ein menschlicheres Miteinander.«

# Ralph Giordano

geboren 1923 in Hamburg, lebt in Köln

Als Sohn einer jüdischen Mutter und eines sizilianischen Musikers wurde er während der Nazi-Barbarei von der Gestapo mehrfach verhaftet, gefoltert. Nach dem Krieg war er Kommunist, brach aber später mit dem Marxismus, arbeitete als Fernsehreporter (in achtunddreißig Ländern) und schrieb die Familiensaga »Die Bertinis«, die ein internationaler Bestseller und 1988 verfilmt wurde. Er war zweimal verheiratet, beide Frauen starben an Krebs. Der »Schriftsteller im Unruhestand« hält Mangel an Zivilcourage für ein »Merkmal deutscher Geschichte«, und erhielt bislang »über 1300 Morddrohungen«: »Ich sage dies nicht, um mich als unterdrücktes Opfer darzustellen, sondern um zu zeigen, wie lebendig die Vergangenheit ist.«

»Habe ich Vorbilder? Das ist nun wahrlich keine Frage, die leicht zu beantworten ist.

Natürlich könnte man internationale Ikonen des Kampfes gegen Rassismus wie Nelson Mandela nennen oder andere Prominente.

Aber die eigentlichen Vorbilder in meinem Leben, die haben jenseits der Öffentlichkeit gewirkt, die sind namenlos, wie zum Beispiel eine – sogenannte – ›einfache‹ Frau, die meine Mutter und mich im Februar 1945 bis zu unserer Befreiung am 4. Mai 1945 durch die Achte Britische Armee bei sich versteckte. Sie wusste, dass bei Entdeckung ihr Leben genauso verwirkt sein würde wie das unsre. Sie tat es trotzdem.

Ich habe sie bereits 1985 in meinem Roman ›Die Bertinis‹ beschrieben. Aber erst jetzt, in meinem neuen Buch ›Erinnerungen eines Davongekommenen‹, bestätige ich, was ich damals im Roman erzählte, nun jedoch mit dem Schwergewicht der Authentizität.

Sie war eine von den vielen Leuten, die kein Aufhebens daraus gemacht haben, ihr Leben für andere zu riskieren.

Diese Frau – Grete Schulz – hat mich dazu verdonnert, nichts über ihre Zivilcourage, über ihren Mut zu schreiben. Darum findet man auch ihren Namen nicht in Yad Vashem.

Ich habe ihre Bitte lange respektiert, aber nun breche ich dieses Tabu, und nenne sie klar bei Namen. In den ›Bertinis‹ heißt sie Erika Schwarz, in dem Roman habe ich mich daran gehalten, was sie von mir gefordert hat: Du wirst mich nicht zu Heldin initiieren.

Und gerade weil sie das nicht wollte, ist sie mein Vorbild.«

# Uschi Glas

geboren 1944 in Landau an der Isar, lebt in München

Eine der populärsten Schauspielerinnen Deutschlands. Das »Schätzchen« hat nicht nur ein charmantes Lächeln, sondern verfügt auch über einen bayerischen »Dickschädel«, das bewies sie in ihrer Rock'n'Roll-Rebellion gegen das streng katholische niederbayerische Elternhaus, oder als sie sich von den Polit-Parolen der 68er-Generation löste und zu ihren Sympathien für die konservative CSU von Franz Josef Strauß bekannte. Und als während der CDU-Spenden-Affäre 2000 gegen Altbundeskanzler Helmut Kohl ermittelt wurde, spendete sie der CDU 10 000 DM. Nach dem Film »Zur Sache Schätzchen« (1968), der für sie den »Durchbruch« bedeutete, drehte sie Krimis, Komödien, TV-Serien (»Zwei Münchener in Hamburg«, »Ein Schloss am Wörthersee«) und häufte Auszeichnungen an. Die jüngste von vier Geschwistern hat drei Kinder, engagiert sich für die Deutsche Hospiz-Stiftung und die Augsburger »Benefiz-Kicker«, die viel Geld für soziale Zwecke einspielen. »Einfach das Leben so anzunehmen, wie es sich gerade bot, und alles so zu tun, wie viele es taten – das reichte mir nicht.«

»Ich bewundere viele Menschen und habe mir für mein Leben, für mein Verhalten einiges ›abgeschaut‹, aber ich habe mir keinen speziellen Menschen zum Vorbild genommen.

Ein richtiges Vorbild wäre sicher Jesus, und doch wäre es vermessen sich einzubilden, dass man auch nur annähernd an dieses Vorbild heranrücken könnte.

Aber man kann sich die Nächstenliebe zu eigen machen, was beinhaltet, dass man Mitmenschen respektiert, ihnen mit Toleranz und Liebe entgegentritt, dass man geduldig ist und so weiter.

Ich habe immer das kleine Buch von Marc Aurel ›Selbstbetrachtungen‹ in meinem Auto, fast täglich lese ich darin und schöpfe gute Gedanken für mich heraus.

Sicher waren auch meine Eltern unbemerkt meine Vorbilder, denn sie haben mir beigebracht, dass es ganz wichtig ist, aufrecht durchs Leben zu gehen, ›man muss am Abend in den Spiegel schauen können‹, das waren die Worte meines Vaters, und die habe ich mir zu Herzen genommen.«

»Die Leute wollen immer, ich soll Partei nehmen;
nun gut, ich steh auf meiner Seite.«

# Johann Wolfgang von Goethe

28. August 1749 Frankfurt/Main –
22. März 1832 Weimar

»»Nachdem er mich aufmerksam angeblickt«, berichtet er über sein Treffen mit Napoleon, dem Kaiser der Franzosen, der dem ›Voltaire der Deutschen‹ am 2. Oktober 1808 während des Erfurter Fürstenkongresses eine Audienz gewährte, ›sagte er: Vous êtes un homme.‹ [Siehe da, ein Mensch.]
Ich verbeuge mich.
Er fragt: Wie alt seid Ihr? Sechzig Jahr.
Ihr habt euch gut erhalten – Ich antworte das Notwendigste.«
Göthe (so schreibt noch Thomas Mann den Namen) traf sich mit dem »Kerl« in seiner Eigenschaft als Weimarer Staatschef, verantwortlich für Wegebau, Bergwerk- und Forstverwaltung, Finanzen sowie Kriegsführung. Und der Geheimrat notiert dieses knappe Gespräch wie fast alles, was er erlebte. Die Fülle der authentischen Selbstzeugnisse ist ebenso überwältigend wie seine literarische Produktion.
Und doch bleibt vieles im Unklaren (nicht nur, weil er eigenhändig alles vernichtete, was seine intimsten Geheimnisse aufklären könnte, wie zum Beispiel seine Beziehung zu Herzogin Anna Amalia): »Erst war ich den Menschen unbequem durch meinen Irrtum, dann durch meinen Ernst. Ich mochte mich stellen wie ich wollte, so war ich allein

... Auch mein Gemüt war von Natur zur Ehrerbietung geneigt, und es gehörte eine große Erschütterung dazu, um meinen Glauben an irgendein Ehrwürdiges wanken zu lassen ... Selbst die klare Einsicht von Unerreichbarkeit eines hohen Vorbildes gewährt schon einen unaussprechlichen Genuß.«

Goethe kam sieben Jahre vor Mozart auf die Welt.

1755: Er ist sechs. Am 1. November »ereignete sich das Erdbeben von Lissabon, und verbreitete über die in Frieden und Ruhe schon eingewohnte Welt einen ungeheueren Schrecken ... Der Knabe, der alles vernehmen musste, war nicht wenig betroffen. Gott hatte sich keineswegs väterlich bewiesen.« Goethes »junges Gemüt« schlittert in eine Glaubenskrise.

1768: Der Jurastudent in Leipzig wird von einer mysteriösen Krankheit lahmgelegt: »Eines Nachts wachte ich mit einem heftigen Blutsturz auf ... schwankte mehrere Tage zwischen Leben und Tod.« Nach diesem physischen Zusammenbruch kehrt Goethe heim, setzt sein Studium erst 1770 fort, promoviert und wird Rechtsanwalt am Schöffengericht.

1775: Im April verlobt er sich, im Herbst löst er die Verlobung, reist nach Weimar – und bleibt unglaubliche sechsundfünfzig Jahre. Er beschäftigt sich mit Mineralogie und Optik, errichtet die erste Wetterbeobachtungsstation Europas, wird Theaterdirektor: »Wir müssen nichts sein, sondern alles werden wollen.«

1794 trifft er Schiller: Es entsteht ein einmaliger Schaffensbund.

Als Goethe stirbt, beschäftigt sich Wagner gerade mit seiner ersten Oper: Er war »nicht nur ein guter und großer Mensch, sondern eine Kultur«. (Nietzsche)

»Jeder gebildete Mensch weiß, wie sehr er an sich und andern mit einer gewissen Rohheit zu kämpfen hat, wie viel ihn seine Bildung kostet, und wie sehr er doch in gewissen Fällen nur an sich selbst denkt, und vergisst, was er andern schuldig ist. Wie oft macht der gute Mensch sich Vorwürfe, dass er nicht zart genug gehandelt habe; und doch, wenn nun eine schöne Natur sich allzu zart, sich allzu gewissenhaft bildet, ja, wenn man will, sich überbildet, für diese scheint keine Duldung, keine Nachsicht in der Welt zu sein. Dennoch sind die Menschen dieser Art außer uns, was die Ideale im Innern sind, Vorbilder, nicht zum Nachahmen, sondern zum Nachstreben.«

»Die Deutschen sind übrigens wunderliche Leute! Sie machen sich durch ihre tiefen Gedanken und Ideen, die sie überall suchen und überall hinlegen, das Leben schwerer als billig ... Sie mögen mich nicht. Ich mag sie auch nicht.«

## Haus-Vorbilder

*»Vom Vater hab ich die Statur*
*Des Lebens ernstes Führen,*
*Von Mütterchen die Frohnatur*
*Die Lust zu Fabulieren!«*

**Vater Johann Caspar Goethe (1710–1782)** »Meinem Vater war sein eigner Lebensgang ziemlich nach Wunsch gelungen: ich solle denselben Weg gehen, aber bequemer und weiter. Er schätzte meine angeborenen Gaben um so mehr, als sie ihm mangelten: denn er hatte alles nur durch unsäglichen Fleiß, Anhaltsamkeit und Wiederholung erworben. ... In rhetorischen Dingen tat es mir niemand zuvor, ob ich schon wegen Sprachfehler oft hintanstehen musste. Solche Aufsätze waren es jedoch, die meinem Vater besonders Freude machten, und wegen deren er mich mit manchem, für einen Knaben bedeutenden Geldgeschenke belohnte. ...

Mein Vater war überhaupt lehrhafter Natur, und bei seiner Entfernung von Geschäften wollte er gern dasjenige, was er wusste und vermochte, auf andere übertragen. ... Seine Vorliebe für die italienische Sprache und für alles, was sich auf jenes Land bezieht, war sehr ausgesprochen.«

Der kaiserliche Rat, der mit zweiunddreißig den Beruf aufgegeben hatte, um seinen Drang nach der Entfaltung seiner Fähigkeiten zu pflegen, erzog seinen Sohn »Wolf« mit »eherner Strenge, pedantischer Ordnungsliebe und Hartnäckigkeit«, sodass der Junge »dem verdrießlichen, täglich mehr sich hypochondrisch quälenden Hausherren« nur den nötigsten Respekt erweist: »Solange die Großmutter lebte, hatte mein Vater sich gehütet, nur das mindeste im Haus zu verändern. ... (Nach ihrem Tod) Hartnäckig setzt der Vater die erste Zeit seinen Plan durch, so dass nichts von dem Alten übrig blieb.«

Er beschreibt den Hobby-Gelehrten niemals umfassender.

Eines Tages erhielt er vom Großvater »ein Freibillet« ins Theater, »dessen ich mich mit Widervillen meines Vaters, unter dem Beistand meiner Mutter, täglich bediente.«

**Mutter Catharina Elisabeth geb. Textor (1731–1813)** »Meine Mutter, stets heiter und froh, erfand eine bessere pädagogische Auskunft: das Erzählen, das Erfinden von Geschichten.«

Goethes Mutter, die Tochter eines Schultheiß, regte sogar ihre Kinder (von sechs überlebten nur Wolfgang und seine Schwester) zum Erfinden eigener Geschichten an, lobte ihre Einfälle, und wusste um den Charme ihrer Erzählkunst: »Diese schönen Abende, durch die sich der Ruhm meiner Erzählkunst bald verbreitete, so dass endlich Alt und Jung daran teilnahmen, sind mir eine sehr erquickliche Erinnerung«, schrieb sie und genoss später den Ruhm ihres Dichter-Sohnes.

»Mir war von meinem Vater eine gewisse lehrhafte Redseligkeit angeerbt; von meiner Mutter die Gabe, alles, was die Einbildungskraft hervorbringen, fassen kann, heiter und kräftig darzustellen, bekannte Märchen aufzufrischen, andere zu erfinden und zu erzählen, ja im Erzählen zu erfinden. ... Meine Mutter hingegen hatte mich zur gesellschaftlichen Unterhaltung eigentlich ausgestattet.«

Übrigens: Alle Briefe, in denen seine Mutter über das häusliche Leben klagte, hat Goethe verbrannt. Und: Eckermann berichtete: »Sie [Herzogin Anna Amalia] hat große Liebe zu seiner Mutter, und wünscht, dass sie für immer nach Weimar komme. Er ist dagegen.«

**Schwester Cornelia von Goethe verheiratete Schuster (1750–1777)** »Sie, nur ein Jahr jünger als ich, hatte mein ganzes bewusstes Leben mit mir herangelebt und sich mit mir aufs innigste verbunden. ... Und so wie in den ersten Jahren Spiel und Lernen, Wachstum und Bildung den Geschwistern völlig gemein war, so dass sie sich wohl für Zwillinge halten konnten, so blieb auch unter ihnen diese Gemeinschaft, dieses Vertrauen bei Entwicklung physischer und moralischer Kräfte. ... Jenes Interesse der Jugend, jenes Staunen beim Erwachen sinnlicher Triebe, die sich in geistige Formen, geistiger Bedürfnisse, die sich in sinnliche Gestalten einkleiden, alle Betrachtungen darüber, die uns eher verdüstern als aufklären, wie ein Nebel das Tal, woraus er sich emporheben will, zudeckt und nicht erhellt, manche Irrungen und Verirrungen, die daraus entspringen, teilten und bestanden die Geschwister Hand in Hand.«

Goethe verband mit seiner Schwester ein »seltsames Verhältnis« (Dagmar von Gersdorff). Der Vater nannte seine Tochter einen »missratenen Sohn«, sprach mit ihr »wie mit einem Studenten« und gewährte ihr (wie ihrem Bruder) eine erstklassige Erziehung. Die Geschwister lasen heimlich Klopstocks »Messias«, verachteten den Vater, »dulden« das aus ihrer Sicht eher schlichte Gemüt der Mutter.

Cornelia »war ein Wesen, von dem schwer zu sprechen ist. ... Ein fester, nicht leicht bezwingbarer Charakter, eine teilnehmende, Teilnahme bedürfende Seele, vorzügliche Geistesbildung, schöne Kenntnisse, sowie Talente, ... so dass, wäre sie von außen (das bedeutet: Cornelia war keine Schönheit) begünstigt worden, sie unter den gesuchtesten Frauen ihrer Zeit würde gegolten haben. Zu alle diesem ist noch ein Wundersames zu offenbaren: in ihrem Wesen lag nicht die mindeste Sinnlichkeit. Sie war neben mir heraufgewachsen und wünschte ihr Leben in dieser geschwisterlichen Harmonie fortzusetzen und zuzubringen. Wir waren ... unzertrennlich geblieben.«

Das Schwesterlein erkrankte, nachdem ihr Bruder verschwunden war, ohne sie zu informieren, ohne sich zu verabschieden, um in Leipzig Jura zu studieren. (Genauso »flieht« er später vor Frau von Stein aus Weimar.) Und sie verlobte sich (ohne ihren Bruder vorher zu informieren) mit einen Rechtsanwalt. Goethe war gekränkt, beleidigt: »Ich verliere viel an ihr, sie versteht und erträgt meine Grillen.« Die Ehe war unglücklich, Cornelia starb mit sechsundzwanzig nach der Geburt ihres zweiten Kindes.

Er verbrennt – bis auf dreizehn – alle Briefe, die Cornelia ihm je geschrieben hat.

## Wahl-Vorbilder

**Susanna von Klettenberg** (1723–1774) Als Goethe – schwer erkrankt – 1768 aus Leipzig heimkehrte, fand er Halt in der dichtenden Arzttochter und Freundin seiner Mutter. »Unter (ihrem) Einfluß begann er damals, sich intensiv mit mystischen und pietistischen

Schriften ... zu befassen. Besonders war es aber die Persönlichkeit seiner Mentorin, einer Anhängerin der Herrnhuter Brüdergemeine, die auf ihn wirkte« (Peter Boerner). Die sechsundzwanzig Jahre ältere Pietistin »übt eine Faszination aus« (Dagmar von Gersdorff), der sich Wolfgang willig ausliefert:

»Sie hatte schon insgeheim Wellings ›Opus mago-cabbalisticum‹ studiert. ... Ich schaffte das Werk (auch) an. Wir wendeten uns nun an die Werke des Theophrastus Paracelsus. ... Meine Freundin, welche eltern- und geschwisterlos in einem großen wohlgelegnen Haus wohnte, hatte schon früher angefangen, sich einen kleinen Windofen, Kolben und Retorten von mäßiger Größe anzuschaffen, und operierte besonders auf Eisen, in welchem die heilsamsten Kräfte verborgen sein sollten.«

Er bewunderte sie: »Heiterkeit und Gemütsruhe verließen sie niemals. ... Ihre liebste, ja vielleicht einzige Unterhaltung waren die sittlichen Erfahrungen, die der Mensch, der sich beobachtet, an sich selbst machen kann; woran sich denn die religiösen Gesinnungen anschlossen, die auf eine sehr anmutige, ja geniale Weise bei ihr als natürlich und übernatürlich in Betracht kamen.« Dieser Pietistin verdankte er den Zugang zu Naturwissenschaften.

Fräulein von Klettenberg, »der Ehe ausgewichen«, ist »dieselbe, aus deren Unterhaltungen und Briefen die ›Bekenntnisse der schönen Seele‹ entstanden sind, die man in ›Wilhelm Meister‹ eingeschaltet findet«.

**Johann Gottfried Herder (1744–1803)** »Sie sind mir als das liebenswerteste Evangelium gekommen, und die interessantesten Studien meines Lebens laufen allda zusammen«, schrieb der Student, nachdem er Herder, den Sohn eines Tuchwebers aus Ostpreußen und Diderots Freund in Straßburg als fürstlichen Erzieher kennenlernte: »Die Einwirkung dieses gutmütigen Folterers war groß und bedeutend, ... und da ich dasjenige zu schätzen suchte, was er schon geleistet hatte, so musste er eine große Superiorität über mich gewinnen. ... Nun wurde ich auf einmal durch Herder mit allem neuen Streben und mit allen den Richtungen bekannt, welche dasselbe zu nehmen schien.«

Herder begeisterte Goethe für Volkspoesie. Kaum in der Weimarer Staatskanzlei angekommen, holte der Geheime Legationsrat Herder als »Generalsuperintendenten« in die Stadt und hörte nie auf, den Autor der »Ideen zur Geschichte der Menschheit« zu den »vorzüglichsten Männern, welche seit längerer Zeit die Augen des Vaterlandes auf sich zogen« zu zählen.

Herder war es auch, der Goethe auf den in Deutschland kaum bekannten Shakespeare aufmerksam machte.

**William Shakespeare (1564–1616)** »Man kann über Shakespeare gar nicht reden, es ist alles unzulänglich. ... Er ist gar zu reich und zu gewaltig. Die erste Seite, die ich in ihm las, machte mich auf zeitlebens ihm eigen. ... Ich erkannte, ich fühlte aufs lebhafteste meine Existenz um eine Unendlichkeit erweitert. ... Ich rufe: Natur! Natur! ... Ich zweifelte keinen Augenblick dem regelmäßigen Theater zu entsagen. Es schien mir die Einheit des Orts so kerkermäßig ängstlich, die Einheiten der Handlung und der Zeit lästige Fesseln unsrer Einbildungskraft. Ich sprang in die freie Luft, und fühlte erst dass ich Hände und Füße hatte.«

William Shakespeare wurde zum Thema von Goethes erster, vollständig erhaltenen Prosaschrift: »Zum Schäkespears Tag« vom 14. Oktober 1771.

Übrigens: In Weimar steht das einzige Shakespeare-Denkmal außerhalb der Britischen Inseln.

**Hafez/Hafis** »Ich möchte beten, wie Moses im Koran: Herr mache mir Raum in meiner engen Brust!«, bekannte Goethe, der als Dreiundzwanzigjähriger beschlossen hatte, nicht mehr in die Kirche zu gehen, und der nur ganz selten betete (dazu sei er nicht genug Lügner).

»Ich für meinen Teil habe mich für den Orient entschieden, es ist zu bunt hier, und mich verlangt nach Friede. Ich habe mich nämlich, mit aller Gewalt und allem Vermögen, nach dem Orient geworfen, dem Lande des Glaubens, der Offenbarungen, Weissagungen und Verheißungen. Bei unserer Lebens- und Studienweise vernehmt man soviel von allen Seiten her, begnügt sich mit enzyklopädischem Wissen und den allgemeinsten Begriffen; dringt man aber selbst in ein solches Land, um die Eigentümlichkeiten seines Zustandes zu fassen, so gewinnt alles ein lebendigeres Ansehen.«

1814 erschienen die Gedichte des persischen Dichter Hafis auf Deutsch. Goethe entdeckte in ihm einen »Zwilling« (wie seine Schwester Cornelia), der helfen kann, die Beziehung zwischen Poesie und Religion zu ordnen: »Ich werde … immer an den Horaz und Hafis erinnert, die beide auch über ihrer Zeit standen und die Sittenverderbnis spottend und spielend zur Sprache brachten. … Diese mohammedanische Religion, Mythologie, Sitte geben Raum einer Poesie, wie sie meinen Jahren ziemt. Unbedingtes Ergeben in den unergründlichen Willen Gottes, heiterer Überblick des beweglichen, immer kreis- und spiralartig wiederkehrenden Erdetreibens, Liebe, Neigung, zwischen zwei Welten schwebend, alles Reale geläutert, sich symbolisch auflösend.«

1819 erscheint Goethes »West-östlicher Divan« mit dem Gedicht »Selige Sehnsucht«:

*»Und so lang du nicht hast,*
*Dieses: Stirb und werde!*
*Bist du nur ein trüber Gast*
*Auf der dunklen Erde.«*

*Literatur:*
Johann Wolfgang Goethe: »Werke«, Hamburger Ausgabe. München 1998
Johann Peter Eckermann: »Gespräche mit Goethe«, Stuttgart 1994
Peter Boerner: »Goethe«, Reinbek 1964
Manfred Dimde: »Goethes geheimes Vermächtnis«, Essen-München 1995
»Zum Thema: Goethe«, Frankfurt 1982
Dieter Borchmeyer: »Goethe – Der Zeitbringer«, München 1999
Dagmar von Gersdorff: »Goethes Mutter«, Frankfurt 2001

# Ludwig Güttler

geboren 1943 in Sosa im Erzgebirge, lebt in Dresden

Als Solist auf der Trompete zählt er zu den erfolgreichsten Virtuosen der Gegenwart, aber er beschäftigt sich auch mit dem Instrumentenbau, leitet ein Musikfestival und drei Ensembles (Virtuosi Saxonia) und forscht zur Musikgeschichte: »Ich versuche einfach, Musik in all ihren Facetten zu leben.« Daher auch die fast archäologische Pflege der Musikkultur, die einst am Sachsen-Hof des 18. Jahrhunderts in Dresden aufblühte. Seit 1995 ist er Kurator der Stiftung Frauenkirche Dresden, mitverantwortlich für mehr als 1500 Benefizkonzerte, deren Erlös für den Wiederaufbau der Kirche verwendet wurde: »Die Ruine war eine Wunde, die mit allen Mitteln und Künsten geheilt werden musste.« 2006 erhielt der den Fundraising-Preis des Fundraising-Verbandes. Sein Credo: » Etwas unternehmen, statt es zu unterlassen.«

»Nein, ich habe in meinen unterschiedlichsten Lebensphasen keinen Menschen auf einen solchen Sockel stellen können, sodass ich ihm nacheifern wollte.

Als ich noch ein Kind war, war mein Großvater Richard Frölsch, der Vater meiner Mutter, ein Vorbild – in jeder Beziehung. Er war Baumeister. Und was mich an ihm am meisten beeindruckt hatte, war die Eindeutigkeit seiner Aussagen. Was immer auch man ihn fragte, es kam immer eine Antwort, die ich eins zu eins verwenden konnte. Diese Klarheit, Glaubwürdigkeit, Zuverlässigkeit – vor allem wenn es um praktische Alltagsfragen ging –, das waren wunderbare Eigenschaften, die ich besonders nach seinem Tod immer mehr schätzen lernte.

In der folgenden Zeit gab es kaum jemanden, dessen Charakter, Wirkungsweise, Authentizität und Glaubwürdigkeit ich kopieren wollte, bis auf Albert Schweitzer.

In der DDR war es recht schwierig, ein Vorbild zu finden, das nicht sofort sichtbar mit der herrschenden Ideologie kollidierte. Aber Schweitzer stand über den Mechanismen, die dieses Regime hervorgebracht hatte. Er war anerkannt und über die gängige Infragestellung und Polemisierung erhaben. Aber für mich war auch noch wichtig: seine Herkunft. Schweitzer kam dem Elsass, also einem Land, in dem sich zwei Völker und Kulturen begegnen. Dieses tief verwurzelte Miteinander verlieh seinem sozialen, ethischen, musischen Engagement, seinem fundamentalen Sich-äußern-Können und Sich-einmischen-Wollen etwas für mich nahezu Ideales. Er hatte durch seinen Glauben, seine Musik und seine wirklichkeitsnahe Nächstenliebe etwas Umfassendes, nicht Angreifbares gelebt.

Ausgesprochen ergreifend erlebte ich das Hören und spätere Singen der Motette: ›O Herr, mach mich zu einem Werkzeug deines Friedens, dass ich Liebe übe, da, wo man mich hasst‹, dieses ergreifende Friedensgebet von Franz von Assisi, vertont von Kurt Hessenberg. Die Lebenseinstellung, die hier artikuliert ist, blieb für mich ein großes, nie erreichbares Vorbild:

Dieses bedingungslose Sicheinbringen, dieses totale Engagement – das hat für mich dieser Mensch vorgelebt: Sich nicht über die Dunkelheit beschweren, sondern ein Licht anzuzünden. Egal was die anderen davon halten, egal, wie ich angesehen werde, egal, wie ich bekämpft werde, alles völlig egal, es gilt ›Liebe üben, da wo man mich hasst … Freude bringen, wo der Kummer wohnt, Hoffnung wecken, wo Verzweiflung quält.‹«

# Gregor Gysi

geboren 1948 in Berlin, lebt in Berlin

Ausgebildet als Facharbeiter für Rinderzucht, verleumdet als Stasispitzel, verehrt als Anwalt ostdeutscher Interessen, bekannt als scharfzüngiger Jurist und politischer Querkopf: von 1967–1990 war der Urenkel einer russischen Fürstin und Sohn des einstigen DDR-Kulturministers SED-Mitglied. Von 1972 an übernahm er die Verteidigung von Systemkritikern wie Bahro, Havemann, Bohley. Nach der Wende wurde er PDS-Chef, seit 2005 Co-Fraktionsvorsitzender der Linksfraktion im Bundestag: »Mein Weg zum und im vereinigten Deutschland war nicht nur einmalig, weil jedes Leben einmalig ist, sondern meine Situation spiegelt in besonderer Weise die Kompliziertheit des Vereinigungsprozesses wider.« Im Januar 2002 wurde er Senator in Berlin, im Juli trat er wegen der »Bonusmeilen-Affäre« zurück. Gefragt, wie er sein Äußeres beschreiben würde, sagt er: »Groß, stark, schlank, mit tollen Locken.«

»Mit den Vorbildern und mir ist das so ein Problem, weil sie je nach Situation wechseln. Es gibt solche, in denen Mutter Teresa oder Albert Schweitzer meine Vorbilder sind, dann gibt es solche, da wäre es Martin Luther King. Dann gab es auch Zeiten, da war es Che Guevara. Ich bin etwas unglücklich darüber, aber es gibt niemanden, wo ich sagen könnte, sie oder er war es mein ganzen Leben lang.

Manchmal sind es auch kleine Leute. Es gibt einen Dokumentarfilm, der einen Rechtsanwalt zeigt, der vom Freisler-Gerichtshof zum Tode verurteilt wird. Dieser Mann spricht vor diesem ›Volksgerichtshof‹ von Morden in Polen und wird auf unwahrscheinliche Art und Weise von Freisler angebrüllt. Immer wenn ich diesen kurzen Filmausschnitt sehe, bewundere ich diesen Mann. Er wusste nicht, dass mitgefilmt wurde, er wusste nicht, dass die Nachwelt je von seinen Worten erfahren würde. Vorn saß der Mann, der über sein Leben entschied und dennoch sprach er es aus, im leisen Ton. Welch ein Mut, welch eine Heldentat?

Ich kann Ihre Frage also letztlich nicht beantworten.«

# Nina Hagen

geboren 1955 in Berlin, lebt in Berlin

Sängerin, Songschreiberin, Ikone der Punkbewegung, mit einer opernreifen Stimme. Zu DDR-Zeiten machte sie das Lied »Du hast den Farbfilm vergessen« berühmt, im Westen wird sie – beraten von Jean-Paul Gautier – zur hinreißend schrägen Funk-Rock-Diva. Ihre kompetenten Auftritte zu Ehren Bert Brechts oder Rilkes, ihr Engagement für den Tierschutz, ihr Interesse an der Spiritualität beglücken nicht nur ihre Fangemeinde: »Meine Eltern waren beide Atheisten und ich habe den Weg zu Gott ganz alleine gefunden. Man muss ihn einladen, damit er sich zeigt«, verkündete die (zeitweilige) Ziehtochter des Liedermachers Wolf Biermann. Nach drei Scheidungen lebt sie mit einem kanadischen Physiotherapeuten (siebenundzwanzig Jahre jünger) zusammen, Tochter Cosma Shiva ist Schauspielerin, Sohn Otis studiert:

»Eigentlich müsste es sechs Elemente geben: Erde, Luft, Feuer, Wasser, Äther und Musik.«

»Meine Vorbilder:
Meine Lehrer Babaji:
**(OmNamahSHiVAY!** <http://www.deeptrancenow.com/babaji.htm>
www.babaji.net <http://www.babaji.net>)
Christus Buddha – Muniraji – Ananda Mayi Ma und die Huna, die Ureinwohner Hawaii's, die Kahuna's, die das Ho'oponopono praktizieren.
(wer sich fuer meine Vorbilder interessiert kann bei folgenden Links klicken )

ich habe aber noch viel mehr Vorbilder!
… zum Beispiel Mutter Maria Vater Joseph, der Prophet Mohamed & seine wunderbare Frau … und viele, viele Heilige und Unheilige …
es ist endlos …
fangen wir mal hiermit an
**www.babaji.net <http://www.babaji.net/>** OmNamahSHiVAY!
   <http://www.deeptrancenow.com/babaji.htm>
**http://www.anandamayi.org/** <http://www.anandamayi.org/>
http://www.ancienthuna.com/ho-oponopono.htm <http://www.ancienthuna.com/ho-oponopono.htm>
**HOOPONOPONO** <http://ninahagen.beeplog.de/1508_283771.htm>
**HO\*OPONOPONO!** <http://www.beepworld.de/members77/ninahagendas/hooponopono.htm>
Ich liebe meine Vorbilder und ich bin ihnen sehr sehr dankbar … dass sie meinen Lebensweg begleiten … alles fliesst und bitte klickt auch hier, denn das wasser, das ist auch mein Vorbild:
WASSERMENSCHENBEWUSSTSEiNSPiEGEL
<http://www.im-er-innern.de/beweise.htm>

ein vorbild ist wie ein spiegel in dem Du Dich wirklich richtig gut sehen kannst …«

# Horst Haitzinger

geboren 1939 in Eferding/Österreich,
lebt in München

Einer der bekanntesten politischen Karikaturisten
Deutschlands. Seit fünfundvierzig Jahren kommentiert
er die Tages-News, die er dem Radio entnimmt (einen
Fernseher hat er erst seit 2004). Täglich entsteht mindestens eine treffsichere Karikatur für sein »Hausblatt«, die Münchner tz, aber
gedruckt werden die Zeichnungen des Sohns eines Gendarmeriebeamten
auch in Bunte, SZ, FAZ: »Was mich in erster Linie motiviert, ist das Thema.
Das ist bei einem zeichnenden Journalisten nicht anders als bei einem schrei-
benden. Mal möchte man ein Thema auf den Punkt bringen, mal belustigen,
mal Dampf ablassen, mal einen eigenen Standpunkt propagieren. Aber mittlerweile muss ich mich zunehmend vor Altersmilde schützen. Mir tun die
Leute immer leid, die stolpern.«

»In der Reihe vorübergehender Vorbilder, die mein Leben durchzogen
(meist ältere Freunde und deren Idole), ragt einer deutlich heraus, der
mir für viele Jahre im Alltagsleben wie in der politischen Orientierung
hilfreich wurde, und das war Konrad Lorenz.

Die ersten populärwissenschaftlichen Bücher (»So kam der Mensch
auf den Hund« und so weiter) las mir mein Freund, der Schauspieler
Rolf Illig, beim Malen vor. Ich las »Über tierisches und menschliches
Verhalten«, »Das sogenannte Böse«, »Die 8 Todsünden der zivilisierten
Menschheit« und weiteres. Seine Analysen, seine Folgerungen waren
für mich erleuchtend und zwingend, wie er darlegte, dass der Mensch
seine stammesgeschichtliche Verwurzelung nicht kappen kann, es auch
nicht soll. Lorenz hat nicht wie von oberflächlichen Gegnern behauptet, vom Tier auf den Menschen kurzgeschlossen. Sondern er hat eine
hochdifferenzierte Ethik (»Evolutionäre Erkenntnislehre«) entwickelt,
die im Bewusstsein unserer tierischen Abstammung menschliches
Fehlverhalten nicht rechtfertigt, sondern als Mahnung versteht, die er-
kannten Verhaltensmechanismen in humane Bahnen zu lenken.

Ich bin Konrad Lorenz leider nie persönlich begegnet, aber über Bücher, Hörfunk und TV hatte er für mich eine ungeheuer warmherzige, väterliche Ausstrahlung. Ich habe einmal eine seiner bildhaften Vergleiche in einer meiner Umweltkarikaturen verarbeitet. Als Reaktion darauf erhielt ich von ihm ein Buch mit Widmung, auf das ich sehr stolz bin.

Umso mehr hat es mich betroffen, als ich erfahren musste, dass Lorenz im Dritten Reich als junger Wissenschaftler Texte geschrieben hat, die in Terminologie und Inhalt absolut der rassistischen Geisteswelt der Nazis angepasst waren. Diese Schriften wurden 1982 publik, nachdem er den Nobelpreis für Medizin erhalten hatte.

Lorenz hat diese Schriften, die natürlich auch im Kontext der damaligen Zeit gesehen werden müssen, glaubhaft bedauert, und ich habe ihm das abgenommen. Ich denke, der Mann hat durch sein späteres Forscherleben der Menschheit Ergebnis und Einsichten geschenkt, die seine politischen Fehlleistungen aus der Jugendzeit wiedergutmachen.

Zwei weitere Männer, die mich in meiner beruflichen Laufbahn als Karikaturist vorbildhaft beeinflusst haben, waren Herbert Gruhl und Carl Friedrich von Weizsäcker.

Ersterer mit seinem geradezu prophetischem Buch aus dem Jahre 1976 »Ein Planet wird geplündert«. Ich habe Herbert Gruhl später persönlich kennengelernt und war tief beeindruckt von seiner unbestechlichen Ehrlichkeit und seinem analytischen Verstand. Sein mich damals bedrückender Pessimismus findet in der heutigen Umweltentwicklung leider eine grausige Bestätigung. Die emotional ungeheuer aufgeladene Auseinandersetzung über den NATO-Doppelbeschluss während Helmut Schmidts Kanzlerschaft brachte auch mich als Karikaturist oft in Gewissens- und Entscheidungsnöte.

Ein Leitstern an Klarheit, Ruhe und intellektueller Präzision war mir in dieser Situation Carl Friedrich von Weizsäcker.

Und auf die Gefahr hin, dass es rührselig klingt: Ein Vorbild war und bleibt auch meine Mutter.

Ich war vier Jahre alt, als mein Vater im Krieg fiel. Auch an ihn habe ich nur positive Erinnerungen, doch sind dies mittlerweile nur noch Erinnerungen an Erinnerungen.

Aber meine Mutter war eine tragende Säule meines Lebens: willensstark, gradlinig, liebevoll und fürsorglich, und absolut zuverlässig. Sie war auch fromm, aber nicht bigott.

Meine religiöse Ausrichtung ist wohl die eines Agnostikers: Aber abschließend fertig werde ich mit diesem Thema wohl nie.

Was den religiösen Bereich betrifft, sehe ich in dem Theologen und Religionswissenschaftler Hans Küng einen sehr vorbildhaften Menschen.«

# Johannes Heesters

geboren 1903 in Amersfoort/Niederlande,
lebt am Starnberger See

1903 gründet Ford seine »Automobil-Gesellschaft«, Siemens setzt auf »drahtlose Telegraphie« – und der katholische Kaufmann Heesters bekommt seinen vierten Sohn Johannes, der mit siebzehn erstmals auf den berühmten Brettern steht, und bereits 1997 selbst zu einem lexikonwürdigen Ereignis wird: das Guinness-Buch der Rekorde würdigt ihn als den weltweit ältesten Schauspieler, der mehr als 1600 Mal (zum letzten Mal an seinem 85. Geburtstag) in seiner Paraderolle aufgetreten ist: als Graf Danilo mit Frack, Zylinder, weißem Schal und weißer Nelke im Revers, in Franz Lehars Operette »Die lustige Witwe«. (»Da geh' ich ins Maxim, dort bin ich sehr intim.«) Außerdem brillierte er in Ufa-Filmen mit Marika Rökk und Brigitte Horney und in Hollywood-Hits mit William Holden und David Niven. Mit seiner ersten Frau war er bis zu ihrem Tod (1985) fünfundfünfzig Jahre lang verheiratet, seine zweite Frau ist fast ein halbes Jahrhundert jünger als er – und steht mit ihm auf der Bühne. 2004 erhielt er den ehrwürdigen Titel »Kammersänger«. Der Grandseigneur der Schauspielkunst behauptet: »Ich gehe zweimal die Woche in ein Sportstudio Gewichte stemmen, denn: Wenn man sich sagt: Ich kann nicht mehr, hat man schon verloren.«

»Hat man in meinem Alter noch Vorbilder? Nun, erstens war ich auch mal jung – auch wenn es schon eine ganze Zeit her ist. Und zweitens: Warum eigentlich nicht?

Als Kind bestimmte mein sehnlicher Wunsch, Pfarrer zu werden, natürlich auch meine Vorbilder. Nicht einem Pfarrer persönlich galt meine Bewunderung, sondern allen Pfarrern auf der Welt. So wie sie wollte ich werden.

Doch dann lernte ich das Theater kennen und meine Leidenschaft war entflammt. Um möglichst schnell möglichst viel, nein möglichst alles zu lernen, hing ich den älteren erfahrenen Kollegen an den Lippen, saugte alles in mir auf, was sie sagten und taten. Doch auch hier ging es weniger um eine konkrete Person, sondern um ihr Wissen und ihr Können. Während meiner Anfängerjahre hat mich jedoch ein Mann besonders geprägt: Willem Royaards, ein berühmter Theatermann in Holland, der mich förderte und forderte.

Viele Jahre später arbeitete ich mit Paula Wessely. Sie war ein richtiger Star. Ich bewunderte sie und war stolz, mit ihr zu arbeiten. Meine Bewunderung wuchs noch, als ich sah, wie sie in ihrer Garderobe täglich mit großer Disziplin Sprechübungen absolvierte. Ihre Erfahrung und ihre Erfolge hielten sie nicht davon ab, weiterhin täglich an sich zu arbeiten. Das beeindruckte mich so sehr, dass ich mir vornahm, es genauso zu machen. Und bis heute bin ich dabei geblieben.

Oft sagen mir die Leute: ›Herr Heesters, Sie sind mein Vorbild. So alt wie Sie möchte ich auch werden.‹ Doch ich glaube: Wie alt wir werden, liegt in Gottes Hand. Aber *wie* wir alt werden, das können wir beeinflussen. Am Leben teilzunehmen, neugierig zu bleiben und immer offen für Neues – darauf kommt es an. Und bei wem könnten wir uns das besser abschauen, als bei den *Kindern* dieser Welt?!«

»Ich bin ein armer Subjektivling.«

# Heinrich Heine,

geboren als Harry Heine

13.Dezember 1797 Düsseldorf –
17. Februar 1856 Paris

»Sterben ist kein Unglück, aber jahrelanges Leiden, ehe man es dazu bringt, zu sterben«, sagt er zu einem der vielen Pariser Prominenten, die den Ästheten a. D. in seiner »Matrazengruft« besuchten: »Schmerz beiseite ... Nur der kranke Mensch ist ein Mensch, seine Glieder haben eine Leidensgeschichte, sie sind durchgeistet.«

Die letzten fünfundzwanzig Jahre seines Lebens verbrachte Heine im Exil, die allerletzten acht gelähmt, fast blind, unter Morphium – ein Lazarus im Stellungskrieg.

Sein ganzer Körper war krank. Nur seinen Lebenswillen, seinen Witz und die Wahn-Liebe zu seiner Frau Mathilde hatte der Rückenmarkschwund nicht angreifen können. Mathilde pflegte ihren Dichter ebenso hingebungsvoll wie ihren Papagei Nummer zwei (die Nummer eins hatte er aus Eifersucht vergiftet). »Sie hat einen schwachen Kopf, aber ein vortreffliches Herz«, tröstete er sich, und zwar schon nach dem ersten Rendezvous, als er ihr, der illegitimen Tochter einer Bäuerin und eines »besseren Herren«, Lesen und Schreiben beibringen wollte, um sie salonfähig zu machen. Das Landmädchen aber ließ sich nicht kultivieren.

Dennoch blieb er zwanzig Jahre bei ihr, und keiner verstand, womit die dumme Gans das vernarrte Genie fesselte (»Du bist die einzige Freude meines Lebens«). Aber er hatte wohl keinen Bedarf an einem »Blaustrumpf«, sondern an der Nähe einer temperamentvollen Unverfälschten. Doch vor allem: In Mathilde fand er eine Liebe, an der er (wieder!) leiden kann, wie einst, als Jüngling, als er »von dem großen Übel, den Pocken des Herzens, stärker als andere heimgesucht« wurde, wie 1818 in Hamburg, wo er (ohne Schulabschlusszeugnis) ins Bankgeschäft seines jüdischen Onkels Salomon Heine aufgenommen

181

wurde, bald darauf Bankrott machte mit einem Tuchgeschäft und um seine Kusine Amalie warb, vergeblich. Er tröstete sich bei Huren: »Heinrich, Harry, Henri, all diese Namen klingen gut, wenn sie von schönen Lippen gleiten.«

Von den Zuwendungen seines Onkels blieb er lebenslänglich abhängig.

Frisch promoviert, konvertierte der Jurist 1825 zum Protestantismus (den Taufzettel verstand er als ein »Entrébillet zur europäischen Kultur«) und erkundete Europa. Nach der Englandreise erschien sein »Das Buch der Lieder« – der erfolgreichste deutsche Gedichtband des 19. Jahrhunderts. Seine Lyrik wurde zum Wegbereiter der politischen antifeudalen und antiklerikalen Literatur der Vormärzzeit.

Heinrich ging als Korrespondent nach Paris und legte sich, wie so oft, mit Feind wie Freund an, weil der »arme Subjektivling« sich keiner »Partei« anschließen mochte – verständlich, empfand doch immer schon als Außenstehender: als einziger Junge in einer Mädchenschule, als Jude auf einem Lyzeum im Jesuitenkloster, als Schriftsteller, der die Grenze zwischen Literatur und Journalismus ignoriert. Der große Spötter akzeptierte ein einziges Genie: »Meine Köchin«. Und gefragt, was er lieben würde, sagt er: »Liebe, Wahrheit, Freyheit und Krebssuppe.«

1835 verbat der deutsche Bundestag die Schriften des »patriotischen Sängers deutscher Minne« (Ludwig Marcuse). Heines Kommentar: »Das war ein Vorspiel nur, dort, wo man Bücher verbrennt, verbrennt man am Ende auch Menschen.«

In Paris fand er Zugang zu Balzac, Dumas, Hugo, George Sand und Karl Marx und schrieb eine Flut von Zeitungsartikeln, Essays, Polemiken, Gedichten.

1844 erschien »Deutschland. Ein Wintermärchen«, das wie kein anderes seiner Werke sein gespaltenes Verhältnis zu seiner Heimat offenbart. Einerseits: »Alles, was deutsch ist, ist mir zuwider … Alles Deutsche wirkt auf mich wie ein Brechpulver. Die deutsche Sprache zerreißt meine Ohren. Die eignen Gedichte ekeln mich zuweilen an, wenn ich sehe, dass sie auf Deutsch geschrieben sind.«

Andererseits: »In meiner Seele liegt zu sehr Liebe für Deutschland und Verehrung deutscher Herrlichkeit, als dass ich einstimmen könnte in das unselige Gewäsche jener Pfennigsmenschen, die mit dem Deutschtum kokettieren.«

Seine Polemiken waren gefürchtet, seine Liebesgedichte wurden von Robert Schumann, Franz Schubert und Johannes Brahms vertont. Er war der Lieblingspoet der Kaiserin Elisabeth (Sissi).

Ein Jahr vor seinem Tod beendete der »Loreley«-Dichter seine »Memoiren«: »Alles Bedeutsame und Charakteristische ist hier treuherzig mitgeteilt, und die Wechselwirkung äußerer Begebenheiten und innerer Seelenereignisse offenbart Ihnen die Signatura meines Seins und Wesens. Die Hülle fällt ab von der Seele, und du kannst sie betrachten in ihrer schönen Nacktheit. Da sind keine Flecken, nur Wunden. Ach! und nur Wunden, welche die Hand der Freunde, nicht die der Feinde geschlagen hat!«

## Haus-Vorbilder

**Vater Samson Heine (1764–1828)** »Mein Vater« – ein jüdischer Tuchhändler – »war von allen Menschen derjenige, den ich am meisten auf dieser Erde geliebt. … Die Schönheit meines Vaters hatte etwas Überweiches, Charakterloses, fast Weibliches. Auch genoß mein Vater unter ihnen eine Popularität, die gewiß ebenso groß war wie die Begeisterung, womit die alte Garde den Kaiser Napoleon umjubelte. …

Eine grenzenlose Lebenslust war ein Hauptzug im Charakter meines Vaters, er war genußsüchtig, frohsinnig, rosenlaunig. In seinem Gemüte war beständig Kirmes, und wenn auch manchmal die Tanzmusik nicht sehr rauschend, so wurden doch immer die Violinen gestimmt. Immer himmelblaue Heiterkeit und Fanfaren des Leichtsinns. Eine Sorglosigkeit, die des vorigen Tages vergaß und nie an den kommenden Morgen denken wollte. Dieses Naturell stand im wunderlichsten Widerspruch mit der Gravität, die über sein strengruhiges Antlitz verbreitet war und sich in der Haltung und jeder Bewegung des Körpers kundgab. … Er war wirklich ein großes Kind mit einer kindlichen Naivität, die bei platten Verstandesvirtuosen sehr leicht für Einfalt gelten konnte, aber manchmal durch irgendeinen tiefsinnigen Ausspruch das bedeutendste Anschauungsvermögen (Intuition) verriet.

Zu den schönen Eigenschaften meines Vaters gehörte vorzüglich seine große Höflichkeit, die er, als ein wahrhaft vornehmer Mann, ebensosehr gegen Arme wie gegen Reiche ausübte. Ich bemerkte dieses besonders in den oberwähnten Sitzungen, wo er, den armen Leuten ihre Geldtüte verabreichend, ihnen immer einige höfliche Worte sagte.«

**Mutter Peira (»Betty«) Schiller geb. van Geldern (1771–1859)** »Auch nach der Mutter sehne ich mich / Ich will es offen gestehen. / Seit dreyzehn Jahren hab ich nicht / Die alte Frau gesehen« – sie ist die eigentliche Protagonistin seines Gedichtes »Deutschland. Ein Wintermärchen«.

»Sie ist jetzt eine Matrone von siebenundachtzig Jahren, und ihr Geist hat durch das Alter nicht gelitten. Über meine wirkliche Denkart hat sie sich nie eine Herrschaft angemaßt und war für mich immer die Schonung und Liebe selbst.

Ihr Glauben war ein strenger Deismus, der ihrer vorwaltenden Vernunftrichtung ganz angemessen. Sie war eine Schülerin Rousseaus, hatte dessen Émile gelesen, säugte selbst ihre Kinder, und Erziehungswesen war ihr Steckenpferd. Sie selbst hatte eine gelehrte Erziehung genossen und war die Studiengefährtin eines Bruders gewesen, der ein ausgezeichneter Arzt ward, aber früh starb. Schon als ganz junges Mädchen mußte sie ihrem Vater die lateinischen Dissertationen und sonstige gelehrte Schriften vorlesen, wobei sie oft den Alten durch ihre Fragen in Erstaunen setzte. Ihre Vernunft und ihre Empfindung war die Gesundheit selbst, und nicht von ihr erbte ich den Sinn für das Phantastische und die Romantik. Sie hatte, wie ich schon erwähnt, eine Angst vor Poesie, entriß mir jeden Roman, den sie in meinen Händen fand, erlaubte mir keinen Besuch des Schauspiels, versagte mir alle Teilnahme an Volksspielen, überwachte meinen Umgang, schalt die Mägde, welche in meiner Gegenwart Gespenstergeschichten erzählten, kurz, sie tat alles Mögliche, um Aberglauben und Poesie von mir zu entfernen.

Sie war sparsam, aber nur in bezug auf ihre eigene Person; für das Vergnügen andrer konnte sie verschwenderisch sein, und da sie das Geld nicht liebte, sondern nur schätzte, schenkte sie mit leichter Hand und setzte mich oft durch ihre Wohltätigkeit und Freigebigkeit in Erstaunen. ... Als ich die Universität bezog, waren die Geschäfte meines Vaters in sehr traurigem Zustand, und meine Mutter verkaufte ihren Schmuck, Halsband und Ohrringe von großem Werte, um mir das Auskommen für die vier ersten Universitätsjahre zu sichern. ...

Meine Mutter aber hatte große, hochfliegende Dinge mit mir im Sinn [er sollte der nächste Napoleon beziehungsweise Rothschild werden], und alle Erziehungspläne zielten darauf hin. Sie spielte die Hauptrolle in meiner Entwicklungsgeschichte, sie machte die Programme aller meiner Studien, und schon vor meiner Geburt begannen ihre Erziehungspläne. Ich folgte gehorsam ihren ausgesprochenen Wünschen, jedoch gestehe ich, daß sie schuld war an der Unfruchtbarkeit meiner meisten Versuche und Bestrebungen in bürgerlichen Stellen, da dieselben niemals meinem Naturell entsprachen, Letzteres, weit mehr als die Weltbegebenheiten, bestimmte meine Zukunft.«

Als die Mutter sich um das leibliche Wohl ihres ältesten Sohnes sorgt: »Versteht deine Frau die Haushaltung. / Und flickt sie dir Strümpfe und Hemden?«, antwortet er: »Ich bin mit meiner Frau sehr zufrieden, und sie ist die treueste Seele, die man sich denken kann. Freilich, am Ende, glaub ich, gibt es nur eine einzige Person, auf die der Mensch sich ganz verlassen kann, das ist nämlich die Mutter.«

## Wahl-Vorbilder

**Rektor Schallmeyer** Der Rektor des Düsseldorfer Lyzeums, Herr Schallmeyer, war ein katholischer Geistlicher, der maßgeblich Heines Stellung zur Religion prägte:

»Wir [Heine und seine Mutter] sprachen viel von unserm alten lieben Schallmeyer, der auch für die oberste Klasse Vorlesungen über Philosophie hielt, worin er unumwunden die freigeistigsten griechischen Systeme auseinandersetzte, wie grell diese auch gegen die orthodoxen Dogmen abstachen, als deren Priester er selbst zuweilen in geistlicher Amtstracht am Altar fungierte. Es ist gewiß bedeutsam ..., daß ich schon im Knabenalter den besagten philosophischen Vorlesungen beiwohnen durfte. Diese bedenkliche Begünstigung genoß ich vorzugsweise, weil der Rektor Schallmeyer sich als Freund unsrer Familie ganz besonders für mich interessierte. Der alte Herr besprach sich deshalb sehr oft mit meiner Mutter über meine Erziehung und künftige Laufbahn, und in solcher Unterredung war es, wie mir meine Mutter später in Hamburg erzählte, daß er ihr den Rat erteilte, mich dem Dienst der Kirche zu widmen und nach Rom zu schicken, um in einem dortigen Seminar katholische Theologie zu studieren; durch die einflußreichen Freunde, die der Rektor Schallmeyer unter den Prälaten höchsten Ranges zu Rom besaß, versicherte er, imstande zu sein, mich zu einem bedeutenden Kirchenamte zu fördern. Als mir dieses meine Mutter erzählte, bedauerte sie sehr, daß sie dem Rate des geistreichen alten Herrn nicht Folge geleistet, der mein Naturell frühzeitig durchschaut hatte und wohl am richtigsten begriff, welches geistige und physische Klima demselben am angemessensten und heilsamsten gewesen sein möchte. ...

Viel deutsche Sprache lernte ich vom alten Rektor Schallmeyer, einem braven geistlichen Herrn, der sich meiner von Kind auf annahm.«

**Josepha, genannt das »Rote Sefchen«** Dieser Nichte eines Scharfrichters widmete Heine in seinen »Memoiren« fast noch mehr Aufmerksamkeit als seinen Eltern:

Harry lernte zuerst Josephas Tante, die »Hexe von Goch«, kennen, die den Verliebten und Bierwirten Finger von unschuldig Gehenkten als Potenzmittel verkaufte. Und die »hatte nämlich eine Nichte, welche ebenfalls kaum sechzehn Jahre alt war, aber, plötzlich aufgeschossen zu einer hohen, schlanken Gestalt, viel älter zu sein schien. ... Die Stimme der Josepha oder des roten ›Sefchen‹ ... war nicht besonders wohllautend, und ihr Sprachorgan war manchmal bis zur Klanglosigkeit verschleiert, doch plötzlich, wenn die Leidenschaft eintrat, brach der metallreichste Ton hervor, der mich ganz besonders durch den Umstand ergriff, daß die Stimme der Josepha mit der meinigen eine so große Ähnlichkeit hatte. Wenn sie sprach, erschrak ich zuweilen und glaubte mich selbst sprechen zu hören, und auch ihr Gesang erinnerte mich an Träume, wo ich mich selber mit derselben Art und Weise singen hörte.

Sie wußte viele alte Volkslieder und hat vielleicht bei mir den Sinn für diese Gattung geweckt, wie sie gewiß den größten Einfluß auf den erwachenden Poeten übte, so daß meine ersten Gedichte der ›Traumbilder‹, die ich bald darauf schrieb, ein düstres und grausames Kolorit haben, wie das Verhältnis, das damals seine blutrünstigen Schatten in mein junges Leben und Denken warf.«

**Onkel Simon de Geldern** Der Bruder seiner Mutter, »war ein Sonderling von unscheinbarem, ja sogar närrischem Äußeren. ... War aber das Äußere des Mannes nicht geeignet, Respekt einzuflößen, so war sein Inneres, sein Herz desto respektabler, und es war das bravste und edelmütigste Herz, das ich hier auf Erden kennenlernte. Es war eine Ehrenhaftigkeit in dem Manne, die an den Rigorismus der Ehre in altspanischen Dramen erinnerte, und auch in der Treue glich er den Helden derselben. ... Dieser Oheim war es nun, der auf meine geistige Bildung großen Einfluß geübt und dem ich in solcher Beziehung unendlich viel zu verdanken habe. Wie sehr auch unsere Ansichten verschieden und so kümmerlich auch seine literarischen Bestrebungen waren, so regten sie doch vielleicht in mir die Lust zu schriftlichen Versuchen.«

**Onkel Salomon Heine (1767–1844)** »Er besaß vielmehr eine männliche Schönheit, und er war überhaupt ein Mann, dessen Charakterstärke sich auch in seinen edelgemessenen, regelmäßigen Zügen imposant, ja manchmal sogar verblüffend offenbarte.« Doch vor allem verfügte der Hamburger Onkel, von der Familie »Rothschild von Hamburg« und von Harry »Ideal« genannt, einen »Poesie-Etat« (!) für notleidende Künstler, beteiligte sich nach dem verheerenden Brand Hamburgs 1842 mit seinem Privatmögen am Wiederaufbau der Hansestadt und finanzierte Heinrichs Studium sowie seinen Unterhalt in Paris. Was den Neffen nicht daran hindern konnte zu behaupten: »Das Beste an ihm ist, dass er meinen Namen trägt.«

Apropos Goethe: Heine schickte ihm 1821 seine ersten Gedichte mit den Worten: »Ich liebe sie. ... Ich küsse die Hand, die mir und dem ganzen deutschen Volk den Weg zum Himmelreich gezeigt hat.« Wenig später ändert sich der Ton, und 1827 schrieb er: »Goethe kann nicht verhindern, dass sein großer Name einst gar oft zusammen genannt werden wird mit dem Namen H. Heine.«

*Literatur:*
»Heinrich Heine – Memoiren«, www.heinrich-heine.de
Ludwig Marcuse: »Heine«, Reinbek 1960
»Essen und Trinken mit Heinrich Heine«, München 1997
Uschi Flacke: »Heine für Kleine«, Stuttgart 1997
Ernst Pawel, »Der Dichter stirbt«, Berlin 1997

# Hans-Olaf Henkel

geboren 1940 in Hamburg, lebt in Berlin

Der parteilose Ex-Manager von IBM und Ex-Präsident des Bundesverbandes Deutscher Industrie, plädiert nach wie vor für wirtschaftsliberale Positionen und Globalisierung, für »weniger Staat« und »mehr Wettbewerb«, denn: »Ein Zuviel an sozialer Gerechtigkeit produziert zu wenig Generationen-Solidarität«. Als Student in Hamburg war er mit Ex-Beatle Stuart Sutcliffe und seiner Verlobten Astrid Kirchherr befreundet, als Präsident der »Leibniz-Gemeinschaft« (vereint vierundachtzig Forschungsinstitute) förderte er außeruniversitäre Wissenschaftler. Seine Karriere verdankt der Mitbegründer der »Föderalismuskommission«: »Arbeit, Arbeit, Arbeit: 50 Prozent; großzügige Vorgesetzte: 30 Prozent; Glück: 20 Prozent; Talent: 0 Prozent.«

»Was meine beruflichen Ambitionen betrifft, war mein Vorbild ganz klar meine Mutter Wilhelmine. Denn sie hatte, als Kriegswitwe mit drei Kindern, die Firma meines Vaters (Firma Hans Henkel, Hamburg am Jungfernstieg) übernommen und sie zu einer gewissen Blüte geführt. Durch diese Leistung konnte sie ihre Kinder in relativem Wohlstand aufwachsen lassen, eine ordentliche Ausbildung finanzieren. Ich habe mich immer wieder an ihrer Energie und ihrer Besessenheit für Perfektion und Ordnung orientiert.

Mein zweites Vorbild ist für mich als Jazzliebhaber Charlie Parker, dieser begnadete Jazz-Altsaxophonist, der leider zu früh, mit fünfunddreißig Jahren, gestorben ist. Natürlich hatte ich als junger Mann auch Elvis Presley gehört und die Beatles schon damals erlebt, als sie in Hamburg spielten. Und das war natürlich ganz lustig, aber als musikalische Vorbilder erschienen sie mir völlig untauglich.
    Parker hingegen war nicht nur für mich der Musiker des letzten Jahrhunderts mit dem größten Einfluss auf die Musikgeschichte. Seine musikalische Perfektion und Innovation hat die ganze Musikwelt um-

gekrempelt. Ich kämpfte lange mit meinem Tenorsaxophon und würde alles, was ich kann, dafür geben, um so spielen zu können wie Charlie Parker. Leider habe ich kaum Talente, ich kann vieles ein wenig und nichts wirklich gut.

Und schließlich mein Vorgänger als BDI-Präsident Till Neckar, der es geschafft hat, sich aus einem mittelständischen Unternehmen an die Spitze der deutschen Industrie zu setzen. Eigentlich ein unerreichtes Vorbild: sehr eloquent, weitsichtig und mutig. Er hat sich unermüdlich mit den Reformgegnern und -bremsern auseinandergesetzt; sowohl mit Helmut Kohl als auch mit den Gewerkschaften. Dabei hat er nicht nur die Interessen der Unternehmer, sondern immer auch die der gesamten Gesellschaft im Blick gehabt. Und er besaß die Fähigkeit, die komplexesten wirtschaftspolitischen Zusammenhänge in drei Sätzen auf den Punkt zu bringen, um durch Argumente und nicht mit Ideologie zu überzeugen. Etwas davon habe ich selbst immer wieder versucht, aber auch dieses Vorbild habe ich nie erreicht. Das Wichtigste aber, womit er mich angesteckt hat, war sein unermüdlicher ehrenamtlicher Einsatz für die Interessen der gesamten Gesellschaft. Der Schuss Patriotismus in mir, der kommt auch von ihm.«

»Alles, was an Großem in der Welt geschah, vollzog sich zuerst in der Phantasie eines Menschen.«
A. LINDGREN

# Eva Herman

geboren 1958 in Emden, lebt in Hamburg

In August 2003 ermittelte eine Emnid-Umfrage sie als die »Beliebteste Moderatorin Deutschlands«, am 12. August 2006 teilte die ARD mit, dass Herman (vierte Ehe, ein Sohn) nach siebzehn Jahren ihren Job als Tagesschaumoderatorin ruhen lasse. Weil die kontroversen Debatten um ihren Bestseller »Das Eva-Prinzip«, in dem sie die »konservative« Frauenrolle rehabilitiert, die Neutralität der Abendnachrichten in Frage stellen könnte. »Von den Versprechungen der Emanzipation ist wenig geblieben außer dem fremdbestimmten Anspruch an die Frau, es gefälligst den Männern gleichzutun und Geld zu verdienen.« Die Tochter eines Hotelier-Ehepaars im Harz und gelernte Hotelkauffrau engagiert sich für »Familiennetzwerk/Familie e. V.«

»Es gibt wohl kaum ein Kind, welches nicht mindestens eine Geschichte von Astrid Lindgren kennt. Und dies allein wäre schon ein Grund, die Autorin als Vorbild zu nennen. Denn sie sind nicht mehr zu zählen, die vielen kleinen Herzen, die sie auf der ganzen Welt mit ihren Erzählungen froh und leicht machte im Laufe der letzten fünfzig, sechzig Jahre.

Ich gehörte natürlich ebenso zu jenen Millionen Kindern, die mit Pippi Langstrumpf, mit Karlsson vom Dach, dem Sammelaugust, den Kindern aus Bullerbü oder aus der Krachmacherstraße, mit Lotta, Michel und Ronja aufwuchsen. Es war das Unbekümmerte und die Heiterkeit in den Figuren, das fühlbare Beschütztsein durch ihre meist heilen, manchmal auch chaotischen Familien und ihre zahlreichen Geschwister, und es war vor allem der Mut der Kinder, der mich tief ins Herz traf und dort Licht und Wärme verbreitete. Ich atmete beim Lesen ihre unberührte Natur, spürte die Freude am Geben und fühlte die Kraft der Liebe zu den Menschen. Astrid Lindgrens Geschichten waren es, die mich als Kind in vielen Momenten auffingen und einhüllten in den Mantel des wahren, untrüglichen, schönen Seins.

Wohlig schaudernd vor Glück und Aufregung zitterte ich mit Michel, der das Leben des Knechtes in eiskalter Schneenacht mit dem Mut eines Tigers rettete, und ich weinte heiße Tränen bei der anrührenden, traurigen und doch wunderschönen, tiefsinnigen Geschichte der Brüder Löwenherz.

So war eine tiefe Sehnsucht in mir erweckt worden nach einer herrlich heilen, jedoch unerreichbaren Kinderwelt, und wenn meine eigenen vier Wände wieder einmal aus den Angeln geraten waren und schief hingen, dann flüchtete ich mich in Gedanken blitzschnell nach Bullerbü oder in die Küche von Pippi, wo sie zusammen mit Herrn Nielsson, dem Affen und ihrem Pferd Kleiner Onkel wohnte und eimerweise Kakao für Annika, Thomas und mich kochte.

Als ich erwachsen geworden war und selber einen kleinen Sohn hatte, las ich ihm schon in frühen Jahren dieselben Geschichten vor, die ich einst so liebte. Und als mich einige Jahre später ein junger Mann anrief und um Unterstützung für eine Astrid-Lindgren-Ausstellung bat, sagte ich sofort und voller Freude zu.

Und so begann ich, mich mit der Erfinderin meiner kleinen Helden von einst näher zu beschäftigen.

Nach kurzer Zeit des Recherchierens wurde mir klar, dass diese Frau nicht nur eine der weltweit erfolgreichsten Kinderbuchautorinnen gewesen ist. Vielmehr war sie eine der beeindruckendsten Vertreterinnen der Menschheit, welche diese Erde je zu Gast hatte, mit einem schier endlos großen Herzen für Kinder und alle anderen Leute, aber vor allem auch für die Tiere. So setzte sie sich hartnäckig für deren Rechte und Würde ein, stritt heftig mit Ministern und wichtigen Vertretern aus der Landwirtschaft und forderte die Abschaffung der katastrophalen Missstände in der Massentierhaltung. Damit löste sie eine nachhaltige Tierschutzdebatte in ganz Schweden aus, die schließlich zu einem neuen, wesentlich verbesserten Tierschutzgesetz führte.

Astrid Lindgren war ein politischer Mensch. Sie wandte sich mit Entschiedenheit gegen die Atomkraft und den Krieg und trat mit allem Nachdruck ebenso für die Rechte – natürlich – der Kinder ein. Was sie bei all ihrem Einsatz am meisten auszeichnete, war ihre Zivilcourage. Sie zeigte in allen Lebensphasen Rückgrat und enormen Mut, genauso wie ihre Figuren in den Büchern. Im Jahre 1976 schrieb sie das Steuermärchen ›Pomperipossa in Monismanien‹, was einen Staatseklat auslöste und schließlich zum Regierungswechsel führte.

Im Januar 1999 wurde sie zur Schwedin des Jahrhunderts gewählt, sie gewann die renommiertesten Preise in ihrer Heimat und in der ganzen Welt.

Einen der Gipfelpunkte ihres Lebens erlebte Astrid Lindgren am 22. Oktober 1978: Sie erhielt als erste Kinderbuchautorin der Welt den Friedenspreis des Deutschen Buchhandels in der Frankfurter Paulskirche. Dort hielt sie ihre ergreifende Rede ›Niemals Gewalt‹, die ihr im Vorfeld – aus politischen Gründen – untersagt werden sollte. Doch Astrid Lindgren war bereit, auf den Preis zu verzichten, wenn man an diesem Verbot festhalten wollte. Selbstverständlich setzte sie sich durch.

Die Begründung des Stiftungsrates für die Verleihung dieses hoch renommierten Preises damals lautete schließlich unter anderem:

›Das Werk von Astrid Lindgren bedeutet keine Abkehr von der Wirklichkeit, keine Verführung zur Flucht in Träume. Sie führt ihren Lesern keine heile Welt vor, aber eine Welt, in der wir lachen und weinen, träumen, aber auch leben können. Ihre Bücher vermitteln Liebe und Wärme, bezaubern und verzaubern.

Einer Autorin, die behutsam, aber nachdrücklich zu Toleranz, Fairness, Verständnis und Verantwortung erzieht, wird daher die höchste Auszeichnung, die der deutsche Buchhandel zu vergeben hat, zuerkannt.‹

In ihrer Dankesrede sprach Astrid Lindgren über den Frieden und den Krieg, über ihre Hoffnung und über ihre Angst. Und natürlich über Kinder:

›Die jetzt Kinder sind, werden ja einst die Geschäfte unserer Welt übernehmen, sofern dann noch etwas von ihr übrig ist. Sie sind es, die über Krieg und Frieden bestimmen werden und darüber, in was für einer Gesellschaft sie leben wollen. In einer, wo die Gewalt nur ständig weiterwächst, oder in einer, wo die Menschen in Frieden und Eintracht miteinander leben.

Gibt es auch nur die geringste Hoffnung darauf, dass die heutigen Kinder dereinst eine friedlichere Welt aufbauen werden, als wir es vermocht haben? Und warum ist uns dies trotz allen guten Willens so schlecht gelungen?

Ich erinnere mich noch sehr gut daran, welch ein Schock es für mich gewesen ist, als mir eines Tages – ich war damals noch sehr jung – klar wurde, dass die Männer, die die Geschichte der Völker und der Welt lenkten, keine höheren Wesen mit übernatürlichen Gaben und göttlicher Weisheit waren. Dass sie Menschen waren mit den gleichen menschlichen Schwächen wie ich. Aber sie hatten Macht und konnten jeden Augenblick schicksalsschwere Entscheidungen fällen, je nach den Antrieben und Kräften, von denen sie beherrscht wurden. So konnte es, traf es sich besonders unglücklich, zum Krieg kommen, nur weil ein einziger Mensch von Machtgier oder Rachsucht besessen war, von Eitelkeit oder Gewinnsucht, oder aber – und das scheint das häufigste zu sein – von dem blinden Glauben an die Gewalt als das wirksamste Hilfsmittel in allen Situationen. Entsprechend konnte ein einziger guter und besonnener Mensch hier und da Katastrophen verhindern, eben weil er gut und besonnen war und auf Gewalt verzichtete.

Daraus konnte ich nur das eine folgern: Es sind immer auch einzelne Menschen, die die Geschichte der Welt bestimmen. Warum aber waren denn nicht alle gut und besonnen? Warum gibt es so viele, die nur Gewalt wollten und nach Macht strebten? Waren einige von Natur aus böse? Das konnte ich damals nicht glauben und ich glaube es auch heute nicht.

Die Intelligenz, die Gaben des Verstandes mögen zum größten Teil angeboren sein, aber in keinem neugeborenen Kind schlummert ein Samenkorn, aus dem zwangsläufig Gutes oder Böses sprießt. Ob ein Kind zu einem warmherzigen, offenen und vertrauensvollen Menschen mit Sinn für das Gemeinwohl heranwächst oder aber zu einem gefühlskalten, destruktiven, egoistischen Menschen, das entscheiden die, denen das Kind in dieser Welt anvertraut ist, je nachdem, ob sie ihm zeigen, was Liebe ist, oder aber dies nicht tun.

›Überall lernt man nur von dem, den man liebt‹, hat Goethe einmal gesagt, und dann muss es wohl wahr sein.

Ein Kind, das von seinen Eltern liebevoll behandelt wird und das seine Eltern liebt, gewinnt dadurch ein liebevolles Verhältnis zu seiner Umwelt und bewahrt diese Grundeinstellung sein Leben lang. Und das ist auch dann gut, wenn das Kind später nicht zu denen gehört, die das Schicksal der Welt lenken. Sollte das Kind aber wider Erwarten eines Tages doch zu diesen Mächtigen gehören, dann ist es für uns alle ein Glück, wenn seine Grundhaltung durch Liebe geprägt worden ist und nicht durch Gewalt. Auch künftige Staatsmänner und Politiker werden zu Charakteren geformt, noch bevor sie das fünfte Lebensjahr erreicht haben – das ist erschreckend, aber es ist wahr.‹

Diese Worte haben heute, fast dreißig Jahre nachdem die Autorin sie in Frankfurt vortrug, noch genau denselben Wert wie damals. Ja, es mutet fast wie ein erneutes, heftiges Aufflammen der Dringlichkeit an. Und letztlich dienten die Gedanken Astrid Lindgrens sicher auch als Antrieb für die Arbeit an meinen eigenen Büchern, die ich viele Jahre danach schrieb angesichts der Gefahren der Vernachlässigung unserer Kinder in den ersten Lebensjahren.

Astrid Lindgrens starb am 28. Januar 2002 in Stockholm. Ihre Helden aber leben weiter!

›Sei nicht traurig, denn wir sehen uns wieder im Land Nangijala‹, sagt Jonathan in ihrer Erzählung der Brüder Löwenherz zu dem kleinen Krümel, bevor er stirbt.

Auch wenn ich traurig darüber bin, dass sie nicht mehr unter uns weilt und keine Geschichten mehr erfindet, so habe ich mir fest vorgenommen, dass ich mein großes Vorbild treffen werde, einstmals und irgendwann, im fernen Nangijala.«

# Rolf Hochhuth

geboren 1931 in Eschwege, lebt in Berlin und Basel

Sein erstes Stück »Der Stellvertreter« (1963), das sich kritisch mit dem Verhalten von Papst Pius XII. gegenüber dem Holocaust auseinandersetzt, löste eine der größten Theaterdebatten der Bundesrepublik aus und bescherte dem gelernten Buchhändler internationalen Ruhm. Das Dokumentartheater wird sein Markenzeichen, soziale Gerechtigkeit sein Schwerpunktthema (»Wessis in Weimar«, 1993; »Arbeitslose oder Recht auf Arbeit«, 1999; »McKinsey kommt«, 2004; »Heil Hitler« 2006). Kanzler Ehrhard nannte ihn einen »ganz kleinen Pinscher«, der streitbare Moralist Hochhuth grollt dem »Kohl-Staat« wegen der Art der Wiedervereinigung und hält die Adenauer-Erhardt-Republik im Vergleich mit der heutigen für »vorbildlich«. Er bekennt: »Es gäbe sehr Vieles, was ich heute anders machen würde, als Privatmensch.« Der Witwer blieb kinderlos: »Den Menschen verbessern – damit fängt aller Terror an, Religionsstifter, Totalitäre, Ideologen wollen immer den neuen Menschen, den besseren.«

»Ich glaube nicht, dass es Menschen gibt, die ganz ohne Vorbilder durch die Welt gehen.

Und ich selber hatte nicht ein Vorbild, sondern viele, sie wechselten je nach Lebenszeit und nach Lebenslage.

Mit zwölf war mir als Schriftsteller Theodor Storm ein Vorbild.

Dann kam Thomas Mann.

Ich werde nie vergessen, wie ich, als Vierzehnjähriger, wenige Tage nach Einzug der Amerikaner, zum ersten Mal Thomas Mann im Radio hörte. Ich wusste noch nicht, wer er war, kannte seine Stimme nicht. Doch diese Stimme sprach am Schluss Adolf Hitler persönlich an, duzte ihn: ›Warte du noch in deinem Bergloch, das dir deine Getreuen gruben. Deine Tage waren gezählt, als dir dieser Gegner erstand …‹

Ich hatte bis dahin noch niemals einen Menschen, einen Deutschen mit solcher Wucht sprechen hören. Also fragte ich meine Mutter – durch sie bin ich übrigens zu den musischen Bereichen des Lebens gekommen – nach dem Redner. Und sie gab mir ihre ›Buddenbrooks‹ und den ›Zauberberg‹. Seitdem war Mann als Autor mein Gott und ist es eigentlich bis heute geblieben – obwohl ich später auch andere Schriftsteller bewunderte.

Als Mensch war mir mein Vater ein Vorbild. Ein gütiger, großzügiger, weiser Mann, der mich immer wieder vor Fanatikern, vor ideologischem Fanatismus warnte. Er war ein Protestant, und die Protestanten werden wohl nie an irgendetwas ›fanatisch‹ glauben, das sind Mitläufer der Lutherkirche. Ich wäre gern wie er geworden, aber war ihm menschlich nicht gewachsen. Vor allem hatte ich die Neigung zu schreiben, die mit seiner Lebensauffassung – er hatte Mathematik studiert – nicht in Einklang zu bringen war. Er hat gelitten, als ich die Schule ohne Abitur verlassen habe, Buchhändler wurde, aber um jeden Preis Schriftsteller werden wollte – doch er hat meine Entscheidung respektiert.

Später hatte ich großes Glück mit meinen Verlegern, mit Karl-Ludwig Leonhard und Ernst Rowohlt, die meiner Stimme Gehör verschafften – auch sie zähle ich zu meinen Vorbildern. Sie waren Pioniere und Meister ihres Faches, mit Gespür für politisches Theater. Und sie waren überzeugt, dass das geschriebene Wort nicht nur berühren und unterhalten soll, sondern auch gesamt-gesellschaftlich engagiert sein muss, dass das ›Drama die politische Form der Dichtung sei‹, wie es Hannah Arendt formulierte.«

# Wolfgang Huber

geboren 1942 in Straßburg, lebt in Berlin

Seit 2003 – als Ratsvorsitzender der Evangelischen Kirche – der erste Protestant Deutschlands. 1993 wurde der Theologie-Professor (Schwerpunkt: Sozialethik) zum Bischof von Berlin-Brandenburg gewählt, 2001 in den Nationalen Ethikrat der SPD-Regierung berufen, obwohl seine SPD-Mitgliedschaft seit 1994 ruht. Sein (parteiloser) Großvater war bis 1929 Präsident des Reichsgerichts, sein Vater ein führender Staatsrechtler. Der jüngste der fünf Söhne ist dreifacher Vater, ein profilierter Gegner der Embryonalforschung und Befürworter des Wahlpflichtfachs Religion und Ethik. Er ist überzeugt, dass Christen und Muslime sich nicht zum gleichen Gott bekennen: »Christen bekennen sich zu dem Gott, der sich in Jesus Christus offenbart, während der Islam die Selbstoffenbarung Gottes in Jesus Christus ablehnt.« Den Gottesdienst begreift er als »Feier der Nähe Gottes« und glaubt: »Kirchen müssen der Sand im Getriebe sein.«

»Dietrich Bonhoeffer hat im Alter von einundzwanzig Jahren die Kirche als Ort des Glaubens entdeckt und in einem sehr beeindruckenden Buch beschrieben, wie wir in der Kirche leben sollen – das finde ich vorbildhaft.

Mit sechsundzwanzig Jahren entdeckt er die Bergpredigt neu, er hat die Kraft, einen solch zentralen Text noch einmal ganz neu zu lesen – auch das finde ich vorbildhaft.

Einer, der aus diesem Grund die Verantwortung für Frieden und Gerechtigkeit zum zentralen Auftrag der Christen erklärt – vorbildhaft.

Achtundzwanzigjährig ruft er ein Weltkonzil des Friedens aus: Dieser Mann war bereits ein Vorbild – noch vor Beginn seiner Auseinandersetzung mit dem nationalsozialistischen Regime, lange vor seiner Teilnahme an der Konspiration gegen Hitler.

Bonhoeffer dachte zwar eine Zeit lang selbst, er könnte zum Heiligen werden, doch dann ließ er diesen Gedanken wieder fallen.

196

Heilig ist im evangelischen Verständnis jemand, der für andere zum Vorbild im Glauben wird.

Das Augsburgische Bekenntnis von 1530 hat zwar – als grundlegendes Bekenntnisdokument unserer Kirche – die ›Anrufung der Heiligen‹ abgelehnt, aber ausdrücklich darauf hingewiesen, dass das Vorbild im Glauben für uns wichtig und für unseren Glauben förderlich ist.

Wir sollen der Heiligen gedenken, heißt es da, ›damit wir so wie sie glauben und Gutes tun unserem besonderen Auftrag gemäß‹. In genau diesem Sinn ist Dietrich Bonhoeffer ein ›evangelischer Heiliger‹, übrigens nicht nur für Christen in Deutschland, sondern in der ganzen Welt.«

»Am Schlimmsten ist die Weltanschauung derer,
die die Welt nie angeschaut haben.«

# Alexander von Humboldt

14. September 1769 Berlin – 6. Mai 1859 Berlin

Amerika war das erste Land, das den »deutschen Columbus« 1869 mit einer Statue im New Yorker Central Park ehrte. Inzwischen tragen acht US-Städte den Namen »Humboldt-City« und auch unzählige Parks, Bäche und Buchten erinnern an den preußischen Forscher.

Auch auf Teneriffa und Kuba, in Venezuela, Kolumbien, Ekuador, Peru, Mexiko – allerorten findet man Denkmäler und Gedenktafeln.

Daheim blieb die Bewunderung aus, das erste Humboldt-Denkmal wurde erst 1883 aufgestellt, und zwar vor der Berliner Universität (die seit 1949 auch Humboldt-Universität heißt) – doch es zeigte die Humboldt Brüder Wilhelm und Alexander, nicht »nur« Alexander, der als allererster aller Menschen eine reine Forschungsreise (also keine als Weltumseglung getarnte imperialistische Koloniensuche) unternahm: vom 5. Juni 1799 bis 3. August 1804.

Er reiste mit einem Generalpass und einer deutschen Dogge, in Begleitung seines Assistenten Aimé Bonpland (beide come il faut bekleidet, also mit Weste, Hut, langen Leinenhosen und weißer Halsbinde): »Ich bin bereit, den ersten Schritt in die Welt zu thun, ungeleitet und ein freies Wesen ... Der Mensch muss das Gute und Große wollen.« Eine Bildungsreise war seinerzeit für jeden Kavalier eine Standespflicht. Humboldt jedoch strebte mehr an: »Es ist ein Treiben in mir, dass ich oft denke, ich verliere mein bisschen Verstand. Und doch ist dies Treiben so notwendig, um rastlos nach guten Zwecken hinzuwirken.«

Also plagte sich der Mann mit Mücken, Ameisen, Schlangen, giftigen Pflanzen und tückischen Einheimischen und behauptete: »Meine Gesundheit und Fröhlichkeit hat, trotz des ewigen Wechsels von Nässe, Hitze und Gebirgskälte, seitdem ich Spanien verließ, sichtbar zugenommen. Die Tropenwelt ist mein Element.«

Selbstverständlich war der studierte Mineraloge auf eigene Kosten unterwegs. Der Zinsertrag seines Erbes von 90 000 Talern betrug immerhin 4376 Taler (Goethes Jahresgehalt als Geheimer Rat belief sich auf 1800 Taler).

Humboldt bestieg Vulkane und kartierte den Orinoko, sammelt (unter anderem) 60 000 Pflanzen (darunter 3600 unbekannte) und holte sich schließlich ein Rheuma, das ihn nach der Rückkehr zwang, nur noch auf übereinandergeschlagenen Schenkeln zu schreiben.

Seine Erkenntnisse veröffentlichte er (auf Französisch) in vierunddreißig (von ihm finanzierten) Bänden seiner »Voyage ... Reise in die Äquinoktial-Gegenden des neuen Kontinents« und in »Kosmos. Entwurf einer physischen Weltbeschreibung«. Er erkannte geradezu prophetisch nicht nur die ökologischen Folgen des Ressourcen-Abbaus (»Zerstört man die Wälder, wie die europäischen Siedler aller Arten in Amerika mit unvorsichtiger Hast tun, so versiegen die Quellen.«), sondern auch die Folgen der Entwurzelung der Menschen: nach dem Grund des (angeblichen) Mangels an Moral unter den Einheimischen gefragt, wusste er: »Das rührt daher, dass die Idee der Kolonie selbst eine unmoralische Idee ist ... Jede Kolonialisierung ist eine Regierung der Misstrauens.«

Der Pionier der interdisziplinären Wissenschaftspolitik, des interkulturellen Dialogs, einer Kulturaußenpolitik auf Augenhöhe-Basis und natürlich einer globalen Ökologie wartet noch heute auf seine »Entdeckung«.

In seinen letzten Lebensjahren wurde der Entdecker mit Geldsorgen konfrontiert. Er selbst lebte bescheiden, doch er sorgte dafür, dass es jenen, die er für begabt hielt, an nichts mangelte. Der Nachwuchs-Förderer finanzierte eine Himalaja-Expedition, Afrikareisen und Forschungen in Japan, da er Bildung für eine »wirklich gewonnene Freiheit« (Goethe) hielt: »Ja, man muß sich an der Jugend orientieren.«

König Friedrich Wilhelm III., dem Humboldt (diskret beziehungsweise heimlich) auf seinen Reisen so manchen diplomatischen Dienst erwies, tilgte seine Schulden in Höhe von 7000 Talern: »Hätte ansonsten nicht ruhig schlafen können«, so der Monarch.

Der US-Präsident Thomas Jefferson – beeindruckt von der Leistung des Untertanen eines Preußenkönigs – lud ihn 1804 auf seinen Landsitz ein. »Accept, I pray you, my respectful salutations and assurances of great respect and considerations ...«

Humboldt war der Held Charles Darwins. Und Goethes: »Was ist das für ein Mann! Ich kenn ihn so lange, und doch bin ich von neuem über ihn in Erstaunen ... Er gleicht einem Brunnen mit vielen Röhren, wo man überall nur Gefäße unterzuhalten braucht und wo es uns immer glücklich und unerschöpflich entgegenströmt.« (1838 zu Eckermann)

Er selbst hielt sich für einen Mann ohne »Muster« (so sein Begriff für Vorbilder): »Ich bin Autodidakt in fast allen Wissenschaften. Was mir am teuersten ist und was man mir nicht rauben kann, ist das Gefühl der Freiheit, das mich bis zum Grabe begleiten wird.«

Sein Bruder Wilhelm notierte: »Alexander ist immer derselbe. Man kann ihn nicht beschreiben. Es ist ein solches Composé von Liebenswürdigkeit, Eitelkeit, weichem Sinn, Kälte und Wärme, wie mir nie ein zweites vorgekommen ist. ... Aber es fehlt ihm nun einmal das stille Genügen an sich und dem Gedanken; und daraus entspringt alles Übrige. Darum versteht er nicht die Menschen, obgleich er immer mit ihnen lebt und sich sogar vorzugsweise mit ihren Empfindungen beschäftigt, nicht die Kunst, obgleich er alles Technische daran recht fertig versteht und ganz leidlich selbst malt; nicht, so kühn und schrecklich das zu sagen ist, die Natur, in der er täglich Entdeckungen macht.

Von Religion wird es weder sichtbar, dass er eine hat, noch dass ihm eine mangelt. Sein Kopf und sein Gefühl scheinen nicht bis an die Grenze zu gehen, wo sich dies entscheidet.«

## Haus-Vorbilder

»Kleinlich scheinende Umstände haben oft den entscheidensten Einfluß auf ein tätiges Menschenleben, und so muß man die Spuren wichtiger Ereignisse oft in diesen Umständen suchen«, so heißt es in seiner Schrift »Über mich selbst«, die mit dem Vermerk beginnt: »Nie drucken zu lassen, 1859«.

**Vater Alexander Georg von Humboldt (1720–1779)** »Ich verlor meinen Vater, der im Siebenjährigen Kriege, als Major, Adjutant des Herzogs Ferdinand von Braunschweig und nachher königlicher Kammerherr war, als ich noch nicht das zehnte Jahr erreicht habe.«

»Persönlicher« wird Humboldt nie: »Meine jugendliche Neigung war von jeher der Soldatenstand gewesen. Meine Eltern hielten mich durch Zwang davon zurück, und man bildete mir ein, dass ich Lust zu dem habe, was man in Deutschland Kameralwissenschaften nennt, eine Weltregierungskunst, die man erst dann versteht, wenn man alles, alles weiß.«

Von seiner Weltreise heimgekehrt, lebte er im elterlichen Schloss in Berlin-Tegel: »Tegel ist eins von den Gütern, die meine Mutter bei Berlin hat, … kein eigentliches Dorf, sondern ein Jagdschloß von meinem Vater ganz umgeschaffen. … Hier in Tegel habe ich den größeren Teil dieses traurigen Lebens zugebracht, unter Leuten, die mich liebten, mir wohl wollten, und mit denen ich mir doch in keiner Empfindung begegnete, in tausendfältigem Zwange, in entbehrender Einsamkeit, in Verhältnissen, wo ich zu steter Verstellung, Aufopferungen gezwungen wurde. Wenn ich mich noch jetzt, da ich frei und ungestört hier lebe, hingeben will an den Genuß, den die reizende, anmutige Natur hier in so reichem Maße gewährt, so werde ich zurückgerufen durch die widrigsten Eindrücke, durch Erinnerungen an meine Kinderjahre, die fast jeder leblose Gegenstand hier rege macht.«

**Mutter Marie Elisabeth von Humboldt geb. Colomb (1741–1796)** »Meine Mutter war französischer Herkunft. Mein Vater und vor allem meine Mutter (denn der erstere starb, als ich neun Jahre alt war) brachte jedes Opfer, um uns von den berühmtesten Männern in alten Sprachen, Mathematik, Geschichte, Zeichnen, Rechtswissenschaft, Naturkunde zu Hause, ohne Schulbesuch, im Sommer auf dem Lande, im Winter in der Stadt, immer in großer Zurückgezogenheit, unterrichten zu lassen. … Ich fasste den Entschluß, Europa zu verlassen, aber ich war ein zu guter Sohn, um an die Verwirklichung zu Lebzeiten meiner Mutter zu denken.«

Bruder Wilhelm allerdings notierte folgenden Satz: »Im Mai denke ich nach Italien zu gehen, die Mutter mag tot oder lebendig sein.«

»Der Tod meiner Mutter veranlasste mich, wirklich an meine Abreise aus Europa zu denken. Der König erlaubte mir zu reisen, er ernannte mich zum Oberbergrat und wollte mir mein Gehalt während der Reise erhalten. Da ich nicht im Dienst nützlich sein konnte, lehnte ich das Gehalt ab.«

Denn: »Im Besitz eines ansehlichen Vermögens nach dem Tode meiner Mutter habe ich meine Stelle in preußischen Diensten aufgegeben, um als Privatmann und als Bürger eines Staates, von dessen Freiheit wir damals träumten … ein menschliches, freies, hilfreich-nützliches Leben zu führen.«

Die Brüder von Humboldt jedenfalls fühlten sich ungeliebt (weil die Mutter in die Ehe schon einen Sohn brachte?), denn sie »vermochte doch eines den beiden Knaben nicht zu vermitteln: das Gefühl, geliebt zu werden. Die Beziehung zur Mutter blieb distanziert, förmlich, kühl, ja kalt« (Ralph Rainer Wuthenow).

**Bruder Wilhelm von Humboldt (1767–1835)** »Ich entwickelte mich unendlich viel später als mein Bruder Wilhelm, gegenwärtig Minister des Königs zu Rom, der von der ersten Kindheit an durch seine tiefe Kenntnis des Griechischen und der gesamten alten Literatur wie durch seinen Geschmack für Poesie – Fächer, in denen er seither geglänzt hat – in Erstaunen versetzte.«

Später würdigt er den Gelehrten, Staatsmann, Mitbegründer der Universität Berlin als den Begründer der vergleichenden Sprachforschung: »Er hat neben sich entstehen sehen und mächtig gefördert eine neue allgemeine Sprachwissenschaft, ein Zurückführen des Mannigfaltigen im Sprachbau auf Typen, die in geistigen Anlagen der Menschheit gegründet sind: Den ganzen Erdkreis in dieser Mannigfaltigkeit umfassend, jede Sprache in ihrer Struktur ergründend, als wäre sie der einzige Gegenstand seiner Forschungen gewesen, ... war der Verewigte nicht nur unter seinen Zeitgenossen derjenige, welcher die meisten Sprachen grammatikalisch studiert hatte; er war auch der, welcher den Zusammenhang aller Sprachformen und ihren Einfluss auf die geistige Bildung der Menschheit am tiefsten und sinnigsten ergründete.«

# Wahl-Vorbilder

**Carl Ludwig Willdenow** (1765–1812) »Ich fand in Willdenow einen jungen Menschen, der damals unendlich mit meinem Wesen harmonierte.«

Den folgenden Satz »Ich gewann ihn sehr lieb« hat Humboldt gestrichen. Er fuhr fort: »Er bestimmte mir Pflanzen, ich bestürmte ihn mit Besuchen. Ich lernte neue ausländische Pflanzen kennen. ... In 5 Wochen war ich ein enthusiastischer Botanist. Willdenow trug sich damals mit der Idee, eine Reise außerhalb Europas zu machen. Ihn zu begleiten, war der Wunsch, der mich tags und nachts beschäftigte.«

Der Botaniker wurde 1801 Mitglied der Akademie der Wissenschaften und öffentlicher Lehrer für Botanik an der neugegründeten Universität Berlin. Ihm vertraute Humboldt genug, um ihm die Alltagsplagen seiner Forschungsreise, seine Schmerzen, zu »beichten« und ihn als »Erben« seiner Entdeckung einzusetzen: »Sterbe ich, (wirst) Du, mein Guter (so hoffe ich), meinen botanischen Nachlaß unter Bonplands und meinem Namen edieren. Mein Bruder wird jedem die Manuskripte zukommen lassen.«

**Georg Forster** (1754–1794) »Ich unternahm dann eine mineralogische und naturwissenschaftliche Reise in Holland, England und Frankreich unter der Leitung von Georg Forster. Die meisten der geringen Kenntnisse, die ich besitze, verdanke ich ihm.«

Forster – seinerzeit der größte deutsche Forschungsreisende, Journalist und Revolutionär – nahm Teil an James Cooks zweiter Weltumseglung (1772–75), war im Unterschied zu Humboldt ein politischer Mensch und ein führender Kopf der Revolution in Mainz, der im Pariser Exil zugrunde ging.

»Forsters Name verschaffte mir überall Eingang«, schrieb der Jung-Wissenschaftler über seinen Aufenthalt in London. Aber: »Für das, was man in Forster Geist und verschmelzendes Genie nennen kann, haben die Engländer eben nicht Sinn«, ebenso wenig für das, »was in dem jungen Forster eigentlich groß und selten war, die philosophische Behandlung naturhistorischer Gegenstände.«

Sein Enthusiasmus blieb nicht kritiklos (»seine Urteile aber halte gar nicht für die meinigen: wir haben sehr verschiedene Gesichtspunkte, die Sachen zu betrachten«), aber seine Bewertung von Forsters Bedeutung für seinen Lebensweg blieb unverändert: »Durch ihn begann eine neue Ära wissenschaftlicher Reisen.«

Apropos Goethe & Schiller: »In den Wäldern des Amazonenflusses, wie auf dem Rücken der hohen Anden erkannte ich, wie von einem Hauche beseelt, von Pol zu Pol nur ein Leben ausgegossen ist in Steinen, Pflanzen und Tieren und in des Menschen schwellender Brust. Überall ward ich von dem Gefühle durchdrungen, wie mächtig jene Jenaer Verhältnisse auf mich gewirkt, wie ich, durch Goethes Naturansichten gehoben, gleichsam mit neuen Organen ausgerüstet worden war«, hieß es in einem Brief von 1806. Und 1826 notierte er: »Goethe ist wunderbar, voller Kraft und Liebenswürdigkeit.« Der Respekt beruht auf Gegenseitigkeit.

Schiller hingegen ist überzeugt: »Alexander von Humboldt ist ein beschränkter Verstandesmensch, er werde trotz aller rastlosen Tätigkeit seinem Fache nie etwas Großes leisten.«

*Literatur:*

Alexander von Humboldt: »Aus meinem Leben«, Leipzig 1987

»Deutsche Brüder – zwölf Doppelporträts«, Reinbek 1994

Adolf Meyer-Abich: »Alexander von Humboldt«, Reinbek 1967

Alexander von Humboldt. »Über die Freiheit des Menschen«; Hrsg. Manfred Osten, Frankfurt 1999

Hermann Hettler: »Karoline von Humboldt. Ein Lebensbild aus ihren Briefen gestaltet«, München-Berlin 2001

# Joachim Hunold

geboren 1949 in Düsseldorf, lebt in Berlin

Die Lehre als Industriekaufmann hat er geschmissen, das Jurastudium nicht beendet, in das Flug-Business ist er als Kofferverlader »eingestiegen«. 1991 kauft er die »Air Berlin« mit zwei Flugzeugen. Heute ist der Selfmade-Manager Chef und Miteigentümer von Deutschlands zweitgrößter Airline: ca. 100 Jets und 4000 Mitarbeiter die ihn »der Achim« nennen: »Ich stelle bewusst auch Mitarbeiter ein, die keinen geradlinigen Lebenslauf haben. Sonst bin ich ja uniformiert. Ich will Alleinstellungsmerkmale finden.« Gewerkschaften nennt er »Betonköpfe«, einen Betriebsrat gibt es nicht. Der Sohn einer Drogerie-Besitzerin sponsert das Düsseldorfer Eishockey-Team und hält sich an einen Rat seines Vaters: »Wenn du im Leben etwas erreichen willst, musst du auch mal ein Risiko eingehen.«

»Vorbilder beeindrucken durch ihre Eigenschaften und Verhaltensweisen. Laut Lexikon geben sie ein musterhaftes Beispiel ab. Sich ein Vorbild zu nehmen, beinhaltet auch den Gedanken, dieses nachzuahmen. Nachahmen wollte ich andere Menschen in meiner beruflichen Laufbahn nie. Vielmehr bin ich immer meinen eigenen Weg gegangen und habe meine Meinung deutlich formuliert.

Sicherlich gibt es aber auch in meinem Leben Menschen, deren Leistung ich im hohen Maße schätze. Dazu gehört für mich Dr. Helmut Kohl. Ein Name, der in direktem Zusammenhang mit der deutschen Wiedervereinigung steht. Ich habe Respekt vor seinen Verdiensten um die deutsche Einheit. Mit diesem historischen Datum ist auch die Entstehung und Entwicklung von Air Berlin eng verbunden. Mit dem Ende des Besatzungsstatus verloren die Alliierten 1990 ihre Sonderrechte in der deutschen Hauptstadt. Der ehemalige PanAm-Kapitän Kim Lundgren, der die ›Air Berlin Inc.‹ 1987 im US-Bundesstaat Oregon gegründet hatte, musste sich deutsche Mehrheitsgesellschafter suchen.

Doch nur mit Vorbildern allein kann man kein Wirtschaftsunternehmen gründen und erfolgreich führen. Man muss Gesellschafter und Banken finden, die einem vertrauen – das gelang mir recht schnell. Eine gewisse Risikobereitschaft gehört auch dazu. Das Wichtigste sind jedoch die Mitarbeiter. Ein Unternehmen kann nur erfolgreich sein, wenn das Team stimmt. Ich bin für meine Mitarbeiter jederzeit ansprechbar, und alle wissen, dass sie sich immer auf mein Wort verlassen können. Das gibt Vertrauen und motiviert. Am 16. April 1991 wurde die deutsche ›Air Berlin GmbH & Co. Luftverkehrs KG‹ aus der Taufe gehoben. Heute ist Air Berlin die zweitgrößte deutsche Fluggesellschaft und ein börsennotiertes Unternehmen. Wenn heute in Europa beispielsweise auf den Flughäfen von Palma de Mallorca, London oder St. Petersburg die Flugzeuge der Air Berlin landen, ist das jedes Mal Werbung für die deutsche Hauptstadt.

In meiner Position als Vorstandsvorsitzender von Air Berlin bin ich verantwortlich für mehr als 4000 Mitarbeiter. Natürlich bedingt das für mich eine gewisse Vorbildfunktion, die ich gerne erfülle und auch für wichtig erachte. Ich verlange von keinem Mitarbeiter mehr, als ich von mir selbst verlange. Dadurch bleibe ich glaubwürdig, was sehr wichtig ist, um auch das Vertrauen der Mitarbeiter zu haben. Jeder Mitarbeiter erhält vergleichsweise viel Verantwortung und kann rasch Entscheidungen treffen. Vorbild zu sein, heißt für mich aber nicht, dass meine Mitarbeiter mich nachahmen sollen, sondern Vorbild zu sein, bedeutet meiner Meinung nach, meine Mitarbeiter zu motivieren. Das Ergebnis ist der Erfolg von Air Berlin, der sich auch in den vielen Preisen, die wir gewinnen, widerspiegelt. Daran, dass Air Berlin bei Gästebefragungen regelmäßig mit den Noten ›sehr gut‹ und ›gut‹ bewertet wird, hat das fliegende Personal einen hohen Anteil. In puncto Freundlichkeit und Hilfsbereitschaft setzen die Air-Berlin-Crews Maßstäbe und sind Vorbild für die Branche.«

# Hans-Jochen Jaschke

geboren 1941 in Beuthen/Oberschlesien, lebt in Hamburg

Der Weihbischof des Erzbistums Hamburg ist innerhalb der »Deutschen Bischofskonferenz« mitverantwortlich für den interreligiösen Dialog. Sein »Fachgebiet« ist Ökumene, seine Kompetenz wird gefragt, wenn es um den Islam geht: »In diesem Bereich sind Gefühle sehr, sehr wichtig. Wenn Gefühle verletzt werden, kann man nicht mehr miteinander sprechen.« Und: »Wir lassen Religion nicht zum Instrument der Politik werden.« Bei Professor Ratzinger, Benedikt XVI., in Münster und Regensburg, hat er studiert und promoviert. Im Dom zu Osnabrück wurde er zum Priester geweiht, Johannes Paul II. ernannte ihn 1988 zum Titularbischof (sein Bischofsmotto: das Wort aus dem zweiten Petrusbrief: »Bis der Tag anbricht.«). Aus dem Hintergrund gegen die »schwindende selbstverständliche christliche Grundierung der Gesellschaft« ankämpfend, ist er bereit, sich sämtlichen »Quo-Vadis«-Fragen an die katholische Kirche zu stellen, auch wenn sie das Zölibat betreffen, Gnade für RAF-Terroristen oder die Verfilmung von »Da Vinci-Code – Sakrileg« (vom Vatikan scharf verurteilt): »Gott ist auch für die Menschen da, die ausgetreten sind.«

»Der Ton macht die Musik, heißt es. Ich füge immer hinzu: Ein Ton, ein einziger, macht noch keine Musik. Musik entfaltet sich in der Vielzahl der Töne und Tonfolgen, in einem harmonischen Ganzen, das zum Klingen kommt. Da können die Geschmäcker durchaus verschieden sein. Was für die Töne gilt, trifft für uns Menschen zu. Jeder ist einzigartig und unverzichtbar, aber keiner stellt für sich das Ganze dar. Ich bin Mensch in der Gemeinschaft der Vielen, die selber auch wieder auf mich angewiesen bleibt.

Für mich als ehelos und allein lebenden Menschen stellen die anderen eine fast schon lebensnotwendige Erfahrung dar. Wie vielen Menschen begegne ich! Von wie vielen erfahre ich etwas! So gehören sie zu meinem Leben. Durch sie gewinnt es Weite, Gestalt und

Reichtum. Ich sehe, wie Menschen mit ihrem Leben fertig werden, ihm Form und Format geben. Mir stehen viele, allzu viele vor Augen, die Schweres zu tragen haben, äußerlich oder innerlich. Mein Blick wechselt mit Respekt, Ehrfurcht, Bewunderung und Mitleid. Manche beschämen mich, weil sie sich so verhalten, wie ich es selber gern tun würde, es aber aus Mangel an Gelegenheit oder aus eigener Schwäche nicht schaffe.

Die Christenheit erinnert in ihrem Glaubensbekenntnis beim Wirken des Heiligen Geistes unter den Menschen an die ›Gemeinschaft der Heiligen‹. Gemeint ist mehr als der Kreis mit dem Heiligenschein, auf den es durchaus unterschiedliche Sichten geben kann. Neben großartigen Persönlichkeiten, Frauen und Männern, gibt es auch Personen, die unterschiedliche Geschmäcker bedienen. Aber das Glaubensbekenntnis drückt die schöne Gewissheit aus, dass wir Menschen keine Inseln sind, dass Gottes Menschenfreundlichkeit und Sympathie auf Menschen abstrahlen und in ihnen aufleuchten kann – unerwartet und nicht zu vereinnahmen, unausschöpflich und nicht zu planen.

Ich will als Kirchenmann zwei Namen aus dem politischen Bereich nennen, die mir aktuell vor Augen stehen. Sicher sind es Menschen mit ihren Grenzen, Menschen, über die man auch unterschiedlich urteilen kann, aber Personen, die für einen Prozess der Versöhnung und des Neubeginns stehen, mit dem keiner rechnen konnte, für den neuen Weg in Südafrika. Nelson Mandela und Frederik de Klerk stehen dafür. Meine persönlichen Eindrücke von den Entwicklungen sind noch frisch. Aber zusammen mit Vielen meiner Generation habe ich in den letzten Jahrzehnten die Geschicke Südafrikas mit Leidenschaft verfolgt.

Man muss es zu spüren bekommen. Wer das große Museum in Soweto zur Geschichte der Apartheid und ihrer Überwindung betritt, bekommt nach dem Zufallsprinzip eine weiße oder schwarze Eintrittskarte und muss dann zuerst getrennt auf seiner Seite bleiben. Es tut weh auf der schwarzen zu sein, gedemütigt, klein gehalten, chancenlos, ohnmächtig. Und wenn man dann die Bilder über die Apartheid sieht, steigert sich die Wut. Gewalt und Arroganz, verbunden mit Scheinheiligkeit sichern die Herrschaft der weißen Minderheit.

Nelson Mandela, der Held Südafrikas, wird zur Symbolfigur des Widerstandes der Schwarzen und des Kampfes um ihre Rechte. Er wird verbannt und wiederholt ins Gefängnis gebracht. Auf Robben Island vor dem Kap soll er lebenslang gefangen bleiben. Die Auseinandersetzungen flammen immer neu auf. Die kommunistische Weltrevolution sucht ihre Chancen. Die Mächtigen schlagen alles brutal nieder. Ein böses Fanal bildet der Kindermord von Soweto am 16. 06. 1976, ein Fanal der Menschenverachtung und Grausamkeit.

Und da setzt sich auf der Seite der weißen Minderheit ein Mann, Frederik de Klerk, durch. Er leitet mit der Zeit die völlig unerwartete Wende ein. Er nimmt Verbindung mit Mandela, dem Feind, auf. Er sorgt für die Freilassung Mandelas. Und es geschieht das Wunder: Zusammen mit Mandela und anderen kommen an runden Tischen die Reformen in Gang, die eine Revolution bannen und zu einem friedlichen Übergang führen. 1993 werden die schändlichen Apartheidsgesetze aufgehoben. Ein Jahr später ist Mandela der erste Präsident des neuen demokratischen Südafrika. De Klerk übernimmt das Amt des Vizepräsidenten.

Zu Recht erhalten beide 1993 zusammen den Friedensnobelpreis. Zwei Persönlichkeiten stehen dafür, dass ein neuer Anfang bei allen so offenkundigen Ausweglosigkeiten gefunden werden konnte. Sie sind lebendige Beispiele für Vernunft, die die Unvernunft von Zerstörung und Gewalt besiegt. Es steht einem Politiker nicht schlecht an, wenn das politische Kalkül ihn so bestimmt, dass er Lösungswege findet und akzeptiert, die nach Lage der Dinge von Vorteil für beide Seiten sind. Natürlich weiß keiner, wie sich die Dinge in Südafrika dauerhaft entwickeln werden. Aber auf der Basis des bislang Erreichten können die Menschen weiterbauen. Die praktische Vernunft soll ihre Chancen behalten!

Besonders Nelson Mandela hat Größe gezeigt. Vom Gefängnis aus hat er zur nationalen Versöhnung aufgerufen, die schwarze Seite bei allen Verletzungen zu Geduld eingeladen und der weißen Bevölkerung die Ängste zu nehmen versucht. Er hat öffentlich die Integrität von de Klerk betont. Ein ganz besonderes Verdienst kommt der ›Wahrheits- und Versöhnungskommission‹ zu, die 1996 begründet wurde. Siebzehn Mitglieder unter Aufsicht von Bischof Tutu haben unter dem Leitsatz ›Vergeben ohne zu vergessen‹ in großer Öffentlichkeit die Vergangenheit in Erinnerung gerufen. Versöhnung kann wachsen, wenn die Wahrheit gesagt wird. Nur so können Gewalt und Hass weichen, nur so kann wahrhaftige Vergebungsbereitschaft bestehen. Diesen Weg wollen mit Mandela und de Klerk viele Menschen gehen. Das kann zu einem versöhnten Land führen, in dem jeder ein stolzer Mitbewohner, eine Mitbewohnerin ist.

Persönlichkeiten wie Nelson Mandela und Willem de Klerk tun unserer Welt gut. Zu ihnen kommen die ungezählten anderen, die Großen und die Kleinen, die unserem Menschsein Form geben. Jeder, jede von uns darf sehen: Auch auf mich kommt es an!«

# Udo Jürgens

geboren 1934 in Klagenfurt, lebt in Zürich

Er komponierte über neunhundert Lieder, die die Grenzen eines einzigen Genres sprengten, mit seinen Evergreens sind Generationen von Europäern aufgewachsen: »Aber bitte mit Sahne«, »Merci Cherie«, »Siebzehn Jahr, blondes Haar«, »Griechischer Wein«, »Mit 66 Jahren«. Ende 2007 wird der Weltstar das Musical »Ich war noch niemals in New York« präsentieren, das auf seinem Lebenswerk basiert. Das Klavierspielen hat er sich selbst auf dem elterlichen Schloss in Kärnten beigebracht, mit sechzehn gewann er den ersten Preis in einem Komponisten-Wettbewerb, 1992 gab er (zweimal geschieden, vier Kinder) das größte Life-Konzert aller Zeiten (vor 220 000 Menschen). Sein erster (autobiographischer) Roman »Der Mann mit dem Fagott« wurde ein Bestseller: »Ein Roman wie ein Jahrhundertkonzert« (FAZ). »Die Geschichte meiner Familie hat mich seit meiner Kindheit geprägt und mein Weltbild entscheidend mitbestimmt«, sagt er. Und: »Gealtert, habe ich im Alleinsein meine ideale Lebensform gefunden! Ich liebe die Einsamkeit!«

»In meinem Leben gibt es nicht ein einziges ›klassisches Vorbild‹, das sich wie ein roter Faden durch mein Leben zieht. Meine Vorbilder haben sich im Laufe der Zeit geändert. In meiner Jugend und Kindheit faszinierten mich die Piraten, welche die Reichen überfallen und die Armen beschenkt haben.

Später waren es dann viele verschiedene Musiker. Es kam die erste Begeisterung für Jazzmusiker auf, bei denen ich Oscar Peterson und auch andere Pianisten zu meinen Vorbildern zählte. Dann kam der Broadway und Hollywood, allen voran Frank Sinatra, der über Jahrzehnte meine Jugendjahre bis ins Erwachsenenalter begleitet hat und den ich heute noch unglaublich verehre.

Durch meine persönlichen Bekanntschaften gehörten auch französische Chansonniers wie Gilbert Bécaud zu meinen Vorbildern. Ich bin oft mit ihm gemeinsam in Fernsehprogrammen aufgetreten und war mit ihm so gut befreundet, dass ich zweifellos etwas von dieser nervigen Energie, die Monsieur-100 000-Volt auf der Bühne versprüht hat, für mich übernommen habe, ohne es zu merken oder ihn kopieren zu wollen. Er hat besonders meine ersten Jahre sehr geprägt.

Auch Charles Aznavour, mit dem ich auch sehr gut befreundet war, und den ich immer wieder getroffen habe, war mir mit seiner unglaublich melodischen Vielfalt ein Vorbild.

Andere Vorbilder, die sich durch mein Leben ziehen, sind Komponisten, deren Biografien ich gelesen habe. Das geht von Mozart über Wagner bis hin zu Brahms. Bei denen haben mich vor allem die Lebensumstände fasziniert, die einem menschlich eigentlich gar nicht gefallen und die diese Künstler trotzdem bewältigt haben. Aus solchen Biografien kann man immer viel lernen.

Ich glaube, es ist aber wichtig, dass man sich nicht sein ganzes Leben auf ein einziges Vorbild festlegt. Diese Art von Treue mag es auch geben, die bewundere ich aber nicht. Ein Mensch ist ein sich veränderndes, denkendes Wesen, und so haben wir auch das Recht, unsere Vorbilder zu wechseln. Aus diesem Grund habe ich versucht, einen kleinen Querschnitt darzulegen, auch wenn ich längst nicht alle Persönlichkeiten genannt habe, die mich in meinem Leben inspirierten.

Am wenigsten sehe ich sicherlich Politiker als Vorbilder, obwohl ich auch für einige Politiker Bewunderung empfinde. In diesem Zusammenhang muss ich Hans-Dietrich Genscher erwähnen. Nicht nur deshalb, weil uns eine Freundschaft verbindet, sondern wir haben uns in entscheidenden Momenten, auch seines Lebens, getroffen. Am berühmten 9. November 1989, als die Mauer fiel, saß ich zufällig in einem Berliner Lokal und Hans-Dietrich Genscher saß am Nebentisch.

Die Welt hat sich in dieser Nacht verändert. Wir kannten uns schon, daher bin ich zu ihm gegangen, und wir haben vielleicht fünf Minuten miteinander gesprochen. Er war ganz ruhig, und ich habe ihn gefragt, wie man sich in so einem Augenblick fühlt, wenn man weiß, dass man ganz entscheidend an den Schrauben der Weltpolitik mitgedreht hat. Das war ein sehr prägendes Gespräch.

Oder Gorbatschow, der mehr als über seinen Schatten gesprungen ist, ist erwähnenswert. Er hat eine Veränderung herbeigeführt, die in Russland auch heute noch teilweise als Verrat angesehen wird von den Leuten, die den Weitblick nicht haben, zu erkennen, dass er im richtigen Augenblick genau das Richtige getan hat. Gegen stärksten Widerstand in den eigenen Reihen. Dazu gehört etwas, das heute nur noch wenige Politiker haben: Zivilcourage. Natürlich schließe ich in diese Reihe auch John F. Kennedy mit ein, der unsere jüngeren Jahre ganz stark beeinflusste mit seinem neuen Amerika-Bild, dass er uns vermittelt hat.«

# Oliver Kahn

geboren 1969 in Karlsruhe, lebt in München

Über fünfhundert Bundesligaspiele, dreimal zum besten Torhüter der Welt gewählt, wird der einstige Student der Wirtschaftswissenschaften ausgerechnet während der Fußballweltmeisterschaft im eigenen Land vom Bundestrainer zur Nummer zwei degradiert. Aber sein Verhalten auf der Ersatzbank beschert dem Keeper vom FC Bayern enorme Sympathiewerte: »Meine Aufgaben waren andere als sonst. Ich entdecke mich gerade neu«, kommentiert der Sohn eines deutschbaltischen Fußball-Profis und Sportverlegers den Abschied von der Leistung=Erfolg=Geld-Haltung. Vor der WM ein Sport-Titan, wird er danach ein »Deutsches Vorbild«: »Es ist schon verrückt, was der Fußball aus mir macht.« Nach einem Treffen mit seinem Lieblingsschriftsteller Paulo Coelho sagt er: »Wir haben uns unter anderem sehr lange über den Sinn des Lebens unterhalten. Der Mann ist sehr tiefsinnig.«

»Natürlich gab es für mich Vorbilder. Beruflich gesehen war das Toni Schumacher. Er war nicht nur ein beeindruckender Torwart, sondern auch ein absoluter Leadertyp, der wusste, wie man ein Team zusammenschweißt, motiviert und zum Erfolg führt – das hat mir immer imponiert.

Außerhalb meines Sports ist Helmut Schmidt ein großes Vorbild für mich. Er kann selbst komplizierte Sachverhalte auf den Punkt bringen und die Menschen erreichen. Außerdem ist er trotz seiner Machtfülle bescheiden und bodenständig geblieben. Das macht ihn als Politiker so glaubwürdig.

Mich beeindrucken Menschen, die ein gesundes und konstantes Wertesystem überzeugend leben. Charismatische Menschen, die niemals aufgeben, auch wenn es nicht immer eben auf dem Weg zum Ziel dahingeht und die von starkem Willen angetrieben sind.«

»Philosophie ist wirklich nichts anderes als praktische Menschenkenntnis.«

# Immanuel Kant

22. April 1724 Königsberg – 12. Februar 1804 Königsberg

4.55: Diener Lampe weckt ihn mit den Worten: »Es ist Zeit!«

5.00: Zwei Tassen schwachen Tees, eine Pfeife Tabaks zur Anregung des Darmes. Arbeiten (in Schlafrock, Pantoffeln, Nachtmütze)

7.00–9.00: Vorlesungen (in vollständiger Garderobe)

So beginnt sein Tag. *Jeder* Tag seiner letzten fünfzig Lebensjahre. Und auch der Rest des Tages ist – sei es aus strenger Selbstdisziplin oder starrer Pedanterie – durchstrukturiert: »Hierauf gründe ich mich. Ich habe mir die Bahn schon vorgezeichnet, die ich halten will. Ich werde meinen Lauf antreten und nichts soll mich hindern, ihn fortzusetzen.«

9.00–12.45: Hauptarbeitszeit (im Hausmantel)
12.45: Umkleiden, Empfang der Tischgäste
13.00–16.00: Mittagessen mit geladenen Gästen (die einzige Mahlzeit; Lieblingsspeise: Kabeljau, Lieblingswein: Medoc)
ab 16.00: Spaziergang. Immer der gleiche Weg, in der Lindenallee, achtmal auf und ab, bei jedem Wetter, täglich, allein … Heinrich Heine behauptet, die Hausfrauen in Königsberg hätten nach Kants Spaziergang ihre Uhren gestellt.
Anschließend: Lesen von »leichter Lektüre«, Reisebücher bevorzugt
22.00: Strengste Bettruhe.

Wesentlich mehr als dieser Ablauf ist über Kants Privatleben nicht zu berichten. Denn der Philosoph, der sich in einem »behaglichen Cölibat« eingerichtet hatte, (aber keineswegs ein hagerer Asket war, im Gegenteil, er mochte Braten, Würste, sowie einen guten Schluck) hat seine Geburtsstadt, diese Drehscheibe der Handelsgüter und der Güter des Geistes, bis auf die Jahre in Judschen und im nahen Arnsdorf, wo er als Hauslehrer seinen Lebensunterhalt verdiente, nicht verlassen.

Und doch entthront er die Theologie als »Königin der Wissenschaft« und prägt das moralische Bewusstsein der kommenden Generationen unter anderem, indem er seinen »kategorischen Imperativ« formuliert: »Handle so, dass die Maxime deines Willens zugleich als Prinzip einer allgemeinen Gesetzgebung gelten könnte.«

Das vierte von neun Kindern (sechs davon gestorben) belegt als Student an der Albertus-Universität Naturlehre und Naturrecht, Mathematik, Theologie, Literatur, Sprachen, Philosophie, Pädagogik, Geographie, Pyrotechnik und Mineralogie. Wissensgierig aber arm, spielt Kant Billard (um Geld), nimmt dankbar abgetragene Kleider seiner Kollegen an, erwägt zweimal, zu heiraten, und träumt (angeblich!) von Ruhm und Beamten-Besoldung. 1755 promoviert er mit der

Dissertation »Über das Feuer«, muss sich aber als Privatdozent durch-schlagen (»Nehmen Sie Kenntnis von allen Wissenschaften. Studieren Sie nicht um des Brotes willen.«). Die Professur mit einem festem Jahresgehalt erhält er erst mit sechsundvierzig Jahren. Danach wird die Universität zum Zentrum seines Lebens.

Es sind drei Fragen, mit denen Kant eine geistige Revolution aus-löst, drei Fragen, die er in seinen »Kritiken« beantwortet: Was kann ich wissen, was soll ich tun, was darf ich hoffen?

Anders formuliert: Gibt es wahre Erkenntnis (»Kritik der reinen Vernunft«)?

Gibt es allgemein gültige Werte (»Kritik der praktischen Ver-nunft«)?

Gibt es Gott (»Kritik der Urteilskraft«)?

Mit der vierten, mit der Schlüsselfrage »Was ist der Mensch?« setzt er sich in der Schrift »Zum ewigen Frieden« auseinander. »Faulheit und Feigheit sind die Ursachen, warum ein so großer Teil der Menschen, nachdem sie die Natur längst von fremder Leitung losgesprochen, dennoch gern zeitlebens unmündig bleiben und warum es anderen so leicht wird, sich zu deren Vormündern aufzuwerfen. Es ist so bequem, unmündig zu sein.«

1786 kommt König Friedrich Wilhelm II. nach Königsberg, um sich krönen zu lassen. Kant, erstmals Rektor der Universität, muss die Feierlichkeiten organisieren. Er wird dem Monarchen vorgestellt, und siehe da, der König kennt, lobt den »tapferen, redlichen, menschen-liebenden – und von gewissen temperamentseigenschaften abgesehen (Kant streitet mit seinen Zensoren) – durchaus vortrefflichen Herrn«. Das Kompliment ist angebracht. Zu dieser Zeit ist Kant der berühm-teste Philosoph Europas, Ehrenmitglied der Akademien in Siena, Petersburg, Berlin, überhäuft von Angeboten und Ehrungen.

Am 8. Oktober 1803 erleidet er einen Schlaganfall, wird zum ersten Mal in seinem Leben ernsthaft krank: »Es ist eine große Sünde, alt geworden zu seyn; dafür man aber auch ohne Verschonen mit dem Tode bestraft wird.«

Seine letzten Worte: »Es ist gut.«

Auf der Gedenktafel über seinem Grab steht sein Leitspruch: »Zwei Dinge erfüllen das Gemüt mit immer neuer und zunehmender

Bewunderung und Ehrfurcht, je öfter und anhaltender sich das Nachdenken damit beschäftigt: Der bestirnte Himmel über mir und das moralische Gesetz in mir.«

## Haus-Vorbilder

»Viele Leute denken, ihre Jugendjahre seien die besten und die angenehmsten ihres Lebens gewesen. Aber dem ist wohl nicht so. Es sind die beschwerlichsten weil man da sehr unter der Zucht ist, selten einen eigentlichen Freund und noch seltener Freiheit haben kann.«

**Vater Johann Georg Kant (1683–1746)** »Nie, auch nicht ein einziges Mal, hab' ich von meinen Eltern irgend etwas Unanständiges anhören dürfen, nie etwa Unwürdiges gesehen«, erzählt Immanuel seinem Schüler Ludwig Ernst Borowski, der sein erster Biograf wird, und schreibt als Greis an Bischof Lindblom: »Meine beiden Eltern (aus dem Handwerksstande) in Rechtschaffenheit, sittlicher Anständigkeit und Ordnung musterhaft, ohne ein Vermögen (aber doch auch keine Schulden) zu hinterlassen, mir eine Erziehung gegeben haben, die, von der moralischen Seite betrachtet, gar nicht besser seyn konnte, und für welche ich bei jedesmaliger Erinnerung an dieselbe mich mit dem dankbarsten Gefühle gerührt finde.«

Auch und »besonders die Vermeidung jeder Lüge« hatte man ihm beigebracht.

»Gott, der ihm in diesem Leben nicht viel Freude hat geniessen lassen, lasse ihm davor die ewige Freude zu Theil werden«, schreibt er nach dem Tod des Vaters und ändert seinen Namen auf Immanuel Kant.

**Anna Regina geb. Reuter (1697–1737)** »Meine Mutter war eine liebreiche, gefühlvolle, fromme und rechtschaffene Frau, eine zärtliche Mutter, welche ihre Kinder durch fromme Lehren und durch ein tugendhaftes Beispiel zur Gottesfurcht leitete. Sie führte mich oft außerhalb der Stadt, machte mich auf die Werke Gottes aufmerksam, ließ sich mit einem frommen Entzücken über seine Allmacht, Weisheit und Güte aus und drückte in mein Herz eine tiefe Ehrfurcht gegen den

Schöpfer aller Dinge. Nie werde ich meine Mutter vergessen, denn sie pflanzte und nährte zuerst den Keim des Guten in mir, sie öffnete mein Herz den Eindrücken der Natur, sie weckte und erweiterte meine Begriffe, und ihre Lehren haben einen immerwährenden heilsamen Einfluß auf mein Leben gehabt.«

Mutter Anna Regina, die ihren Sohn »Manelchen« nannte, war Pietistin, setzte also dem kirchlichen Formalismus die Liebesgemeinschaft der Glaubenden entgegen, weil nur in ihr eine echte religiöse Persönlichkeit heranwachsen konnte, eine, die Glauben mit Frömmigkeit, Gehorsam und Tugenden verbindet: »Man sage dem Pietismus nach, was man will, genug! Die Leute, denen er ein Ernst war, zeichneten sich auf eine ehrwürdige Weise aus. Sie besaßen das Höchste, was der Mensch besitzen kann, jene Ruhe, jene Heiterkeit, jenen inneren Frieden, die durch keine Leidenschaft beunruhigt wurden. Keine Noth, keine Verfolgung, setzte sie in Mißmuth, keine Streitigkeit war vermögend, sie zum Zorn und zur Feindschaft zu reizen.«

## Wahl-Vorbilder

**Martin Knutzen (1713–1751)** »Vor allem aber war es wohl das Vorbild Knutzens, seine Art der zurückgezogenen, intensiven Arbeit als wissenschaftlicher Forscher und Lehrer, die den jungen Kant bewog, einen solchen Lebensentwurf auch für sich zu wählen.« (Wolfgang Schlüter)

Knutzen war Pietist und bereits mit einundzwanzig Jahren außerordentlicher Professor für Logik und Metaphysik. Diesem engagierten Gelehrten verdankt Kant »den Hinweis auf Newton« (Karl Vorländer).

Knutzen besaß auch ein Newton'sches Spiegelteleskop und lud seinen fleißigen Schüler ein, mit ihm am 18. Januar 1744 einen Kometen auf dem bestirnten Himmel zu beobachten (zwei Dinge erfüllten ihn stets mit Erfurcht, sagt er später, das moralische Gesetz und eben der bestirnte Himmel).

**Sir Isaac Newton (1642–1727)** »Kants Welt ist Newtons Welt. Ohne seine Lektüre von Newtons Principia Mathematica bliebe unklar …, was Kant philosophisch umtreibt, nicht nur in seiner ›Theorie des Himmels‹, die er ›nach Newtonschen Grundsätzen abgehandelt‹ hat, sondern auch in seinen späteren erkenntnistheoretischen Hauptwerken, die um die zentrale Frage kreisen werden: Wie ist eine reine Naturwissenschaft nach Newtons Art, an deren absoluter Richtigkeit Kant nie gezweifelt hat, überhaupt möglich?« (Manfred Geier)

Newtons »Philosophiae naturalis principia mathematica« brachte das gesamte bis dahin geltende Weltbild zum Einsturz, da man die Natur von nun an auf mathematische Gesetzmäßigkeiten hin untersuchen konnte (und nicht als »fertige« Gottesschöpfung). Der Verstand des Menschen galt als »Widerschein des unsterblichen Lichts«.

**Jean-Jacques Rousseau (1712–1778)** »Rousseau hat zu allererst unter der Mannigfaltigkeit der menschlichen angenommenen Gestalten die tief verborgene Natur des Menschen entdeckt. … Ich muss ihn so lange lesen, bis mich die Schönheit der Ausdrücke gar nicht mehr stört.«

Das einzige Bildnis in Kants Wohnung war ein Porträt des Autors von »Emil«. Er fand in Rousseaus »Glaubensbekenntnis des savoyischen Vikars« (Kants Lieblingslektüre) jene Fragen formuliert, die zum Zentrum seiner Philosophie wurden: »Aber wer bin ich? mit welchem Recht entscheide ich über Dinge? und was entscheidet über meine Urteile?«, ist dort nachzulesen.

»Von Rousseau lernte er einen neuen Blick auf den Menschen.« (Manfred Geier)

»Es war eine Zeit da ich glaubte dieses [die Erkenntnis der physikalischen Welt] allein könnte die Ehre der Menschheit machen u. ich verachtete den Pöbel der von nichts weis. Rousseau hat mich zurecht gebracht. Dieser verblendende Vorzug verschwindet, ich lerne die Menschen ehren.«

Von Rousseau übernahm der junge Kant auch das Axiom »der Mensch ist von Natur aus gut«.

Gealtert notiert er allerdings: »Die Frage: Ist der Mensch Gut oder Böse? Ist schwer zu beantworten.« Und: »Rousseau verfährt synthetisch und fängt vom natürlichen Menschen an, ich verfahre analytisch und fange vom gesitteten an. (Mein Ziel ist es) den Menschen durch

Kunst dahin zu bringen, dass er alle Vorteile der Kultur mit allen Vorteilen des Naturzustandes vereinigen könnte. Rousseau will nicht, dass man in den Naturzustand zurückgehen, sondern dahin zurücksehen soll.«

Kant betont: »Was der Mensch im moralischen Sinne ist oder werden soll, gut oder böse, dazu muß er *sich selbst* machen, oder gemacht werden.« Und schließt: »Alles, was außer dem guten Lebenswandel, der Mensch noch tun zu können vermeint, um Gott wohlgefällig zu werden, ist bloßer Religionswahn und Afterdienst Gottes.«

Trotz aller Einwände, bewunderte er Rousseaus »ungemeinen Scharfsinn«, »edlen Schwung des Genius« und die »gefühlvolle Seele«: »Ohne Enthusiasmus ist niemals etwas Großes in der Welt ausgerichtet worden.«

**David Hume (1646–1716)** »Seit Lockes und Leibnizens Versuchen, oder vielmehr seit dem Entstehen der Metaphysik, soweit die Geschichte derselben reicht, hat sich keine Begebenheit zugetragen, die in Ansehung des Schicksals dieser Wissenschaft hätte entscheidender werden können, als der Angriff, den David Hume auf dieselbe machte. Er brachte kein Licht in diese Art von Erkenntnis, aber er schlug doch einen Funken, bei welchem man wohl ein Licht hätte anzünden können. … Ich gestehe frei, die Erinnerung des David Hume war eben dasjenige, was mir vor vielen Jahren zuerst den dogmatischen Schlummer unterbrach und meinen Untersuchungen im Felde der spekulativen Philosophie eine ganz andere Richtung gab. … Wenn man von einem gegründeten, obzwar nicht ausgeführten Gedanken anfängt, den uns ein anderer hinterlassen, so kann man wohl hoffen, es bei fortgesetztem Nachdenken weiter zu bringen, als der scharfsinnige Mann kann, dem man den ersten Funken dieses Lichts zu verdanken hatte.«

Rousseau hatte Kant »praktisch zurecht gebracht«, aber Hume weckte ihn aus seinem »theoretischen Schlummer«: Denn der schottische Aufklärer, Historiker und Empiriker verwarf das verbale Blendwerk der Metaphysik zugunsten der modernen, existentiellen und moralischen Lebensfragen, die Kant davor bewahrten, ein zynischer Skeptiker zu werden.

*Literatur:*
Immanuel Kant: »Die drei Kritiken«, Suhrkamp 2004
Roger Scruton: »Kant«, Freiburg 1999
Ralf Ludwig: »Kant für Anfänger. Der kategorische Imperativ«, München 1995
Wolfgang Schlüter: »Immanuel Kant«, München 1999
Manfred Geier: »Kants Welt«, Reinbek 2003
Karl Vorländer: »Immanuel Kant. Der Mann und das Werk«, Wiesbaden 2004

# Margot Käßman

geboren 1958 in Marburg, lebt in Hannover

1999 wurde die Theologin zur Bischöfin der Evangelisch-Lutherischen Landeskirche Hannover gewählt, 2002 trat sie aus dem Zentralausschuss des Ökumenischen Rats aus, weil man die ökumenischen Gottesdienste aufgegeben hatte. 2006 wurde die Mutter von vier Töchtern, die »Krimis, Kino und gute Küche schätzt«, Botschafterin für die Fußball-WM der geistig Behinderten in Deutschland und kämpfte unter anderem gegen ein verfrühtes Weihnachtsgeschäft, das das Fest um seinen Sinn beraubt. Als sie 2006 an Brustkrebs erkrankte, kommentierte sie den Schrecken mit dem leicht ironischen Satz: »Der liebe Gott testet manchmal sein Bodenpersonal.« 2007 ließ sich Deutschlands jüngste Bischöfin scheiden: »Die Bibel sagt ›was du auf Erden lösen willst, das soll auch im Himmel gelöst werden‹ (Matthäus 16,19). Leben in Lüge ist schlimmer als Trennung.« Ihre Maxime: »Der Tod ist nicht das Ende, sondern ein Schritt auf dem Weg zu Gott.«

»Ein großes Vorbild war meine Großmutter, Jahrgang 1896. Sie hat zwei Weltkriege erlebt, ihre Heimat und ihren Mann verloren, aber niemals hat sie ihren Lebensmut verloren. Und der hat sich aus ihrem Glauben gespeist. Das haben wir als Kinder gespürt und das finde ich bis heute großartig. Der Glaube war für sie weit mehr als eine Lehre, sie hat uns ihre Frömmigkeit vorgelebt. so habe ich Paul-Gerhardt-Lieder wie ›Befiehl du deine Wege‹ oder ›Geh aus, mein Herz, und suche Freud‹ in ihrer Küche gelernt! Sie war auf ihre eigene, boden-ständige Weise fromm, wusste, wo ihr Halt und ihre Wurzeln sind. Ich habe sie nie jammernd erlebt, sie war nie revanchistisch, nachtragend. Nein: Sie hat das Leben aus der Hand Gottes so genommen, wie es kam. Und dabei hat sie Kraft ausgestrahlt, ja sie war eine vergnügte Frau, die gerne ihr Gläschen Rotwein getrunken hat.

Mein zweites Vorbild war Martin Luther King. Ich komme aus einem kirchlich geprägten Elternhaus. Aber sich gesellschaftlich einzumi-schen? Das wurde als eher nicht geboten angesehen, von der Politik hatte man sich fernzuhalten. Und dann bin ich 1974–75 in den USA gewesen und habe gesehen, dass der Mensch fromm sein kann und gleichzeitig gesellschaftlich total engagiert, als ich für eine Arbeit über Martin Luther King recherchierte. Durch ihn habe ich dann auch in mir den Mut entdeckt, mich einzumischen in die Gesellschaft.

Ich bin übrigens überzeugt, dass Vorbilder wie Erinnerungen sind, die helfen, sich zu orientieren. Wenn wir keine Vorbilder haben, oder alle Vorbilder unter dem Verdacht der Korruption stehen, dann ge-rät die Gesellschaft ins Wanken. Vorbilder müssen nicht perfekt sein. Sie können Fehler machen und Probleme haben, aber sie müssen au-thentisch, wahrhaftig sein, zu ihren Fehlern stehen. Das christliche Menschenbild sagt mir, dass der Mensch scheitern oder in Krisen ge-raten kann. Trotzdem kann er Vorbild sein, wenn da Wahrhaftigkeit gelebt wird. Vielleicht sind Vorbilder diejenigen, die Wurzeln kennen, aber den Mut haben, Flügel zu entfalten?«

# Hellmuth Karasek

geboren 1934 in Brünn/damals Tschechoslowakei,
lebt in Hamburg

Der vielseitigste unter den deutschen Kulturkritikern. Er
schreibt über (profane) Movies mit gleicher Kompetenz
wie über (die hehre) Literatur. Als er elf ist, flüchtet seine
Familie vor den Rotarmisten aus dem österreichischen
Bielitz nach Bernburg in Sachsen-Anhalt. Nach dem
DDR-Abitur studiert er in der Bundesrepublik Germanistik, promoviert,
wird Journalist (Die Zeit, Spiegel, Die Welt), Fernseh-Autorität (»Das literarische Quartett«, »Die SKL-Show«), schreibt Bestseller (zuletzt: »Süßer Vogel
Jugend«). Seit 1992 hat er eine Honorarprofessur am theaterwissenschaftli-
chen Institut in Hamburg. Seine Ehefrau ist Theater- und Literaturkritikerin,
eines der vier Kinder Theaterintendant. Er hält Grass für einen »un-
barmherzigen Moralapostel« und ist ein preisgekrönter Genussmensch.
Markenzeichen: schreibt ausschließlich mit der Hand. Seine Maxime: »Mors
certa, hora incerta.«

»Lange Zeit hatte ich – mir vom Zeitgeist aufgezwungene – Vorbilder
wie den Hitlerjungen Quex und Quax, den Bruchpiloten, nebst Horst
Wessel, dann Mao, von dem es sogar eine Bibel gab, die man nicht
las, sondern schwenkte und den man auch mit Ho-Ho-Ho-Chi-Minh-
Rufen verehrte und mit Che-Guevara-Postern feierte.

Erst später habe ich von Idolen abgelassen und versucht, meinen
Kindern selbst ein Vorbild zu sein – vergebens. Doch dann entdeckte
ich, es war Anfang der achtziger Jahre, Sandor Nadelmann. In einer
Shortstory von Woody Allen, einem Nachruf, einem Epitaph, mit der
traurigen Überschrift ›So war Nadelmann‹, die die Endlichkeit nicht nur
des Lebens, sondern auch die von Vorbildern schmerzlich festhält.

Erst allmählich, mit dem Älterwerden, reifte Nadelmann zu meinem musterhaften Vorbild heran. Dabei veränderte er sich; für mich
verselbständigte sich eine Episode seiner Vita zu seinem Lebenszweck,
seinem Lebensinhalt.

Wie ich ihn mir vergegenwärtigte, war Nadelmann ein begeisterter Freund der italienischen Oper – und das im wortwörtlichen Sinne, nicht in der Bedeutung, wie Wilder ihn in seinem Film ›Manche mögen's heiß‹ nahelegt, wo die ›Freunde der italienischen Oper‹ nicht die Oper, sondern den Alkoholschmuggel lieben und Maschinenpistolen in Geburtstagstorten verstecken. Nein, das sind keine Vorbilder!

Nadelmann dagegen hat wahrscheinlich in Mailand gelebt, um seiner Leidenschaft, dem Genuss des Belcanto in der Mailänder Scala, zu frönen, wo er alle Premieren besuchte.

Einmal, es war eine Premiere des ›Rigoletto‹ oder des ›Othello‹, vielleicht auch der ›Traviata‹, beugte er sich aus seiner Loge im ersten Rang, die er abonniert hatte, beim Schlussbeifall so weit vor, dass er kopfüber in den Orchestergraben stürzte. Das führte zu mehreren Prellungen und einer leichten Gehirnerschütterung und war wahnsinnig schmerzhaft.

Doch damit ihn seine Freunde wegen dieses Unfalls nicht als ungeschickt, gar als täppisch ansähen, mit spöttischem Mitleid, wiederholte er diesen Sturz von da an bei jeder Premiere. Es sollte wie begeisterte Absicht aussehen.

Da man beim Älterwerden zu vielen stolpernden, ja, zu üblen Stürzen führenden Ungeschicklichkeiten neigt, ist es gut, sich Nadelmanns heroische Haltung zum Vorbild zu nehmen. Sie gibt den eigenen Lächerlichkeiten eine tragische Note. Und damit die Würde zurück. Nadelmann lehrt aber auch: Man soll nichts übertreiben! Auch das Nacheifern von Vorbildern nicht!«

# Christine Kaufmann

geboren 1945 in Gröbming/Steiermark,
lebt in München

Als Kinderstar rührt sie nach dem Krieg Millionen
Deutsche zu Tränen (»Wenn die Alpenrosen blüh'n«),
unter der Regie von Sergio Leone, Rolf von Sydow
wird sie zum Hollywood-Star. Und dann entdecken
sie auch die deutschen Star-Regisseure wie Werner
Schroeter (»Goldflocken«, »Tag der Idioten«) und Rainer Werner Fassbinder
(»Lili Marleen«, »Lola«). Mit vierundfünfzig Jahren posiert sie nackt für
den Playboy, heute vermarktet sie ihre eigene Kosmetik-Reihe, genießt ihr
Dasein als »begeisterte Großmutter« von vier Enkeln und kämpft für mehr
Respekt für das Alter, denn erst ein reifer Mensch ist fähig, »sein Leben mit
allen Sinnen abzutasten. Das Gefühl zu spüren, dass das Leben durch einen
hindurchfließt.«


»Da ich in einer Welt des Films aufgewachsen bin, gibt es fast keine berühmten Persönlichkeiten, die ich mir als Vorbilder genommen
hätte.

Vielmehr hatte ich ein Vorbild, das mir durch seine Lebensart all das
vorlebte, was im Leben wirklich zählt: meine französische Großmutter.
Weil sie es geschafft hat, nicht einmal in der schweren Nachkriegszeit
ihre Authentizität aufzugeben.

Sie war Ärztin, aber schaffte beides: sich um ihre Kinder und ihre
Familie zu kümmern, und ihren Beruf auszuüben. Als sich dann ihre
Tochter – meine Mutter – mit einem Deutschen eingelassen hatte,
stand sie zu ihr, obwohl sie wusste, was auf sie zukommt: Man hat sie
beide als Kollaborateurinnen verurteilt. Das bedeutete: Sie musste fliehen, wurde zwangsumquartiert, aber hat uns Kinder niemals spüren
lassen, wie schwer das alles für sie gewesen ist.

Meine Großmutter hat uns nie anderes als Liebe und Strenge gegeben – und diese Kombination von Strenge und Liebe ist für mich
absolut vorbildlich, die können nur die wenigsten verwirklichen.

Und noch eines: Als Gynäkologin hatte sie Frauen in allen Lebenslagen erlebt – Frauen voller Schmerzen, strahlend vor Glück, betrübt, um ihre kranken Kinder besorgt. Und sie fand sehr viele davon sehr schön. Sie pflegte zu sagen: Jede Frau hat Momente, in denen sie die Schönste auf der ganzen Welt ist.

Ich glaube, diese Attitüde habe auch ich von ihr geerbt, davon kann ich immer noch zehren: Schönheit ist schließlich mehr als eine rein äußere, physische Qualität. Coco Chanel hat es so formuliert: Ab vierzig ist man für sein Gesicht selbst verantwortlich. Und ich finde es wesentlich wichtiger, sich die Appetitlichkeit statt Makellosigkeit zu erhalten. Falten sind wertvoll, denn sie können Geschichten erzählen.

Zwei Frauen finde ich besonders schön, ja, sie sind meine »physischen Vorbilder«: Simone Weil und Anouk Aimee, die mit siebzig Jahren und Tausenden von Falten immer noch sehr weiblich ist.

Ich habe Anouk Aimee kürzlich bei einer Preisverleihung erlebt: Man ehrte sie für ihr Lebenswerk, für die unvergesslichen Filme wie ›Dolce vita‹ oder ›Achteinhalb‹. Und sie erschien in einem kurzem Rock, sodass man ihre Beine gut sehen konnte, aber vor allem ist sie mit einer unglaublichen Würde aufgetreten. Und jedermann konnte sehen, dass sie faltig, also nicht ›repariert‹ ist, dass sie zu ihrem Alter steht (obwohl eine Schönheitsoperation heute nicht mehr anrüchig ist!).

Das fand ich faszinierend: diese Kombination aus körperlicher Schönheit und souveräner Geisteshaltung.

Simone Weil hat ein so zeitloses Gesicht – sie schwebt über allem wie ein Mond. Sie ist zwar in einer jüdischen Familie aufgewachsen, aber fand auf der Suche nach ihrer Seele den Weg zum katholischen Mystizismus, ohne weltfremd zu werden – sonst hätte sie ein Politiker wie Charles de Gaulle nicht in sein Londoner Befreiungskomitee berufen. Und selbst als sie sterbenskrank wurde, hat sie nie ihre innere Klarheit verloren, die sich in ihrem Gesicht widerspiegelt.

Meine Erfahrung ist: Man sieht so aus, wie man sich fühlt. Es kann doch sein, dass man jung und schön ist, einen schlechten Tag hat und plötzlich auch schlecht aussieht. Und wenn man älter ist und etwas Erhellendes erlebt, strahlt man auf einmal vor Schönheit.

Eine Frau mit Selbstbewusstsein läuft, bewegt sich doch völlig anders als eine, die an mangelndem Selbstwertgefühl leidet.

Schönheit ist ganz individuell und auch immer nur eine Moment-aufnahme. Ich finde, man sollte Patina haben. Man kann ›schlechte Zeiten‹ nicht vermeiden, aber man kann lernen, sie auf eine Art und Weise anzunehmen, die Kraft und Schönheit stiftet.

Ich glaube, dass der innere Zustand eines Menschen alterslos ist.

Daher kann man doch manchmal in einem wunderschönen Gesicht voller Falten das klare Antlitz eines Kindes sehen.«

»Nur wenn man auf die Wunde drückt oder schreit, wird sich was verändern.«

# Petra Kelly

29. November 1947 Günzburg a. d. Donau – 1. Oktober 1992 Bonn

»Als Kennedy sprach, knipste ich wie verrückt – und: Ein tolles Bild ist es geworden.« Sie war kein Promi-Groupie, aber Robert Kennedy verkörperte in ihren Augen das wunderbare Amerika: den Kampf um Menschenwürde, für Solidarität und soziale Gerechtigkeit, kurz: für sozialdemokratische Ideale.

Die ehemalige Klosterschülerin lebte seit 1960 im Heimatland ih-res Stiefvaters, ab 1966 studierte sie Politik-Wissenschaften an der American University in Washington. Sie wurde in den Studentensenat gewählt und als »Outstanding Woman of the Year« ausgezeichnet. 1968 arbeitete sie als Wahlkampfhelferin für Bobby Kennedy: »Der bewun-derte Mann kam oft noch nachts in Wahlbüro, um ihr und den anderen für die Hilfe zu danken, ihr persönlich schickte er einen Dankesbrief.« (Monika Sperr)

Als sie hörte, dass Robert Kennedy erschossen wurde, brach sie in Tränen aus: zuerst Martin Luther King, jetzt Bobby! Doch sie enga-gierte sich pflichtbewusst für seinen Nachfolger Hubert Humphrey.

»Ich lebe nun in zwei Welten – Deutschland hat mir meine Prinzipien, meine Philosophie gegeben und meine Ansichten geformt. Dort sah ich die ersten Probleme. Außerdem blieben starke Eindrücke: Donner, Sonnenschein, unvergessliche Menschen und Erinnerungen, die mich später durchs Leben führen könnten. Hier in den Staaten habe ich mich gewissermaßen ›gefunden‹. Ich habe versucht, alle meine Fähigkeiten zu entwickeln und immer nach dem Höchsten zu streben. Was ich erreichen wollte, habe ich bekommen. Ich bezahle mit meiner Gesundheit. Es ist, als ob ich verrückt wäre, aber ich werde von meinem Herzen zu immer mehr und Besserem getrieben.«

1970 kehrte sie nach Europa zurück, nach Amsterdam, zuerst als Forschungsassistentin am »Europa-Institut«. Ab 1972 war sie für die Europäische Kommission in Brüssel tätig, unterstützte gewaltfreie Ökologie-, Frauen- und Friedensbewegungen in zahlreichen europäischen Ländern, in Japan und in Australien, machte Karriere als Verwaltungsrätin.

Und dann erkrankte ihre Halbschwester Grace an Krebs (»Petra liebt das Kind über alle Maßen«, Monika Sperr). Da Grace an Wunder glaubte, schrieb die große Schwester an den Vatikan, bekam tatsächlich eine Privataudienz und reiste mit der Familie nach Rom. Paul VI. segnete Grace, Petra (mit weißem Spitzenschleier auf dem Haar) schöpfte – wider alle Vernunft – Hoffnung. Doch das Wunder blieb aus, die Elfjährige starb, Petra dachte an Selbstmord: »Durch Sterben und Tod meiner Schwester wurde mir bewusst, wie ich mich vor dem Tod fürchtete, wie wir uns alle vor dem fürchten, was wir nicht verstehen. Doch der Körper ist nur ein Aufenthalt für die Seele, die ihn benutzt, um sich in dieser, einem jeden von uns für die irdische Reise zugemessenen Lebensspanne auszudrücken.«

»Ich baue meine Welt«, hieß es 1973. 1979 verließ sie die SPD, wurde Gründungsmitglied »Der Grünen« und bald die weltweit profilierteste Vertreterin der europäischen Ökologie. 1982 erhielt sie den »Alternativen Nobelpreis«. »Die Zeit« nannte sie »weltliche Nonne«. »Ich kämpfe nicht gegen Waffen, ich kämpfe gegen Seelen«, sagte sie.

Je souveräner sie – ein idealistischer Einzelkämpfer – sich auf den internationalen Foren bewegte, umso problematischer wurde ihre Stellung innerhalb ihrer Partei. 1991 schaffte sie es nicht einmal in den Bundesvorstand.

Sie versuchte sich als TV-Moderatorin und traf 1980 die große Liebe ihres Lebens: Gert Bastian (1922–1992), um Jahrzehnte älter (wie alle

Männer, die sie faszinierten). Für die Pazifistin wurde der verheiratete Oberstgeneral a. D., Grünen-Politiker, ihr »Held der Wirklichkeit«
(FAZ-Fragebogen). 1985 zogen sie zusammen. In den nächsten Jahren
wurde sie zunehmend von Panikattacken gequält, wagte es schließlich kaum noch, ohne Bastian aus dem Haus zu gehen, weder zum
Einkaufen noch zum Friseur.

Am 1. Oktober 1992 erschoss Gert Bastian zuerst sie, dann sich.

Ein Abschiedsbrief wurde nicht gefunden, die Leichen von Petra
Kelly und Gert Bastian erst mehrere Wochen nach ihrem Tod in ihrer
Wohnung entdeckt: »Wenn Gert nicht mehr ist, will ich auch nicht
mehr sein.«

## Haus-Vorbilder

**Vater Siegfried Lehmann (geb. 1925)** »Er war quasi ein Künstler«,
glaubt sie sich zu erinnern, denn der Vater verlässt die Familie, als sie
sieben ist. Sie idealisiert den Möchtegernjournalisten, beschließt aber
auch, niemals von einem Mann abhängig zu sein.

Er war evangelisch, seine Frau katholisch.

**Mutter Marianne Lehmann geb. Birle (geb. 1929)** »Und in diesen
schweren Nachkriegsjahren, als sich meine Eltern scheiden ließen und
meine Mutter ihr Leben neu zurechtzimmern mußte, da wurden meine
Omi und ich unzertrennlich.«

Die Mutter ist deutsch-amerikanische Dolmetscherin, heiratet 1959
den amerikanischen Leutnant irischer Herkunft John E. Kelly.

**Stiefvater Offizier John E. Kelly** Die zwölfjährige Petra nahm seinen
Namen an, aber ließ sich nicht adoptieren, sie wollte Deutsche bleiben.
Als Dreizehnjährige zieht sie mit den Eltern in die USA.

**Großmutter Kunigunde Birle (1905–1993)** Als Petra Kelly gebeten
wurde, für das Buch »Meine Mutter« einen Beitrag zu schreiben, lieferte sie »Eine öffentliche Liebeserklärung« an ihre »Omi Birle« ab: »Ich
wurde gebeten, über meine Mutter zu schreiben, und ich hätte dies
gerne getan. Doch liegt mir noch mehr daran, über meine jetzt dreiund-

achtzigjährige Omi zu schreiben. Omi war mir meine ganze Familie, meine wichtigste Verbündete im Kampf gegen die starren Schulregeln, gegen Diskriminierungen und Demütigungen, die ich aushalten musste, weil ich doch einer geschiedenen Ehe, noch dazu einer ›Mischehe‹, mit protestantischem Vater, entstammte. Sie war meine Trösterin, meine große Lehrmeisterin, die mich klug und bedachtsam mit den Realitäten des Lebens vertraut machte. Ich sehe es so oft vor mir, wie wir damals jeden Tag gemeinsam das Wichtigste aus der Tageszeitung lasen, aufmerksam alles uns Wichtige beredend. … Es waren wohl diese Lesestunden, die aus mir sehr bald eine richtige Bücherratte machten. Meine Omi, schon zwei Jahre Witwe und Angehörige der Trümmerfrauen-Generation, als ich 1947 geboren wurde, war und bleibt die erste, wichtigste Leitfigur in meinem Leben, für mein politisches und persönliches Engagement. … Ich hätte vielleicht gar nicht durchgehalten, wäre Omi nicht gewesen, bis heute mein ›Alter Ego‹, meine Seelenverwandte, meine immer verständnisvolle, aufopfernde und lebenskluge Freundin.«

## Wahl-Vorbilder

Petra Kellys Antworten im FAZ-Fragebogen:
   *Ihre Lieblingsgestalten in der Geschichte?* Rosa Luxemburg.
   *Ihre Helden in der Wirklichkeit?* Gert Bastian, »Greenham-Common-Frauen«, Philipp Berrigan.
   *Ihre Heldinnen in der Geschichte?* Alexandra Kollontai, Lysistrata, George Sand.

**Rosa Luxemburg (1871–1919)** In Petras Brüsseler Wohnung hing ein Poster-Porträt »mit ihrem Idol Rosa Luxemburg«, manchmal unterschrieb sie sogar ihre Briefe mit »Rosa L.«.

**Philip Berrigan (1923–2002)** Katholischer Priester und amerikanischer Friedensaktivist, resoluter Befürworter des gewaltlosen Widerstands gegen Staatsgewalt, Anti-Vietnamkrieg-Aktivist. Eine Zeitlang auf der »Ten Most Wanted List« des FBI, dennoch zweimal für den Friedensnobelpreis nominiert.

**Alexandra Michajlowna Kollontai (1872–1952)** Russische Schriftstellerin, Diplomatin. Revolutionärin und Frauenrechtlerin. Von Lenins Theorien begeistert, gehörte sie nach dem Sieg der Bolschewisten als erste Frau dem revolutionären sowjetischen Kabinett an und war damit die erste Ministerin der Welt. 1920 übernahm sie den Vorsitz der Frauenabteilung beim ZK der KPdSU und war 1923 als Gesandte der Sowjetunion in Norwegen die erste akkreditierte Diplomatin weltweit. Die Generalstochter propagierte Kommunenhäuser und freie Liebe.

**Lysistrata** Protagonistin einer pazifistischen Komödie von Aristophanes, leitete den Aufstand der Frauen von Sparta und Athen gegen ihre kriegsbesessenen Männer. Die Damen besetzten die Akropolis und verweigerten sich ihren Gatten. Der Liebesentzug führte zum Frieden.

**George Sand (1804–1876)** Französische Autorin und Ururenkelin von August dem Starken, setzte sich für die Emanzipation der Frauen ein. Darüber hinaus bevorzugte sie Männerkleidung und hatte unter anderem »Affären« mit Alfred de Musset und Frédéric Chopin. Friedrich Nietzsche bezeichnete sie abfällig als »lactea ubertas« (Milchkuh mit schönem Stil). Heinrich Heine und Dostojewski bewunderten sie.

**Anne Frank (1929–1945)** »Anne Frank, die selbst unter der Schreckensherrschaft des Nationalsozialismus und Antisemitismus zu leiden hatte, die im Schatten des Todes lebte, konnte noch an das Gute im Menschen, die wahre Liebe und den Sieg von Recht über Unrecht glauben. Die Nazis verbrannten unzählige Bücher. Sie übersahen jedoch ein von einem jungen Mädchen geschriebenes Buch. Und dieses Buch kennen nun Millionen von Menschen auf der ganzen Welt. Gewalt hört da auf, wo die Liebe beginnt!«

*Literatur:*

Petra K. Kelly: »Viel Liebe gegen Schmerzen«, Frankfurt 1986
Petra Kelly: »Öffentliche Liebeserklärung an meine Omi«, in: Werner Filmer und Heribert Schwan (Hrsg.), »Meine Mutter: Ein deutsches Lesebuch«, Düsseldorf 1989
Alice Schwarzer: »Eine tödliche Liebe. Petra Kelly und Gert Bastian«, München 1993
Monika Sperr: »Petra Kelly. Politikerin aus Betroffenheit«, München 1983

# Ulrich Khuon

geboren 1951 in Stuttgart, lebt in Hamburg

Der Ex-Ministrant, studierte Theologe und Germanistik und ist einer der erfolgreichsten Theaterintendanten Deutschlands, sein Hamburger Haus »Thalia« erntet seit Jahren nicht nur Kritikerlob, sondern meldet auch steigende Besucherzahlen. Der designierte Chef des Berliner »Deutschen Theaters« findet die Rituale der katholischen Kirche »extrem theatralisch« und steht zu seinem Respekt vor der Religion: »Die Fragen, die der Glaube dem Menschen stellt, interessieren mich extrem auch auf der Bühne. Also Fragen nach Schuld, Verantwortung, Nächstenliebe, Feindschaft, Hass, Neid.« Sein Sohn ist Schauspieler, seine Tochter Dramaturgin am Theater.

»Nietzsche sagte sinngemäß: Ich mache mir aus einem Philosophen gerade so viel, als er imstande ist, ein Beispiel zu geben. Das finde ich, ist das Entscheidende. Meine Vorbilder sind also – bis auf eine Ausnahme – Menschen, die ich aus dem Erleben heraus bewundert habe, an denen ich mich versucht habe zu orientieren.

Das entscheidende Vorbild für mich – wie wohl für viele andere Söhne auch – war mein Vater. Ihn nenne ich deshalb auch an erster Stelle. Ich habe im Elternhaus eine große Liebe gespürt, und das war es, was mir wiederum Zutrauen in die Welt gab. Es war diese Urerfahrung einer bedingungslosen Zuwendung, die nicht fordert sondern gibt, die für jeden Menschen so elementar ist und die mich zu einem eher optimistischen Menschen geformt hat.

Das nächste wesentliche Vorbild war mein Griechischlehrer, der mich während meiner gesamten Schulzeit begleitet hat. Ihn habe ich bewundert, weil er – obwohl sehr jung – eine Mischung aus absoluter Ruhe und Souveränität in Verbindung mit einem leicht ironischen Darüberstehen ausstrahlte. Und er hat mir, auch über das Fach, über die Philosophie hinaus, sehr viel beigebracht.

Ein Beispiel: Als Junge war ich begeistert von der Ausbildung in Sparta, von der Härte, die man sich selber auferlegte. Ich war völlig unreflektiert ›Spartaner‹. Aber Harald Kienzler, mein Griechischlehrer, hat dann die Qualitäten der griechischen Polis, die Vorzüge Athens erwähnt und uns fast unbemerkt beigebracht, welche ideologischen Setzungen der Spartaner hinter der sinnlosen Aufopferung und Übertriebenheit an Härte standen. Und so löste sich durch die Vermittlung des Lehrers das eine Ideal durch das andere ab, so entstand allmählich das Zutrauen in eine Form von Politik, in die Herrschaft der Gedanken, des Kopfes, der Klugheit über simplere Reflexe.

Entscheidend war aber, neben solchen Erkenntnissen, auch seine Persönlichkeit. Ich war als Schüler ein Störenfried und Klassenclown, aber Harald Kienzler blieb auch in Situationen, in denen es hoch herging, immer ruhig. Das war ein wichtiger Lernschritt.

Als ich dann anfing, mich für das Theater zu begeistern, war es Peter Palitzsch, der mich tief beeindruckte. Auch er war ein großer, ruhiger, kluger Argumentierer. Seine Theaterarbeiten waren erkenntnisfördernd, hatten eine Helligkeit und Leichtigkeit, die uns in den Stand setzten, das sinnlich Überwältigende des Theaters zu durchschauen und so dem Gedanklichen zu seinem Recht zu verhelfen. Also genau das, was auch Brecht immer wieder forderte. Brecht und Palitzsch haben durch ihre Theaterarbeit versucht zu sagen: Da gibt es immer wieder Verknüpfungspunkte, die wir in ihrer Künstlichkeit, also in ihrer gesellschaftlichen Fabriziertheit durchschauen müssen und vor allem auch laut benennen, denn nur so sind sie veränderbar. So gelang es Palitzsch zum Beispiel in Frankfurt, siebzigjährigen Abonnentinnen und Abonnenten die Notwendigkeit gesellschaftlicher Veränderungen plausibel zu machen.

Und dann gibt es noch ein weiteres Vorbild, das ich allerdings nicht persönlich erlebt habe: Benedikt von Nursia, der Gründer des Benediktiner-Ordens.

Ich habe relativ lange gebraucht zu ergründen, warum ich ihn so großartig finde: Es ist seine Erkenntnis, dass Gut und Böse oder Stark und Schwach keine reinen Gegensätze sind, die sich ausschließen müssen, die man entweder dämonisieren oder mystifizieren sollte. Der Mensch ist vielmehr beides: manchmal schwach und manchmal stark; eine Erkenntnis, die sich banal anhört, die es dem Menschen, der ja gemeinschaftsfähig sein soll oder will, leichter macht, seine Schwäche zu überwinden.

Außerdem bringt die Benediktinische Regel einen guten Rhythmus in den Tag, der sich dem Tag-und-Nacht, dem Hell-und-Dunkel-Rhythmus anpasst und einerseits falschen Müßiggang, andererseits Hyperaktivität, dieses Überangestrengte, verhindert. Beten und arbeiten. Im Singen und Beten geht man von sich weg, lobt und dankt, wehrt sich gegen die Ich-Verfangenheit. Es folgt die Arbeit, das Körperliche, auf das Geistige – die daraus resultierende Balance hat mich einfach überzeugt.

Und noch etwas hat Benedikt in seiner Regel festgelegt: Der Abt ist angehalten, nicht nur auf seinen Ältestenrat zu hören, sondern auch auf die jüngeren Brüder, denn Gott teilt sich doch oft auch über die Jüngeren mit. Das heißt aber: Natürlich haben die Alten die Erfahrung, aber die Jungen haben vielleicht Emphase oder noch ein anderes Weltvertrauen. Und das ist eine erstaunliche Wahrnehmung.

Im Grunde sind die Gedanken, die in den ›Regeln des heiligen Benedikt‹ vorbildlich formuliert werden, grundlegende Werte des Miteinander, die heute in vielen Bereichen vernachlässigt werden: Man wird zur Eigenverantwortung aufgerufen, aber zugleich davor gewarnt, den Menschen zu überfordern. Ich finde, der Heilige hat seine Regel dem menschlichen Naturell angepasst. Sie ermöglicht uns, in einer guten Weise ein gemeinsames Leben zu führen, trotz Schwächen.

Man schafft es ja nie, Vorbilder ganz zu erreichen. Aber als Ausrichtung für das eigene Handeln helfen sie einem doch sehr. Ob dann alles gut gelingt, muss das eigene Umfeld sagen.«

»Der Mensch an sich ist eigen und schämt sich für sein Gefühl,
dass es nur keiner zeige, weil die Moral es so will.«

# Hildegard Knef

28. Dezember 1925 Ulm – 1. Februar 2002 Berlin

»Keine Klinik kann so schön sein, dass man sie auf
lange Zeit als angenehm empfindet«, bemerkte sie,
als sie Ende Mai 2001 nach einem dreiwöchigen
Koma aufwachte. Sie war bereit, sich einmal mehr aufzurappeln, wie
jedes Mal, sooft sie auch aus dem Sattel geworfen wurde: »Nein, ich
gebe nie auf.«

1939: Die erste OP, als ihr die Mutter eine knallt und die Nase bricht:
»Mit sechzehn sagte ich still: Ich will! Will groß sein, will siegen, will
froh sein, nie lügen.«

1942: Sie gewinnt ein UFA-Preisausschreiben für Zeichnerinnen,
aber lässt sich dann in Babelsberg zur Schauspielerin ausbilden.

1945: Als Soldat verkleidet (»sollte ich warten, bis ich vergewaltigt
werde?«) wird sie von den Russen gefangen genommen, kann fliehen,
rezitiert bei der Einweihung des Berliner Schlosspark-Theater Goethes:
»Der Anfang ist in allen Sachen schwer«.

Sie spielt im ersten deutschen Nachkriegsfilm »Die Mörder sind unter uns«, wird zum ersten großen Star der Nachkriegszeit, ist aber alles
andere als ein braves Fräulein Wirtschaftswunder. Sie heiratet einen
Amerikaner und zieht mit ihm nach New York. Diesen »Tabu«-Bruch
verzeihen ihr die Deutschen nie: »Und damit war ich Ausländerin in
Deutschland.«

Daheim als »Landesverräterin« abgestempelt (so bezeichnet der
Stern sein allererstes Titelmädchen), macht Hollywood sie zum Star (unter anderem an Gregory Pecks Seite in »Schnee am Kilimandscharo«).

Dann die Rückkehr 1951: Als US-Staatsbürgerin dreht sie in
Deutschland »Die Sünderin« mit jenen zwanzig Sekunden, die ihr
Leben verändern: Man sieht sie, wie Gott sie schuf – der Skandal ist
perfekt. Über sieben Millionen Zuschauer pilgern in einen Film, der
Tabus wie Prostitution und Freitod thematisiert. Der Kölner Kardinal

Frings lässt einen Mahnbrief von den Kanzeln verlesen, Kinos werden mit Stinkbomben attackiert, der Film wird, nach erfolgreichen Klagen, in mehreren Orten verboten.

Geächtet, »flieht« sie nach Amerika, debütiert – und triumphiert! – 1955 am Broadway als »Ninotschka« in Cole Porters Musical »Silk Stockings«.

1975: Der nächste »Skandal«: Sie hat Krebs, wird sechsundfünfzigmal operiert, spricht öffentlich über die Krankheit, die in Todesanzeigen damals noch scheinheilig als »langjähriges Leiden« verschwiegen wird.

1980 kommt es noch »schlimmer«: Sie bekennt sich im Fernsehen zu ihrer Schönheitsoperation: »Ein Facelifting ist besser als Valium.« Gleichzeitig verkracht sie sich mit der Dietrich (die dennoch bis an ihr Lebensende alle Zeitungsartikel über »Hildchen« ausschneidet), gewinnt aber neue Bewunderer: »Sie war meine erste Liebe. Lange vor Jimmy und Elvis«, Alice Schwarzer.

Inzwischen hat sie gelernt, Einbrüche, auch finanzielle, mit Würde zu ertragen. Einen Umzug zum Beispiel muss die Sozialhilfe finanzieren, weil ihre Konten aufgrund hoher Schuldenstände gesperrt sind.

Die Knef schreibt Lieder und Bücher, konzertiert.

5. März 1995: Das letzte Konzert in Berlin (»Ich habe keine Lust dauernd zu kämpfen«).

2001: Bundeskanzler Schröder gratuliert ihr zum fünfundsiebzigsten Geburtstag: »Wir sind uns im Hotel Interconti begegnet. Ich sagte ihm, ich hätte eine Bitte: mich deutsche Staatsbürgerin werden zu lassen. Er sagte: ›Sie haben bitte was nicht?‹ Ich sagte: ›Einen deutschen Pass.‹ – ›Das darf nicht wahr sein.‹« Am 27. Juni hat sie ihn.

Sie gibt zu, dass in ihrer Autobiografie »Der geschenkte Gaul« (1970, weltweit eine Auflage von über drei Millionen Exemplaren) so Manches »erfunden wurde zum Zwecke des Vertuschens«. Hier also die Fakten:

Drei Ehen: Kurt Hirsch, sudentendeutscher Jude (1947–1952), David Cameron Palastanga, britischer Schauspieler (1962–1976), ist Vater der Tochter Christina, Paul Rudolf Freiherr von Schell, ungarischer Adliger (1977 bis zum Tod).

In 49 Kinofilmen hat sie gespielt, 7 Bücher geschrieben, Titelrollen in 15 Theaterstücken verkörpert. 23 Original-Alben sind erschienen, 317 einzelne Titel, 130 davon hat sie selbst geschrieben.

»Egal, ob man es mag, doch es kommt der Tag, wo einer fragen wird, was den Menschen an Dir lag. Stell Dich seinem Blick, versuche keinen Trick, Du lügst Dir keinen Fluchtweg, frei ist das Grab.«

# Haus-Vorbilder

**Mutter Frieda Auguste geb. Gröhn (1897–1961)** »»Ja, aber sie ist doch gar nicht begabt«, murmelte meine Mutter fassungslos«, als man sie informierte, dass die Tochter einen Ausbildungsvertrag in Babelsberg bekommt.

Nach der zweiten Ehe (der Vater von Hilde war sechs Monate nach ihrer Geburt gestorben), zog die Sekretärin bei Siemens mit der Tochter nach Berlin und »versprach jedes Mal, sich mehr um mich kümmern zu wollen«. Dennoch sahen sie sich nur an Sonntagen.

Trotzdem holte die Knef, auch als US-Star, ihre Mutter immer wieder »dazu«. Auch zu der »Ninotschka«-Vorpremiere nach Boston: »Sie blinzelt, macht ihr Wir-werden-den-Laden-schon-schmeißen-Gesicht. … ›Kind, wie siehst Du aus?‹, sagt sie in der Halle, ›du hast furchtbar abgenommen.‹«

Nach der Premiere (im Publikum die begeisterte Marlene Dietrich) in New York wollte sie allein sein. Aber kaum in ihrem Hotelzimmer, rief sie ihre Mutter in Boston an: »Mutter ist noch wach: ›Ich hab' die Nachrichten am TV gesehen‹, sagt sie, ›great success habe ich verstanden.‹«

Nach dem Mauerbau 1961: »Mutter weinte, mager war sie, gläsern die Haut.« Wenige Monate später: »Weihnachten starb Mutter. Am Nachmittag hatte ich wie so oft um Morphium gekämpft. … Ich blieb bei ihr, bis (die Schwester) die Ampulle aufgezogen und injiziert hatte, bis ich Erlösung im Gesicht meiner Mutter sah, die nasse Stirn glatt wurde. Nachts kam der Anruf.«

**Großvater Karl Gröhn (1864–1945)** »Ich habe meinen Großvater nie mit Männern in ›männlichen Gesprächen‹ gesehen; er mochte Männer nicht, spielte nicht Karten und hasste alle Verbrüderungen. … Ich hatte einmal mit dem Zeigefinder ›Hitler ist doof‹ in den Sand geschrieben, um ihm eine Freude zu machen, aber er hatte mir weitere Zeichnungen dieser Art verboten, und so sprachen wir nicht mehr davon, und mit

›davon‹ meine ich Hitler und Krieg und SS und Magermilch. Nur als ich in den BDM eintreten sollte, wehrte er sich mit Händen und Füßen«, schreibt sie in ihrer Autobiografie über den Vater ihrer Mutter, in dessen Laube im Berliner Vorort Zossen sie sehr viel Zeit verbrachte: »Und hübsch war ich auch nicht, weiß Gott nicht, keiner fand mich hübsch, außer Großvater.«

»So sah ich ihn wieder, als ich drei Monate später aus der russischen Gefangenschaft zurückkam; er hob ganz ruhig den Kopf und sagte: ›Du bist ja da, mein Kind‹, nahm meine Hand und schlief ein.«

## Wahl-Vorbilder

**Else Bongers (1907–1994)** »Lerne: Du suchst die Männer aus, nicht umgekehrt. ... Ich wurde rot, röter, fürchtete, zu platzen. Sehr beschämt war ich damals, dankbar war ich später«, berichtet sie über ihre UFA-Schauspiellehrerin, die auch Günter Lamprecht, Götz George, Anita Kupsch, Gaby Dohm, Sabine Sinjen, Ulrich Matthes unterrichtete.

Hildegard rief sie regelmäßig an: »Else Bongers wartet [Berlin, 1953] in meinem Zimmer. Sie sitzt ruhig und raucht. Ich stürze auf sie zu. Mein Wortschwall reißt nicht ab. ›Setzt dich. Atme durch, atme aus‹, sagt sie. ... Sie sieht mich an, wie man ein Foto ansieht: ›So geht es nicht weiter‹, sagt sie, ›du bist verhuscht, verändert, du musst dich wieder besinnen, wer du bist.‹«

In der WDR-Gala zum ihrem fünfundsiebzigsten Geburtstag gesteht die Knef: »Die eigentliche Tragödie des Altwerdens ist der Verlust meiner väterlichen Freunde wie Henry Miller, Tennessee Williams oder Ludwig Marcuse, die mein Leben geprägt haben.«

**Henry Miller (1891–1980)** »Seine Güte umhüllt den einschneidenden Besucher gleich einem Federbett – sie erinnert an Henry Miller.« Als der US-Schriftsteller in den 1930ern in Paris lebte, entstanden sein »Wendekreis des Krebses« und »Wendekreis des Steinbocks«. Die sprachliche Offenheit bei Schilderung erotischer Empfindungen und Szenen führte dazu, dass seine Bücher in den 1960ern in vielen Ländern verboten wurden. Für die Knef war der Tabubrecher von Anfang an ein »Seelenverwandter«.

**Tennessee Williams (1911–1983)** Hildegard lernte ihn im April 1955 kennen, danach verstärkte sich ihre Sympathie für die gesellschaftlich ausgegrenzten Homosexuellen.

Nachdem Hollywood sein Drehbuch »Die Glasmenagerie« abgelehnt hatte, schrieb er es in ein Theaterstück um und feierte damit 1944 den ersten Bühnenerfolg. Der Film-Durchbruch kam mit »Endstation Sehnsucht« (Pulitzer-Preis 1948) und »Die Katze auf dem heißen Dach« (Pulitzer-Preis 1955).

**Ludwig Marcuse (1894–1971)** Spätsommer 1949, Chicago: »»Man hat Sie verändert Kind‹, sagt Ludwig Marcuse. Ich hab' mich verändert. Alles was ich nicht leiden konnte, bin ich geworden. Nicht ganz. Aber viel fehlt nicht. Marcuse lacht aus dem Bauch von Großvater, schwenkt die Arme wie ein Seehund die Flossen. Er redet gern, bullert wie ein vollgestopfter Kanonenofen. Sagt ›Nein‹, wenn er ›Nein‹ verstanden haben möchte, breites berlinerisches ›Nein‹.

Ich kriege Hunger, wenn ich ihn sehe. Genüsslich ißt er, freudig, sieht auf den gefüllten Teller wie ein Kind aufs verpackte Weihnachtsgeschenk, seine großen Ohren werden rot, sein Körper wippt. ... Allein vorm Schreibtisch sitzend kann ich ihn mir nicht vorstellen. Obwohl man nie zum Reden kommt, bildet man sich ein, dass er einem zuhört, als wüsste er alles, was man denkt, hofft, sich wünscht. Belämmert kommt man sich vor mit seinen Filmproblemchen, Geldsorgen, Passängsten. Manchmal sagt er, was ich lesen sollte, was nicht. Nie habe ich ihn englisch sprechen hören. Seine Vorlesungen an der Uni kann er unmöglich deutsch abhalten.«

Dem jüdischen Großbürgertum entstammend, emigrierte der Philosoph 1933 nach Amerika, lehrte an verschiedenen Universitäten, Anfang der 1960er Jahre ließ er sich in Bad Wiessee nieder, schrieb eine »Sigmund Freud«- und »Heinrich Heine«-Biographie sowie »Das denkwürdige Leben des Richard Wagner«.

*Literatur:*
Hildegard Knef: »Der geschenkte Gaul«, Wien 1970
Hildegard Knef/Jans Kossatz: »Heimweh-Blues«, München 1976
www.hildegardknef.de

# Hardy Krüger

geboren 1928 in Berlin, lebt in Hamburg und den
USA

Der erste Weltenbummler Deutschlands. Als Schauspieler
Weltstar, als Schriftsteller Bestsellerautor. Dreizehnjährig
wird er in Hitlers Eliteinternat gleichgeschaltet, spielt
1943 im NS-Propagandafilm »Junge Adler«, wird als
»Kanonenfutter« an die Front geschickt. Nach 1945 entscheidet er sich für die Schauspielerei, verkörpert in französischen Filmen
und in Hollywood den »guten Deutschen« (dreht unter anderem mit John
Wayne, Richard Burton, Sean Connery). 1984 – der letzte Kinofilm: »Inside
Man – Der Mann aus der Kälte«. Seitdem kämpft der Kosmopolit und leidenschaftliche Pilot in seinen Büchern für die bedrohte Flora und Fauna und
zeigt in seinen TV-Reportagen die vergessenen Winkel der Welt, um sie für
die kommenden Generationen festzuhalten. Siebzehn Jahre lebte er auf einer Farm in Afrika, Jacques Chirac berief ihn zum Mitglied der Ehrenlegion
(»Weil ich das Bild des Deutschen in Frankreich veränderte«). Er ist zum
dritten Mal verheiratet und hat drei Kinder.
»Ich finde es nicht so wichtig, was gestern war. Wichtig ist, was morgen
kommt.« Seine Antriebskraft: »Respekt vor der Schöpfung.«

»Es hat für mich nie ein Vorbild gegeben, dem ich nachzueifern
trachtete. Doch zu allen Zeiten gab und gibt es in meinem Leben
ein Kaleidoskop von Menschen, deren Weisheit, Charakter und
Handlungen mir den Weg gewiesen haben. An ein einziges, geschlossenes Menschenbild zum Nacheifern würde ich nur dann denken können, wenn es möglich wäre, all diese Teil-Eigenschaften zusammenzu-
setzen, was ich dann als mein ›Vorbild par excellence‹ zu beschreiben
hätte. Lassen Sie mich Beispiele dazu nennen.

Beispiel: Montgomery Clift.

Als jungem Schauspieler wurde mir wegen meiner unbeeinfluss-
baren Art, aus dem Instinkt heraus Theater zu spielen, durch nam-
hafte Regisseure, die in ihrer veralteten Schule verfangen waren, eine

niemals stattfindende Karriere vorausgesagt. Einmal, während einer arbeitslosen Stunde, sah ich in dem Film ›A Place in the Sun‹ einen Schauspieler, der alle seine Szenen so spielte, wie ich sie gespielt hätte, wäre ich an seiner Stelle gewesen. Glücklich, auf dem Heimweg drei Schritte gleichzeitig nehmend, hab ich mir gesagt, wenn dieser Clift Karriere machen darf, machst du das auch. Endlos lange Jahre später, waren Monty und ich Freunde. Und ich habe mich bei ihm bedankt.

Beispiel: Hans Söhnker.

Er war einer der Großen bei der UFA und ein Mann mit Mut. Es ist mitten im Krieg gewesen, ich war fünfzehn, er so an die vierzig, als er mir sagte, dass Hitler ein Verbrecher ist. Ich erinnere mich, wie er, umgeben von der Furcht vor Nazi-Terror, mit mir über Dachau sprach, Bergen-Belsen, Stalingrad. Ich erinnere mich, wie er beim Presseball für Fotos neben Hitler stehen musste, wie er zu lächeln wusste, und ihm nicht anzusehen war, dass er in der gleichen Nacht im Keller seines Landhauses jüdischen Mitbürgern Unterschlupf gewährte, Menschen, denen er mit Hilfe einer Schar Getreuer den Fluchtweg in die Schweiz ermöglichte. Bei Söhnker habe ich erfahren, dass Mut erlernbar ist. Danke, Hans.

Beispiel: Helmut Schmidt.

Ich bewundere das enorme Wissen an dem Mann. Einmal habe ich, und das lachend, zu ihm gesagt, er sei im wahrsten Sinn des Wortes eine wandelnde Enzyklopädie. Seine Behandlung der Probleme dieser Welt ist meisterhaft: eine Mischung aus nüchternem Pragmatismus, visionärer Entschlossenheit und ethischem Bewusstsein. Es geht das Wort um von der Macht, die den Menschen korrumpiere. Auf Helmut Schmidt trifft das nicht zu. Danke, Helmut, auch für das Wort ›Warum?‹ Von ihm nämlich habe ich dieses Wort erlernt. Vor eine bis dahin neue Situation gestellt, will Helmut Schmidt zunächst den Hintergrund durchleuchten: Warum? Als ich in London eine Pressekonferenz in falsche Bahnen lenkte, fragte er: Warum? Über dieses Warum gäbe es noch viel anderes zu sagen, doch ich tue das ein andermal. Und höre ihn im Geist an dieser Stelle sagen: ›Warum?‹

Beispiel: Beethoven.

Als ein ungerechtes Schicksal den Mann, der von Tönen lebte, mit Taubheit schlug, hörte er Musik von innen. Und schrieb weiter Noten auf Papier. Von ihm möchte ich so gerne lernen, niemals ausweglos Erscheinendes als Auswegloses anzusehn.

Beispiel: Aung San Sun Kyi.

Diese zarte Frau stellt sich gewalttätigen, mordenden Generalen in den Weg. Seit einem Vierteljahrhundert tut sie das, in Burma, heute Myanmar genannt. Auf ihrem Weg zu einer gewaltlosen Demokratisierung ihrer Heimat begegneten ihr immer wieder Haft, Hausarrest, Gefängnis, Qual. Die militärischen Despoten können sie nicht zum Schweigen bringen, und der Friedensnobelpreis von 1991 hat ihr die Freiheit nicht zurückgeschenkt. Aung San Sun Kyi lebt in der Reihe von Menschen, die in kaum gekanntem Ausmaß Zivilcourage zeigten. Ich verneige mich vor dieser Frau.

Beispiel: Heinrich Böll.

Er stand als tiefgläubiger Katholik vor seinem Gott, doch kritiklos vor seiner Kirche stand er nicht. In seinen wunderbaren Büchern habe ich das lesen können, und in Gesprächen durfte ich es von ihm hören. An unserem großen Dichter denke ich in Bewunderung.

Es gibt noch viele andere Personen, an die ich denke, wenn ich die Frage beantworten soll, wer für mich Vorbild ist, doch habe ich mich auf diese Wenigen beschränkt, und ich überlasse es nun dem Leser dieser Zeilen, Eigenschaften von Menschen aus seiner eigenen Welt der meinen hinzuzufügen, und gemeinsam mit meinem Kaleidoskop ein Wesen zu schaffen, dem es nachzueifern gilt.«

# Günter Kunert

geboren 1929 in Berlin, lebt in Kaisborstel
bei Itzehoe

Gefördert von SED-Kulturminister Johannes R. Be-
cher, befreundet mit Bert Brecht, setzt sich der Grafiker
und Schriftsteller schon in den sechziger Jahren kritisch
mit dem DDR-System auseinander. In dieser Zeit erscheinen erste Bücher in der Bundesrepublik. 1972
ist er Gastprofessor in Texas. 1976 unterschreibt er den Protest gegen
Wolf Biermanns Ausbürgerung. Es folgen der Parteiausschluss und 1979
die Ausreise in die Bundesrepublik: »Die Auseinandersetzungen in der
DDR waren stets rabiat und direkt. Das macht hellhörig und hat meinem
Schreiben, wie ich meine, genutzt.« Als Gegner der Rechtschreibreform ist
er Mitglied im »Verein für deutsche Rechtschreibung und Sprachpflege«,
sein literarisches Werk umfasst Lyrik, Satiren, Essays, Prosa, Hörspiele,
Märchen, Glossen, Drehbücher und Reiseskizzen: »Schreiben ist eine Art
Zwangsneurose.«

»Meine Vorbilder? Das ist eine am schwersten zu beantwortende
Frage. Es gibt ja Vorbilder unterschiedlicher Art. Einerseits literarische, andererseits menschlich, vielleicht auch – in anderer Beziehung
– künstlerische. Aber diesen Vorbildern eifre ich nicht nach, sie sind
eher an meinem Privathimmel verstreute Sterne, zu denen ich manchmal hinblicke. Aber ein Kopist bin ich nicht.

Als Kind durfte ich nur die schreckliche preußische Volksschule
besuchen, und dort gab es eigentlich nicht viel mehr außer obskuren
Gedichten zu lernen oder ›Vorwärts gen Osten‹ und derlei Kram. Und
nach dem Krieg, den wir gerade so überstanden hatten, da gab es keine
Glaubwürdigen mehr.

Meine Lehrmeister waren Bücher.

Meine Mutter war Jüdin, wir wohnten in Berlin. Sie fuhr jede Woche
in ein Antiquariat, wo ihr ein sehr anständiger Mensch unter dem
Ladentisch verbotene Bücher verkaufte, zum Beispiel eine Heinrich-

Heine-Ausgabe. So konnte ich schon als Kind Heine lesen. Oder auch Edgar Wallace.

Mein Vater las eher wirtschaftlich-politische Werke, aber auch die habe ich durchschmökert, und mir außerdem Bücher zu Geburtstagen und Weihnachten gewünscht. So wuchs mein eigener Bücherschrank, und als ich etwa zehn Jahre alt wurde, ließ mir mein Vater ein großes Regal bauen. Das war eine großartige, außergewöhnliche Geste.

Einer der bedeutendsten Autoren – und somit ein Vorbild – war und ist für mich Marcel Proust. Den habe ich Tag und Nacht gelesen, mit Intensität: Proust widmet sich in seiner Roman-Reihe ›Auf der Suche nach der verlorenen Zeit‹, die mich sehr bewegte, der Zeit mit einer gnadenlosen Konsequenz, die man nicht greifen kann. Und seine Figuren erscheinen wie in einem Sonderlicht, sie altern mit ihm, erscheinen in Erinnerungen, leben durch Erinnerungen – das hat mich sehr beeindruckt, denn ich bin auch ein Erinnerungskünstler, ich träume jede Nacht und kann mich morgens immer an meine Träume erinnern, die Träume sind für mich Leben, schreiben heißt ja: Bilder in Worte fassen.

Proust hat mich nie verlassen, ist mit mir mitgegangen, obwohl ich ihn sehr spät kennengelernt habe, als ich schon an die Vierzig war. Und zwar durch Walter Benjamin – einen meiner Heiligen – der die ersten Bände übersetzt hatte.

Aber: Heiliger und Vorbild sind vielleicht nicht die richtigen Begriffe.

Benjamin ist ein enormer Stilist und Prosaist. Sein Denken befand sich in einem Schwebezustand, der nach seinem Moskau-Aufenthalt zwar ein wenig abgeflaut war, dennoch versuchte er immer wieder, eine materialistische Weltsicht mit einem transzendenten jüdischen Denken zu verbinden. Das hat mich fasziniert … Außerdem hatte er auch als Mensch so viel verkraftet, als er für seine Arbeit ›Über das Barocktheater‹ keine Professur bekam. Eine beeindruckende Lebenshaltung.

Als ich selber anfing zu schreiben, da war ich noch ein halber Knabe, da gab es einen ›Zusammenstoß‹ mit zwei amerikanischen Lyrikern, die heute in Amerika fast vergessen sind, die für mich aber vorbildhaft gewesen sind: Carl Sandburg und Edgar Lee Masters.

Ich bin – das Wort ist zwar ein wenig abgegriffen, ich nenne es dennoch – ein Realist. Sandburg und Masters waren zwei große realistische Dichter. Ich las ihre Gedichte und nahm sie auf, ohne mich formal beeinflussen zu lassen, und so wirkt ihre Geisteshaltung auf einen immer weiter ein. Es war übrigens Bert Brecht, der mir ein Buch von Sandburg geliehen hatte – das war in der Tat eine entscheidende Wendung. Ich habe es dann auch übersetzt. Aber nie zurückgegeben, gute Bücher darf man stehlen.«

# James Last

geboren 1929 in Bremen, lebt in Hamburg und Florida

18 Platin-, 206 Goldene Schallplatten, mehr als 80 Millionen verkaufte Tonträger, das ergibt einen Eintrag ins »Guinness-Buch der Rekorde«, aber vor allem eine internationale Fan-Gemeinde aller Altersklassen. Musik studiert er als Kadett an der Frankfurter Heeresmusikschule, nach Kriegsende gründet er eine Band und spielt mit seinen Brüdern vor allem Jazz: »Jazz war in diesen Tagen in Deutschland geradezu ein Synonym für das neue Lebensgefühl, für das Abschütteln der Gespenster der Vergangenheit: Wir wollten der Welt zeigen, dass wir nicht nur dumpfe Marschmusik auf dem Kasten hatten.« Seit fast einem halben Jahrhundert tourt er mit seiner Big Band durch die ganze Welt (China inklusive): »Der liebe Gott hat mir die Gabe gegeben, das aufzuschreiben, was ich fühle – und das fühlen Millionen von Menschen auch.«

»Zum Vorbild: Es gibt so viele große Musiker, dass es schwerfällt einige hervorzuheben – Bach, Debussy, Stockhausen, Count Basie, die Beatles. Als Musiker muss man nur mit offenen Ohren durch die Welt gehen, um die Schätze dieser Welt kennenzulernen.

Im normalen Leben ist es ebenso – lasst uns das Gute sehen, das Miese fault sowieso und stinkt.

Mein Leben verdanke ich meinen Eltern, die mir ohne Reichtum die Möglichkeit gegeben haben, das Leben kennenzulernen; ich brauchte es nur weiterzugeben.«

# Wolfgang Leonhard

geboren 1921 in Wien, lebt im Manderscheid/Eifel

Sein Buch »Die Revolution entlässt ihre Kinder« (1955) macht ihn zum deutschen Ostexperten schlechthin. Der »Kreml-Astrologe« kam 1935 mit seiner Mutter, Kommunistin und Freundin von Rosa Luxemburg, in die Sowjetunion. 1936 wurde sie in ein GULAG verbannt. Der Sohn wird an der Komintern-Schule ausgebildet. 1945 kommt er mit der »Gruppe Ulbricht« nach Berlin. Aus Opposition gegen den Stalinismus flieht er 1949 aus der Sowjetzone und lebt seit 1950 in der Bundesrepublik. Einundzwanzig Jahre lang lehrte er in Yale/USA über die Geschichte der UdSSR und war immer als Publizist tätig: »Ich hatte nie große Illusionen, ich habe nie geschwärmt, sondern lediglich in Kategorien gedacht: So ist der Kapitalismus und so der Kommunismus. Mehr nicht.«

»Ich habe zwei Vorbilder – Andrej Sacharow und Alexander Dubček.

Andrej Sacharow – dieser Kernphysiker, der die sowjetische Atombombe entwickelte, bis er erkannt hatte, welche Gefahr diese Waffe in den Händen eines totalitären Regimes darstellt und zum Regimekritiker wurde, der Dissident, der sich als junger Mann freiwillig zur Roten Armee meldete, der Nobelpreisträger, der die Menschenrechte verteidigte – ist in meinen Augen der größte Reformer des Sowjetsystems, im Sinne einer freiheitlichen, demokratischen Entwicklung. Die Vorschläge für die Umgestaltung der Sowjetunion, die er vorgelegt hatte, wären entscheidend gewesen, wenn man ihm zugehört hätte, statt ihn nach Gorki zu verbannen. Hätte man auf ihn gehört, dann würde es heute eine reformierte, humanistisch geprägte Sowjetunion geben. Leider wurden seine Visionen missachtet.

Außerhalb der Sowjetunion war mein Vorbild Alexander Dubček, die Leitfigur des ›Prager Frühlings‹ von 1968. Dubček hat sich maßgeblich für den ›Sozialismus mit menschlichem Antlitz‹ eingesetzt, bis der Einmarsch der Armeen des damaligen Warschauer Paktes seinem Reformkurs ein gewaltsames Ende setzten.

Übrigens: Die Umstände seines tödlichen Autounfalls sind bis heute ungeklärt.«

»Ein jeder handle so,
als wollte Gott eine große Tat durch ihn vollbringen.«

# Martin Luther

10. November 1483 Eisleben/Thüringen –
18. Februar 1546 Eisleben

»Zum ersten bitte ich, man wolle meines Namens geschweigen und sich nicht lutherisch, sondern Christen heißen. Was ist Luther? Ist doch die Lehre nicht meine. So bin ich für niemand gekreuzigt … Was kann denn ich armer, stinkender Madensack dazu, da man die Kinder Christi sollte mit meinem heillosen Namen nennen? Nicht also, liebe Freunde, laß uns tilgen die parteiischen Namen und Christen heißen, des Lehre wir haben«, fleht der Reformator, der mit seinen Glaubensthesen das Christentum spaltete, denn er versteht sich als ein Werkzeug Gottes und beteuert, ein einziges Ziel zu haben: seinen Schöpfer zu verstehen, denn Gott würde ihn schließlich »wie einen blinden Gaul« führen.

Trotzdem ist es »besser, mit eigenen Augen zu sehen, als mit fremden« – vor allem wenn man, wie er, in Zeiten des Umbruchs (Schisma, Türken an den Grenzen Europas, Emanzipation der Städte) nach neuen Leitbildern sucht.

Nach der Domschule in Magdeburg und einer musischen Ausbildung im Eisenacher Franziskanerstift, geht Luther nach Erfurt, um Jura zu studieren. Doch am 2. Juli 1505 gerät er, so die Legende, in ein schweres Gewitter und ein Blitz schlägt so dicht neben ihn ein, dass er weggeschleudert wird. Da ruft er voll Schreck die heilige Anna an: »Lässt du mich leben, so will ich ein Mönch werden.«

Am 17. Juli tritt er – gegen den Willen des Vaters – als Novize in das Erfurter Augustiner-Kloster ein, ein Jahr später legt er das Mönchsgelübde ab, 1507 zelebriert er nach der Priesterweihe seine Primiz (erste Messe) und beginnt, Theologie zu studieren. Als Begleiter eines Vorgesetzten lernt er Rom kennen: »Ich bin nicht lange in Rom gewesen, habe daselbst viele Messe gehalten ... und hörte unter anderen großen Possen über das Abendmahl die Priester lachen.«

Heimgekehrt, wird er 1512 zum Doktor promoviert, hält Bibel-Vorlesungen an der Universität von Wittenberg, wohnt im Turm des Schwarzen Klosters und hadert mit sich und der Welt. »Wiewohl ich als untadeliger Mönch lebte ... Ich liebte nicht nur nicht – nein, ich haßte den gerechten Gott. Bis Gott sich erbarmte, und ich, der ich Tag und Nacht nachgedacht hatte, den Zusammenhang der Worte begriff, nämlich: Gerechtigkeit Gottes wird offenbart in dem, was geschrieben steht, der Gerechte wird aus Glauben leben« – so beschreibt er sein »Turmerlebnis« von 1517, die Geburtsstunde der Reformation: denn Luther ist überzeugt, dass der Mensch die Gnade Gottes allein durch seinen Glauben (sola fide) erreicht und nicht durch gute Werke, also braucht er auch keine katholischen Vermittler und Gnadenverkäufer.

31. Oktober 1517: Luther schickt einen Brief an seine Vorgesetzten, dem er die 95 Thesen (lateinische) gegen den Ablasshandel beilegt. Dass er sie an die Tür der Wittenbergischen Schlosskirche geschlagen hat, ist wohl Legende.

1518: Er soll sich als Ketzer vor dem Papst in Rom verantworten, flieht aber: »Ich hatte nur Socken an, keine Stiefel, keine Hosen, kein Messer und keine Wehr. Ich ritt einen hart trabenden Klepper, ritt acht Stunden und fiel, als Rast gemacht wurde, wie tot vom Pferde in die Streu des Stalls und hatte keinen Bissen und Trank zu mir genommen.«

Seine Lehre verbreitet sich über Volksprediger, von Dorf zu Dorf. Postkutschen bringen Körbe voller Briefe. Er beantwortet jeden einzelnen, stets in Sorge »um meine lieben Deutschen, für die ich geboren bin und denen ich dienen will. Ich kann es ja nicht lassen, ich muss mich sorgen um das arme, elende, verlassene und verratene und verkaufte Deutschland, dem ich kein Arges, sonder alles Gute gönnen, wie ich's schuldig bin meinem lieben Vaterland.« Der Papst droht mit Exkommunikation.

1521: Er muss sich vor dem Reichstag im Worms verteidigen, lehnt es aber ab, seine Thesen zu widerrufen: »Daher kann und will ich nichts widerrufen, weil wider das Gewissen etwas zu tun, weder sicher noch heilsam ist. Gott helfe mir. Amen.« Die berühmten Worte: »Hier stehe ich und kann nicht anders« stammen wohl nicht von Luther.

Von nun an muss er sich auch vor der weltlichen Justiz verstecken – und zwar auf der Burg seines Beschützers: »Da ich zu Wartburg war bei Eisenach, da schoß es einmal zu mir aus dem Ofen mit Nüssen, welchs auch des Teufels Werk war ... Auch ein Hunde lag einmal in meinem Bett, den nahm ich und warf ihn aus dem Fenster hinaus ...« (Nach einem dieser Teufel soll er mal sein Tintenfass geworfen haben, um ihn zu verjagen.) Dennoch: »Christus Satana major« (Christus ist mächtiger als Satan).

Er übersetzt das Neue Testament ins Deutsche: »Man muß nicht die Buchstaben in der lateinischen Sprache fragen, wie man soll Teutsch reden ... sondern man muß die Mutter im Hause, die Kinder auf der Gassen, den gemeinen Mann auf dem Markt drum fragen und denselbigen auf das Maul sehen, wie sie reden und darnach dolmetschen, so verstehen sie es denn, und merken, dass man deutsch mit ihn' redet.« Also schreibt er auch Lieder, auf Deutsch (»Ein feste Burg ist unser Gott«).

In nur elf Wochen ist die Übersetzung von »Newe Testament Deutzsch« abgeschlossen. In September 1522 wurden 5000 Exemplare ausgeliefert und sind bis Weihnachten vergriffen. Hans Lufft, sein Verleger, verkauft insgesamt rund 100 000 Exemplare und wird schwerreich. Der »Bestseller-Autor« nimmt keinen Pfennig an und übersetzt (1534) auch das Alte Testament.

1525 heiratet er eine ehemalige Zisterzienserin (»Es ist doch ein groß Ding um die glückliche Gemeinschaft zwischen Mann und Frau«), wird sechsfacher Vater, lädt Freunde zu »Tischgesprächen« ein: »Was wir sind? Was Christus ist!« Luther postuliert die Unmittelbarkeit des Verhältnisses des Menschen zu seinem Gott – und »predigt« damit auch den demokratischen Kern von Europas Zivilisation.

Auf einen Zettel, der nach seinem Tod gefunden wurde, notierte er: »Wir sind Bettler. Das ist wahr.«

# Haus-Vorbilder

»Ebenso wie viele andere Männer, die aus einfachen Verhältnissen kamen, erinnert sich Luther im Alter nur ungern an seine Kinder- und Schuljahre. Das wenige, das er, meist im Zusammenhang mit allgemeinen Themen, über diese Zeit erzählte, betraf die niedrige Herkunft seiner Eltern, deren sozialen Aufstieg er grundsätzlich verschwieg – wahrscheinlich, um den Bogen vom Bauernsohn zum öffentlichen Gegner des Papstes und des Kaisers effektvoller zu spannen.« (Dietrich Gronau)

**Vater Johannes Luder beziehungsweise Luther (1459–1530)** »Mein Vater ist in seinen jungen Jahren ein armer Hauer gewesen. Die Mutter hat all ihr Holz auf dem Rücken eingetragen. Also haben sie uns erzogen.« 1532 bemerkte der zweitälteste Sohn des Bergmanns: »Man soll die Kinder nicht zu hart stäupen. Denn mein Vater stäupt' mich einmal also sehr, dass ich ihm floh und dass ihm bang war, bis er mich wieder zu ihm gewöhnet. Ich wollt auch nicht gern mein' Hansen sehr schlagen, sonst würd er blöde und mir feind.«

Durch Fleiß reich und Ratsherr geworden, investierte der Vater in Bücher, verlagerte seinen Ehrgeiz in den Sohn und finanzierte »vom Segen seines löblichen Bergguts« sein Studium. Nach der Magister-Promotion – redete ihn der stolze Vater mit »Ihr« an.

»Ich bin ein Mönch geworden ganz und gar gegen den Willen meines Vaters. Auch noch als ich meine erste Messe las und meinen Vater fragte, warum er an dem, was ich getan, sich so sehr ärgere, erwiderte er und warf mir bei Tische vor: Wißt Ihr nicht, dass geschrieben steht: Ehre Vater und Mutter … Später hat mein Vater mich veranlaßt, zu heiraten.«

Zu einer Versöhnung kam es, nachdem »Martinus« Vater wurde: »Da nahm mich mein Vater zu Gnaden an, und (ich) wurde wieder lieber Sohn.«

**Mutter Margarete Luther geb. Ziegler (1459–1531)** »Meine Mutter stäupte mich um einer einzigen Nuß willen bis aufs Blut. Und so haben sie mich mit ihrer strengen Zucht zuletzt ins Kloster getrieben, wiewohl sie es herzlich gut gemeint haben; aber ich bin dadurch nur kleinmütig geworden. Sie konnten nicht unterscheiden, welche Strafen zu welchen Gemütern passten.«

## Wahl-Vorbilder

»Wenn ich ein Poet wer, so wollt ich den celebrieren. Ich hab in vom hertzen lib« (über Arminius, den Helden von Teutoburger Wald).

**Ursula Cotta (gest. 1511)** »Nicht unerheblich für seine spätere Vorstellung von einem weiblichen Ideal war der Eindruck, den … Ursula Cotta – geborene Schalbe, die einen der vier Gemeindevertreter Eisenachs, Kunz Cotta, geheiratet hatte – auf ihn machte.« (Dietrich Gronau)

Als Student musste er – wie so viele – sein Brot durch Kurrendesingen (also singend und bettelnd von Haus zu Haus ziehen) erwerben, bis ihm die »treffliche« Frau Cotta eine Unterkunft und Verpflegung in ihrem Eisenacher Haus geboten hat.

**Johann von Staupitz (um 1465–1524)** »Staupitz war Vikar über dreißig Klöster. Der gab zuerst wider der Bibel ihren Platz in seinen Klöstern und suchte sich die besten Begabungen zusammen und widmete sie dem theologischen Studium. Es muß ein feiner Impetus in dem Mann gewest sein. Es kostete ihn auch wohl Mühe, bis er die Universität half anrichten. Oft zitierte er in seinen Vorlesungen den Doktor, … der gesagt hat: ›Wer wird uns frei machen von dieser ewigen theologischen Polemik?‹«

»Obgleich ich schon Magister war, wurde ich gezwungen, Käse zu betteln und die Latrine zu säubern, … und als ich schon zum Doktor befördert war, war ich doch noch mein eigener Diener und habe alle Mönchspflichten verrichtet. Aber Staupitz … der befreite mich von den Matutinen … und gab mir einen dienenden Bruder bei.«

»Als einmal Staupitz das Sakrament darbrachte, erschrak ich und beichtete es ihm. Er erwiderte mir: Es ist nicht Christus, was euch bange macht, denn Christus erschreckt nicht, sondern tröstet.«

»Staupitz saß einmal sinnend unter dem Birnbaum, der noch jetzt mitten in meinem Hofe steht; endlich sprach er zu mir: Herr Magister, Ihr sollt den Doktorgrad erwerben, so kriegt Ihr etwas zu schaffen. Das ist zwei Jahre nach meinem Doktorat eingetroffen; denn da habe ich Thesen über Buße und Ablaß veröffentlicht.«

Aus seiner Verbannung in die Wartburg schreibt er dem Theologen, Dekan und Generalvikar des Augustiner-Ordens, der sein Beichtvater und Förderer wurde und »als zweite Vaterfigur aus dem Leben dieses Mannes, dessen Weg er dann nicht mitging, kaum wegzudenken« (Martin Gregor-Dellin ): »Du bist zu demütig, ich bin zu stolz.«

Als er selbst der Ketzerei verdächtigt wurde, distanzierte sich Staupitz vollkommen von der lutherischen Bewegung.

**Johannes Hus (um 1370 – verbrannt am 6. Juli 1415)** »Johannes Hus hat von mir geweissagt, als er aus dem Gefängnis im Böhmerland schrieb, sie werden jetzt eine Gans braten (denn Hus heißt Gans). Aber in hundert Jahren werden sie einen Schwan singen hören, den sollen sie leiden. Da soll es auch dabei bleiben, wenn Gott will«, schreibt Luther 1531 und identifiziert sich mit dem »singenden Schwan«. Der Schwan wird zu seinem Symbol: »Man muß *Lehre* und *Leben* unterscheiden. Das Leben ist bei uns ebenso schlimm wie bei den Päpstlichen. Wir streiten also nicht über das Leben und verurteilen sie nicht deshalb. Das haben Wicleff und Huß nicht gewusst, die gegen das Leben der Päpstlichen angekämpft haben. ... Ihre Lehre angreifen, ist noch nicht geschehen. Das ist meine Berufung.«

Hus, Priester und Rektor der Prager Karlsuniversität, kritisierte bereits ein Jahrhundert zuvor die Ablass-Praxis und ermunterte zum Widerstand gegen einen Papst, der sich nicht an Christus hält. Er hielt die Schrift für die beste Waffe gegen den Teufel, übersetzte die Bibel ins Tschechische und war bemüht, das Abendmahl »sub utriusque« einzuführen (also mit Wein und Brot). Als er exkommuniziert und auf dem Konzil in Konstanz als Ketzer verbrannt wurde, brachen in Böhmen die »Husitischen Kriege« aus. Eine Rehabilitation durch den Vatikan ist bis heute nicht erfolgt.

*Literatur:*
»Luther im Gespräch«. Aufzeichnungen seiner Freunde und Tischgenossen, Hrsg. Reinhard Buchwald, Frankfurt 1983
»D. Martinus Luther. Ein feste Burg«, Hrsg. Johannes Heimrath, Michael Korth, München 1983
Dietrich Gronau: »Martin Luther«, München 1996
Hanns Lilje: »Luther«, Hamburg 1965
www.sermon-online.de

»Mein Ideal ist eine solche Gesellschaftsordnung, in der es mir vergönnt sein wird, alle zu lieben.«

# Rosa Luxemburg

5.März 1871 Zamość/Polen – 15. Januar 1919 Berlin

Keiner weiß, ob sie noch lebte, als die Soldaten sie in den Berliner Landwehrkanal geworfen haben. Ihre Leiche wurde erst fünf Monate später geborgen, die Mörder wurden frühzeitig amnestiert. Man hat die Sozialistin und Verfechterin der internationalen Arbeiterbewegung als einen gefährlichen Regimegegner »entsorgt«, denn sie war »eine sanfte Person mit einer Liebe zu Blumen, jedoch wenn sie öffentlich redetet, war sie der Teufel selber und hetzte die unwissende Menge auf, den Besitzenden alles wegzunehmen … Außerdem trug sie schreckliche Hüte« (Bert Brecht).

Kaum zehnjährig, erlebt Rosalie, das fünfte Kind eines reichen jüdischen Holzhändlers, ein Pogrom. Als Gymnasiastin begeistert sie sich für die Linkspartei ›Proletariat‹, die 1886 den ersten Massenstreik Europas organisierte. Und da ihr Engagement in Warschau bekannt wird, muss die »höhere Tochter« in die Schweiz fliehen. Sie studiert Nationalökonomie, promoviert 1897 »summa cum laude« und verbringt seitdem ihr Leben mit Vorträgen, Reden und Debatten, »im Dienste« des Proletariats. Um die Arbeiter-und-Bauern-Revolution europaweit verwirklichen zu können, will sie nach Berlin, wo das »Herz der Arbeiterklasse schlägt« – also geht die achtundzwanzigjährige »alte Jungfer« eine Scheinehe ein, um preußische Staatsangehörige zu werden.

1898 in der preußischen Metropole angekommen, lehrt sie Nationalökonomie an der Parteischule der SPD, bewahrt trotz Parteiraison ihre politische Unabhängigkeit und ist leicht desillusioniert: »Berlin macht auf mich allgemein den widrigsten Eindruck: kalt, geschmacklos, massiv – die richtige Kaserne; und die lieben Preußen mit ihrer Arroganz, als hätte jeder von ihnen den Stock verschluckt, mit dem man ihn einst geprügelt.«

Ihr Leben besteht aus politischer Arbeit, der Tag beginnt um sechs Uhr morgens, endet gegen Mitternacht und beinhaltet »2 Mal täglich kalte Bäder«.

Der Mann, den die kleine Frau, die hinkt und strengste Diät hält, jahrelang liebte, war »von herrischer Eifersucht und zudem etwas wie ein Sadist« – der litauische Berufsrevolutionär Leo Jogiches, den sie in Zürich kennenlernt. Sie schickt ihm aus Berlin etwa 725 Briefe und Karten, die sie gelegentlich »die liebende Gattin Rosa« unterschreibt: »Und vielleicht noch ein kleines, ganz kleines Baby? Werde ich nie eins haben dürfen? Nie?« Seine Antworten werden »hundertmal geküsst«, sie bleibt »Single« und kinderlos: »Die Arbeit, die tüchtige, intensive Arbeit, die Einen ganz in Anspruch nimmt mit Hirn u. Nerven, ist doch der größte Genuss im Leben … ich weiß, dass dies nicht normal ist, aber ich habe immer in mir selbst so viel Stoff zum Nachdenken und Durchleben, dass ich nie die Leere fühle.«

Sie war und blieb eine Frau, die anders war als die meisten, als Akademikerin, als Jüdin – wobei sie das Judentum verteidigt, weil die »jüdische Bevölkerung von jeher das beliebteste Objekt für die Blitzableiterpolitik der Machthaber« war. Radikaler Zionismus jedoch war ihr fremd: »Was willst du mit den speziellen Judenschmerzen?«, schreibt sie einer Freundin, »Mir sind die armen Opfer der Gummiplantagen in Putumayo, die Neger in Afrika, mit deren Körper die Europäer Fangball spielen, ebenso nahe … Freiheit nur für die Anhänger der Regierung, nur für die Mitglieder einer Partei – ist keine Freiheit. Freiheit ist immer die Freiheit der Andersdenkenden.«

Nach dem Ausbruch des Ersten Weltkriegs wird sie wegen »Anstiftung zum Verbrechen der Meuterei« verurteilt und bleibt in Haft, bis sie 1918 von der Revolution befreit wird. Gemeinsam mit Karl Liebknecht gründet sie den ultralinken Spartakus-Bund (das »sozialistische Gewissen der Revolution«), aus dem sich am 31. Dezember

1918 die KPD etabliert: »Auf, Proletarier! Zum Kampf! Es gilt eine Welt zu erobern und gegen eine Welt anzukämpfen! In diesem letzten Klassenkampf der Weltgeschichte um die höchsten Ziele der Menschheit gilt dem Feind das Wort; Daumen aufs Auge und Knie auf die Brust!« Und: »Ich habe die Absicht und Lust, positiv zu schieben.... Man muß es immer mit allem nehmen und alles schön und gut finden. Ich tue wenigstens so. Nicht durch ausgeklügelte Weisheit, sondern einfach so aus meiner Natur. Ich fühle instinktiv, dass das die einzige richtige Art ist, das Leben zu nehmen, und fühle mich deshalb wirklich glücklich in jeder Lage. Ich möchte auch nichts aus meinem Leben missen und nichts anderes haben, als es war und ist ... Ich fühle mich in der ganzen Welt zu Hause, wo es Wolken und Vögel und Menschentränen gibt.«

Zwei Monate nach ihrer Befreiung aus der Haft wird sie von Freikorps-Soldaten ermordet.

»Ich habe manchmal das Gefühl, ich bin kein richtiger Mensch, sondern auch irgendein Vogel.«

Übrigens: Kein Geringerer als Mies van der Rohe, der Meister der klassischen Moderne, entwarf für die Genossin ein spektakulär schönes Grabmal.

# Haus-Vorbilder

**Vater Eliasch/Eduard Luxemburg (gest. 1900)** »Vater hatte ein großes Herz für uns. Er war immer dabei, für uns Kinder etwas zu bauen. Das waren Stelzen oder Wippen oder die Schaukel am Nussbaum. Bei uns war immer Weihnachten«, erinnert sie sich und schreibt 1904 im Zwickauer Gefängnis: »Damals zu Hause schlich ich mich in der frühesten Morgenstunde ans Fenster – es war ja streng verboten, vor dem Vater aufzustehen – öffnete es leise u(nd) spähte hinaus.«

Sein Tod rührt sie: »So fand ich die Nachricht vom Tode des Vaters in Berlin, als ich vom intern(ationalen) Kongreß in Paris zurückkam, wo ich mit Jaurès, Millerand, Daszynski, Bebel und Gott weiß wem mich herumtrieb, dass nur die Federn flogen, derweil konnte der alte Herr nicht länger warten, sagte sich wohl auch, es hätte doch keinen

Zweck, mochte er noch so lange warten, da ich ja doch nie ´Zeit hätte´ für ihn und für mich selbst, – und er starb.«

**Mutter Lina geb. Löwenstein (gest. 1897)** Sie war überzeugt, »dass in meiner Familie eigentlich genauso als unverbrüchlich galt, dass die Mutter ausschließlich dazu auf der Welt sei, um unsere ewig aufgerissenen Schnäbel (den des pater familias vor allem!) nach jeglicher Richtung und Dimension zu stopfen.«

## Wahl-Vorbilder

**Der Hausknecht Antoni** »Dieser Antoni war nämlich ein Mensch von höheren Neigungen. Jeden Abend nach Thorschluss sass er im Hausflur auf seiner Schlafbank u(nd) buchstabierte laut im Zwielicht der Laterne die offiziellen ›Polizeinachrichten‹, … als ich ihm einmal auf seine Bitte um Lektüre (John) Lubbocks ›Anfänge der civilisation‹ gab, die ich gerade als mein erstes ›ernstes‹ Buch mit heisser Mühe durchgenommen hatte, da retournierte er es mir nach 2 Tagen mit der Erklärung, das Buch sei ›nichts werth‹. Ich meinerseits bin erst mehrere Jahre später dahintergekommen, wie recht Antoni hatte.«

Auch das folgende Selbstzeugnis bezeugt die Bedeutung dieses bildungsdurstigen Knechts für die heranwachsende Rosa: »Also Antoni stand immer erst einige Zeit in tiefes Grübeln versenkt, aus dem er unvermittelt zu einem erschütternden, krachenden, weithallenden Gähnen ausholte, und dieses befreiende Gähnen bedeutete jedes Mal: nun gehts an die Arbeit. … Sein Hofkehren, das war ein Dichten. … Damals glaubte ich fest, dass das ›Leben‹ das ›richtige Leben‹ irgendwo weit ist, dort über die Dächer hinweg. Seitdem reise ich ihm nach, aber es versteckt sich immer hinter ingendwelchen Dächern. Am Ende war alles ein frevelhaftes Spiel mit mir, und das wirkliche Leben ist gerade dort im Hofe geblieben, wo wir mit Antoni die ›Anfänge der Civilisation‹ zum ersten Mal lasen?«

**Ferdinand August Bebel (1840–1913)** Sie respektiert »Bebel, dessen Macht als politisch begabtester SPD-Führer sie unverkennbar achtet und fördert und der … seinerseits Rosa in Ruhe gelassen wissen will, weil er den jungen Hecht im Karpfenteich der Partei zu schätzen versteht. ... (Während des Lübecker Parteitages steckt sie) frühmorgens in Bebels Schuhe einen anonymen Zettel: *Aujust, ick liebe Dir.* Ein harmloser Spaß, gewiß, und Bebel von Jugend zu Streichen angelegt, wird darüber lachen.« (Helmut Hirsch)

Und der Sozialdemokrat und Vorsitzende des Vereinstages Deutscher Arbeitervereine schreibt an Victor Adler: »Die Rosarie ist nicht so schlimm, wie Du denkst. Trotz aller Giftmischerei möchte ich das Frauenzimmer in der Partei nicht missen. In der Parteischule wird sie als die beste Lehrerin von Radikalen, Revisionisten und Gewerkschaftern verehrt. Dort ist sie die Objektivität in höchster Potenz« – viel Lob, obwohl Bebel und sie unterschiedliche Meinungen über Strategie und Taktik der Partei vertraten.

Übrigens: Bebels Buch »Die Frau und der Sozialismus« (1879) bleibt eine der wichtigsten Lektüren ihres Lebens.

**Wladimir Iljitsch Lenin (1870–1924)** »Merk dir diesen eigensinnigen Schädel!«, notiert sie bereits 1907 (zehn Jahre vor der Oktoberrevolution!) über den Revolutionär, den sie während eines Parteitages in St. Petersburg kennenlernte.

Drei Jahre später in Stuttgart bietet Lenin ihr eines der beiden russischen Mandate für die Kommission, die über die Haltung der Partei zur Kriegsfrage diskutierte – und sie nimmt an. Sie bewundert seine Tatkraft (die sie bei ihren deutschen Kollegen durchaus vermisste), aber: »Für Rosa Luxemburg gehörte es zum Wesen des sozialistischen Standpunktes, nie der Lüge und der Halbwahrheit Vorschub zu leisten. Insofern war es für sie eine Selbstverständlichkeit, in einem deutschen Gefängnis die Analyse der russischen Revolution vorzunehmen. Ein Jubelpamphlet widersprach ihrem Selbstverständnis.« (Rudi Dutschke)

Lenin hat »Genossin Rosa« bescheinigt: »Ein Adler kann wohl manchmal auch tiefer herabsteigen als das Huhn, aber nie kann ein Huhn in solche Höhen steigen wie ein Adler. Rosa Luxemburg irrte in der Frage der Unabhängigkeit Polens. Sie irrte ... Aber trotz alle dieser Fehler war sie und bleibt ein Adler.«

*Literatur:*
Helmut Hirsch: »Rosa Luxemburg«, Reinbek 1969
Rosa Luxemburg: »Briefe aus dem Gefängnis«, Leipzig 1950

# Peter Maffay

geboren 1949 in Kronstadt/Rumänien, lebt auf
Mallorca

Seine Lehre zum Chemigrafen (den Beruf kann man
seit 1998 nicht mehr erlernen) hat er abgebrochen, um
1968 seine erste Band zu gründen. Der Song »Du« (1970)
machte ihn zum Star. Seit dem Rock-Balladen-Album
»Steppenwolf« (1979) gehört er zu den unbestrittenen
Größen der internationalen Musikszene. Mit dem Rock-Märchen »Tabaluga«
(1983) schrieb er Musical-Geschichte. Ebenso bekannt und bewundert ist inzwischen sein humanitäres und ökologisches Engagement. Für sein Projekt
»Begegnungen – eine Allianz für Kinder« (Schirmherrin: Angela Merkel)
baute er ein internationales Netzwerk von Künstlern auf, die sich um Kinder
in sozialen Brennpunkten kümmern. 2006 wurde er der erste Preisträger des
»World Vision Charity Award«: »Man kann nicht von einer besseren Welt
singen und die Realität unverändert lassen.«

»Vorbilder im Sinne eines Denkmals habe ich nicht.

Es gibt allerdings ganz klar ein Vorbild in der Familie: mein Vater.
Er ist sicherlich jemand, der vieles in mir erzeugt, der motiviert hat,
wofür ich ihm sehr dankbar bin.

In meiner beruflichen Laufbahn gibt es Leute, denen ich sehr viel
zu verdanken habe, denen ich heute in etlichen Dingen, die ich erstrebenswert finde, versuche nachzueifern. Zum Beispiel Fritz Rau. Oder
Musikern, von denen ich viel halte und die ich kenne. Also, diese Art
von ›Vorbildern‹ gibt es schon.

Aber ein Vorbild im wahrsten Sinne des Wortes?

Doch, gibt es: Willy Brandt, absolut. Weil er für eine ganze Reihe
von Politikern mit einer ganz ähnlichen Qualität in ihrer Haltung
steht, zum Beispiel Helmut Schmidt, Hans Dietrich Genscher und im
Ausland Gorbatschow oder Shimon Peres. Willy Brandt, weil er mit
seiner Integrität, mit seiner Energie und seinem Weitblick seine Vision
realisiert hat. Dass der Dialog zwischen den beiden Machtblöcken wie-

der entstanden ist, und die daraus resultierende Erosion dazu führte, dass die Konfrontation zwischen ihnen so nicht mehr existiert – das ist alles auch sein Werk gewesen.

Wenn ich an die heutigen Politiker denke, würde ich sagen: Al Gore ist jetzt der Mann der Stunde. Unsere ökologische Situation schreit nach Leuten, die so viel Kompetenz besitzen und Haltung wie er. Dieser Mann hat jetzt schon Vorbildcharakter, und das wird bald vielen klar sein.

Weil er für Werte einsteht, die zunehmend überlebenswichtig sind, und für die auch wir – mit wir meine ich eine Gruppe von Autoren wie Helme Heine, Gregor Gottschalk, Rolf Zuckowski und viele andere – uns einsetzen, indem wir Tabaluga, diesen kleinen Drachen, der die Probleme aus der Perspektive von Kindern betrachtet, erfunden haben.

Und diese Werte, die wir weitergeben möchten, hat mir eigentlich zum ersten Mal mein Vater vorgelebt. Deshalb sehe ich immer noch die Familie als die Zelle, die am meisten Kraft vermittelt im Werdegang eines Kindes, so verstaubt, antiquiert oder überholt es auch für manche klingen mag.

Mein Vater ist Ungar, wir lebten in Rumänien, und um den Kopf über Wasser halten zu können, war ein gewisser Zusammenhalt, eben nicht nur in der Familie, sondern auch in der nächsten Umgebung, ein Muss. Sich gegenseitig zu helfen war eine Frage des Überlebens, weil wir in einer Gesellschaft lebten, die totalitär war, in der Unterdrückung an der Tagesordnung war und in der die wirtschaftlichen Verhältnisse katastrophal waren. Wenn man also an diese Art von Solidarität glaubt, entsteht eine Kette, und diese führt zu Toleranz, zu einer kosmopolitischen Einstellung, weil man genau das wünscht, was man nicht hat: nämlich Frieden unter den in einer Gemeinschaft lebenden Menschen, über ethnische und religiöse Schranken hinweg.

Und diese Einstellungen haben mir meine Mutter und mein Vater vermittelt. Vielleicht könnte man sogar sagen, dass Willy Brandt dieselben Werte und Weltbilder verkörpert wie mein Vater – natürlich auf einer anderen Ebene. Brandt konnte sich dank seiner Integrität eine Geste wie den Kniefall in Warschau erlauben, ohne dass es aufgesetzt oder gar unecht erschien. Im Gegenteil, es war versöhnlich und respektvoll. Er hat damit ein großes Zeichen gesetzt. So wie es Gorbatschow später getan hat. Mit Äußerungen, die in die Geschichte eingehen, weil sie irgendwann mal die Schleusen geöffnet haben. Willy Brandt war ein Brückenbauer, ein Schleusenöffner – und natürlich gehört auch Hans Dietrich Genscher dazu. Jedenfalls waren es Männer, die über den kleinkarierten Revanchismus anderer hinweg den Dialog geführt und damit den Menschen geholfen haben.

Und dann gibt es noch einen ›vorbildlichen‹ Künstler, der der Welt neue Konturen gegeben hat: Elvis Presley. Rock'n'Roll gab es vorher, aber durch Elvis hat die ganze Musik einen neuen Schwung bekommen, nämlich einen Hüftschwung. Für mich war Elvis keine intellektuelle Geschichte, sondern Intuition. Elvis war emotional. Elvis hat aus dem Bauch heraus das getan, was viele Leute empfunden haben. Elvis war Zeitgeist. Und er hat diesem Zeitgeist ein neues Gesicht verschafft. Das war der absolute Hammer. Und es wird so schnell auch keinen vergleichbaren geben.«

»Ein Dichter, Gott helfe mir, hat mehr zu sein
als bloß ein Künstler.«

# Thomas Mann

6. Juni 1875 Lübeck – 12. August 1955 Zürich

»Es ist also ein Mädchen; eine Enttäuschung für mich, wie ich unter uns zugeben will, denn ich hatte mir sehr einen Sohn gewünscht und höre nicht auf, es zu thun … Ich empfinde einen Sohn als poesievoller, mehr als Fortsetzung und Wiederbeginn meiner selbst unter neuen Bedingungen«, notiert einer der größten Schriftsteller des 20. Jahrhunderts 1905 über sein erstgeborenes Kind in der üblichen, bürgerlich-konservativen Manier. Dem Bruder Heinrich allerdings gesteht er (wenn auch verschlüsselt) die Hoffnung, die Tochter bringe ihn vielleicht »innerlich in ein näheres Verhältnis zum ›anderen‹ Geschlecht, von dem ich eigentlich, obgleich nun Ehemann, noch immer nichts weiß.«

Erwachsen geworden, wird die Erstgeborene, Erika, ›immer sein Liebling‹ (Katia Mann).

Als ein Jahr später Sohn Klaus als zweites der sechs Kinder geboren wird, schreibt der Literatur-Nobelpreisträger einem Freund: »Vergnügten Herzens melde ich Dir die glückliche Geburt eines wohlgebildeten Knäbleins.« Als sich Klaus 1949 das Leben nimmt, weigert sich der Vater verbittert, an seiner Beerdigung teilzunehmen – er, der seine latente Homoerotik (die seinem Bruder Heinrich bekannt war) wohl nie im Leben, lediglich in seinem Werk auslebte, wurde niemals mit der Homosexualität seines Sohnes fertig. »Wie komme ich von der Geschlechtlichkeit los? Durch Reisen?«, fragt er allen Ernstes einen Freund – wohl wissend, dass ihn diese Neigung, falls bekannt, zum Außenseiter machen, zu einer unbürgerlichen Existenz verdammen würde.

Doch er wollte, konnte nicht anders, als ein Patrizier zu bleiben wie sein Vater, vor dem die Lübecker Bürger auf der Straße den Hut gezogen und ihn mit »Euer Wohlweisheit« angeredet hatten.

Das Gymnasium verlässt er in der Obersekunda und zieht nach München, wo seine Mutter schon war. Dort studiert er ein Jahr lang an der Technischen Hochschule und geht auf »Bildungsreise« nach Rom: »Gebräunt, mager und in ziemlich abgerissenem Zustande nach München zurückgekehrt«, wird er »Simplicissimus«-Redakteur (»mit einem Monatsgehalt von 100 Mark«) – und schreibt.

1901 – er ist sechsundzwanzig – erscheinen die »Buddenbrooks«: »Wir Buddenbrooks haben nach unserer bürgerlichen Auffassung in der Welt weiter ausgegriffen, dem Leben mehr geschenkt, als unseren biedern Vorvätern in ihren Mauern je gegönnt war.«

Sein Ruhm macht ihm Mut, um die kluge, schöne, reiche Professorentochter Katia Pringsheim (1883–1980) anzuhalten. Das Ehepaar bewohnt eine herrschaftliche Villa in München, von dem Sommersitz in Bad Tölz fährt man zu Konzerten in einer zweispännigen Staatskarosse, ein uniformierter Diener auf dem Bock: »Glanz umgibt mich. Nichts gleicht meinem Glücke.«

Sein Lebenswerk setzt Maßstäbe.

Der weltberühmte Patriziersohn hat der Welt das »Deutschtum« im Wandel einer wahrhaft schicksalsreichen Zeit – von wilhelminischem Kaiserreich über die Nazi-Diktatur bis zur Teilung des Landes 1949 – vermittelt.

1929 erhält er den Nobelpreis für Literatur, 1933 emigriert er in die Schweiz, 1938 geht die Familie nach Amerika, um vierzehn Jahre später zurückzukehren, aber nicht nach Deutschland, in die Schweiz. »Ich habe eine Art von irrationellem Grauen davor, ›dereinst‹ in diesem Boden hier zu ruhen, der mir nichts gegeben hat und nichts von mir weiß. Deutschland ist mir wild fremd geworden.« (1947)

Dennoch avanciert er zum Vorzeigedeutschen der Nachkriegszeit: »Man gönne mir mein Weltdeutschtum und den vorgeschobenen Posten deutscher Kultur, den ich noch einige Lebensjahre mit Anstand zu halten suchen werde.« (1949)

»Ich bin weit eher zum Repräsentanten geboren als zum Märtyrer.« (In einem Brief an Albert Einstein)

Unermüdlich ergänzt er seine Manuskripte (»Ich komme mir oft recht stumpf vor. Meine Produktionsart macht starrsinnig und apathisch«) mit immensen Mengen an Informationen über den neuesten Stand nahezu aller Geisteswissenschaften, unablässig überprüft er sein geistiges Koordinatensystem. Daher das Mandat, in seiner legendären Rede »Deutschland und die Deutschen« von 1945: »Ich habe es auch in mir, ich habe es alles am eigenen Leibe erfahren.«

Natürlich kann man über sein apodiktisches Wort: »Wo ich bin, ist deutsche Kultur« streiten. Seine »Buddenbrooks«, »Der Zauberberg«, »Doktor Faustus« oder »Tod in Venedig« aber gehören unabdingbar zum kulturellen Erbe Deutschlands: »Es ist nicht einfach, ein Deutscher zu sein.«

»Der Meister, der für sein Volk spricht« (Heinrich Mann) hat keine Memoiren hinterlassen: »Vielleicht liebe ich mein Leben nicht genug, um zum Autobiographen zu taugen.«

# Haus-Vorbilder

**Vater Thomas Johann Heinrich Mann (1840–1891)** »Wie oft im Leben habe ich mit Lächeln festgestellt, mich geradezu dabei ertappt, dass doch eigentlich die Persönlichkeit meines verstorbenen Vaters es sei, die als geheimes Vorbild mein Tun und Lassen bestimme«, gibt der Dichter zu. »Er war ein Mann der Selbstbeherrschung und des Erfolges, der es früh zu Ansehen und Ehren brachte in der Welt. ... Seine Würde und Gescheitheit, sein Ehrgeiz und Fleiß, seine persönliche und geistige Eleganz« imponierten ihm.

Als der Nachkomme einer protestantischen Kaufmanns-Dynastie in Anwesenheit seines Zweitältesten an Blutvergiftung stirbt, beginn Thomas zu begreifen, dass »der Tod hinter allem steht«. Und dass daher gilt: »Das religiöse Problem ist das humane Problem, die Frage des Menschen nach sich selbst.«

Die väterliche Firma wird aufgelöst, die Mutter zieht mit den Kindern nach München, erklärt: »Wir waren nicht reich, aber wohlhabend.«

**Mutter Julia Mann geb. da Silva-Bruhns (1851 in Brasilien – 1923)** »Meine Mutter hatte eine kleine, aber überaus angenehme und liebliche Stimme, und mit einem künstlerischen Takt, der das Sentimentale so selbstverständlich wie das Theatralische ausschloß, sang sie sich und mir ... alles Hochgelungene, was diese wundervolle Sphäre von Mozart und Beethoven über Schubert, Schumann, Robert Franz, Brahms und Liszt bis zu den ersten nachwagnerischen Kundgebungen zu bieten hatte. Ihr verdanke ich eine nie verlorene Vertrautheit mit diesem vielleicht herrlichsten Gebiet deutscher Kunstpflege.«

Die Tochter des Lübecker Besitzers einer Exportfirma für Kaffee und Zucker und einer brasilianischen Gutsbesitzertochter schockiert die gut-bürgerlichen Hanseaten, weil sie als junges Fräulein stets in der Begleitung ihrer schwarzen Dienerin promenierte.

»Unsere Mutter war außerordentlich schön, von unverkennbar spanischer Turnüre – gewisse Merkmale der Rasse, des Habitus habe ich später bei berühmten Tänzerinnen wiedergefunden – mit dem Elfenbeinteint des Südens, einer edel geschnittenen Nase und dem reizendsten Munde, der mir vorgekommen.« Ihr Bild war für ihn bestimmt »durch die beiden Motive der Musikalität und des Weither-

Seins. Ihre sinnlich-praearistokratische Natur äußerte sich in ihrer Musikalität, geschmackvollem, bürgerlich ausgebildetem Klavierspiel und einer feinen Gesangkunst, der ich meine gute Kenntnis des deutschen Liedes verdanke.«

**Großmutter Elisabeth Mann** Die Konsulin, die man »Betsy« nannte, führte eine Sonntagsschule, stellte den armen Kindern eine »erbauliche Bibliothek zur Verfügung« und hatte ihren Enkeln ein Puppentheater geschenkt: der unbestrittene »Star« unter den Marionetten war Otto von Bismarck (1815–1898) in einer Kürassieruniform. Auch Thomas' Vater verehrte den Eisernen Kanzler. Und als der »Reichsgründer« von dem jungen Kaiser Wilhelm II. entlassen wurde, stieg noch sein Respekt vor den sozialpolitischen Prinzipien des Fürsten. Thomas wird Bismarck später zu den »drei gewaltigen Deutschen« (neben Luther und Goethe) zählen, die ihn geformt haben.

# Wahl-Vorbilder

»Meine Eindrucksfähigkeit war groß. Jede dichterische Persönlichkeit verstand ich mit dem Gefühl, glaubte in ihr mich selbst zu erkennen und dachte und empfand so lange in dem Stile eines Buches, bis ein neues seinen Einfluß auf mich ausgeübt hatte.«

**Martin Luther (1483–1546)** »Nichts gegen die Größe Martin Luthers! Er hat nicht nur durch seine gewaltige Bibelübersetzung die deutsche Sprache erst recht geschaffen, die Goethe und Nietzsche dann zur Vollendung führten, er hat auch durch die Sprengung der scholastischen Fesseln und die Erneuerung des Gewissens der Freiheit der Forschung, der Kritik, der philosophischen Spekulation gewaltigen Vorschub geleistet. Indem er die Unmittelbarkeit des Verhältnisses des Menschen zu seinem Gott herstellte, hat er die europäische Demokratie befördert, denn Jedermann sein eigener Priester, das ist Demokratie. Die deutsche idealistische Philosophie, die Verfeinerung der Psychologie durch die pietistische Gewissensprüfung, endlich die Selbstüberwindung der christlichen Moral aus Moral, aus äußerster Wahrheitsstrenge – denn das war die Tat (oder Untat) Nietzsches –, dies alles kommt von Luther.«

»An Ideen würde es mir nicht fehlen, und wenn ich 120 würde«, schreibt Mann kurz vor seinem Tod und arbeitet an einem Luther-Drama mit dem Titel »Die Hochzeit«.

**Johann Wolfgang von Goethe (1749–1832)** »Ich erinnere mich des eigentümlichen Eindrucks von Paradoxie und gebietender Kühnheit, den ich empfand, da ich als junger Mensch, der von Schopenhauer die große Erlaubnis zum Pessimismus erhalten hatte, im ›Epilog zur Glocke‹ zum erstenmal mit Verständnis auf dies Wort ›lebenswür-dig‹: ›Den Lebenswürd'gen soll der Tod erbeuten‹, stieß. Der trotzige Lebenspositivismus, die überpessimistische Lebensbejahung … (führte) von der Sympathie mit dem Tod zum Lebensdienste« und zu der Erkenntnis: »Es gibt wenige Autoren, die neben ihrem Werk, in den Atempausen der Produktion, ihren Beruf, das Glück gerade dieses Berufes, mit innigeren Akzenten gefeiert haben als Goethe.«
Wie Goethe ist Mann bemüht, »die Deutschen zu Weltbürgern zu machen«.

»Zweierlei hat Thomas Mann von Goethe übernommen: Er hat sich aus dessen Biographie und Dichtung mit Motiven versehen für das eigene Werk. … Ein anderes ist die Belehrung, Bestätigung, ja Bekräftigung seiner selbst, die Thomas Mann durch Goethe erfuhr.« (Klaus Schröter)

In der Novelle »Tod in Venedig« wollte Mann »das Problem der Künstlerwürde« darstellen: »Ich wollte etwas geben wie die Tragödie des Meistertums. Ich hatte ursprünglich nichts Geringeres geplant als die Geschichte von Goethes letzter Liebe zu erzählen, – eine böse, schöne, groteske, erschütternde Geschichte.«
In seinem Roman »Lotte in Weimar« sieht Mann seine selbstironische Annäherung an Goethe als eine »mythische Identifikations-Hochstapelei«, und auch »Doktor Faustus« wäre wohl ohne Goethes »Faust« kaum entstanden.
An Goethe formt Mann sein »Deutschtum« – und seine Humanität: »Wenn Goethe gegen das Ende seines Lebens erklärte, jeder vernünftige Mensch sei doch ein gemäßigter Liberaler, so heißt das Wort heute: Jeder vernünftige Mensch ist ein gemäßigter Sozialist«, schreibt er 1950.

Übrigens: Thomas Mann besaß folgendes Goethe-Autograph, von dem er sich nie trennte:

>»Wil einer sich gewöhnen
so seys zum Guten, zum Schoenen,
Man thue nur das Rechte.
Am Ende duckt, am Ende dient der Schlechte«.*

**Otto von Bismarck (1815–1898)** »Es ist wahr, meinesgleichen hat Bismarck niemals gehasst und verneint, ich war von jeher wenig geneigt, nach Art des leidtragenden Auslands und des deutschen Zivilisationsliteraten Goethe gegen Bismarck auszuspielen, ich sah in Bismarck einen gewaltigen Ausdruck deutschen Wesens, einen zweiten Luther, ein ganz großes ›Ereignis‹ in der Geschichte des deutschen Selbsterlebnisses. Diese Bejahung aber betraf die Persönlichkeit; gegen das Werk oder den Geist des Werkes ... opponierte ich auch.«

Der Reichskanzler ist für ihn der »Begründer des irdischen Deutschlands«, den er zum Protagonisten seiner (zeitlosen) »Betrachtungen eines Unpolitischen« macht, seiner vermutlich schutzfreiesten Selbstanalyse: »Er hätte am Ende auch mehr werden können, wenn er gewollt hätte; aber dies Mehr wäre nach deutschen Begriffen ein Weniger gewesen.«

**Lew Nikolajewitsch Tolstoi (1828–1910)** »Tolstoi blieb Mythos ... (sein Werk fasziniert) durch den langen Atem, das in mächtiger Geduld durchgehaltene und vollendete epische Monument, dem es irgendwie nachzutun, mein Traum war. ... Ich sage, dass sehr große Dichter ihrer Lebtage nichts erfunden, sondern nur Überliefertes mit ihrer Seele erfüllt und neu gestaltet haben. Ich sage, dass Tolstois Werk mindestens ebenso streng autobiographisch ist wie mein winziges.«

Tolstois (»Krieg und Frieden«, »Anna Karenina«) Porträt stand auf Thomas Manns Schreibtisch als ein »Vorbild des eigenen Ehrgeizes«.

**Heinrich Heine (1797–1856)** Noch 1908 bezeichnet Mann Heine als den »genialsten deutschen Prosaisten bis Nietzsche ... und einen der unterhaltendsten Deutschen«. Aber weit mehr als der Unterhaltungswert seiner Werke beeindruckte den jungen Mann Heines Kampf mit den bürgerlichen Sittenrichtern und »Ideologen«: »Heinrich Heine ... bewunderte Napoleon, trotzdem er ein geborener Deutscher war, und er bewunderte Luther, trotzdem er kein Protestant war.«

**Richard Wagner (1813–1883)** Die erste »Lohengrin«-Aufführung – er erlebt sie noch als Kind – »begnadete mich mit allen Schauern der Romantik.« Im reifen Alter heißt es: »Ich werde immer wieder jung, wenn es mit Wagner anfängt.«

Wagners Kunst ist für ihn »die sensationellste Selbstdarstellung und Selbstkritik deutschen Wesens, die sich erdenken lässt, sie ist danach angetan, selbst einem Esel von Ausländer das Deutschtum interessant zu machen, und die leidenschaftliche Beschäftigung mit ihr ist immer zugleich eine leidenschaftliche Beschäftigung mit diesem Deutschtum selbst, das sie kritisch-dekorativ verhindert.«

Außerdem schätzt Thomas Mann Wagners »gesunde Art, krank zu sein, seine morbide Art, heroisch zu sein (und) seine machtgeschützte Innerlichkeit.«

**Friedrich Nietzsche (1844–1900)** »Dass Philosophie nicht kalte Abstraktion, sondern Erleben, Erleiden und Opfertat für die Menschheit ist, war Nietzsches Wissen und Beispiel. ... Ein Moralist ist das Gegenteil von einem Moralprediger: ich bin ganz Nietzscheaner in diesem Punkt. Aber nur Affen und andere Südländer können die Moral überhaupt ignorieren!«

Thomas Mann respektiert ihn vor allem als einen »guten Europäer«, den »Anti-Deutschen«, der »den deutschen Nationalismus für die kulturwidrigste Krankheit und Unvernunft, die es gibt« hält.

*Literatur:*
Gesammelte Werke in 13 Bänden (Reden und Aufsätze, Betrachtungen eines Unpolitischen), Frankfurt 1965
Klaus Schröter: »Thomas Mann«, Reinbek 1964
Hans Wisskirchen: »Die Familie Mann«, Reinbek 1999

# Karl Marx

5. Mai 1818 Trier – 14. März 1883 London

»Meine Frau ist leider von einem Mädchen und nicht von einem gar-
çon entbunden. Was noch schlimmer ist, sie ist sehr angegriffen«, berichtet Marx am 31. März 1851. Wenige Monate später erkrankt das
Mädchen an Bronchitis und stirbt, weil sich der Revolutionär – so
einige Marx-Biographen – keinen Arzt leisten konnte. Auch für den
Leichenbestatter fehlt das Geld, bis ihm ein Nachbar zwei Pfund leiht
… (vier seiner Kinder starben vor ihm, die beiden Überlebenden be-
gingen Selbstmord).

Bereits 1849 – nach der Ausweisung aus Preußen, nach Aufenthalten
in Paris und Brüssel – landet der Journalist, Kommunist und großartige
Sozialtheoretiker samt Familie in London und bewohnt mit seiner sechs-
köpfigen Familie eine Zweizimmerwohnung. Die »Einrichtungsgegen-
stände« sind zerlumpt: »Waschen, Kämmen, Wäschewechseln«, berichtet ein preußischer Polizeispitzel, »gehören bei ihm zu den Seltenheiten.
Oft faulenzt er tagelang, hat er aber Arbeit, dann arbeitet er Tag und
Nacht.« Schon als Streiter für die Arbeiterklasse hatte der promovierte
Philosoph keinen guten Leumund – aber für den Arbeitslosen, der sich
sein Leben lang weigerte, einen bürgerlichen Broterwerb anzunehmen,
wird der schlechte Ruf zum ständigen Begleiter: »Er führt hier geradezu ein Schattendasein. Zuweilen beschimpfen ihn die Leute, aber sie
lesen ihn nicht.« (Sir John Macdonnell, 1875)

Doch kaum ist Geld im Haus, ziehen sie in eine Villa um, kaufen
für die drei Mädchen Ballkleider und ein Pony und schicken sie in ein
»Damenseminar«, um sie mit jenen sozialen »Aufklebern« auszustat-
ten, die man für Geld kaufen kann. Schließlich sollen sie standesge-
recht aufwachsen, wie ihre Mutter, wie »Madame Jenny Marx, geborene Baroness von Westphalen« (so steht es auf den Visitenkarten, die
der »Mohr« für seine Frau 1854 drucken lässt).

Drei Monate nach Franziskas Geburt wird Marx' Sohn Freddy geboren. Die Mutter ist Jennys Dienstmädchen Helene Demut, das treue »Lehnchen«, das ihren Herrschaften sämtliche Alltagssorgen abnimmt. Der Vater erkennt das Kind nicht an, Freddy wird weggeben. Marx bittet sogar (auf Französisch, also in der Sprache, in der er Wichtiges formuliert) seinen besten Freund Friedrich Engels, die Vaterschaft zu übernehmen. Engels, der reiche Erbe, soll helfen, wie stets, wenn es ernst wird: »Ohne Dich hätte ich das Werk nie zu Ende gebracht, es hat immer wie ein Alp auf dem Gewissen gelastet, dass Du Deine famose Kraft hauptsächlich meinetwegen kommerziell vergeuden und verrosten ließest und *into the bargain* noch alle meine *petites misères* mit durchleben musstest.«

Engels stellt Marx eine »Apanage« zu Verfügung und zahlt seine Schulden mit nobler, unermüdlicher Selbstverständlichkeit, obwohl der hypochondrische Patriarch, der keinen Gleichrangigen neben sich duldet, seine Bedeutung niemals öffentlich anerkennt.

Engels ist auch einer der elf Trauergäste, die dem Juden, dessen Familie zum Protestantismus konvertierte, die dem radikalen Kirchenkritiker (»Religion ist das Opium des Volkes«) auf einem Londoner Armenfriedhof die letzte Ehre erweisen: »Sein Name wird durch die Jahrhunderte fortleben und so auch sein Werk«, sagt der treue Freund – und Koautor des »Kommunistischen Manifest« von 1848 (»Ein Gespenst geht um in Europa ...«), das zur Bibel revolutionärer Bewegungen wird und die Welt verändern sollte wie kaum ein zweites Werk von Menschenhand.

Von seinen blinden Anhängern zum Gottvater einer weltlichen Erlösungstheorie stilisiert, berufen sich lange nach seinem Tod die Schuldigen an den Blutflecken der Geschichte auf Marx, die Verantwortlichen für Verbrechen wie stalinistische Gulags, den Einmarsch in die Tschechoslowakei, die Kriege in Vietnam und Korea, das Massaker an den Studenten auf dem Pekinger Platz des Himmlischen Friedens.

Dabei warnte Karl Marx – der radikale Humanist und nicht die von Lenin, Stalin & Co. pervertierte »Ikone« des Proletariats – in seinem Klassiker »Das Kapital« (1867) vor »Lebensäußerung deines wirklichen individuellen Lebens ... je weniger du *bist*, je weniger du dein Leben äußerst, um so mehr *hast* du, um so größer ist dein *entäußertes*

Leben ... Alles, was dir der Nationalökonom an Leben nimmt und an Menschheit, das alles ersetzt er dir in *Geld* und *Reichtum*.« Es geht eben nicht darum, »Liebe zu haben, sondern zu lieben« (!).

Lieblingsmaxime: »Nihil humanum nihi alienum« (Nichts Menschliches ist mir fremd).

Lieblingsmotto: »De omnibus dubitandum« (An allem ist zu zweifeln).

Lebensfazit: »Ce qu'il y a de certain, c'est que moi, je ne suis pas Marxiste« (Eines ist sicher: was mich betrifft, ich bin kein Marxist).

## Haus-Vorbilder

»Die Tradition aller toten Geschlechter lastet wie ein Alp auf dem Gehirn der Lebenden.«

**Vater Hirsch/Heinrich Marx** (1782–1838) »Teurer Vater! Es gibt Lebensmomente, die wie Grenzmarken vor eine abgelaufene Zeit sich stellen, aber zugleich auf eine neue Richtung mit Bestimmtheit hinweisen«, schreibt Marx am 10. November 1837 in seinem großen »Bekenntnisbrief«: »Als ich euch verließ, war eine neue Welt für mich entstanden. ... In Berlin angekommen, brach ich alle bis dahin bestandenen Verbindungen ab, machte mit Unlust seltene Besuche und suchte in Wissenschaft und Kunst zu versinken.«

Doch der Vater, Nachkomme einer alten Rabbiner-Familie, der sich taufen ließ, um seinen Beruf als Jurist ausüben zu können, findet keinen Zugang zu der Gedankenwelt des Sohnes:

»À propos! Dein Gedicht habe ich buchstabierend gelesen. Ich gestehe Dir ganz unumwunden, lieber Karl, ich verstehe es nicht, weder dessen wahren Sinn, noch dessen Tendenz«, gibt der Vater zu. »Im Grunde zweifle ich ja nicht an Deiner kindlichen Liebe zu mir und Deiner guten, lieben Mutter, und Du weißt es recht gut, wo wir am allerverwundbarsten sind. ... Vielleicht ist es sehr gut und heilsam, dass Du gleich beim Eintritte in die Welt zu menschlicher Rücksicht, ja, Klugheit, Vorsicht und reiflicher Überlegung, trotz aller Dämonen, gezwungen bist.«

Als der Vater 1838 stirbt, weigert sich sein ältester Sohn zur Trauerfeier zu erscheinen:»Die Reise von Berlin ist so weit«, und er»habe Wichtigeres zu tun«. Er hat den Vater nach seinem Tod auch nie wieder erwähnt, trägt aber stets sein Foto bei sich, das er niemals irgendeinem Fremden zeigt. Das Vater-Porträt wird ihm in sein Grab gelegt.

Übrigens: Über Karls Kindheit ist so gut wie gar nichts überliefert, auch seine drei Brüder und fünf Schwestern mieden jeglichen Kontakt mit dem berühmt-berüchtigten Revolutionär.

Übrigens: Die Ur-Ur-Ur-Großeltern mütterlicherseits von Karl Marx sind die Ur-Ur-Großeltern Heinrich Heines, die beiden Querdenker waren also tatsächlich verwandt.

**Mutter Henriette Marx geb. Pressburg (1788–1863)** »Ich bin, wie ich Ihnen schon einmal geschrieben, mit meiner Familie zerfallen und habe, solange meine Mutter lebt, kein Recht auf mein Vermögen«, klagt er aus dem Pariser-Exil.

»Meine Mutter, bei der von barem Geld nicht die Rede ist, die aber rasch ihrer Auflösung entgegengeht, hat einige frühere Schuldscheine, die ich ihr ausgestellt, vernichtet. Das war ein ganz angenehmes Resultat der zwei Tage, die ich bei ihr zubrachte«, informiert er 1861 Friedrich Engels.

Die Rabbiner-Tochter und Mutter von neun Kindern stand zu ihrem jüdischen Glauben, ließ sich erst Jahre nach ihrem Mann taufen. Aber auch für sie blieb der Sohn ein Fremder, obwohl sie ihn stets »bemuttert«: »Dabey erlaube ich mir zu bemerken, lieber Carl, dass du Reinlichkeit und Ordnung nie als Nebensache betrachten musst«, ermahnt sie den Doktoranden in Berlin. Nachdem Engels' Geliebte gestorben ist, »kondoliert« Marx auf seine egomanisch-verletzende Weise: »Hätte nicht statt der Mary meine Mutter, die ohnehin jetzt voll körperlicher Gebrechen ist und ihr Leben gehörig ausgelebt hat, ...? Du siehst, zu welchen sonderbaren Einfällen die Zivilisierten unter dem Druck gewisser Umstände kommen« (er schreibt das Wort, an das er denkt, nicht aus, nämlich »sterben« können).

1863 wiederum an Engels: »Vor zwei Stunden kam ein Telegramm, dass meine Mutter tot ist. Das Schicksal verlangte Einen vom Hause. Ich selbst stand schon mit einem Fuß unter der Erde. Unter den gegebenen Verhältnissen bin ich jedenfalls noch nötiger als die Alte.«

# Wahl-Vorbilder

**Johann Ludwig von Westphalen** (1770–1842) »Seinem theuern väterlichen Freunde, der jeden Fortschritt der Zeit mit dem Enthusiasmus und der Besonnenheit der Wahrheit begrüßt«, widmet Marx 1841 seine Dissertation. Baron von Westphalen konnte auf einen doppelten adligen Stammbaum verweisen. Dennoch duldete er den mittellosen, rebellischen Abkömmling einer langen Linie von Rabbis: »Auf langen gemeinsamen Spaziergängen rezitierte der alte Mann seinem jungen Begleiter [Marx] ausgiebig Homer und Shakespeare, ... denn er war weder ein Snob noch ein Reaktionär. Weil er sich als Protestant in einer katholischen Stadt stets etwas als Außenseiter fühlte, galten auch seine Sympathien denen, die ihr Dasein am Rande der Gesellschaft fristeten ... (wie der) bürgerliche jüdische Niemand.« (Francis Wheel)

Bei den raren Besuchen in Trier ignoriert Karl demonstrativ seinen kranken Vater und widmet sich dem kränklichen Baron, seinem Ersatzvater und Vater der um vier Jahre älteren, reichen »Ballkönigin« Jenny, die er heiratet. Als der Baron im Sterben liegt, besucht er ihn 1842 in Trier.

**Prometheus, Held der griechischen Mythologie** »Prometheus ist der vornehmste Heilige und Märtyrer im philosophischen Kalender«, formuliert Marx in der Vorrede zu seiner Dissertation 1841.

»Das Bekenntnis des Prometheus: ›Mit einem Wort, ganz hass' ich all' und jeden Gott‹, ist ihr [der Philosophie] eigenes Bekenntnis, ihr eigener Spruch gegen alle himmlischen und irdischen Götter, die das menschliche Selbstbewusstsein nicht als die oberste Gottheit anerkennen.«

Prometheus, der den Göttern das Feuer gestohlen hat, um den Menschen das kulturstiftende Element schenken zu können, öffnete aber auch die Büchse der Pandora und entfesselte damit die Unheilkräfte, die seitdem die Menschheit plagen. Zur Strafe an einen Felsen im Kaukasus gefesselt, fraß ein Adler jeden Tag ein Stück von seiner Leber.

Marx' Respekt für Prometheus, den Götterherausforderer, erklärt sich auch aus seiner despektierlichen Haltung zu Martin Luther: »Er hat den Glauben an die Autorität gebrochen, weil er die Autorität des Glaubens restauriert hat.«

**Wilhelm Friedrich Hegel (1770–1831)** »Neben Jenny von Westphalen galt die größte Leidenschaft des jungen Marx dem bereits verstorbenen Philosophen Georg Wilhelm Friedrich Hegel. Sie entwickelte sich wie viele Liebesaffären von scheuen Zweifeln und dem Rausch der ersten Umarmung bis zur Ablehnung des Vergötterten, als die Liebe schwand« (Francis Wheen).

Marx übernimmt Hegels Dialektik (These-Antithese-Synthese), die Hegel sowohl als Denkstruktur, als auch als ein gestaltendes Weltprinzip einsetzt, aber ersetzt das Idealistische durch seine Lesart des Materialismus: »Die mystifizierende Seite der Hegelschen Dialektik habe ich vor beinahe dreißig Jahren, zu einer Zeit kritisiert, als sie noch Tagesmode war. ... Ich bekannte mich daher offen als Schüler jenes großen Denkers und kokettierte sogar hier und da im Kapitel über die Werttheorie mit der ihm eigentümlichen Ausdrucksweise.«

1837 in seinem »Bekenntnisbrief« an den Vater heißt es: »Ich hatte Fragmente der Hegelschen Philosophie gelesen, deren groteske Felsenmelodie mir nicht behagte. Noch einmal wollte ich hinabtauchen in das Meer, aber mit der bestimmten Absicht, die geistige Natur ebenso notwendig, konkret und festgerundet zu finden, wie die körperliche, nicht mehr Fechterkünste zu üben, sondern die reine Perle ans Sonnenlicht zu halten.«

1873 schließlich schreibt er: »Aber gerade als ich den ersten Band des ›Kapital‹ ausarbeitete, gefiel sich das verdrießliche, anmaßliche und mittelmäßige Epigonentum, welches jetzt im gebildeten Deutschland das große Wort führt, darin, Hegel zu behandeln als ›toten Hund‹. Ich bekannte mich daher offen als Schüler jenes großen Denkers.«

**Michail Bakunin (1814–1876)** »Er ist eine der wenigen Leute, die ich nach sechzehn Jahren nicht zurück, sondern weiter entwickelt finde«, schreibt er 1864. Und 1868 schickt er »dem alten Hegelianer« sein »Das Kapital«.

Sie kannten sich seit Paris. Der russische Revolutionär, der nach der gescheiterten Dresdner Revolution dem Zaren ausgeliefert wurde und aus der sibirischen Verbannung floh, war Marx in taktischer Verschlagenheit und persönlichem Mut gewachsen. Sie zerstritten sich allerdings in Fragen der »Internationale«. Außerdem lehnte Bakunin den Kommunismus ab, da er alle Macht im Staat konzentriert. Der

Anarchist – für Marx »der russische Hohepriester« – plädierte für die Abschaffung des Staates und für die Ausrottung aller Autoritäten, die den Menschen »erniedrigen, versklaven, ausbeuten«.

»Marx war durchaus in der Lage, einen großen Mann zu erkennen, wenn er ihm begegnete, mochten ihm dessen Allüren auch noch so missfallen«, aber in der organisierten Arbeiterbewegung, »in der Internationale war für beide zusammen kein Platz« (Francis Wheen).

Übrigens: »Man kann all den Russen nicht recht trauen«, meinte Jenny.

**Charles Darwin (1809–1882)** Darwin »bewunderte er intellektuell mehr als jeden anderen seiner Zeitgenossen« (Isaiah Berlin).

Sie wohnten kaum vierzig Kilometer voneinander entfernt, hatten gemeinsame Bekannte, aber haben sich nie getroffen: »Sehr bedeutend ist Darwins Schrift und passt mir als naturwissenschaftliche Unterlage des geschichtlichen Klassenkampfes«, meint Marx 1860.

1873 schickt er dem Autor des »epochalen Werkes« über die Entstehung der Arten ein Exemplar seines »Kapitals« mit der Widmung: »Mr. Charles Darwin on the part of his sincere admirer«. Er wollte ihm angeblich das Zweite und Dritte Buch des »Kapitals« widmen.

Darwin jedoch blieb zurückhaltend, las – falls überhaupt – die ersten hundertfünfzig Seiten des 822-Seiten-Werkes (die restlichen hat er nicht einmal aufgeschnitten).

Bei Marx' Begräbnis sagt Engels: »Wie Darwin das Gesetz der Entwicklung der organischen Natur, so entdeckte Marx das Entwicklungsgesetz der menschlichen Geschichte.«

Übrigens: Die ganze Marx-Familie liebte das viktorianische Gesellschaftsspiel »Bekenntnisse« (ein Vorläufer des berühmten Marcel-Proust Fragebogens).

Voilà die Antworten von Marx:

»Ihr Dichter? Shakespeare, Äschylus, Goethe.

Ihr Schriftsteller in Prosa? Diderot.

Ihr Held? Spartakus, Kepler.

Ihre Heldin? Gretchen.«

*Literatur:*

Karl Marx und Friedrich Engels: »Das kommunistische Manifest«, Hamburg-Berlin 1999

»Ich kann nur eins sagen, dass ich kein Marxist bin«, Hrsg. Christine und Volker Giel, Berlin 1999

Francis Wheen: »Karl Marx«, München 1999

Fritz J. Raddatz: »Karl Marx«. Der Mensch und seine Lehre, Reinbek 1975

Werner Blumenberg: »Marx«, Reinbek 1962

Iring Fetscher : »Marx«, Freiburg-Basel-Wien 2004

»Das ›Ich‹, in dem ich schreibe, das bin doch nicht ich selbst, sondern das ist die Menschheitsfrage, die ich personifiziere, um sie beantworten zu können.«

# Karl May

25. Februar 1842 Ernstthal – 30. März 1912 in Radebeul/Dresden

Mit achtzehn stiehlt er als Proseminarist im Lehrerseminar sechs Christbaumkerzen für seine armen Eltern (Vater war Weber) und wird ausgeschlossen. Mit zwanzig wird er in Plauen, wo er weiterstudieren durfte, zu einer sechswöchigen Freiheitsstrafe verurteilt, weil er einem Zimmerkameraden die Uhr klaut.

In den folgenden Jahren begeht er immer wieder kleinere Straftaten, 1870 muss er für vier Jahre ins Zuchthaus (Isolationshaft, da man ihn für gestört hält). Als sich für ihn am 2. Mai 1874 die Zuchthaus-Tore öffnen, sagt er zu einem Aufseher: »Herr Schließer, mich sehen Sie nie mehr wieder!« Und in seinen Entlassungspapieren wird vermerkt: »Will nach Amerika auswandern.«

May bleibt daheim und wird freier Schriftsteller: »Meine Absicht war es ja niemals, Volks- oder gar Fabrikschullehrer zu bleiben, ich hatte ganz anderes geplant.«

Erste Erzählungen über »Reiseabenteuer in Kurdistan« erscheinen in dem katholischen Familienblatt »Der Deutsche Hausschatz«. Doch

1879 gibt er sich als Amtsperson aus (um die Todesumstände des Onkels seiner Verlobten zu klären) und wird wieder arrestiert: drei Wochen wegen Amtsanmaßung.

Das ist dann aber der letzte Eintrag in seinem Strafregister. Von nun an richtet er sich im bürgerlichen Leben ein und schreibt seine Romane, die ihm Ruhm und vor allem finanzielle Sicherheit bescheren – ein hoher Wert für einen Mann, der als Zweijähriger wegen Unterernährung erblindet und erst mit fünf wieder sehen kann.

Den Erfolg seiner Romane verdankt er zum Teil seiner Behauptung, er hätte persönlich all die exotischen Länder bereist, in denen Old Shatterhand, Kara Ben Nemsi, Winnetou & Co. heldenhaft agieren (auf seinen Visitenkarten steht: »Dr. Karl May, genannt Old Shatterhand / Radebeul Dresden / Villa Shatterhand«). Das ist eine Lüge, aber keine Straftat.

Und seine Leser lassen sich von Bildern erfundener Landschaften verzaubern, sie genießen es, in eine heile Welt der interkulturellen Blutsbruderschaften entführt zu werden, teilen Mays naturromantische Weltanschauung.

1904 startet ein Journalist eine Diffamierungs-Pressekampagne gegen Karl May, greift ihn an als »Jugendverderber«. Karl May zeigt ihn wegen Beleidigung an, die Prozesse halten bis zu seinem Tod an: »Ich schreibe nicht für die Schul-, sondern für die geistige Jugend, für die Herzen, welche nie alt werden, für die Gemüter, welche sich ihre Ideale nicht stehlen lassen, für die frohgemuten Konstitutionen, durch deren Adern ein gesundes Blut von einem kräftigen Puls getrieben wird. An solcher Jugend ist mein liebes Deutschland reich und wird es immer bleiben.«

Heinrich Mann meldet sich zur Wort: »Ich höre, dass Karl May der Öffentlichkeit so lange als guter Jugendbuchautor galt, bis irgendwelche Missetaten aus seiner Jugend bekannt wurden. Angenommen aber, er hat sie begangen, so beweist mir das nichts gegen ihn – vielleicht sogar manches für ihn. Jetzt vermute ich in ihm erst recht einen Dichter.«

1903 lässt May sich scheiden (die geisteskranke Emma stirbt 1917 in einer Heilanstalt) und heiratet seine Sekretärin Klara, mit der er 1908 (endlich) Amerika bereist.

In seinen letzten Jahren ist er eine Berühmtheit: der k.u.k.-Kaiser empfängt ihn, auch der König von Bayern.

»Kunst hin, Dichtung her, – mir machts Spass, ihn zu lesen«, gestand Carl Zuckmayer, einer der vielen aufrechten May-Fans. Konrad Adenauer zählt dazu, Helmut Schmidt, Hermann Broch und Karlheinz Böhm.
»Ich schreibe es vielmehr nur um meiner selbst willen, um über mich klar zu werden. Ich schreibe also, um zu beichten«.

## Haus-Vorbilder

Er ist das fünfte von vierzehn Geschwistern, von denen neun im Babyalter starben.

**Vater Heinrich August May (1810–1888)** »Mein Vater war ein Mensch mit zwei Seelen. Die eine Seele unendlich weich, die andere tyrannisch, voll Uebermaß im Zorn, unfähig, sich zu beherrschen. Er besaß hervorragende Talente, die aber alle unentwickelt geblieben waren, der großen Armut wegen. Er hatte nie eine Schule besucht, doch aus eigenem Fleiße fließend lesen und sehr gut schreiben gelernt. Er besaß zu allem, was nötig war, ein angeborenes Geschick. ... Er konnte geradezu herzgewinnend sein, doch hatten wir selbst in den heitersten und friedlichsten Augenblicken das Gefühl, daß wir auf vulkanischem Boden standen und von Moment zu Moment einen Ausbruch erwarten konnten. Dann bekam man den Strick oder den »Hans« so lange, bis Vater nicht mehr konnte«, schreibt May. »Wie mein Vater sich in Allem ungeduldig zeigte, so auch in dem, was er meine ›Erziehung‹ nannte. ... Notabene mich ›erzog‹ er; um die Schwestern bekümmerte er sich weniger. Er hatte alle seine Hoffnungen darauf gesetzt, daß ich im Leben das erreichen werde, was von ihm nicht zu erreichen war, nämlich nicht nur eine glücklichere, sondern auch eine geistig höhere Lebensstellung.«

**Mutter Christiane Wilhelmine May geb. Weise (1817–1885)** »Meine Mutter war eine Märtyrerin, eine Heilige, immer still, unendlich fleißig, trotz unserer eigenen Armut stets opferbereit für andere, vielleicht noch ärmere Leute. Nie, niemals habe ich ein ungutes Wort aus ihrem Mund gehört. Sie war ein Segen für jeden, mit dem sie verkehrte, vor allen Dingen ein Segen für uns, ihre Kinder. Sie konnte noch so schwer leiden, kein Mensch erfuhr davon. Doch des Abends, wenn sie, die Stricknadeln emsig rührend, beim kleinen, qualmenden Oellämpchen saß und sich unbeachtet wähnte, da kam es vor, daß ihr eine Träne in das Auge trat und, um schneller, als sie gekommen war, zu verschwinden, ihr über die Wange lief. Mit einer Bewegung der Fingerspitze wurde die Leidesspur sofort verwischt. …

Wir waren neun Personen: mein Vater, meine Mutter, die beiden Großmütter, vier Schwestern und ich, der einzige Knabe. Die Mutter meiner Mutter scheuerte für die Leute und spann Watte. Es kam vor, daß sie sich mehr als 25 Pfennige pro Tag verdiente. Da wurde sie splendid und verteilte zwei Dreierbrötchen, die nur vier Pfennige kosteten, weil sie äußerst hart und altbacken, oft auch schimmelig waren, unter uns fünf Kinder. … Die eigentliche Ursache ihres Todes aber war wohl das, was man gegenwärtig diskret als ›Unterernährung‹ zu bezeichnen pflegt.«

**Großmutter Johanne Christiane Kretzschmar** (1780–1865) »Ich war die ganze Zeit des Tages nicht bei den Eltern, sondern bei Großmutter. Sie war mein alles. Sie war mein Vater, meine Mutter, meine Erzieherin, mein Licht, mein Sonnenschein, der meinen Augen fehlte, … ungebildet, aber Dichterin von Gottes Gnaden und darum eine Märchenerzählerin.

Alles, was ich in mich aufnahm, leiblich und geistig, das kam von ihr. So wurde ich ihr ganz selbstverständlich ähnlich. Was sie mir erzählte, das erzählte ich ihr wieder und fügte hinzu, was meine kindliche Phantasie teils erriet und teils erschaute. Ich erzählte es den Geschwistern und auch anderen, die zu mir kamen, weil ich nicht zu ihnen konnte. Ich erzählte in Großmutters Tone, mit ihrer Sicherheit, die keinen Zweifel duldete.

Sie war mir von Jugend auf ein herzliebes, beglückendes Rätsel, aus dessen Tiefen ich schöpfen durfte, ohne es jemals ausschöpfen zu können. Woher hatte sie das alles? Sehr einfach: Sie war Seele, nichts als Seele, und die heutige Psychologie weiß, was das zu bedeuten hat. Sie war in der tiefsten Not geboren und im tiefsten Leide aufgewachsen; darum sah sie alles mit hoffenden, sich nach Erlösung sehnenden Augen an.

Droben auf dem Oberboden stand eine alte Kiste mit noch älteren Büchern. (Eines davon) enthielt eine Menge bedeutungsvoller orientalischer Märchen, die sich bisher in keiner andern Märchensammlung befanden. Großmutter kannte diese Märchen alle. Sie erzählte sie gewöhnlich wörtlich gleichlautend; aber in gewissen Fällen, in denen sie es für nötig hielt, gab sie Aenderungen und Anwendungen, aus denen zu ersehen war, daß sie den Geist dessen, was sie erzählte, sehr wohl kannte und ihn genau wirken ließ. Ihr Lieblingsmärchen war das Märchen von Sitara; es wurde später auch das meinige, weil es die Geographie und Ethnologie unserer Erde und ihrer Bewohner rein ethisch behandelt.«

Eines der Märchen seiner Großmutter handelte von einer vergessenen Menschenseele:»Da nahm Großmutter mich auf ihren Schoß, küßte mich auf die Stirn und sagte: ›Sei still, mein Junge! Gräme dich nicht um sie! Ich habe sie gefunden. Sie ist da!‹ ›Wo?‹ fragte ich. ›Hier, bei mir‹, antwortete sie. ›Du bist diese Seele, du!‹ ›Aber ich bin doch nicht verloren‹, warf ich ein. ›Natürlich bist du verloren. Man hat dich herabgeworfen in das ärmste, schmutzigste Ardistan. Aber man wird dich finden; denn wenn alle, alle dich vergessen haben, Gott hat dich nicht vergessen.‹ – Ich begriff das damals nicht.«

## Wahl-Vorbilder

**Christian Friedrich Weißpflog (1819–1894)** »Und ich hatte einen Paten, welcher als Wanderbursche weit in der Welt herumgekommen war. Der nahm mich in der Dämmerstunde und an Feiertagen, wenn er nicht arbeitete, gern zwischen seine Knie, um mir und den rundum sitzenden Knaben von seinen Fahrten und Erlebnissen zu berichten. Es war ein kleines schwächliches Männlein, mit weißen Locken, aber in unseren Augen ein gar gewaltiger Erzähler voll übersprudelnder, mit in das Alter hinüber geretteter Jugendlust und Menschenliebe.

Alles, was er berichtete, lebte und wirkte fort in uns; er besaß ein ganz eigenes Geschick, seine Gestalten gerade das sagen zu lassen, was uns gut und heilsam war, und in seine Erlebnisse Szenen zu verflechten, welche so unwiderstehlich belehrend, aneifernd oder warnend auf uns wirkten. Wir lauschten atemlos, und was kein strenger Lehrer, kein strafender Vater bei uns erreichte, das erreichte er so spielend leicht durch die Erzählungen von seiner Wanderschaft.«

Der Schmied wird 1880 Mays Trauzeuge.

**Johann Peter Kochta (1824–1886)** Der katholische Gefängnispfarrer »war nur ein Lehrer ohne akademischen Hintergrund, aber ein Ehrenmann in jeder Beziehung, human wie selten einer und von einer reichen, erzieherischen psychologischen Erfahrung, sodass das, was er meinte, einen viel größeren Wert für mich besaß, als ganze Stöße von gelehrten Büchern.«

Dieser »Mensch mit echt christlicher Gesinnung«, der Mays Dichter-Gabe entdeckte und ihn das Orgelspiel lehrte, hatte dafür gesorgt, dass der protestantische Sträfling im katholischen Anstaltsdienst als Organist eingesetzt wurde: »Ich muss konstatieren, dass diese vier Jahre der ungestörten Einsamkeit und konzentrierten Sammlung mich sehr, sehr weit vorwärts gebracht haben.«

*Literatur:*

Karl Mays Gesammelte Werke – Band 87, Karl-May-Verlag Bamberg 2006
Frederik Hetmann: »Old Shatterhand, das bin ich«. Die Lebensgeschichte des Karl May, Weinheim und Basel 2000
www.karlmay.leo.org
FAZ vom 25. Januar 2007

# Bascha Mika

geboren 1954 in Komprachcice/Polen,
lebt in Berlin

Sie ist seit 1999 die einzige Chefredakteurin einer über-regionalen deutschen Tageszeitung und verwandelte das »alternativen Gewächs zum verlässlichen Produkt« mit den witzigsten Schlagzeilen des Landes. Als sie fünf war, übersiedelte ihre Familie nach Deutschland. Die Katholikin absolvierte eine Banklehre, mach-te Abitur, studierte Philosophie und wurde freie Journalistin, bis sie 1988 zur taz ging. 1994 erhielt sie den »Emma«-Journalistinnenpreis, 1998 erschien ihr Buch »Alice Schwarzer. Eine kritische Biografie« (die die Emma-Chefin nicht autorisierte). 2003, zum fünfundzwanzigjährigen Jubiläum der taz, ließ sie eine Ausgabe von »Bild«-Chefredakteur Kai Diekmann gestalten: »Die ›taz‹ ist eine starke Zeitung – gemacht von starken Personen. Manchmal ist es ein Kraftakt, Chefin der ›taz‹ zu sein, allerdings einer mit Spaßfaktor – ein Extremsport.«

»Mein erstes Vorbild? Jesus. Ich wurde in Polen streng katholisch erzogen, mit sechs ging ich zur Kommunion, mit acht zur Firmung, mit zehn wollte ich Nonne werden.

Jesus war für mich der Gegenpart zu den Gruselgestalten des alten Testaments – einschließlich des grausam willkürlichen Jahwe. Jesus war gerecht und friedfertig, ein sanfter Überzeugungstäter mit einem unzähmbaren Willen. Und, soviel ahnte ich damals schon, als klassisch-männliches rolemodel komplett untauglich.

Ich habe sie geliebt, die kleinen Heiligenbildchen mit Glitzerkram, auf denen er – lockiges Haar, strahlend blaues Gewand – lächelnd sein brennendes Herz präsentierte. Jesus, mein erster Popstar.

Dann kam Winnetou, auch so eine Art Jesus, und dann kam Emma Peel, die Heldin der britischen TV-Serie ›Mit Schirm, Charme und Melone‹. Weil sie cool war. Supertough. Sich nie einschüchtern ließ und besser Karate kämpfte als jeder Mann.

Schon mit sechzehn war es allerdings vorbei mit meinem Leben als Fan. Selbstverständlich gibt es immer noch Menschen, die ich bewundere. Es gibt KollegInnen, die mir imponieren. Aber Vorbildcharakter? Nacheifern? Ich glaube, als Proselytin bin ich schlicht eine Niete.

Die Einzige, die noch heute für mich als Vorbild taugt, ist meine Mutter. Eine schöne Frau mit einer wahnsinnigen Energie, die unsere Großfamilie nebst ihrem Beruf bewundernswert gemanagt hat und sich durch noch so widrige Umstände nie hat kleinkriegen lassen. Eine wahre Heldin des Alltags.«

# Margarete Mitscherlich

geboren 1917 in Gravenstein/Dänemark, lebt in
Frankfurt/Main

Die Grande Dame der Psychoanalyse studierte Medizin,
leitete mit ihrem Mann Alexander Mitscherlich das
Sigmund-Freud-Institut in Frankfurt, wo sie immer noch
praktiziert: »Wenn Sie anfangen, Ihre Träume zu analysieren, dann lernen Sie Seiten von sich kennen, von denen Sie vorher keine Ahnung hatten … Erinnerung ist sowohl Ursprung als auch Ziel.« Die gemeinsame
Gesellschaftsanalyse des Paares »Die Unfähigkeit zu trauern« (1967), eine
wegweisende Arbeit über die Nichtbewältigung der Nazivergangenheit, wurde heftig diskutiert. Margarete Mitscherlichs Buch: »Die friedfertige Frau«
hat seit 1985 Generationen von Frauen beeinflusst: »Einig sind sich die
Männer in einem, der Herrschaft über die Frau.« Die Tochter einer däni-
schen Ärztin und eines deutschen Lehrer fordert: »Kinder, ihr solltet Kinder
kriegen, das macht nämlich Spaß! Ich habe nur eins gehabt. Aber es hat mein
Leben enorm bereichert.«

»Ich finde, es kommt weniger auf die Vorbilder, vielmehr auf die
Traditionen an.

Kinder brauchen Vorbilder, junge Menschen brauchen Vorbilder,
aber sobald das Erwachsenalter eintritt, ist jeder für sein Leben selbst
verantwortlich und »Vorbilder« treten in den Hintergrund.

Natürlich hatte auch ich als Kind und Jugendliche Vorbilder. Zum
Beispiel meine gebildete, energische Mutter, die sich für vieles interessierte, die oft zum Lachen aufgelegt und der Mittelpunkt der Familie
gewesen ist. Dabei schmiss sie den Haushalt mit links, konnte fabelhaft kochen und reiste mit über neunzig nach Afrika.

Oder meine Deutschlehrerin, die mein Idol war. Denn sie hatte uns
nicht nur die klassische Literatur beigebracht, sondern auch die der
Moderne, die ja in der Nazizeit bei vielen Deutschen verpönt, ja ver-

boten war. Und später meinen Mann mit seiner Art, sich immer erneut in Frage stellen zu können.

Auch Sigmund Freud war ein Vorbild: sein Denken und seine unglaubliche Fähigkeit, seelische Vorgänge und seine genialen Theorien in verständliche Worte zu fassen. Er war das für mich, was man einen Augenöffner nennt.

Die zwölf Jahre der Hitler-Barbarei haben alle bisherigen Werte und Traditionen, vom Christentum bis Kant, also alle menschlich anerkennenswerten Vorbilder ad absurdum geführt, die wir uns seither kritisch nachdenkend immer neu erobern müssen.

Das Problem ist doch: Wie konnte es passieren?

Hitler war sicherlich für viele Leute eine Art Gott, aber kein Vorbild.

Viele kluge Leute haben gesagt, dass das Leben nur den Sinn hat, dem man ihm gibt, wobei die Vorbilder der Kindheit und der Jugend eine Rolle spielen. Man muss also den Sinn des Lebens, den das Leben für uns jeweilig hat, so man erwachsen ist, selber herausfinden.

Ich halte es für falsch, mit dem Wort Vorbild nur einen einzelnen Menschen zu bezeichnen, eher einen Komplex von Traditionen und Werten, auf Grund derer man erzogen wurde, oder man sich selbst eroberte und akzeptieren lernte.«

»Ich kann ohnmöglich so leben
wie die Meister dermaligen Jungen heute.«

# Wolfgang Amadeus Mozart

27. Januar 1756 Salzburg – 5. Dezember 1791 Wien

Er rülpste, furzte, kotzte: »Ich scheiße schon wirklich bald 22 jahr aus dem nemlichen loch, und ist doch nicht verrisen! – und hab schon so oft geschissen – – und mit den Zähnen den dreck ab-bisen«, informiert er zum Beispiel seine angebetete Cousine »Bäsle« in einem seiner Liebesbriefe.

Nun, Mozart war vielleicht aus der Sicht unseres gesitteten Jahrhunderts als Mensch vulgär. Seine Musik aber ist es nicht: »Ich bin gern lustig, aber seyen sie versichert, dass ich trotz einem jedem Ernsthaft seyn kann.«

Also bleibt er »ein Wunder, das nicht zu erklären ist« (Goethe), »der reinste aller Musiker, die Musik selbst« (Claude Debussy), »immer verehrungswürdig« (Gioachino Rossini), »das größte und göttliche Genie« (Wolfgang Wagner), »ein starkes, vielseitiges, tiefes Genie« (Tschaikowski), »das Ding an sich, losgelöst von jeder irdischen Gestalt, befreit vom ›Willen‹« (Richard Strauss).

Sicher: »Jede Generation sieht in seinem Werk etwas anderes« (Albert Einstein), aber eines gilt zeitlos: Hört man seine Musik, »hat die Welt einen Sinn« (Hermann Hesse). Und angeblich beglücken seine Musiken nicht nur Gottes irdische Kinder, sondern auch Engel, denn »wenn sie unter sich sind, spielt Mozart und der liebe Gott hört besonders gerne zu.« (Karl Barth)

Mozart, das Wunderkind, spielt mit drei Jahren Klavier und mit vier Geige, mit fünfeinhalb gibt er das erste öffentliche Konzert. Mit zwölf hat er bereits drei Opern, sechs Sinfonien und ein paar Kleinigkeiten komponiert. Mit dreizehn liefert der Knabe eine ganz besondere Kostprobe seines Könnens: Er hört in der Sixtinischen Kapelle das »Miserere« von Gregorio Allegri für einen neunstimmigen Chor. Die Partitur abzuschreiben, war bei Strafe der Exkommunikation verboten. Also schreibt der Kleine sie aus dem Gedächtnis auf, fehlerfrei. Papst Clemens XIV. ist hingerissen und verleiht ihm den Orden »Ritter vom Goldenen Sporn«.

Dennoch gehört Amadeus als Musicus zum »fahrenden Gesindel«, das man mit einem Fußtritt aus dem Audienzsaal befördern (wie es sich ein Diener des Salzburger Fürsterzbischofs Colloredo anmaßte) oder zurechtweisen kann, wie Kaiser Josef II., der Mozart beauftragte, ein modernes »Nationalsingspiel« zu komponieren, und nach der Premiere von »Die Entführung aus dem Serail« urteilte: »Zuviel Noten, lieber Mozart, zuviel Noten.«

Mozart weiß um diesen Makel. 1782 überlegt er: »Will mich Teutschland, mein geliebtes vatterland nicht aufnehmen, so muß im gottes Nammen frankreich oder England wieder um einen geschickten Teutschen Mensch reich werden; – und das zur schande der teutschen Nation.«

Die Vater-Sohn-Beziehung: Sie ist ebenso von Legenden umwoben wie sein Tod: »Mein Wunsch und meine hoffnung ist – mir Ehre, Ruhm und Geld zu machen«, versichert er stets seinem »mon très cher Pere«.

Mozarts kindisch-ekstatische Luxus-Sucht: Sie wird milde belächelt. Er liebte Maskeraden, Billard, »Sauerkraut mit Knödeln« und ausgefallene Kleider: »Nun aber spass a part … so einen frok (Frack) muß ich haben, damit es der Mühe werthe ist die knöpfe darauf zu setzen, mit welchen ich schon lange in meinen gedanken schwanger gehe … (aus)Perlmutter, auf der seite etwelche weisse Steine herum, und in der Mitte ein schöner gelber Stein«, schreibt er einer betuchten Freundin.

Mozarts Geldprobleme, notorisch: »Wenn Sie mir in dieser meinen Laage nicht helfen, so verliere ich Ehre und Credit, welches das einzige ist, welcher ich zu erhalten wünsche.«

Mozarts Reisepensum, beeindruckend: Auf seinen Konzertreisen (die erste Tournee geht vom 9. Juni 1763 bis 29. November 1766) bereist er, in einer Kutsche auf holprigen Straßen, ganz Europa (»wenn der Erzbischof mir nicht erlaubt alle 2 jahre eine Reise zu machen, ich das Engagement ohnmöglich annehmen kann«). Das Reisen dezimiert seine Abwehrkräfte, er kränkelt fast pausenlos (Typhus, Pocken und so weiter).

Mozarts Schaffenswucht, unbegreiflich: Mit sechsunddreißig Jahren tot, hinterlässt er 626 Werke, zum Beispiel die Opern »Figaros Hochzeit«, »Don Giovanni«, »Cosi fan tutte«, »Zauberflöte«: »Sie wissen dass ich so zu sagen ganz in der Musique stecke – dass ich den ganzen Tag damit umgehe«

Und doch schafft er es, sich um seine Kinder zu kümmern.

Am 18. Juni 1783 schreibt er: »Mon très cher Pere! Ich gratuliere, Sie sind Gros-Papa! … (allerdings sorgt er sich) Meine Frau sie seye es im Stande oder nicht, sollte niemalen ihr Kinde stillen das war immer mein fester Vorsatz! – allein, einer andern Milch solle Mein Kind nicht hineinschlucken!- sondern bey Wasser will ich es aufziehen!« Der Sohn stirbt zwei Monate später »an der Gedärmfrais«. Von seinen sechs Kindern überleben nur zwei: Karl Thomas wird Staatsbeamter in Mailand und als Papas Erbe reich: Allein von den drei »Figaro«-

Aufführungen um 1850 in Paris konnte er sich ein Landgut leisten. Der jüngere Sohn Franz Xaver bleibt ein mittelmäßiger Musiker in Lehnberg. Beide sterben unverheiratet und kinderlos.

Ein halbes Jahr vor seinem Tod schreibt Amadeus seiner geliebten Frau Constanze genannt »Stanzi«, die zur Kur ist: »Aus lauter langer Weile habe ich heute von der Oper [»La clemenza di Tito«] für eine Arie componirt ... Dein Dich ewig liebender Mann W. A. Mozart.« – Amadeus nannte er sich nie, außer im Scherz.

Auch als Briefschreiber ist Mozart ungemein fleißig. Aber »schon Mozarts Witwe veranlasste textliche Retuschen und die Verstümmelung von Briefen« (Fritz Hennenberg). Sie hätten ja – das erkannte Constanze – das glatte Genie-Bild gestört.

Seine eigene Selbstdarstellung blieb erhalten: »Ich kann nicht poetisch schreiben; ich bin kein dichter; ich bin kein mahler. Ich kann sogar durchs deüten und durchs Pantomime meine gesinnungen und gedancken nicht ausdrücken; ich bin kein tänzer. Ich kann es aber durch töne; ich bin ein Musikus.«

Am 7. September 1791 entsteht (vermutlich) einer seinen letzten Briefe an Lorenzo Da Ponte: »Ich arbeite weiter, weil mich das Komponieren weniger anstrengt als das Ausruhen ... Ich spüre es, ich habe es im Gefühl, dass mir die Stunde schlägt, es geht ans Sterben. Ich bin am Ende, noch eher ich mich meines Talentes habe erfreuen dürfen.«

Übrigens: »Über Mozart kann ich nicht schreiben, ich kann ihn nur anbeten.« (Richard Strauss)

## Haus-Vorbilder

**Vater Johann Georg Leopold Mozart (1719–1787)** »Ich bin der andere Papa.«

**Mutter Anna Maria Walburga geb. Pertl (1720–1778)** »Allerbester freünd! Für sie ganz allein. Trauern sie mit mir – dies war der Trauerigste Tag in meinen Leben – dies schreibe ich um 2 Uhr nachts – ich muß es ihnen doch sagen«, schreibt Mozart am 3. Juli 1778 in Paris, aber nicht an seinen Vater, sondern an Abbé Joseph Bullinger, »meine liebe Mutter ist nicht mehr! – gott hat sie zu sich berufen – er wollte sie haben, das sahe ich klar – mithin habe ich mich in willen gottes gegeben … ich bitte sie also, bester freünd, erhalten sie mir meinen vatter, sprechen sie ihm muth zu dass er es sich nicht gar zu schwer und hart nimmt, wenn er das ärgste erst hören wird.«

Sie begleitet ihn auf seinen Reisen, nimmt es in Kauf, in schlimmen Quartieren auf ihren beschäftigten Sohn zu warten, und zwar mit der Geduld der Unpriviligierten zur Zeit des Absolutismus: »Betten wir also einen andächtigen vatter unser für ihre Seele – und schreiten wir zu andern sachen, es hat alles seine Zeit.«

## Wahl-Vorbilder

**Johann Sebastian Bach (1685–1750)** »Ich mach mir eben ein Collection von den Bachischen fugen – so wohl sebastian als Emanuel und friedemann Bach.«

1782 komponiert Mozart den Schlusssatz der »Suite C-Dur« (KV 399): »Dabei nennt er sein Vorbild, wenn auch in verschlüsselter Form, sogar beim Namen: Bach. Das relevante Tonsymbol steht an unscheinbarer Stelle und ist transponiert – aber sein Geheimnis längst preisgegeben. … Mozart machte sich Bach systematisch zu eigen. Am Anfang stand das Studium; ihm folgten Bearbeitungen, Nachbildungen und schließlich Neubewertung.« (Fritz Hennenberg)

**Joseph Haydn (1732–1809)** »Dich nehme ich aus, aber alle anderen Compositeurs sind wahre Esel!«, bescheinigt Mozart seinem Mentor. Die beiden musizieren des Öfteren zusammen, werden Freimaurer in der gleichen Loge »Zur wahren Eintracht«, Wolfgang nennt den Meister »Papa Haydn«.

»Den größten Wert legte er auf das Lob jener, die er selbst hochschätzte, aber das waren wahrhaftig nicht viele, genauso genommen war es nur Haydn, der einzige Zeitgenosse, den Mozart bewunderte.« (Wolfgang Hildesheimer)

Übrigens: Die bedingungslose, aber vor allem tatkräftige Bewunderung, die der »Star«-Haydn für das Nachwuchs-Talent Mozart empfindet, sucht seinesgleichen. Am Tag nach Haydns Aufnahme in die Loge veranstaltet Mozart bei sich zu Hause eine Feier, spielt die drei letzten Quartette, die er Haydn gewidmet hat, Haydn ist gerührt und sagt zu Mozarts Vater: »Ich sage ihnen vor gott, als ein ehrlicher Mann, Ihr Sohn ist der größte Componist, den ich von Person und dem Nahmen nach kenne: er hat geschmack, und über das die größte Compositionswissenschaft.«

*Literatur:*

»Mozart-Briefe«. Neu ausgewählt von Wolfgang Hildesheimer, Frankfurt 1975
Wolfgang-Amadeus Mozart: »Briefe«, Wiesbaden 2006
Wolfgang Hildesheimer: »Mozart«, Frankfurt/Main 1977
Fritz Hennenberg: »Mozart«, Reinbek 1992
Guy Wagner: »Bruder Mozart«. Freimaurer im Wien des 18. Jahrhunderts, Wien-Berlin-München 1996
Wolfgang Amadeus Mozart: »Chronik eines Lebens«, München 1965
»Über Mozart«. Hrsg. Dietrich Klose, Stuttgart 1991

»Ich habe eine schreckliche Angst davor, daß man mich eines Tages heilig spricht ... Ich will kein Heiliger sein, lieber noch ein Hanswurst ... Vielleicht bin ich ein Hanswurst.«

# Friedrich Nietzsche

15. Oktober 1844 Röcken/Sachsen – 25. August 1900 Weimar

Am 3. Januar 1889 morgens, als er das gemietete Zimmer in Turin verlässt, sieht er, wie ein brutaler Kutscher sein Pferd misshandelt. Er stürzt zu dem Tier, umarmt es unter Tränen und bricht zusammen. Die Ärzte diagnostizieren fortgeschrittene Paralyse.

Und so wird der Mann, für den die Philosophie keine kalte Abstraktion war, sondern »Erleben, Erleiden und Opfertat für die

Menschheit« (Thomas Mann), seine restlichen elf Jahre in »geistiger Umnachtung« verbringen, gepflegt und verwaltet von seiner verwitweten Schwester Elisabeth Förster-Nietzsche.

Der Zusammenbruch, der Wahn kündigte sich schon lange an. Nietzsche signiert zum Beispiel seine Briefe mit »Der Gekreuzigte« oder »Dionysos«: »Da habt ihr den Gegensatz. Im ersten Fall soll es der Weg sein zu einem heiligen Sein; im letzteren Fall gilt das Sein als heilig genug, um ein Ungeheuers von Leid noch zu rechtfertigen … Der Gott am Kreuz ist ein Fluch auf das Leben, ein Fingerzeig, sich von ihm zu erlösen – der in Stücke geschnittene Dionysos ist eine Verheißung des Lebens: es wird ewig wiedergeboren und aus der Zerstörung heimkommen.«

Sein »äußerer« Lebensweg gestaltet sich geradezu geradlinig: 1864 Abitur auf dem legendären Gymnasium Schulpforta, Studium der Theologie und klassischen Philologie, 1869 Berufung nach Basel als außerordentlicher Professor für klassische Philologie.

Aber bereits 1879 schickt er dem Baseler Regierungspräsidenten ein Entlassungsgesuch wegen Erkrankung. (»An Besserung denke ich gar nicht mehr, geschweige denn an Genesung. Aber Aushalten-Können ist sehr viel.«) Die Schweizer schätzen den Philosophen so sehr, dass sie ihm eine Pension von 3000 Franken jährlich gewähren. »Meine sehr problematische Nachdenkerei und Schriftstellerei hat mich bis jetzt immer krank gemacht; so lang ich wirklich Gelehrter war, war ich auch gesund; aber da kam die nervenzerrüttende Musik und die metaphysische Philosophie und die Sorge um tausend Dinge, die mich nichts angehen.«

Er versucht zu trennen: »Das eine bin ich, das andere sind meine Schriften«, stellt er in »Ecce homo« fest, der letzten seiner autobiographischen Schriften (die erste »Aus meinem Leben« schreibt er mit vierzehn Jahren). Dabei ist sein Leben und Denken so fatal verkettet wie bei kaum einem anderen – und somit Stoff für Mythen und Spekulationen.

Einst ein Idol der Fin-de-Siècle-Generation und des Nationalsozialismus, wird Nietzsche heute als ein Bahnbrecher der Moderne wahrgenommen, als ein »Paradiesvogel« der deutschen Geistesgeschichte: Seine Texte sind pazifistisch und militaristisch zugleich; er war ein Philosemit (»man kennt meine Formel: Gut deutsch sein heißt sich entdeutschen, oder ist – eine kleine Distinktion unter Deutschen – jüdischer Herkunft.«), aber lastete den Juden die Erfindung der Moral an; er gilt als der Ahne aller Machos (»Du gehst zu den Frauen? Vergiss die Peitsche nicht!«), doch verzauberte er die intelligentesten, feinfühligsten seiner Zeitgenossinnen (Cosima Wagner, Lou Salomé).

In seinen Schriften »Jenseits von Gut und Böse«, »Genealogie der Moral« und dem Fragment »Wille zur Macht« (das seine Schwester nach ihrem Gutdünken zusammenstellte) formuliert er seine Thesen von der »Herrenmoral« (die die »Sklavenmoral« ersetzen wird), vom »Willen zur Macht« und von der »ewigen Wiederkehr des Gleichen«. »Umwerthung aller Werthe: das ist meine Formel für einen Akt höchster Selbstbestimmung der Menschheit, der in mir Fleisch und Genie geworden ist.« Und: »Es wird einmal an meinem Namen die Erinnerung an etwas Ungeheueres anknüpfen – an eine Krisis, eine Entscheidung, heraufbeschworen gegen alles, was bis dahin geglaubt, gefordert, geheiligt war.«

Aber das Epochale war nicht nur seine thematische Radikalität, sondern auch die gnadenlose Abkehr von dem gelehrten Duktus promovierter Altphilologen und Philosophen: Er »philosophiert mit dem Hammer«, um »ganz einfach das, was bisher Wahrheit genannt wurde«, zu entsorgen, denn »auf deutsch: es geht zu Ende mit den alten Wahrheiten«.

Im Klartext heißt das: »Mein Ehrgeiz ist, in zehn Sätzen zu sagen, was jeder andere in einem Buche sagt – was jeder andere in einem Buche nicht sagt.«

Sein prophetisches Werk »Also sprach Zarathustra« (vertont von Richard Strauss) ist »keine Philosophie«, vielmehr eine Heiligenlegende voller apokalyptischer Visionen, Albträume, Tanzlieder, Gedichte im Opium-Rausch. Es ist unverhüllt die Verachtung für die »Masse der Vielzuvielen«, denen er eine Idealfigur gegenübergestellt – den Übermenschen: »Aber bei meiner Liebe und Hoffnung beschwöre ich dich: wirf den Helden in deiner Seele nicht weg.«

Tatsache bleibt, dass einige seiner Sprüche als Steilvorlage von den Faschisten und Nazis missbraucht wurden (Mussolini zitierte ihn auswendig), woraufhin er vom dogmatischen Marxismus totgeschwiegen wurde. Auch Sigmund Freud hat sich »anhaltende Nietzsche-Lektüre« verboten: »Wohin ist Gott? rief er, ich will es euch sagen! Wir haben ihn getötet, – ihr und ich! Wir alle sind seine Mörder! Aber wie haben wir dies gemacht? Wie vermochten wir das Meer auszutrinken? Wer gab uns den Schwamm, um den ganzen Horizont wegzuwischen? Was taten wir, als wir diese Erde von ihrer Sonne losketteten? … Gott ist tot! Gott bleibt tot! Und wir haben ihn getötet! Wie trösten wir uns, die Mörder aller Mörder… Müssen wir nicht selber zu Göttern werden, um nur ihrer würdig zu erscheinen? … Tot sind alle Götter: nun wollen wir, dass der Übermensch lebe!«

## Haus-Vorbilder

»Es ist aus der Seele eines Menschen nicht wegzuwischen, was seine Vorfahren am liebsten und beständigsten gethan haben: ob sie etwa emsige Sparer waren und Zubehör eines Schreibtisches und Geldkastens, bescheiden und bürgerlich in ihren Begierden, bescheiden auch in ihren Tugenden, oder ob sie ans Befehlen von früh bis spät gewöhnt lebten, rauen Vergnügungen hold, oder ob sie endlich alte Vorrechte der Geburt und des Besitzes irgendwann einmal geopfert haben, um ganz ihrem Glauben – ihrem ›Gotte‹ zu leben, als die Menschen eines unerbittlichen und zarten Gewissens, welches vor jeder Vermittlung erröthet. Es ist gar nicht möglich, dass ein Mensch *nicht* die Eigenschaften und Vorlieben seiner Eltern und Mitvordern im Leibe habe, was auch der Augenschein dagegen sagen mag.«

**Vater Carl Ludwig Nietzsche (1813–1849)** »Das Größte, das Herrlichste, mein Kindlein soll ich taufen! O seliger Augenblick, o köstliche Feier, o unaussprechlich heiliges Werk«, rief der Vater, als er seinen Sohn taufte.

»Mein Vater lebte, bevor er das Pfarramt der Gemeinde Röcken« übernahm, einige Jahre auf dem Altenburger Schlosse und unterrichtete die vier Prinzessinnen. … Er war voller Pietät gegen den preußischen König Friedrich Wilhelm den Vierten. … Ich betrachte es als ein großes Vorrecht, einen solchen Vater gehabt zu haben: es scheint mir sogar, dass sich damit alles erklärt, was ich sonst an Vorrechten habe – das Leben, das große Ja zum Leben *nicht* eingerechnet. ... Ich habe nie die Kunst verstanden, gegen mich einzunehmen – auch das verdanke ich meinem unvergleichlichen Vater -, und selbst noch, wenn es mir von großem Werte schien.«

Der Papa starb geisteskrank, mit sechsunddreißig Jahren, als sein Sohn fünf Jahre alt war, Friedrich wuchs mit fünf Frauen auf (Mutter, Schwester, Großmutter, Tanten, Dienstmädchen).

»Sicherlich hatte ich vortreffliche Eltern; und ich bin überzeugt, dass gerade der Tod eines so ausgezeichneten Vaters, wie er, mir einerseits väterliche Hilfe und Leitung für ein späteres Leben entzog, andererseits die Keime des Ernstes und Betrachtenden in meine Seele legte. Vielleicht war es nun ein Übelstand, dass meine ganze Entwicklung von da an von keinem männlichen Auge beaufsichtigt wurde.«

»Ich bin, um es in Rätselform auszudrücken, als mein Vater bereits gestorben, als meine Mutter lebe ich noch und werde alt.«

**Mutter Franziska Nietzsche geb. Oehler (1826–1897)** »Aber meine Mutter ist jedenfalls etwas sehr Deutsches« – konkreter wird er auf seine »Probleme« mit der kaum gebildeten jüngsten Tochter des Landpfarrers nicht eingehen.

Im Gegenteil, er schreibt ihr fleißig und informiert sie (oft fast entschuldigend, mit zartestem Feingefühl) über alle seine wichtigen Entscheidungen, zum Beispiel über den Eintritt in die Burschenschaft »Franconia«: »Nun, ich sehe schön, wie Ihr auf höchst merkwürdige Weise den Kopf schüttelt und einen Ausruf der Verwunderung von Euch gebt.«

Schon als Student hat er begriffen: »Die unaufgelösten Dissonanzen im Verhältnis von Charakter und Gesinnung der Eltern klingen in dem Wesen des Kindes fort und machen seine innere Leidengeschichte aus.«

**Schwester Elisabeth Förster (1846–1935)** »Wenn ich den tiefsten Gegensatz zu mir suche, die unausrechenbare Gemeinheit der Instinkte, so finde ich immer meine Mutter und Schwester.«

Sie pflegt ihn nach dem Tod der Mutter, manipulierte dreist seine Briefe – und wird als Herausgeberin seiner Werke reich. Hitler stiftete ihr ein Staatsbegräbnis und legte einen Lorbeerkranz mit Chrysanthemen am Sarg der Entschlafenen nieder.

# Wahl-Vorbilder

Nietzsche stellt sich immer wieder die Frage: Wer bin ich? Die Antworten variieren: »Kleiner Pastor«, »Jünger eines unbekannten Gottes«, »Freier Geist«, »guter Europäer«, »Wanderer und Schatten«, »Unzeitgemäßer«, »Prinz Vogelfrei«, »der Prophet Zarathustras«: »Ich bin unter Indern Buddha, in Griechenland Dionysos gewesen«, heißt es 1889, »Alexander und Cäsar sind meine Inkarnationen«. Schließlich: »Zuletzt war ich noch Voltaire und Napoleon, vielleicht auch Richard Wagner.«

Andererseits beteuert er: »Das Malheur nämlich ist: ich habe kein Muster und bin in der Gefahr des Narren auf eigene Hand.«

**Friedrich Wilhelm Ritschl (1806–1876)** »Ritschl ist der einzige geniale Gelehrte, den ich bis heute zu Gesicht bekommen habe.«

Der Sprachwissenschaftler erklärt bereits 1866, nachdem er Nietzsches erste Seminararbeit gelesen hat, »noch nie von einem Studierenden des dritten Semesters etwas Ähnliches der strengen Methode nach, der Sicherheit der Kombination nach gesehen zu haben«. Nach diesem Lob entscheidet sich Nietzsche für eine Universitätslaufbahn und Ritschl verschafft seinem Schüler – noch bevor er promoviert wird – eine Professur in Basel.

Eine Ernüchterung stellt sich erst ein, als Ritschl Nietzsches »Die Geburt der Tragödie aus dem Geiste der Musik« als »Größenwahn« abtut.

**Arthur Schopenhauer (1788–1860)** »Meine Philosophie hat jetzt Gelegenheit, mir praktisch zu nützen. Ich habe in keinem Augenblick bis jetzt Erniedrigung verspürt, aber sehr oft wie über etwas Märchenhaftes gelächelt. Mitunter auch raune ich unter dem Bauch eines Pferdes versteckt: ›Schopenhauer, hilf«, berichtet er, nachdem er 1867 zum Militärdienst einberufen wird.

Und sooft er sich nach »seltnen Erholungen von der philologischen Fron« sehnt, greift er zurück auf Schopenhauer: »Der Atheismus war das, was mich zu Schopenhauer führte.«

»Nun vergegenwärtige man sich, wie in einem solchen Zustande die Lektüre von Schopenhauers Hauptwerk wirken musste. Eines Tages fand ich nämlich im Antiquariat des alten Rohn dieses Buch, nahm es als mir völlig fremd in die Hand und blätterte. Ich weiß nicht, welcher Dämon mir zuflüsterte: ›Nimm dir dies Buch mit nach Hause.‹ Es geschah jedenfalls wider meine sonstige Gewohnheit, Büchereikäufe nicht zu überschleunigen. Zu Haus warf ich mich mit dem erworbenen Schatze in die Sofaecke und begann, jenen energischen düsteren Genius auf mich wirken zu lassen. Hier war jede Zeile, die Entsagung, Verneinung, Resignation schrie, hier sah ich einen Spiegel, in dem ich die Welt, Leben und eigen Gemüt in entsetzlicher Großartigkeit erblickte. Hier sah mich das volle interesselose Sonnenauge der Kunst an, hier sah ich Krankheit und Heilung, Verbannung und Zufluchtsort, Hölle und Himmel. Das Bedürfnis nach Selbsterkenntnis, ja Selbstzernagung packte mich gewaltsam.«

**Richard Wagner (1813–1883)** »Die Nähe Wagners ist mein Trost«, bekennt er in den Wochen nach der ersten Begegnung am 17. Mai 1869 in Tribschen bei Luzern.

An den Freund Erwin Rohde schreibt er:»Dazu habe ich einen Menschen gefunden, der wie kein anderer das Bild dessen, was Schopenhauer ›das Genie‹ nennt, mir offenbart und der ganz durchdrungen ist von jeder wundersamen innigen Philosophie. Dies ist kein anderer als Richard Wagner, über den Du kein Urteil glauben darfst, das sich in der Presse, in den Schriften des Musikgelehrten usw. findet. Niemand kennt ihn und kann ihn beurteilen. ... In ihm herrscht so unbedingte Idealität, eine solche tiefe und rührende Menschlichkeit, ein solcher erhabener Lebensgeist, dass ich mich in seiner Nähe wie in der Nähe des Göttlichen fühle.«

»Er ist nämlich ein fabelhaft lebhafter und feuriger Mann, der sehr schnell spricht, sehr witzig ist. ... Inzwischen hatte ich ein längeres Gespräch mit ihm über Schopenhauer; ach, und Du begreifst es, welcher Genuß es für mich war.«

Diese Verehrung schlägt spätestens 1879 nach Wagners Hinwendung zum Christentum (in »Parsifal«) in Feindschaft um. Nietzsche veröffentlicht »Der Fall Wagner« und »Nietzsche contra Wagner«: »Es war in der Tat damals die höchste Zeit, Abschied zu nehmen: alsbald schon bekam ich den Beweis dafür. Richard Wagner, scheinbar der Siegreichste, in Wahrheit ein morsch gewordener verzweifelnder

Décadent, sank plötzlich, hilflos und zerbrochen, vor dem christlichen Kreuze nieder.«

Schon 1876, also zwei Jahre vor dem endgültigen Bruch, heißt es: »Was ich Wagner nie vergeben habe? Ich vertrage nichts Zweideutiges; seitdem Wagner in Deutschland ist, kondeszendierte er Schritt für Schritt zu allem, was ich verachte – selbst zum Antisemitismus.« Und: »Wagners Kunst ist krank. ... das Konvulsivische seines Affekts, seine überreizte Sensibilität, sein Geschmack, der nach immer schärferen Würzen verlangte, seine Instabilität, die er zu Prinzipien verkleidet, nicht am wenigsten die Wahl seiner Helden und Heldinnen, diese als physiologische Typen betrachtet (– eine Kranken-Galerie! –): Alles zusammen stellt ein Krankheitsbild dar, das keinen Zweifel läßt. Wagner est une névrose.«

Seiner Hingabe an die Musik konnte die Trennung von Wagner allerdings nichts antun: »Wie wenig gehört zum Glücke! Der Ton eines Dudelsacks. – Ohne Musik wäre das Leben ein Irrthum. Der Deutsche denkt sich selbst Gott liedersingend.«

**Heinrich Heine (1797–1856)** »Den höchsten Begriff vom Lyriker hat mir Heinrich Heine gegeben. Ich suche umsonst in allen Reichen der Jahrtausende nach einer gleich süssen und leidenschaftlichen Musik. Er besaß jene göttliche Bosheit, ohne die ich mir das Vollkommene nicht zu denken vermag. – Und wie er das Deutsche handhabt! Man wird einmal sagen, daß Heine und ich bei weitem die ersten Artisten der deutschen Sprache gewesen sind.«

**Malwida Freiin von Meysenbug (1816–1903)** »Eins der höchsten Motive, welches ich durch Sie erst geahnt habe, ist das der Mutterliebe ohne das physische Band von Mutter und Kind, es ist eine der herrlichsten Offenbarungen der caritas. Schenken Sie mir etwas von dieser Liebe, meine hochverehrte Freundin, und sehen Sie in mir einen, der als Sohn einer solchen Mutter bedarf, ach, so sehr bedarf«, schreibt er der wohlhabenden Schriftstellerin (die ihn mit ihrer Ziehtochter verheiraten wollte). Und später, fast hellseherisch: »Sie wissen, es gibt einen Zustand körperlichen Leidens, der einem mitunter wie eine Wohlthat erscheint, denn man vergisst darüber, was man sonst leidet, oder vielmehr man meint, es könne einem geholfen werden, wie dem

Leib geholfen werden kann. Das ist meine Philosophie der Seele: sie gibt Hoffnung für die Seele.«

Und: »Es bedarf Größe der Seele, um meine Schriften überhaupt auszuhalten. Ich habe das Glück, Alles, was schwach und tugendhaft ist, gegen mich zu erbittern.«

Als sie im Frühsommer 1888 Nietzsche für seine harten Worte in seiner Schrift »Der Fall Wagner« tadelt, wirft er ihr jedoch völliges Unverständnis seiner Werke vor und bricht jeden Kontakt mit ihr ab. Sie schrieb dies später dem beginnenden Wahnsinn Nietzsches zu.

Apropos Goethe: »Goethe ist der letzte Deutsche, vor dem ich Ehrfurcht habe.«

Goethe ist für ihn ein »Zwischenfall«, »ein schönes Umsonst«, dessen Größe gerade darin liegt, dass sich daraus kein Nutzen ziehen lässt. Wie Goethe, plädiert Nietzsche für die Funktionslosigkeit der Kultur – und das in Zeiten eines allgemeinen Utilitarismus.

*Literatur:*
Friedrich Nietzsche: »Ecce Homo«, München 1978
Friedrich Nietzsche: »Also sprach Zarathustra«, Köln 2005
Ralph-Rainer Wuthenow: »Friedrich Nietzsche – Leben, Schriften, Zeugnisse«, Frankfurt 2000
Bernhard H. F. Taureck: »Nietzsche A.B.C.«, Leipzig 1979
Joachim Köhler: »Nietzsche«, München 2001

# Ernst Nolte

geboren 1923 in Witten, lebt in Berlin

Wegen der Missbildung einer Hand als kriegsdienstuntauglich erklärt, studiert der Sohn eines Volksschulrektors Philosophie, schafft 1945 das Notexamen in einem Luftschutzbunker und promoviert 1952 über »Selbstentfremdung und Dialektik im Deutschen Idealismus und bei Marx«. Bekannt durch sein Buch »Der

Faschismus in seiner Epoche«, wird er (bis zu seiner Emeritierung 1991) Geschichtsprofessor in Berlin. Mit einem Artikel am 8. Juni 1986 in der FAZ löst der Geschichtsdenker den »Historikerstreit« aus: »Es geht darum, den Menschen als denkendes und damit über sich selbst hinausgehendes Wesen zu begreifen ... Kein Mensch kann das absolute Gute verkörpern, das kann nur Gott. Genauso ist es unmöglich für einen Menschen, das absolut Böse zu verkörpern.« Auf seiner Homepage fragt er:» Was ist ein umstrittener Autor, und wie sollte er sich verhalten?«

»Wer je längere Zeit in Jerusalem verbracht hat, der weiß davon zu berichten, welche erstaunliche Übereinstimmung zwischen den Kindern der orthodoxen Juden und der älteren, ja der ältesten Generation zu beobachten ist, von der kennzeichnenden Kleidung bis zum Gesichtsausdruck und zu den Gesten. Offenbar ist hier die ganze ältere Generation das fraglose Vorbild für die jüngere, und die Älteren orientieren sich zweifellos am Vorbild von noch weit älteren Generationen bis hinab in die Tiefe der Zeiten.

Mit einer ähnlichen Selbstverständlichkeit sind die Sippenhäupter der Beduinen und die Patriarchen von Glans nicht nur Befehlshaber, sondern zugleich Vorbilder der Familien, die manchmal allesamt, wie in Schottland noch des 18. Jahrhunderts, ihren Namen tragen.

Mindestens im Abendland war das monarchische System des Mittelalters und der frühen Neuzeit nicht auf einzelne Personen, sondern auf Familien und Familienverbände gegründet, und die herrschende Familie sollte und wollte, hier und da bis in die Gegenwart hinein, ein Vorbild für alle Familien des Staates darstellen.

Die zahlreichen Heiligen der katholischen Kirche wurden gewiss sehr häufig vor allem ob der erwarteten Fürbitte bei Gott zu Gegenständen der Verehrung, aber sie waren doch auch Vorbilder für die sittliche Lebenshaltung.

Als die christliche Welt, anders als die islamische, seit dem Beginn der Neuzeit, die Einheit des Glaubens verlor und schon ein hohes Maß an Vielfalt entwickelte, wurden häufig Dichter und Politiker zu weithin anerkannten Vorbildern, zumal die Vorkämpfer der nationalen Einheit wie etwa Schiller in Deutschland und Mazzini in Italien.

Nach der Vollendung der Bildung der großen Nationalstaaten war aber die Gesellschaft schon in solchem Maße vielfältig und komplex geworden, dass nur im Rahmen von Kunstgattungen und Berufsflächen Vorbilder noch eine wichtige Rolle spielten: für viele junge Musiker war und blieb Wilhelm Furtwängler ein Vorbild, und nicht anders war das Verhalten zahlreicher junger Ärzte zu Ferdinand Sauerbruch. Die ›Volksführer‹ im 20. Jahrhundert wie Mussolini und Hitler wurden nicht eigentlich als Vorbilder betrachtet, denn ihnen wurde vor allem Bewunderung oder Hass entgegengebracht; und in einer noch späteren Zeit wurde am Beispiel gewisser Dynastien deutlich, wie wenig die Königshäuser noch Vorbilder zu sein vermochten. In der Undurchsichtigkeit der Komplexität der pluralistischen Gesellschaft musste jedes Individuum sich seine eigenen Vorbilder wählen, soweit es überhaupt noch nach Orientierung suchte und nicht »in den Tag hinein« oder in einem engen Sinne ›selbstbestimmt‹ lebte.

So können heute viele Tausende von Menschen nach ihren Vorbildern befragt werden, und in den Antworten wird nur wenig an Übereinstimmung zu finden sein.

Ich selbst habe mich schon in der Jugend nicht an konkreten Vorbildern orientiert, denn ich war, wie so viele andere, der erste in der Familie, der in die akademische Welt eintrat. Ich habe für viele meiner Lehrer Hochachtung empfunden, aber eine überragende Erscheinung unter ihnen war nur einer, nämlich Martin Heidegger, und der konnte für mich kein Vorbild sein, weil ich nie hoffen durfte, ihm auch nur annähernd gleichzukommen.

Den einen oder anderen unter meinen späteren Kollegen habe ich bewundert – nicht zuletzt Hans Georg Gadamer, der das schwere Schicksal der nachwirkenden Kinderlähmung mit so viel Tapferkeit ertrug. Aber ein Vorbild konnte auch er nicht sein, denn die Voraussetzungen waren zu verschieden. Als ich mich schon während meiner Tätigkeit als Gymnasiallehrer demjenigen zuwandte, was die unumgänglichste Aufgabe meiner Generation war – ob sie nun, wie die meisten, begeistert und widerstrebend im zweiten der großen Kriege des Jahrhunderts mitgekämpft hatten oder Opfer der herrschenden Ideologie geworden waren oder ob sie, wie ich, infolge von Zufälligkeiten wie Geburtsfehlern ausserhalb geblieben waren –, nämlich der ›Vergangenheitsbewältigung‹, das heißt dem Nachdenken über die jüngste Geschichte und deren Erforschung. Das aber war weithin ein Sichvortasten im Dunkeln, für das es nur die elementarste Orientierung gab, etwas die Orientierung an den Maximen der Wissenschaft, von denen alle Vorkämpfer der feindlichen Seiten im Kriege weit entfernt gewesen waren. So konnte ich mich zwar einer kleinen Gruppe von Mitdenkern zugehörig fühlen, und mit einem von ihnen führte ich einen langen (bald veröffentlichten) Briefwechsel, nämlich mit François Furet. Er, obwohl jünger als ich, hat in der Tat Vorbilder gehabt, nämlich jene französischen Historiker, welche die Russische Revolution durch eine innere Verknüpfung der Französischen Revolution gerechtfertigt hatten; für ihn aber nahmen beide Revolutionen im Zuge seiner Forschungen und seines Nachdenkens mehr und mehr negative Züge an. Da aber im wiedervereinigten Deutschland aus guten und weniger guten Gründen die Auffassung die Oberhand gewann, die deutsche Geschichte habe im Zweiten Weltkrieg einen Punkt erreicht, wo ein ›absolutes Böse‹ sichtbar geworden sei, nämlich ›Auschwitz‹, das sich in seiner schlechthinnigen Einzigartigkeit allem Forschen und Nachdenken entziehe, habe ich seit Furets allzu frühem Tode keinen Mitdenker mehr, so gewiss ich einige der Jüngeren sehr schätze, und ich muss annehmen, dass ich mich nach einem vorbildlosen Leben auch im Tode an keinem Vorbild werde orientieren können.«

# Dirk Nowitzki

geboren 1978 in Würzburg, lebt in Dallas

Einziger Deutscher in der US-Basketball-Profiliga, in den USA als »bester deutscher Export seit Volkswagen« gefeiert. Seit 1998 spielt er für die »Dallas Mavericks«, nach der Saison 2006/07 wurde er – als erster Europäer – zum »Wertvollsten Spieler« der NBA (National Basketball Association) gewählt und verdiente 15,1 Millionen Dollar (pro Saison). Als Mitglied der Jugendmannschaft beim DJK Würzburg erhielt er bei Auswärtsfahrten 50 DM: »Das was schon super.« Die Eltern, beide Bastketballer, führen ein Malergeschäft, und engagieren sich in der »Dirk Nowitzki Foundation« für notleidende Kinder. Das »German Wunderkind« (2,13 m) hat der Sporthilfe die Unterstützung 4856,92 Euro zurückgezahlt, die er als Jugendlicher, als einer von insgesamt elf Sportlern, bekam. »Ich mache das, was ich schon immer getan habe, und gehe mit gutem Beispiel voran, auf dem Spielfeld und außerhalb des Spielfelds. Es ist nicht so, dass ich in der Umkleide groß der Wortführer bin. Das machen andere. Aber das Wichtigste ist für mich, dass es nach wie vor noch Spaß macht, jeden Abend auf dem höchsten Level gegen die besten Spieler der Welt anzutreten.«

»Ich hatte in meinem Zimmer früher Poster von Michael Jordan, Scottie Pippen, Charles Barkley und Shaquille O'Neal hängen. Ich war wirklich ein riesiger NBA-Fan … Als ich dann nach Amerika gezogen bin, hat meine Mutter die Poster allerdings irgendwann mal abgemacht. Aber das Jordan-Bild sehe ich noch vor mir – seine typische Pose in der Luft. Michael-Jordan-Fan bleibe ich immer. Der ist immer präsent, auch wenn er gar nicht mehr spielt, weil er einfach so unwahrscheinlich viel für unseren Sport getan hat.

Für mich ist Jordan weiterhin der – wie wir ihn früher genannt haben – Gott des Basketballs, und das wird er wohl auch immer bleiben.

Selbst, wenn er das ganze Spiel über nicht gut getroffen hatte, war klar: Wenn es wirklich darauf ankommt, dann ist er immer da, und das habe ich bewundert. Er hatte sicher riesiges Talent, aber mit Talent allein kommt man nur bis zu einem gewissen Punkt, und das hat er erkannt. Ich glaube, dass er das Optimale aus sich herausgeholt hat, um wirklich ein kompletter Spieler zu werden. Das hat schon Vorbildcharakter.«

Im Juni 2007 berichtete die Süddeutsche Zeitung: »Ich bin ein dermaßen klarer Fall von einem Pessimisten, das gibt's gar nicht. Das hab' ich von meiner Mutter [ehemalige Nationalspielerin Helga Bredenbröcker-Nowitzki], die ist genauso beieinander. Wenn ich am Abend mal eine schwächere Partie geboten habe, denke ich, ich wäre der schlechteste Spieler der Welt, und setze mich am nächsten Morgen mit 300 Strafwürfen im Training unter Druck. Aber vielleicht ist das ja die wahre Antriebsfeder meiner Leistung.«

»Aber er muss natürlich doch immer viele Interviews geben. Als er im Juni mit seinen Mavericks gegen die Miami Heat um den Titel kämpfte, hat der Fernsehsender Premiere sogar eigens die einstige Tennisgröße Boris Becker nach Miami geschickt, um vor der Umkleidekabine auf Nowitzki zu warten und ihn zu befragen. Der Reporter Brad Townsend von den ›Dallas Morning News‹ berichtete hinterher: ›Schwer zu sagen, wer von wem mehr beeindruckt gewesen ist.‹ Nowitzki, das aktuelle Idol vieler Jugendlicher, von Becker, dem Idol seiner Jugend? Oder doch der dreimalige Wimbledon-Sieger Becker von dem ehemaligen bayerischen Nachwuchskaderspieler Nowitzki, dem Tennis bald zu öde wurde, ›weil ich eben kein Einzelsportler bin‹, wie er sagt? Jedenfalls, so erzählt Dirk Nowitzki amüsiert, habe ihn Boris Becker nach dem Fernsehinterview noch beiseite genommen und etwas Privates von ihm wissen wollen: ›Wie schaffst du das nur, dass du dein Privatleben aus den Schlagzeilen heraushältst? Was mache ich da falsch?‹ Ja, wie macht der weltbekannte Basketballprofi das nur, dass man wenig mehr über ihn erfährt als seine Punktstatistik, die zu den besten in der NBA gehört? ›Keine Ahnung‹, sagt er, ›ich habe am Anfang meiner Karriere mal gesagt, ich suche mir aus, ob ich solche Fragen beantworte.‹«

*aus:*
Die Welt, 17. April 2007
Frankfurter Allgemeine Zeitung, 8. April 2006
Süddeutsche Zeitung, 5. Juni 2007

# Michael Otto

geboren 1943 in Kulm, lebt in Hamburg

1981 trat der gelernte Banker an die Spitze des väterlichen Unternehmens. In den folgenden Jahren modernisierte und globalisierte er den Versandhandel und machte die Firma zum weltweiten Branchenprimus. Zu seinen zahlreichen ehrenamtlichen Engagements gehört zum Beispiel der Vorsitz des »Stiftungsrates der Umweltstiftung WWF Deutschland«, seine »Michael-Otto-Stiftung« konzentriert sich auf Klimaschutz: »Wenn man das Glück des Erfolges hatte, sollte man etwas zurückgeben. Das hat nichts mit Almosen zu tun, sondern mit Solidargemeinschaft. Sonst funktioniert das Gemeinwesen nicht.«

»Da ich nie ein einziges Vorbild hatte, sondern bestimmte Qualitäten und Eigenschaften verschiedener Persönlichkeiten als erstrebenswert angesehen habe, nicht Einzelnen nachgeeifert, sondern immer versucht habe, mir ein eigenes Weltbild und Wertesystem aufzubauen und meinen eigenen Weg zu gehen, kann ich zu der Vorbild-Frage nichts beitragen.«

# Hermann Parzinger

geboren 1959 in München, lebt in Berlin

Der erste Archäologe Deutschlands und designierte Präsident der Stiftung Preußischer Kulturbesitz (also Herr über unter anderem siebzehn Museen, darunter die Berliner Museumsinsel, und Hüter des Preußen-Schatzes), ist weltweit als »Deutschlands zweiter Schliemann« bekannt. Nachdem der vom Forscherdrang beseelte Feldforscher und zielstrebige Weltbürger in Sibirien ein Fürstengrab mit über 9300 Goldobjekten aus der Skythen-Zeit entdeckte, musste die Geschichte der »längst verwehten Steppenvölker« neu geschrieben werden: »Graben allein bringt nichts, wenn man die Funde nicht wissenschaftlich aufarbeitet und somit die Geschichte rekonstruiert.« Der Partymuffel, Prof. Dr. Dr. h.c. mult. und aktiver Judoka (schwarzer Gürtel) hat eine Tochter und spricht ein Dutzend Sprachen.

»Für mich gibt es zwei Arten von Vorbildern. Die einen, die man nie persönlich kennengelernt hat, und die Wichtiges bewegt haben. Weit wirkungsvoller sind aber natürlich die anderen, denen man direkt begegnet ist.

Ich möchte zunächst meinen Vater nennen, der in einem Dorf im Bayerischen Wald in den zwanziger Jahren unter ärmlichen Verhältnissen als jüngstes von dreizehn Kindern aufgewachsen ist. An höhere Schulbildung oder gar Studium war da nicht zu denken, und nach dem Krieg war es dann zu spät dafür. Mein Vater war also von seinem Werdegang her kein Intellektueller, hatte sich durch Lesen aber sehr gebildet und war in den späten vierziger Jahren Mitbegründer der Volkshochschule in unserem Wohnort bei München.

Dabei hatte er eine Lebenseinstellung, die sich auch auf mich übertragen hat: Da war einerseits eine gewisse Strenge, er bestand auf Disziplin und auf das Einhalten von Regeln, die ihm schon früh, in seiner Kindheit und danach, vorgegeben wurden. Sicher hat die Kriegserfahrung – wie wohl bei sehr vielen seiner Generation – diese Einstellung noch verstärkt. Andererseits war er aber in der Lage – und das hat mir später immer imponiert –, diese Prägung auch sehr gut zu relativieren, und letztlich war er doch ein ziemlich toleranter Mensch. Er konnte neben sich treten, und damit war er vielen seiner Generation voraus. Als ich ihm zum Beispiel mitteilte, dass ich Archäologie und nichts ›Handfestes‹ studieren wollte, bestärkte er mich darin, anstatt mich davon abzubringen. Das war mir damals wichtiger als finanzielle Unterstützung.

Und noch etwas habe ich an ihm bewundert: seine Konsequenz. Wenn man sich für etwas entscheidet und auch überzeugt ist, dass es richtig ist (das ist natürlich die Voraussetzung), dann sollte man sich durch nichts mehr davon abbringen lassen, schon gar nicht aus Angst vor schwierigen Situationen. Man muss die Probleme offen anpacken und darf nie nach Wegen seitlich daran vorbei suchen.

Auch mein akademischer Lehrer Georg Kossack war für mich Vorbild. Ich war in der Schule nicht übermäßig engagiert, weil ich Leistungssport (Judo) betrieb, viermal pro Woche vier Stunden trainierte, mich am Wochenende auf Lehrgängen oder Wettkämpfen befand, und mir das wichtiger als alles andere war (Prägung durch den Vater?). Durch die Begegnung mit Kossack nahm nun das Studium (also die

Archäologie) die Stellung ein, die zuvor der Sport innehatte; letzteren gab ich übrigens für die nächsten zwanzig Jahre ganz auf. Kossack gehörte der gleichen Generation wie mein Vater an, war Wissenschaftler und Intellektueller, und dennoch bisweilen strenger und weniger tolerant als mein Vater. Aber er hat es verstanden, uns zu motivieren, und er hat gezeigt, dass man Wissenschaft auch als Leidenschaft leben kann und leben sollte. Dabei war ihm immer wichtig, unser Fach, die Archäologie, in das breite Spektrum der Geisteswissenschaften einzubetten und nach der Relevanz unserer Forschungstätigkeit zu fragen. ›Fachidioten‹ waren ihm suspekt.

Kossacks großes Vorbild war wiederum sein eigener akademischer Lehrer, Gero von Merhart, der auch für mich, obwohl ich ihn nicht mehr persönlich kennenlernte, eine beeindruckende Persönlichkeit war. Merhart geriet im Ersten Weltkrieg in russische Kriegsgefangenschaft, die er in verschiedenen sibirischen Lagern verbrachte, ehe man ihn abordnete, das Museum in Krasnojarsk zu ordnen. Als er 1920 heimkehren sollte, beschloss er, freiwillig noch ein Jahr länger zu bleiben, um seine Forschungen zur Bronzezeit am Jenissei, die er damals gemeinsam mit seinen russischen Kollegen und Freunden begonnen hatte, zu Ende zu führen. Das ist, aus meiner Sicht, mehr als nur Hingabe an die Wissenschaft, das ist auch menschliches Engagement, das ideologische und kulturelle Grenzen überschreitet. Merhart wird dafür bis heute in Russland sehr verehrt.

Ich glaube, es versteht sich von allein, dass – verglichen mit diesen beiden großen Gelehrten – Heinrich Schliemann nicht mein Vorbild als Archäologe war, wenngleich Zielstrebigkeit zweifellos auch zu dessen Eigenschaften gehörte.

Die Fähigkeit, sich einer Sache vollauf zu verschreiben und andere dafür zu begeistern, verkörpert auch Stephan Steigmann. Er ist fast zehn Jahre jünger als ich und seit einigen Jahren mein Judotrainer. Ich wollte nach zwanzigjähriger Abstinenz vom Judo wieder Sport treiben, mich allerdings nur ein wenig auf der Matte bewegen, jedoch keinesfalls mehr als Wettkämpfer aktiv werden. Dass ich nun aber doch als Ü40 (wie man die über Vierzigjährigen nennt) wieder Leistungssport treibe, Berliner Meister wurde und an Europa- (siebenter Platz) und Weltmeisterschaften (elfter Platz) teilnahm und dies auch weiterhin anstrebe, verdanke ich nur seiner wirklich ausserordentlichen Motivationskraft. Mit dieser Begeisterungsfähigkeit bringt er auch Generationen von Kindern Judo bei, und zwar nicht nur die Techniken dieses Sports, sondern auch die damit untrennbar verbundenen Werte (Respekt vor dem Gegner, Hilfsbereitschaft usw.). Es ist beeindruckend zu sehen, mit welcher Hingabe er dies tut, wohl wissend, dass über neunzig Prozent der Judo treibenden Kinder nicht sonderlich talentiert sind und nach wenigen Monaten oder Jahren wieder damit aufhören werden.

Stephan Steigman lebt für seinen Sport wie Kossack und Merhart für ihre Wissenschaft und mein Vater für seine Kinder. Irgendwie versuche ich das alles zusammen, allerdings in umgekehrter Reihenfolge.«

# Hasso Plattner

geboren 1944 in Berlin, lebt er in Schriesheim-Altenbach bei Heidelberg

»Mister SAP« ist einer der reichsten Manager Deutschlands, aber auch einer der spendabelsten – bis 2020 sollen rund zweihundert Millionen Euro aus seinem Privatvermögen in das nach ihm benannte Potsdamer »Institut für Softwaresystemtechnik« (HPI) fließen, um es in eine »wissenschaftliche Elite-Einrichtung mit Weltklasse-Niveau« auszubauen, dennoch sagt er: »Software ist ein globales Produkt. Die Risikobereitschaft bei den jungen Deutschen ist deutlich geringer als bei den Amerikanern. Es darf kein Makel sein, wenn jemand ein Unternehmen startet, ohne die Uni abzuschließen.« Der Wissenschaftsförderer lebt zeitweise in Südafrika und unterstützt den Kampf gegen AIDS.

»Eigentlich habe ich keine richtigen Vorbilder. Aber es gab Menschen, die mich geprägt haben, die mich in Zeiten, als Entscheidungen fürs Leben getroffen werden mussten, wie Wegweiser in die richtige Richtung führten.

Mein Großvater zum Beispiel war eine beeindruckende Persönlichkeit. Als er nach zwölfjähriger Gefangenschaft zurückkehrte, wollte er sofort wieder arbeiten und hat dann sehr darunter gelitten, dass er nicht mehr in einer Spitzenposition tätig sein konnte wie vor dem Krieg. Er war ein Muster an preußischer Disziplin, ein Mann, der seinen Selbstwert durch harte Arbeit, Korrektheit und Selbsteinschränkung definierte. Ich habe ihn nur noch zwei Jahre erlebt, aber wir spielten oft Schach, er hat mich für logisches Denken und Technik begeistert – ihm verdanke ich meine Entscheidung, Ingenieur zu werden und nicht Arzt wie mein Vater. An ihm hat mich zwar seine intellektuelle Kapazität, sein waches Interesse an gesamt-gesellschaftlichen Geschehen fasziniert, er hat mir vorgelebt, dass Beruf allein den Menschen nicht ausfüllt, dass einer, der im Leben Glück hat, verpflichtet ist, das Glück zu teilen. Aber er war ein so guter Augenarzt, dass ich es mit ihm nicht aufnehmen wollte.

Maßgeblich geprägt hat mich mein Aufenthalt in Amerika, denn hier habe ich die Bedeutung der Privatuniversitäten kennengelernt und gesehen, welchen Einfluss die Wissenschaft auf die Wirtschaft haben kann, welches politisch-gesellschaftliches Potenzial in Carnegie Mellon, Harvard und Stanfort oder in der Vanderbilt-Universität in Nashville-Tennessee steckt. Das sind Einrichtungen, die unter anderem in der Zeit der Eisenbahnen-Bauer entstanden sind, als die Industrie-Pioniere viel Geld in Bildung investierten. Wie auch der arme Farmerssohn und spätere Railroad-King Cornelius Vanderbilt. Er setzte auf Eigenverantwortung, ging Risiken ein und investierte in das Gemeinwohl, lebte also nach dem Motto: Eigentum verpflichtet.

In Deutschland gab es zwar diese zivilgesellschaftliche Tradition auch, aber sie wurde durch die allgemeine Verstaatlichung verschüttet. Unsere Kultur ist Staatssache, und dadurch ist unser Gefühl der Mitverantwortung abhandengekommen. In Amerika ist das bürgerliche Engagement selbstverständlich und hochgeachtet, hier dagegen wird die Privatinitiative am Rande wahrgenommen und klein geschrieben, hier heißt es: so viel Staat wie möglich, so wenig Eigeninitiative wie es geht.

Und diese Staats-Bezogenheit wurde noch verstärkt, nachdem die Ex-DDR in die Bundesrepublik eingetreten ist, das fängt bei den Kindergärten an und endet bei den Universitäten. Dennoch habe ich mein Institut für künftige Ingenieure in Potsdam gegründet, in dem kleinen Brandenburg, und nicht im reichen Baden-Württemberg. Und es war wunderbar zu sehen, mit welcher Begeisterung die Politiker vor Ort, vom Ministerpräsidenten bis zum Bürgermeister, das Projekt unterstützt haben, wie offen sie waren für Visionen.

Ich hatte das Glück, eine großartige Ausbildung erhalten zu haben und auf dieser Basis ein Unternehmen an die Spitze führen zu können. Von diesem Glück möchte ich etwas zurückgeben.

Last but not least: Zwei deutsche Unternehmer haben mich nicht nur als Wirtschafts-Genies, sondern auch als Menschen interessiert: Ernst Abbe und Emil Rathenau. Als Vanderbilt in Amerika die Eisenbahn baute und seine Universität gründete, erwarb Rathenau die Nutzungsrechte der Patente von Thomas Alva Edison und gründete die Firma Allgemeine Electricitäts-Werke (AEG).«

# Paul Raabe

geboren 1927 in Oldenburg, lebt in Wolfenbüttel

Der erste Bibliothekar Deutschlands. Als ein Nachfolger von Gottfried Wilhelm Leibniz und Gotthold Ephraim Lessing betreut er die ehrwürdige Herzog August Bibliothek in Wolfenbüttel, wird 2002 zum Ehrenbürger der Stadt Halle (Saale) als Dank dafür, dass er es schaffte, als Direktor, die legendären Franckeschen Stiftungen (gegründet 1695) zu revitalisieren. Der Sohn eines »selbstständigen Holzbildhauers« hütet nicht nur, sondern schreibt auch Bücher, zum Beispiel über Buch- und Bibliotheksgeschichte und über sein Leben. Am Tag seiner Geburt wurde anlässlich des zweihundertfünfzigsten Todestages Spinozas gedacht: »So steht am Anfang die Erinnerung an eine große Persönlichkeit der Geschichte. Die Bewahrung, Pflege und Vermittlung einer Erinnerungskultur habe ich bis heute als eine meiner Lebensaufgaben gesehen.« Von Leibniz hat er sein Motto übernommen: »Theoria cum praxis«.

»Ich hatte in meinem langen Leben viele Vorbilder. Selbstverständlich waren das in der Kindheit meine Eltern, meine willensstarke Mutter und der fleißige Vater. Ohne einen starken Willen und ohne Fleiß hätte ich meinen bibliothekarischen Beruf nicht meistern können. Beide Eigenschaften verdanke ich also meinen Eltern. Da ich eine höhere Schule so gut wie gar nicht besucht habe, gab es, wie es bei jungen Menschen sonst üblich ist, keine Lehrer, die Vorbilder für mich waren, und vorher in der Mittelschule gab es sie auch nicht.

Vorbilder fand ich erst in den Ausbildungsjahren: Dr. Wolfgang Fischer, den Direktor der Landesbibliothek Oldenburg, in der ich 1946–1948 zum Diplombibliothekar ausgebildet wurde; Dr. Kurt Otte in Hamburg, den Fischmarktapotheker und Kubin-Sammler, durch den ich die moderne Literatur kennenlernte; Professor Adolf Beck, meinen Doktorvater, dem ich die Liebe zur Philologie verdanke. In meinen soeben erschienenen Kindheits- und Jugenderinnerungen ›Frühe Bücherjahre‹ habe ich sie in großer Dankbarkeit als meine Mentoren beschrieben, die mich ins Leben führten. Sie waren eine Zeitlang meine Vorbilder.

Als ich 1968 Direktor der Herzog August Bibliothek wurde, die ich nach und nach zu einer internationalen Forschungsbibliothek zur europäischen Kulturgeschichte der Frühen Neuzeit ausbauen konnte, fand ich selbstverständlich in einem berühmten Amtsvorgänger, Gotthold Ephraim Lessing, mein bibliothekarisches Vorbild. Er war ja nicht nur der größte deutsche Schriftsteller der Aufklärungszeit, sondern auch ein ausgezeichneter Buchgelehrter, den sein bibliothekarischer Beruf zu einem Entdecker unbekannter Texte machte. Seinen Umgang mit der Wolfenbütteler Bibliothek bewundere ich noch heute. Es gab ja keinen besseren Bücherkenner in seiner Zeit als ihn, der in allen Sprachen zu Hause war und den ein stupender Fleiß auszeichnete. Lessing der Buchgelehrte und gelehrte Bibliothekar: Er ist mein Vorbild bis heute geblieben.

Meine beruflichen Lebensstationen brachten es mit sich, dass die beiden Institutionen, die ich geleitet und ausgebaut habe, nach zwei berühmten historischen Persönlichkeiten benannt sind: die Herzog August Bibliothek nach Herzog August d. J. von Braunschweig-Lüneburg (1579–1666), dem größten Büchersammler seiner Zeit und die Franckeschen Stiftungen zu Halle an der Saale nach dem pietistischen Gelehrten August Hermann Francke (1664–1727), der aus Menschenliebe eine vorbildliche sozialpädagogische Anstalt aufbaute, in der es bei seinem Tode zweitausendfünfhundert Kinder und Mitarbeiter gab.

Herzog August wurde mein bibliothekarisches Vorbild als Sammlerpersönlichkeit, dessen Bibliothek die Grundlage der modernen Forschungsbibliothek wurde und August Hermann Francke als unerschütterlicher Unternehmer, der die Zukunft gestalten wollte. ›Er vertrauete Gott‹, war seine Lebensmaxime. Ohne dieses Vertrauen hätte ich die Stiftungen nach der Wende zwischen 1990 und 2000 nicht wieder aufbauen können. Dass beide Persönlichkeiten heute wieder bekannt sind, ist dem Ausbau ihrer Einrichtungen zu danken. Beiden Vorbildern habe ich zwei große Ausstellungen widmen können: dem Bücherfürsten 1979 in Wolfenbüttel, dem Menschenfreund 1998 in Halle. Ich hatte so das Glück, meinen beiden Vorbildern Denkmäler setzen zu können. Mehr kann man im Leben nicht erreichen.«

# Alexandra von Rehlingen

geboren in Landshut, lebt in Hamburg

Eine der erfolgreichsten PR-Expertinnen Deutschlands, verheiratet mit dem Medienanwalt Matthias Prinz, veranstaltet Gala-Diners, Empfänge und Premierenpartys für Unternehmen wie Armani, Montblanc und Davidoff. Ehrenamtlich aber promotet sie auch ökologische Projekte wie Al Gores Umweltschutz-Kampagne, WWF, und den Film »Eine unbequeme Wahrheit«. Die mehrfache Mutter studierte Sinologie und Kunstgeschichte, war in ihrer ersten Ehe mit Justus Frantz verheiratet und organisierte mit ihm das Schleswig-Holstein-Musikfestival. »Als PR-Agent bist du Networker, nicht mehr und nicht weniger.«

»Mein Leben ist von meiner großartigen Großmutter, mit der ich als Kind viel Zeit verbrachte, entscheidend geprägt worden. Sie war und bleibt mein Vorbild: Martha Storz, die Mutter meiner Mutter.

Von frühester Jugend an erinnere ich mich an sie als eine Frau, die in meinen Augen Disziplin, Stärke und zugleich große Güte und Menschlichkeit verkörperte.

Schon in den zwanziger und dreißiger Jahren des letzten Jahrhunderts machte sie eine bemerkenswerte Karriere als selbstständige Unternehmerin mit einem Institut für Mensendiek-Gymnastik, vergleichbar mit dem heutigen Fitnessprogramm Pilates. Gleichzeitig führte sie ein großes Haus in Düsseldorf – mein Großvater war Anwalt für internationales Recht und hatte viele interessante Freunde aus Industrie, Wirtschaft und Politik – und war eine engagierte und liebevolle Mutter zweier Kinder.

Ihre Maxime war es, besonders als Frau, immer nach wirtschaftlicher Selbständigkeit zu streben und sich nie in Abhängigkeit zu begeben. Eigenes Geld, eigener Job, eigenes Auto, eigene Wohnung, eigene gesellschaftliche Plattform – das war für mich schon zu Studienzeiten eine Basisphilosophie dank meiner modernen Großmutter.

Sie war emanzipiert, lange bevor dieser Begriff in Mode kam, sie benötigte keine ›Quote‹, um an die Spitze eines Unternehmens zu gelangen, und wäre sicherlich verwundert, hätte man sie gefragt, wie sie mit der ›Doppelbelastung‹ Karriere und Mutter-Sein fertig wird.

Je älter ich wurde, umso dankbarer wurde ich für die klaren Koordinaten einer weiblichen Welt, die sie mir vorlebte. Denn das machte mich immun gegenüber den vielen Möchtegern-Vorbildern, mit denen die Kinder und jungen Menschen heute bombardiert werden. Und deren hilflose Opfer sie werden, falls sie in ihren Familien, in ihrer frühesten Jugend nicht diese prägende Guidelines erfahren können.

Eines ist sicher – früher oder später kommt jeder auf das zurück, was ihn in der Familie geprägt hat. Eltern, die ihren Kindern vor allem Egoismus, Disziplinlosigkeit, aggressive Kommunikation, schlechten Wortschatz, ein Leben ohne geistige Anregung mit viel zuviel TV-Konsum und Vernachlässigung des eigenen Körpers durch Nikotin, Alkohol, Übergewicht, vorleben, dürfen sich nicht wundern, wenn die Kinder später Eigenverantwortung, Selbsteinschränkung, Solidaritätssinn – und letztlich auch ihre Eltern – ablehnen.«

# Marcel
# Reich-Ranicki

geboren 1920 in Wloclawek/Polen, lebt in
Frankfurt/Main

Der erste Literaturkritiker Deutschlands. 1938 wurde seine Bitte um einen Studienplatz an der Berliner Friedrich-
Wilhelm-Universität mit der Begründung »jüd.« abge-
lehnt. 2007 erteilte ihm dieselbe Universität eine Ehrendoktorwürde (seine
achte) und würdigte damit den Holocaust-Überlebenden, einstigen FAZ-
Feuilletonchef und Autoren der »Frankfurter Anthologie«, vor allem den unermüdlichen Vermittler der Literatur. Er nahm an mit »unendlicher Wehmut
und ungeheuerer Ironie« sowie »ohne Groll und Hass«: »Wo Millionen ge-
mordet wurden, ist die Nichtzulassung zum Studium beinahe eine Lappalie.
Dennoch: Nein, getilgt werden kann nichts von dem, was damals geschah,
und vergessen werden darf erst recht nichts davon.« Seine ZDF-Sendung
»Das literarische Quartett« (1988–2001) war die erfolgreichste Kultur-
Sendung der deutschen TV-Geschichte, seine fünf »Kanon«-Sammlungen
(die wichtigsten Gedichte, Erzählungen, Romane, Dramen, Essays) sind
Standardwerke geworden. Er ist seit 1942 mit seiner Frau Teofila (»Tosia«)
verheiratet, Sohn Andrew Alexander ist Mathematiker. »Gott ist eine literarische Erfindung«, sagt der »Literatur-Papst«.

»Zu den ganz wenigen Personen, die ich persönlich kennengelernt
habe, und die auf mich eine Vorbildfunktion ausgeübt haben, gehört mein Klassenlehrer Dr. Reinhold Knick. Ich habe vor allem sehr
stark von seinem Zugang zur Literatur und zum Theater, auch zur
Musik, profitiert. Er war ein Enthusiast, ein Schwärmer, einer von jenen Menschen, die überzeugt sind, dass ein Leben ohne Literatur und
Musik keinen Sinn hat. Dr. Knick lehrte übrigens nicht nur Deutsch,
sondern auch Mathematik, Physik, Chemie und Biologie, und veranstaltete Theatervorstellungen in der Aula unseres Berliner Gymnasiums.
Seinem Einfluss war es auch zu verdanken, dass sich die Mitschüler

von antisemitischer Propaganda nicht haben irreführen lassen, denn er erinnerte uns im Unterricht: ›Vergessen wir es nie: Auch unser Heiland war Jude.‹

Dieser ausgezeichnete Mann war der Erste in meinem Leben, der verkörperte, was ich bis dahin nur aus der Literatur kannte – die Ideale der deutschen Klassik, er verkörperte für mich den deutschen Idealismus.

Ich habe an ihn während des Krieges, in den schlimmsten Zeiten oft gedacht, und als ich wenige Monate nach Kriegsschluss nach Berlin gekommen war, habe ich sofort herauszufinden versucht, ob er lebte, ob er noch in der gleichen Straße wohnte wie vor dem Krieg. Er lebte und wohnte in derselben Wohnung. Ich habe ihn dann auch gleich besucht. Und dieses Wiedersehen mit ihm war für mich sehr wichtig.

Thomas Mann hingegen war für mich – anders als man manchmal glaubt – überhaupt kein Vorbild. Dennoch ein herrlicher Schriftsteller. Thomas Mann hat mich beeindruckt und beeinflusst, vielleicht sogar geprägt wie kein anderer deutscher Schriftsteller unseres Jahrhunderts. Ich weiß, dass es seit Heine keinen Schriftsteller gegeben hat, dem ich in so hohem Maß und auf so tiefe Weise verbunden war. Und sollte ich mit zwei Namen andeuten, was ich als Deutschtum im letzten Jahrhundert verstehe, dann sage ich ohne zu zögern: Für Deutschland stehen in meinen Augen Adolf Hitler und Thomas Mann. Aber ein Vorbild im Leben? Nein, überhaupt nicht. Mann war unendlich eitel und kein allzu sympathischer Mensch.

Viel gelernt habe ich auch von den großen Kritikern der Vergangenheit, wenn auch von jedem etwas anderes. Einer der größten Kritiker, vielleicht der größte Theater-Kritiker seiner Zeit, war Alfred Kerr, der zu meinen Lebzeiten, nach dem Zweiten Weltkrieg gestorben ist. Von ihm habe ich gelernt, wie man sein Urteil formuliert, wie man mit wenigen Worten vieles sagen kann. Doch ich habe ihn niemals imitiert, ich habe ihn nie nachgeahmt.

Noch mehr habe ich allerdings von Theodor Fontane profitiert. Fontane war ein hervorragender Theater-Kritiker. In seinen Theater-Kritiken hat er natürlich über Dramen geschrieben, über zeitgenössische aber auch über klassische Dramen, mit einer großen Leidenschaft und zugleich so deutlich, dass es vom Publikum wirklich verstanden wurde. Auch ich habe mich als Kritiker immer bemüht, für die Leser zu schreiben – nicht für die Kollegen.

Als ›vorbildlich‹ würde ich eher Gustawa Jarecka nennen, die ich im Warschauer Getto kennen lernte. Ich wurde damals vom ›Judenrat‹, das war eine Art Magistrat, welches das Getto verwaltete, zum Chef des ›Übersetzungs- und Korrespondenzbüros‹ ernannt, und sie, eine ziemlich bekannte polnische Schriftstellerin, wurde meine Mitarbeiterin. Ihre sozialkritischen Romane spielten im proletarischen Milieu, und sie haben mich, als ich sie nach 1945 lesen konnte, gewiss interessiert, doch nicht begeistert. Aber die Autorin hat mich tief beeindruckt. Gustawa war etwas älter als ich, beherrscht und ruhig, und gehörte zu jenen polnischen Juden, denen die Religion ganz und gar fremd war. Uns verband die Literatur: Wir sprachen über Russen und Franzosen, über Proust, Flaubert, Tolstoi, sie hatte für mich Saint-Exupérys ›Nachtflug‹ ins Polnische übersetzt. Sie war reifer, selbständiger, gelassener als ich, also vermute ich heute, dass ich bei ihr jenen Beistand fand, den meine Mutter mir nicht mehr bieten konnte.

Meine Mutter, mein Vater – nein, sie waren mir auch keine Vorbilder. Meine Mutter war am selben Tag wie Goethe geboren, das wollte sie gerne als Symbol verstehen und zitierte in Gesprächen mit mir gerne die Klassiker. Mein Vater war ein gütiger Mensch, ein sehr gütiger, hilfsbereiter Mensch, aber vor allem lebensuntüchtig, ein Versager. Fleiß und Energie gehörten nicht zu seinen Tugenden, Charakterschwäche und Passivität bestimmten auf unglückselige Weise sein Wesen. Ich habe oft nur gedacht, oh Gott, lass mich ja nicht so werden, wie mein Vater.«

# Thomas Reiter

geboren 1958 in Frankfurt/Main, lebt in Wahnbek/
Ammerland

Deutschlands einziger Kosmonaut mit EVA-Einsätzen
(Extra-Vehicular-Activity). Zweimal ist er im All gewesen,
insgesamt dreihundertfünfzig Tage: 1995 auf der russischen Raumstation MIR, 2006 auf der US-Raumstation
ISS. »Der Aufenthalt im All ist kein Spaziergang, es zehrt
schon an der Substanz. Trotzdem habe ich mich wohlgefühlt wie ein Fisch
im Wasser.« Thomas Reiter verpflichtet sich schon nach dem Abitur für
die Luftwaffe. Mit dem Geld, was er dort verdient, kann er sein Ingenieur-
Studium finanzieren. Wenn der Diplom-Ingenieur und Oberst nicht zwischen
den Sternen herumspaziert, arbeitet er als Testpilot 1. Klasse. Er ist Vater
von zwei Söhnen, hat eine Amateurfunkerlizenz, spielt Gitarre, ist Fechter,
Hobbykoch und Kommentator der kanadischen TV-Reihe »Aerospace« (zu
sehen auf Discovery-Channel). Zur Halbzeit auf der ISS sagte er: »Man ist
hier oben, und man fragt sich: Ist das denn wirklich wahr?« Besonders beeindruckend fand er den Blick auf eine Gewitterfront auf der Nachtseite
der Erde. Nach der Landung: »Die Rückkehr in die Schwerkraft ist überwältigend.«

»Ich war elf, als mich eines Nachts mein Vater weckte – es war nach
Mitternacht –, damit wir bei Nachbarn, die zu dieser Zeit bereits ei-
nen Farbfernseher besaßen, gemeinsam die erste Mondlandung in der
Geschichte der Menschheit verfolgen konnten.

Seitdem habe ich mich gefragt: Was muss das für ein Gefühl sein,
mit eigenen Füßen auf der Oberfläche eines anderen Himmelskörpers
zu stehen und hinunter auf den blauen Punkt zu schauen, auf die
eigene Erde?

In dieser Nacht habe ich wohl auch den Wunsch gehabt, meinen späteren Beruf zu ergreifen – und Neil Armstrong wurde mein Vorbild. Er
hat die Mondlandfähre manuell gesteuert, landete sie auf einem sicheren Gelände, ist ausgestiegen, ohne zu wissen, was auf ihn zukommt

– und dann stand er auf der Oberfläche eines anderen Planeten. Als Erster der Menschen ... Ich habe ihm damals einen Brief geschrieben, den er seinerzeit natürlich nicht erhalten hatte. Seine Antwort erreichte mich überraschenderweise mit sechsundzwanzigjähriger Verspätung während meines ersten Weltraumaufenthaltes an Bord der russischen Raumstation MIR im Jahre 1995. Eine Kopie des Briefes war ihm inzwischen zugeleitet worden, und er schrieb mir ein paar ganz rührende Zeilen, über meinen Traum als kleiner Junge, und das, was ich als Erwachsener erreicht hatte.

Antoine de Saint-Exupéry ist ein Vorbild, das mich seit Jahren begleitet. Es gibt drei Gründe, warum ich mich diesem Schriftsteller verbunden fühle. Er war auch ein Flieger (und nahm bei seinen planmäßigen Aufklärungsflügen Risiken mit einer Selbstverständlichkeit auf sich, die mich tief beeindruckte). Was mich aber absolut faszinierte, war seine Fähigkeit, das Da-oben-Erlebte in Worte zu fassen. Ich hatte ja schon bei dem ersten, aber vor allem bei dem zweiten Flug im Weltraum die Schwierigkeit, die überwältigenden Dinge, die man dort sieht und erlebt, so gut es geht, zu beschreiben. Diese Erlebnisse vorzutragen – da komme ich an meine sprachlichen Grenzen. Und wenn ich Saint-Exupérys Bücher lese – ›Der Flieger‹, ›Südkurier‹, ›Nachtflug‹ – bin ich immer wieder überwältigt von seiner Gabe, das an sich Unbeschreibliche zu beschreiben.

Und der dritte Punkt: Er hat in seinen Büchern die Symbiose zwischen dem Menschen und der Maschine beschrieben. Bei all den phantastischen Eindrücken, die man dort oben sammelt: Man lebt in einer sehr beengten Umgebung, ganz ohne Natur, umgeben von hochkomplexen technischen Anlagen. Und je länger ich in der Kapsel war, desto stärkere Parallelen entdeckte ich zwischen mir und Saint Exupérys ›Beziehung‹ zu seinen Maschinen.

Auch der Leiter des Instituts für Strahlantriebe an der Bundeswehr-Universität in Neubiberg, Herr Professor Fottner, war für mich ein Vorbild. Ich habe an seinem Institut meine Diplomarbeit geschrieben, aber er war weit mehr als ›nur‹ eine fachlich absolut hervorragende Persönlichkeit. Er war ein geradezu überwältigend guter Mensch. Er hat mich nicht nur für die pure Aerodynamik, Thermodynamik oder

Mathematik begeistert, sondern auch – fast väterlich – als wissensgierigen jungen Mann betreut. Durch ihn habe ich verstanden, dass ein Top-Ingenieur beides verkörpern muss: technische Qualifikation und ›Mensch-Sein‹. Das fand ich in ihm vereint.

Ist man jung und möchte ungestüm alle Möglichkeiten, die noch vor einem liegen, testen, vergisst man unter Umständen leicht, was man von zu Hause aus an grundlegenden Eigenschaften und an Weltblick mitbekommen hat. Aber je älter man wird, umso deutlicher und wertvoller werden sie.

Ich habe in den langen Stunden an Bord der Raumstation ISS oft an meine Eltern gedacht. Und in diesen Rückblicken wurde mir klar, dass man alles, was man als Mensch in der Seele mitbekommt, seinen Eltern verdankt.

Sie beide waren leidenschaftliche Segelflieger. Wir verbrachten jedes Wochenende auf dem Flugplatz und fuhren in jedem Sommerurlaub zum Segelfliegen – ich bin quasi auf einem Flugplatz groß geworden, und die Begeisterung fürs Fliegen ist mir buchstäblich in die Wiege gelegt worden, denn meine Mutter hat die Segelfliegerei erst kurz vor meiner Geburt aufgegeben. Aber da war mehr. Meine Eltern haben mir Tugenden wie Zuverlässigkeit, Zielstrebigkeit und Loyalität vorgelebt. Ebenso wie ihre urmenschliche Neugier auf und Faszination für das, was hinter dem Horizont liegt, das Unbekannte, Weltall und die Ferne.«

# Horst-Eberhard Richter

geboren 1923 in Berlin, lebt in Gießen

Pionier der psychoanalytischen Familienforschung und der »große alte Mann« der bundesdeutschen Friedensbewegung, der noch 2003 an einer Anti-Irak-Krieg-Demonstration teilnahm: »Es reicht nicht zu analysieren, man muss auch handeln, um analysieren zu können. Wenn man das unterlässt, dann verliert man sich selbst.« Bereits 1945, als Kriegsgefangener, legt er in langer Einzelhaft die Grundlagen für sein Hauptwerk »Der Gotteskomplex« (1979): »Die inzwischen erreichte Beinahe-Allmacht des Menschen macht gleichzeitig den Abgrund am Rande des möglichen Missbrauchs dieser Macht zur gemeinsamen nuklearen Selbstzerstörung sichtbar. ... Praktisch bedeutet also diese Entwicklung statt einer göttlichen Selbsterhöhung des Menschen eine Selbstversklavung an die schlimmste Zerstörungsgewalt.«

»Mein erstes Vorbild war mein Vater. Ich habe seine Leistungen als Erfinder bestaunt. Dass er sich als Siemens-Direktor hartnäckig weigerte, durch Eintritt in die NS-Partei der Belegschaft ein Vorzeige-Beispiel zu liefern, war für mich eine Stütze und mag mich mit dazu bewogen haben, später ein Buch ›Flüchten oder Standhalten‹ zu schreiben.

Später waren Willy Brandt und Nelson Mandela für mich wichtige Leitfiguren. Brandt als der große Versöhnungspolitiker, der mit seinem Kniefall vor dem Ghetto-Mahnmal in Warschau meiner Generation vormachte, wie wir ein neues, anderes Deutschland der Welt präsentieren müssen. Ich bin ihm dann ja auch persönlich nähergekommen, als er unsere Psychiatrie-Reform entscheidend unterstützte. Als Freund der Psychoanalyse hat er mich wiederholt zu persönlichen Gesprächen eingeladen. Ich war fasziniert, in ihm einen großen Friedenspolitiker kennenzulernen, der eine Politik machte, wie er als Mensch war. Es war tragisch aber typisch, dass er schließlich im Falle Guillaume Opfer seines Mangels an Misstrauen wurde.

Auch Nelson Mandela steht mir bis auf den heutigen Tag als großes Vorbild vor Augen. Siebenundzwanzig Jahre hat er im Kerker gesessen. Dort fiel ihm auf, dass der eine oder andere seiner weißen Gefangenenwärter gelegentlich sein Mitgefühl beim Umgang mit ihm und anderen Häftlingen unterdrücken musste. Daraus entnahm Mandela, dass nicht nur das eigene Volk der Schwarzen unter der Apartheid litt, sondern auch die Weißen, nämlich unter der Unterdrückung ihrer Menschlichkeit. Also benötigten Schwarze wie Weiße gleichermaßen eine Befreiung – die Schwarzen aus ihrem

Elend, die Apartheid-Weißen aus dem Gefängnis ihres Hasses. Dieser Gedanke befähigte Mandela und seine Häuptlinge, den bereits als unvermeidlich befürchteten Bürgerkrieg zu verhüten und einen von aller Welt bestaunten Friedensprozess zusammen mit den Weißen in Südafrika einzuleiten.«

# Rüdiger Safranski

geboren 1945 in Rottweil, lebt in Berlin und München

Deutschlands großer Meister der Kunst des biografischen Schreibens. Nach dem Abitur an einem humanistischen Gymnasium (»jemand wie ich nahm seinen Heidegger mit ins Schwimmband und konnte damit bei den Mädchen ganz schön punkten«) studiert er Germanistik, promoviert, entscheidet sich gegen eine Universitätskarriere und arbeitet als freier Schriftsteller (»meine Leidenschaft finanziert mich«). Seine dichterischen Porträts über E. T. A. Hoffmann, Schopenhauer, Heidegger, Nietzsche, Schiller sind gleichzeitig philosophische Zeitbilder: »Philosophie macht die Welt geräumig. Sie ist Raumgewinn. Bei vielen Sparten des Wissens bekomme ich Gefühle der Platzangst. Es gibt allzu viele Knisterkrebse, die alles, was sie berühren, mit ihrer Engherzigkeit infizieren.« Seit 2002 moderiert er das »Philosophische Quartett« im ZDF. »Der Mensch lebt, anthropologisch gesehen, auf Kredit. Die großen Kirchen leeren sich, aber das Angebot für den religiösen Hobbykeller wächst.«

»Ein Vorbild? In welcher Hinsicht? Persönlich, beruflich, wissenschaftlich? Da heißt es doch, zu unterscheiden. Dennoch: Ein Vorbild ist für mich E. T. A. Hoffmann. Und zwar aus einem ganz einfachen Grund: Weil man bei ihm am besten lernen kann, dass es unendlich produktiv sein kann, wenn man in mehreren Welten lebt und in der Lage ist, die Logik der verschieden Sphären, in denen man sich bewegt, zu respektieren.

Also als Bürger politisch liberal und zugleich als Poet ein ganz entfesselter Phantast zu sein, realistisch zu denken im Politischen, und mehr als realistisch zu sein im Poetischen.

Und dieser Lebensentwurf ist für mich vielleicht überhaupt das Entscheidende, denn er ›verkörpert‹ die Herausforderung, die wir auch in der Moderne haben, er versinnbildlicht einerseits den Imperativ, in verschiedenen Sphären zugleich zu leben, und andererseits das Gebot, die Dinge nicht zu vermischen. Einerseits, vor lauter politischer Vernunft nicht auch eine politisch vernünftige Kultur zu wollen, wonach die inzwischen berühmte ›political correctness‹ ruft; andererseits sich davor zu bewahren, eine Politik phantastisch zu befinden, bloß weil man sie so sehr im kulturellen Leben verankert glaubt.

Auf der Suche nach einer richtigen Vorbildfigur – da musste ich tatsächlich zwei Jahrhunderte zurückgehen. Aber ich fand sie in diesem Meister der Romantik, in diesem Dichter, der wilde Romantik mit politischer Vernunft vermengte, in diesem »skeptischen Phantasten« – deswegen habe ich neununddreißigjährig mein erstes Buch über ihn geschrieben. Natürlich habe ich mich bis dahin mit manchen anderen Protagonisten deutsche Geschichte beschäftigt, doch die Entscheidung für E. T. A. war auch eine Art inneres Programm.

Bei den anderen, bei Martin Heidegger oder Friedrich Nietzsche, sind immer wieder die Sicherungen durchgebrannt: Heidegger als der große Philosoph, der er nun wirklich war, ist mit seiner Metaphysik in die Politik gegangen und hat dort, was er weder ahnte noch wünschte, die Türen für alle Torheiten geöffnet.

Und bei Nietzsche brennt der intellektuelle Wille zur Macht nachher auch politisch durch und das ist ziemlich unangenehm.

E. T. A. Hoffmann hingegen hat es, wie wenige, geschafft, die Balance zu bewahren, und daher ist er für mich eine Art innerer Leitlinie.

Aber ich muss, ich kann auch eine zweite Figur nennen: Max Weber, dieser große Theoretiker, der die Zumutungen der Moderne, die man eben ertragen können muss, in eine soziologische Theorie eingekleidet und ebenso so eindrucksvoll vorgelebt hat. Er hatte diese Gewaltenteilung, die gewissermaßen aus dem Kopf stammt, diese Teilung zwischen Sphären, zwischen Religion, Metaphysik, Poesie und Politik, die er menschlich wie beruflich, nicht nur in dem, was er im Einzelnen gelehrt oder gedacht oder geschrieben hat, sondern, sehr beeindruckend, auch in seinem Lebensentwurf aufgehoben – wie E. T. A. Hoffmann.

Diese Akzeptanz und Umsetzung der inneren Balance zwischen einer banalen Realität und einer poetischen Phantasiewelt, die für mich ein Vorbild auszeichnet, das ist in Deutschland ein verwickeltes Thema, da wir ja auch solche furchtbaren Figuren wie Hitler haben. Dadurch ist die Vorsicht zu stark geworden, dadurch begann man zu glauben, man könne ganz ohne Vorbilder auskommen. Und das ist ein Problem, das ist ein ganz großes Problem.

Diese Debatten über Bildungskrise, die Bildungshysterie, dieses Gerede über Werte als intellektuelles Etwas, als etwas, was man sich anlesen, ja begründen kann, das kann keine Wirkung haben.

Werte wirken nur, wenn sie vorgelebt werden. Nur dann werden sie zu einer positiven Kraft. Erst durch Menschen – also durch Vorbilder – werden Werte zu etwas Lebendigem. Deshalb ist es so unglaublich wichtig, Vorbilder zu haben, dass *wir* Vorbilder haben, dass also auch Pädagogen, also auch Leute, die in Bildungsprozessen stehen, sich klarmachen müssen, dass sie die Werte Europas verkörpern müssen, weil nur durch Verkörperungen, nur durch diese lebende Darstellung die Weitergabe von Werten funktioniert.

Mittlerweile werden wir durch die Mediengesellschaft mit vielen falschen, oder auch nur oberflächlichen oder nur modischen Vorbildern beliefert, doch die desorientieren lediglich, statt zu leiten.

Wir brauchen wahre Vorbilder noch und noch, da gibt es einen großen Mangel.«

»Man liebt nur, was einen in Freyheit setzt.«

# Friedrich Schiller

10. November 1759 Marbach a. N. – 9. Mai 1805
Weimar

»Ich sage bei Strafe der Kassation: schreibt Er keine Komödien mehr!«, maßregelt der barocke »Schwabenkönig« Herzog Carl Eugen seinen Leibeigenen anno 1782 nach der triumphalen Premiere von dessen Erstling »Die Räuber«. Schiller »möge tunlichst seinen Dienst als Regimentsmedicus tun«, dafür werde er auf Kosten des Herzogs in seiner Stuttgarter Kadettenakademie ausgebildet, dafür beziehe er schließlich Sold.

Schiller muss seinen Degen abgeben, geht für vierzehn Tage in Arrest. Die Strafe schreckt ihn nicht ab, das Schreibverbot schon. Denn nun steht endgültig fest: Es gibt für ihn nur einen Ausweg – die Flucht (Deutschland besteht ja noch aus Dutzenden souveräner Kleinstaaten).

Am 28. September 1782 flieht er nach Mannheim: »Gegenwärtig war ich nur Flüchtling. Innerhalb 3–4 Wochen hoff ich freier Weltbürger zu seyn. Auch in die Zukunft kann ich zuversichtlich sehen, weil meine Arbeiten gut bezahlt werden, und ich fleißig bin.« Er wird (für ein Jahr) »Theaterdichter« und klagt: »gegenwärtig kann und will ich keine Bekanntschaften machen, weil ich entsetzlich viel zu arbeiten habe« (an »Kabale und Liebe«), aber freundet sich dennoch mit einigen großherzigen Gesellschaftsdamen an, die zu seinen treuen Gönnerinnen werden.

1785 zieht er um nach Thüringen (»Die Räuber kosteten mir Familie und Vaterland«), wohnt bei Freunden, wird – nach Lessing – der erste »freie Autor« in Deutschland, der ohne feste Anstellung, ohne Mäzene, allein von seiner literarischen Produktion und Artikeln leben muss: »Ich muss von Schriftstellerei leben, also auf das sehen, was einträgt.« Daher verfasst er auch den ersten deutschen Fortsetzungsroman (»Der Geisterseher«) und führt den ersten Indianer ein (»Nadowessiers

Totenlied«): »Die Hauptsache ist der Fleiß; denn dieser gibt nicht nur die Mittel des Lebens, sondern er gibt ihm auch seinen alleinigen Wert.«

Man beruft ihn zwar in Jena zum Geschichtsprofessor, und in Weimar wird er zum Hofrat ernannt, aber er muss weiterhin schreiben, um »eine Frau ernähren können ... Ich muss ein Geschöpf um mich haben, das mir gehört ... Ich sehne mich nach einer bürgerlichen und häuslichen Existenz ... dabei bleibt es, dass ich heirate.«

Er heiratet Charlotte von Lengefeld – ist aber auch in ihre Schwester Caroline verliebt –, sie bekommen zwei Söhne und zwei Töchter.

Am 7. September 1788 trifft er (im Hause Lengefeld) Goethe: »Ich betrachte ihn wie eine stolze Prüde, der man ein Kind machen muss, um sie vor der Welt zu demütigen. Eine ganz besondere Mischung von Hass und Liebe ist es, die er in mir erweckt hat, eine Empfindung, die derjenigen nicht ganz unähnlich ist, die Brutus und Cassius gegen Cäsar gehabt haben müssen. Ich könnte seinen Geist umbringen und ihn wieder vom Herzen lieben.« Elf Jahre nach der ersten Begegnung zieht Schiller nach Weimar und aus der keineswegs problemfreien Bekanntschaft mit dem Dichterkollegen und Geheimrat wird ein einmaliger Schöpferbund.

»Don Carlos«, »Maria Stuart«, »Die Jungfrau von Orléans«, »Wilhelm Tell«, Balladen – da das Schreiben seinen Tages- und Lebensablauf regiert, bleibt Schiller weder Zeit noch Energie für exotische Reise-erfahrungen, aufwändige Amouren beziehungsweise spektakuläre Seelenkrisen: »Kann ich nur mein fünfzigstes Jahr mit ungehinderten Geisteskräften erreichen, so hoffe ich so viel erspart zu haben, dass meine Kinder unabhängig sind.«

Nichts, keine Koliken, Krämpfe, Katarrhe, die ihn sein Leben lang quälten, können ihn von seiner Schreib-Pflicht ablenken, nicht einmal die Tuberkulose, die sich bereits 1785 ankündigt, als er seine Ode »An die Freude« schreibt, die – vertont von Beethoven – zum geistigen Allgemeinbesitz der Menschheit wird: »Es ist der Geist, der sich den Körper baut.«

Sein Freiheitsdrang, seine menschliche Größe machen ihn zum heroischen Vorbild für patriotische Schwärmer, die 1813 gegen Napoleon zu Felde ziehen; zur Lichtgestalt der März-Revolution von 1848; zur Kultfigur der Amerika-Emigranten im 19. Jahrhundert: »Die

Schiller-Strahlen sengten den andauernd nachwachsenden Heuchelflor andauernd weg ... Was ist jetzt besser; aussichtslos kämpfen und doch so tun, als könne man gewinnen, oder gleich im warmen Morast des Pessimismus sich realistisch sielen und alles so taufen, wie es auch ungetauft schon heißt? Für einen Schiller-Knaben stellt sich die Frage nicht.« (Martin Walser)

1792 wird er vom französischen Nationalkonvent zum Ehrenbürger ernannt, 1802 vom Wiener Kaiser geadelt.

»Etwas Großes wandelt mich an bei der Vorstellung, keine andere Fessel zu tragen als den Ausspruch der Welt – an keinen anderen Thron mehr zu appellieren als an die menschliche Seele ... Ich schreibe als Weltbürger, der keinem Fürsten dient.«

## Haus-Vorbilder

»Was ich Gutes haben mag, ist durch einige wenige vortreffliche Menschen in mir gepflanzt worden.«

**Vater Johann Caspar Schiller (1723–1796)** Seinen Vater, den gelernten Wundarzt, der im Heer des Herzogs diente und die militärische Zucht, Disziplin und Gehorsam auch in seiner Familie praktizierte, lernt Friedrich erst mit vier Jahren kennen. Später spricht er von einer »verlorenen Kindheit, die uns ewig das theuerste bleibt«.

Und der Papa, der sich auch als Autor versucht, gesteht 1789 in seiner Autobiographie »Meine Lebensgeschichte«: »Ich muss zu meiner Demütigung bekennen, dass ich für meinen Sohn immer mehr Furcht als Hoffnung genährt habe.«

**Mutter Elisabeth Dorothea Schiller geb. Kodweiß (1732–1802)** »Möge der Himmel der teuren Abgeschiedenen alles mit reichen Zinsen vergelten, was sie im Leben gelitten und für die Ihrigen getan. Wahrlich sie verdiente es, liebende und dankbare Kinder zu haben, denn sie war selbst eine gute Tochter für ihre leidenden und hilfsbedürftigen Eltern, und die kindliche Sorgfalt, die sie selbst gegen die letztern bewies, verdient es wohl, dass sie von uns ein Gleiches erfuhr«, schreibt der Sohn nach ihrem Tod.

Die tief religiöse Gastwirtstochter konnte kaum lesen, dafür aber wunderbar erzählen: »Die emotionale Bindung an sie bleibt bei ihm zeitlebens wirksam. Auf vermittelte Weise äußert sie sich in seinen Jugendjahren auch im erotischen Interesse für ältere Frauen.« (Peter-André Alt) Und tatsächlich, seine Gönnerinnen – Luise Dorothea Vischer, Louise von Lengefeld – waren allesamt Damen im reifen Alter, Henrietta von Wolzogen wird ihm sogar »zur besten Mama«.

## Wahl-Vorbilder

»Ein großes Muster weckt Nacheiferung und gibt dem Urteil höhere Gesetze.«

**Philipp Ulrich Moser (1720–1792)** Der Dorfschul-Pfarrer in Lorch »scheint das erste wirkliche Vorbild für Schiller gewesen zu sein« (Otto A. Böhmer). Er wurde »ihm derart zum Vorbild, dass er selbst auch Pfarrer werden wollte«, und ist von seiner Rhetorik so beeindruckt, dass er »auch selbst oft anfing zu predigen, stieg auf einen Stuhl und ließ sich von seiner Schwester ihre schwarze Schürze statt dem Kirchenrock umbinden. Dann musste sich alles um ihn herum still und andächtig verhalten und ihm zuhören.« (Jörg Aufenanger)

Später erklärt Schiller: »Das Theater und die Kanzel sind die einzigen Plätze für uns, wo die Gewalt der Rede waltet«, und setzt seinem gebildeten Aufklärer, den er als Fünfjähriger kennenlernt, in »Den Räubern« ein Denkmal: »Pastor Moser tritt auf«, heißt es in den Regieanweisungen zum 5. Akt, 1. Szene.

Die Szene spielt um Mitternacht, der Pastor sieht sich mit Franz Moor konfrontiert, der ihm an den Kopf wirft: »Es ist kein Gott.« Moser lässt sich nicht einschüchtern, entlarvt sprachgewaltig Moors innere Unsicherheit und »besiegt« psychologisch den Räuber. Moor ist verzweifelt, ruft: »Zernichtung! Zernichtung!«

1783 klagt Schiller: »Ich wollte nur Pfarrer werden – und bleibe hängen am Theater!«

**Herzog Carl Eugen (1728–1793)** »An meinem Wesen haben Schicksale sehr gewaltsam gezerrt. Durch eine traurige, düstere Jugend schritt ich ins Leben hinein, und eine herz- und geistlose Erziehung hemmte bei mir die leichte schöne Bewegung der ersten werdenden Gefühle. Den Schaden, den dieser unselige Anfang des Lebens in mir angerichtet hat, fühle ich noch heute.«

Ab 1773 – nach Schillers Eintritt in die herzogliche Akademie (Carlschule) – hatten die Eltern keinerlei Einfluss mehr auf ihn: Der Herzog allein, der seine begabten Untertanen fördert (und die übrigen »Landeskinder« als Soldaten ins Ausland verkauft), hat entschieden, dass Schiller nicht Jura, sondern Medizin studieren wird; er war es, der dem entwurzelten Jüngling befohlen hat, einen »Rapport« zu verfassen, eine Art Selbstporträt mit einer ritualisierten Selbstkritik. Schiller gehorcht: »Beurteilen Sie mich, Durchlauchtigster Herzog, nach den Regeln der Religion. ... Sie werden mich eigensinnig, hitzig, ungeduldig hören müssen, doch werden dieselben [seine Studienkollegen, die er ›Brüder‹ nennt] Ihnen auch meine Aufrichtigkeit, meine Treue, mein gutes Herz rühmen. Aber die schönen Gaben, die ich habe, habe ich bisher nicht so angewendet, als es mir meine Pflichten aufgelegt haben. ... Ebenso habe ich Reinlichkeit am Körper bisher nicht so beachtet, als es meine Schuldigkeit gewesen.«

Als Schiller von dem Tod des absolutistischen Landesvaters (der das Schulwesen reformierte und 1779 in Stuttgart das »Deutsche Nationaltheater« gründete) erfuhr, soll er geweint haben. Später behauptete er allerdings: »Der Tod des alten Herodes hat weder auf mich noch auf meine Familie Einfluß. Außer daß es allen Menschen, die unmittelbar mit dem Herrn zu thun hatten, wie mein Vater, sehr wohl ist, jetzt einen Menschen vor sich zu haben.«

**Jakob Friedrich Abel** (1751–1829) »Werden große Geister geboren oder erzogen?« So lautet das Thema der Festrede, die Schillers junger Philosophielehrer an der »Hohen Carlschule« in Stuttgart auf dem Stiftungsfest 1776 hielt. Und obwohl es korrekt gewesen wäre, eine wortreiche Lobhudelei vorzutragen, rühmt Professor Abel wagemutig die urwüchsige Kraft des Genies, das dem freien Lauf der Gedanken treu bleibt und nicht die niedere Realität, sondern das Ideal anstrebt: »Für Schiller fing ein neues intellektuelles Lebens an. Seine Entwicklung zum Musterbürger seiner Epoche, der Aufklärung, begann. ... So ein Genie, befeuert von großen Ideen, möchte Schiller werden.« (Pilling,

Schilling, Springer) Und die Sehnsucht nach »Größe« wird sein ganzes Werk bestimmen.

»Mir ekelt vor diesem tintenklecksenden Seculum, wenn ich in meinem Plutarch lese von großen Menschen« – so der berühmte erste Satz von Karl Moor in »Die Räuber«.

**Friedrich Gottlieb Klopstock (1734–1803)** »Sagten Sie nicht immer, ich hätte das wahre Gefühl des Herzens nicht, alles sey Phantasie, Poesie, die ich mir durchs lesen Klopstocks angeeignet hätte, ich fühlte Gott nur im Gedicht und die Freundschaft liege nicht in meinem Innersten?«, fragt er einen Freund.

1781 preist er die Kunst, »den griechischen Hexameter in den musikalischen Fluß« einer unverwechselbaren Diktion zu überführen und gesteht, »ein Sklave von Klopstock« zu sein.

Wegen Klopstock hat Schiller fast seine für den 28. September 1782 geplante Flucht verpasst: denn – wie sein Freund Andreas Streicher berichtet, der auch fliehen wollte – es »fielen ihm, bei dem zusammen suchen seiner Bücher, die Oden von Klopstock in die Hände«, und er konnte nicht loslassen vom »Abgott der Jugend«.

Gealtert, distanziert er sich vom Autor des »Messias«: »Kein Dichter ... dürfte sich weniger zum Liebling und zum Begleiter durchs Leben schicken, als gerade Klopstock, der uns immer nur aus dem Leben herausführt, immer nur den Geist unter die Waffen ruft, ohne den Sinn mit der ruhigen Gegenwart eines Objektes zu beruhigen. ... Auch, dächte ich, hätte man in Deutschland Früchte genug von seiner gefährlichen Herrschaft gesehen.«

*Literatur:*
Peter André Alt: »Schiller«, München 2000
Claudia Pilling, Diana Schilling, Mirjam Springer: »Friedrich Schiller«, Reinbek 2002
Otto A. Böhmer: »Friedrich Schiller«, Zürich 2005
Jörg Aufenanger: »Friedrich Schiller«, Düsseldorf 2004

»Alles war verboten für Hunde, Zigeuner und Juden. Wenn man da nicht versucht, wenigstens gegen den Strom anzuschwimmen, dann ist man kein Mensch.«

# Oskar Schindler

28. April 1908 Zwittau/Mähren – 9. Oktober 1974
Hildesheim

»Ich brauche Ellenbogenfreiheit. Ich bin der geborene Kapitalist und kann es nicht leiden, wenn man mir Vorschriften macht«, verkündet er, als die väterliche Landmaschinenfabrik in Konkurs geht und der Maschinenbau-Ingenieur 1930 die Verkaufsabteilung der Elektrotechnischen AG in Brünn übernimmt.

Und ausgerechnet dieser »Kapitalist« setzt während des Krieges sein Leben für »seine jüdischen Arbeiter« aufs Spiel: »Aber ein Bilderbuchheld war er nicht. Daheim nannte man ihn einen Gauner.« (Guido Knopp)

Und tatsächlich: Schindler fälscht sein Schulzeugnis, hat Frauenaffären, wird 1939 NSDAP-Mitglied, arbeitet in der deutschen Spionageabwehr. 1939 kauft er die Deutsche Emailwarenfabrik in Krakau, in der fünfundvierzig Personen Küchenutensilien herstellen. 1940 erhält er die ersten Heeresaufträge (»Ich leite einen kriegswichtigen Betrieb«).

1942 bei der Auflösung des Ghettos Krakau sieht er mit an, wie Juden auf offener Straßen erschossen werden: »Seit damals musste jedem denkenden Menschen klar sein, was geschehen würde. Und ich nahm mir fest vor, das zu verhindern, soweit es in meiner Macht stand.«

Der Bonvivant, Charmeur und Spekulant versucht so viele Juden wie möglich vor der Deportation in die KZs zu retten, indem er sich »die Gunst der Gebieter über das Schicksal der Juden« erarbeitet. Er schmiert die SS: Die Aufzählung von »Bestechungen an die höheren SS-Führer, die als Übermenschen begnadet waren, über Leben und Tod zu entscheiden, würden Bände füllen.«

In einem Bericht an die israelische Gedenkstätte Yad Vaschem listet er nach Kriegsende die größten Einzelposten auf: Gesamthöhe 2,64

Millionen Reichsmark; »350 000 Reichsmark für Bestechungsgelder, Geschenke und Erpressungen« (heute gut eine Million Euro). Nicht beziffert, aber penibel vermerkt er die »kleinen Gefälligkeiten« wie Stoppuhren, Taschenuhren, Fotoapparate, Reitsättel, Schuhe, Stiefelleder und drei Autos (ein BMW, eine Adler-Limousine, ein Mercedes-Cabrio): »Alles Zucker für die Teufel«, um »die Gangster befriedigt zu haben und in Ruhe gelassen zu werden«. Haben sich die Bestechungen als wirkungslos erwiesen, pokert er um das Leben der Häftlinge mit dem bestialischen Lagerkommandanten SS-Hauptsturmführer Amon Göth.

Dreimal verhaftet ihn die Gestapo als »Judenküsser«, dennoch gelingt es ihm 1944 sogar, die bereits deportierten Frauen seines Betriebs aus Auschwitz zurückzuholen.

Am 8. Mai 1945 »entlässt« er »seine Juden«: 799 Männer, 299 Frauen: »Für euer Überleben dankt nicht mir, dankt euren Leuten, die Tag und Nacht arbeiteten, um euch vor der Vernichtung zu retten.« Die Überlebenden schenken ihm einen Ring auch echtem Zahngold mit dem eingraviertem Talmudspruch: »Wer auch nur ein einziges Leben rettet, rettet die ganze Welt.«

Nach dem Krieg betreibt Schindler unter anderem eine Nutriazucht in Buenos Aires, macht mehre Male Bankrott, vereinsamt. Erschöpft und mittellos bittet er beim Frankfurter OB um Arbeit, fragt einige der Geretteten nach Zuwendungen, damit er seine Arztrechnungen bezahlen könne.

1969 lässt die israelische Regierung für Schindler als einen der »Gerechten unter den Völkern« einen Baum in der Holocaustgedenkstätte Yad Vashem pflanzen.

Am 12. September 1974 wird er in das Krankenhaus in Hildesheim eingeliefert. Die Krankenhausverwaltung fordert das Sozialamt der Stadt auf, die Kosten für die stationäre Behandlung zu übernehmen. Die Stadt Hildesheim beantragt ihrerseits die Übernahme der Kosten bei der Stadt Frankfurt, wo Schindler seinen Wohnsitz hatte. Frankfurt erstattet die Krankenhauskosten von 3245,20 DM.

Der einzige Mensch, der Juden rettete, ohne einer organisierten Widerstandsgruppe anzugehören, wird auf dem katholischen Friedhof in Jerusalem begraben.

»Ich bin als Epikuräer auf die Welt gekommen.«

1982 erscheint Thomas Keneallys Schindler-Biographie »Schindlers Liste«, 1994 wird Steven Spielbergs Verfilmung von »Schindlers Liste« mit sieben Oscars ausgezeichnet.

## Haus-Vorbilder

»In seiner Familiengeschichte findet sich nicht so leicht etwas, was erklärt, wie es dazu kam, den rettenden Engel zu spielen.« (Thomas Keneally)

**Vater Hans Schindler (1883–1947)** »Nach der Hochzeit mit Oskar verließ ich Alt-Molstein und meine Familie und lebte mit ihm zunächst bei seinen Eltern und seiner Schwester in Zwittau. Richtig glücklich wurde ich dort nicht«, schreibt Oskar Schindlers Ehefrau Emilie (1907–2001) in ihren Erinnerungen, »und das lag zum großen Teil an Oskars Vater. Er war ungebildet und ein unverbesserlicher Alkoholiker. Bei einem seiner unsäglichen Gelage hatte er sogar die Schwester seiner Frau vergewaltigt und geschwängert. ... Auch seinem Sohn gegenüber kannte er keinerlei Anstand. Während seiner Tätigkeit als Versicherungsvertreter hatte er Geld unterschlagen. Bei dem Verhör durch die Polizei bezichtigte er seinen eigenen Sohn des Vergehens, das er selbst begangen hatte, sodass Oskar sogar kurze Zeit ins Gefängnis musste.« 1935 musste der Landmaschinenfabrikant dennoch Konkurs anmelden.

1928 heiratete der zwanzigjährige Oskar die Erbin eines prosperierenden Bauernhofs, Emilie Pelzl (1907–2001), um – angeblich – seinen Vater vor dem Bankrott zu retten. Emilie hingegen behauptet, ihr Mann habe ihre beträchtliche Mitgift von 100 000 tschechischen Kronen für »ein luxuriöses Auto ausgegeben, den Rest verschleudert und verplempert«.

**Mutter Franziska Schindler geb. Luser (1884–1935)** »Oskars Mutter dagegen verfügte über eine gute Bildung, war aber leider ihr ganzes Leben kränklich und zuletzt fast nur noch ans Bett gefesselt und starb im Alter von nur dreiundfünfzig Jahren. Fanny, wie sie genannt wurde, war sehr elegant und freundlich. ... Sie war auch die erste, der ich meine Probleme mit Oskar klagte. Doch sie meinte nur: ›Oskar ist jetzt verheiratet und seine Erziehung damit Sache seiner Gattin, liebe Emilie.‹«

## Wahl-Vorbilder

**Rabbiner Felix Kantor** »Auf der Suche nach einem Motiv für Schindlers späteres Verhalten stoßen wir auf den Nachbarn, den liberalen Rabbiner Dr. Felix Kantor, ein Schüler von Abraham Geiger, einem Liberalen, der gesagt hatte, es sei lobenswert, zugleich Jude und Deutscher zu sein. Kantor war alles andere als ein rigider Dorfrabbiner, er trug modische Kleidung und sprach daheim Deutsch. Sein Beetshaus nannte er einen Tempel, nicht eine Synagoge, und hier versammelten sich die jüdischen Ärzte, Techniker, Textilfabrikanten aus Zwittau. Kantor schrieb nicht nur für jüdische Blätter in Prag und Brünn, sondern auch für Tageszeitungen. Seine beiden Söhne waren Mitschüler von Schindler, beide intelligent genug, um dermaleinst Leuchten der deutschen Universität von Prag zu werden. Sie spielten mit den Schindlerkindern, wie Nachbarskinder eben miteinander spielen, und Dr. Kantor mag geglaubt haben, alles könnte wirklich so kommen, wie viele liberale Juden im 19. Jahrhundert vorhergesagt hatten. ... Wir gehören sowohl ins 20. Jahrhunderte als auch zu einer uralten Rasse. Wir kränken niemanden und niemand kränkt uns.« (Thomas Keneally)

**Albert Schweitzer (1875–1965)** »Weit entfernt bin ich, ein Heiliger zu sein, habe als maßloser Mensch viel mehr Fehler als der große Durchschnitt derer, die so sehr gesittet durchs Leben schreiten. ›Die Achtung vor dem Menschen‹ (Albert Schweitzer) konnte ich mir erhalten und verteidigen.«

**Itzhak Stern (1901–1969)** »Denn mir sind in meinem Leben wenige Menschen begegnet, die gleich ihm mit so hohen ethischen Werten ausgestattet wären, seine unerschrockene Hilfsbereitschaft, seine selbstlose Aufopferung für seine Brüder, in seinem eigenen Leben im Minimum, hat mir immer wieder große Bewunderung und Achtung abgerungen. Herr Isaak Stern hat an dem Gesamterfolg meines

Rettungswerkes einen bedeutenden Anteil«, schreibt Schindler 1956 über den jüdischen Buchhalter, der in der Emailfabrik zwischen ihm und »seinen Juden« vermittelte, und die »Liste« aufstellte. »Stern war der einzige Beichtvater, den Schindler jemals hatte und auf dessen Meinung er was gab.« (Thomas Keneally)

Im April 1956 meldet sich Schindler bei Stern: »In unserem gemeinsamen ›Gestern‹, lieber Izak, war ich so erfüllt von der fanatischen Überzeugung der Richtigkeit meiner Handlungen, als ich mich trotz aller Warnungen voll bewußt in eine Lage brachte, aus der es kein Zurück gab, sondern nur ein Durchstehen unter Anwendung aller Mittel, wie oft habe ich damals bei Dir Kraft geschöpft, in meiner inneren Verzweiflung, bei Dir, dem Schwächeren, Bedrohteren, in Deiner edlen Menschlichkeit, wo Dir Deine Gemeinschaft näher stand als Dein Ich.«

*Literatur:*
»Ich, Oskar Schindler«. Die persönlichen Aufzeichnungen, Briefe, Dokumente. Hrsg. Erika Rosenberg, München 2000
»Ich, Emilie Schindler. Erinnerungen eines Unbeugsamen«, Hrsg. Erika Rosenberg, München 2001
Thomas Keneally: »Schindlers Liste«, München1983

# Helmut Schmidt

geboren 23. Dezember 1918, lebt in Hamburg

»Was moralisch falsch ist, kann politisch nicht richtig sein« – nach dieser Devise gestaltete der »Hanseat par excellence«, Sohn eines Studienrats, seine Politik als Hamburger Innensenator, später auch als Verteidigungs-, Finanz-, Außenminister, schließlich als Bundeskanzler (1974 1982). 1975 wurde er von der britischen »Financial Times« wegen seiner weitsichtigen Außenpolitik zum »Mann des Jahres« gewählt. Der passionierte Schachspieler, Freizeit-Pianist – er führte bei der Bundeswehr die

Big Band ein –, und Kettenraucher gilt als profilierter Krisen-Manager: 1962 organisierte er die Hilfe während und nach der Hamburger Flutkatastrophe, 1968 setzte er trotz massiver Proteste die Notstandsgesetze durch, in den siebziger Jahren musste er sich mit den Folgen der Ölkrise auseinandersetzen. Seine größte Herausforderung war sicher der Terrorismus der Roten Armee Fraktion, in der er Härte zeigte und die Verantwortung für den Tod Hanns-Martin Schleyers auf sich nahm. »Zu dieser Verantwortung stehen wir auch in der Zukunft. Gott helfe uns!« 1983 wird er Mitherausgeber von »Die Zeit«. Seit 1942 mit seiner Schulkameradin Hannelore (»Loki«) verheiratet, lehnte er – wie es die hanseatische Tradition verlangt – mehrfach den Verdienstorden der Bundesrepublik Deutschland ab: »In Wahrheit aber ist Politik nichts anderes als die Anwendung feststehender sittlicher und politischer Grundsätze auf wechselbare Situationen.«

»Die öffentliche Moral beruht auf Beispiel und Erziehung, auf Autorität und Führung. Sie stützt sich dabei auf Werte und Maximen, welche von früheren Generationen erarbeitet und zum Teil über Jahrhunderte bis auf unsere Gegenwart tradiert wurden … Fast alles, was wir heute unter dem Begriff Moral verstehen, geht entweder auf Personen zurück, auf Religionsstifter, Philosophen, Staatsmänner oder auf besonders herausgehobene gesellschaftliche Gruppierungen wie Orden, Stände, Kasten oder Klassen. Dabei kam manches auch von unten, von sozial Schwachen oder politisch Unterdrückten, oder nahm Umwege, man denke an Saulus, der zum Apostel Paulus wurde, oder an Abraham Lincoln, ohne den die Sklaverei in Amerika nicht beseitigt geworden wäre. Friedrich II. von Preußen hat das Prinzip der Pflichterfüllung und der Räson gegenüber dem von ihm autoritär beherrschten Staat nach unseren heutigen Vorstellungen sicher übertrieben, aber zugleich hat er dem Prinzip der Gerechtigkeit einen großen Dienst erwiesen …«

»Ich war seit meinem fünfzehnten Lebensjahr darauf eingestellt, Architekt zu werden. Mein Vorbild war der Hamburger Oberbaudirektor Fritz Schumacher, den die Nazis schon 1934 aus dem Amt gejagt haben.«

»Ferdinand Lassalle war immer meine Leitfigur, niemals Marx. Wenn ich fünfzig Jahre älter gewesen wäre, dann wäre ich ein Lassalleaner gewesen. Und für mich enthielt die Partei eben auch den Julius Leber, den Friedrich Ebert, alle diese großen Figuren der Weimarer Zeit. Ich würde für mich behaupten wollen: Meine Linie ist Lassalle, Bernstein, Friedrich Ebert – für mich eine ganz große, tragische Figur.«

»Herbert Wehner habe ich geliebt. Manchmal ja. Er war zuverlässig. Ein sehr kantiger Mann, manchmal unbeherrscht, er konnte explodieren, aber sehr zuverlässig ... Ich halte die jüngst geäußerte Kritik, er habe gegenüber dem kommunistischen Osten ein ungeklärtes Verhältnis gehabt, für substanzlos. Wehner war ein politisch aufrechter Sozialdemokrat, so aufrecht wie wenige Sozialdemokraten in der Geschichte der Bundespolitik. Im politischen Tagesgeschäft war er natürlich auch ein brillanter Taktiker, aber das muss man als Fraktionsvorsitzender auch sein.«

»Auf mich hat Kant bis heute einen durchaus prägenden Eindruck ausgeübt. Mich hat das idealistische Prinzip einer unbedingten, einer nicht durch Eigennutz oder Opportunismus verzerrten Pflichtauffassung fasziniert ... Auf mich hat die späte Schrift ›Zum ewigen Frieden‹, die ich zuerst als junger Kriegsheimkehrer gelesen habe, einen tiefen Eindruck gemacht, gerade durch die Nüchternheit, mit der sich der Autor dort Illusionismus und Schwärmerei versagt, mit der er stattdessen konkrete völkerrechtliche friedenspolitische Schritte vorschlägt ... Der kategorische Imperativ, in dem Kants praktische Philosophie gipfelt, lautet: ›Handle nur nach derjenigen Maxime, durch die du zugleich wollen kannst, dass sie ein allgemeines Gesetz werde.‹ Für mich besagt das nichts anderes, als dass der Politiker, der verantwortlich handeln will, zugleich die Folgen seines Handelns für die anderen berücksichtigen soll.«

*aus:*

Helmut Schmidt: »Auf der Suche nach einer öffentlichen Moral«, Stuttgart 1998
Harald Steffahn: »Helmut Schmidt«, Hamburg 1990
»Eigentlich wollte ich Städtebauer werden« – Helmut Schmidt im Gespräch mit Ulrich Wickert, Stuttgart-Leipzig 2001

»Jede Rolle ist für mich ein Einsatz, mit dem ich spiele,
eine Wette, die ich unbedingt gewinnen muss.«

# Romy Schneider

25. September 1938 Wien – 29. Mai 1982 Paris

»Ich war keine Sissi. Ich habe die Sissi gespielt«,
schreibt Romy Schneider 1965 in dem Infotainment-
Magazin »Quick«, acht Jahre nachdem »Schicksalsjahre einer Kaiserin«
bei den Filmfestspielen in Cannes vorgestellt wurde.

Und doch ist sie Sissi geblieben, jedenfalls für die Millionen Deutschen,
die zur Weihnachtszeit die rührige Trilogie einschalten, Jahr für Jahr:
»Die Menschen in diesem Lande können sich nicht damit abfinden, dass
Romy nicht mehr Sissi ist«, stellt sie in ihrem Tagebuch fest.

1958 geht die Zwanzigjährige nach Frankreich um dort zu drehen.
Während der Dreharbeiten zu »Christine« lernt sie Alain Delon kennen: »Paris, das war Alain für mich.«

Sie verloben sich, sie verlässt Deutschland für immer: »Weil alles
Deutsche mir weh tut. Mir ist in diesem Land zuviel angetan worden.
Jetzt bin ich Französin.«

Sie ist Schauspielerin, seit sie fünfzehn Jahre alt ist: »Jetzt bin ich fünfzehn Jahre alt, ich war bei Omi in Berchtesgaden, ich war in der Schule,
ich war im Internat, und jetzt bin ich plötzlich beim Film«, steht im
Tagebuch.

1954: »Ich weiß, dass ich in dieser Schauspielerei aufgehen kann. Es
ist wie ein Gift, das man schluckt und an das man sich gewöhnt – und
das man doch verwünscht.« Später notiert sie: »Ich bin nie zufrieden,
ich habe niemals ein Meisterwerk zustande gebracht.« Sie meint als
Filmschauspielerin.

Dann, 1961, produziert Luigino Visconti mit ihr das Theaterstück des
Shakespeare-Zeitgenossen John Ford: »Schade, dass sie eine Dirne ist«.
Auf Französisch, in Paris. Bei der Premiere sitzen im Zuschauerraum
Ingrid Bergmann, Jean Cocteau, Shirley McLaine, Jean Marais und vie-
le andere berühmte Kollegen. Ihr Bühnendebüt wird zum Triumph:

»Das war eine ehrliche Leistung. Die einzige in meinem Leben, auf die ich stolz bin.«

Theatertournee in Marokko, weibliche Hauptrolle in Orson Welles' Verfilmung von Franz Kafkas »Der Prozeß«, ein Siebenjahresvertrag mit der Columbia in Hollywood – Romy schuftet: »Was ich nie gehabt habe: ein Haus, das ein Heim ist. Das ist ein Traum, den ich mir bald erfüllen werde.«

Nach der Trennung von Delon heiratet sie 1966 den Theaterregisseur Harry Meyen, wird Mutter. 1971 gehört sie zu den 371 Frauen, die sich am 6. Juni in der Zeitschrift Stern öffentlich dazu bekennen, abgetrieben zu haben (»emanzipiert heißt für mich, sich ein anderes Glück zu erkämpfen als jenes, wofür die meisten Frauen erzogen worden sind. Konsequenterweise muß jeder für sich allein aus diesem Klischee herausfinden«).

1975 lässt sie sich scheiden, heiratet ihren um neun Jahre jüngeren Sekretär Daniel Biasini. 1977 wird die gemeinsame Tochter Sarah geboren. 1979 begeht Meyen Selbstmord, Anfang 1981 wird die Ehe von Romy Schneider und Daniel Biasini geschieden.

Am 5. Juli 1981 stirbt ihr vierzehnjähriger Sohn David an Verletzungen, die er sich bei dem Versuch, über einen schmiedeeisernen Zaun zu klettern, zugezogen hat.

Die Workaholikerin hört auf zu arbeiten.

Am 10. Mai 1982 schreibt sie ihr Testament: »Es ist, noch einmal gesagt, mein Testament!« Seit ihrem fünfzehnten Lebensjahr hatte sie mehr als gut verdient (spielte in achtundfünfzig Filmen), aber auch immer wieder für alle bezahlt, die sie liebte, denen sie vertraute.

Von Kummer, Schicksalsschlägen, Tabletten und Alkohol gezeichnet, stirbt der Weltstar am Samstag, den 29. Mai 1982. Als offizielle Todesursache wird »Herzversagen« angegeben.

Sechzehnjährig vertraut sie ihrem Tagebuch, das sie mal Peggy, mal Gabi nennt, an: »Ich bin halt ein Nerverl. Mir ist alles zuzutrauen. Heute bin ich verrückt vor Glück. Morgen will ich mein ganzes Leben umkrempeln. Übermorgen lasse ich mich von Minderwertigkeitskomplexen und Depressionen auffressen.«

# Haus-Vorbilder

**Vater Wolf Albach-Retty (1906–1967)** »Vor allem die Liebe zum Vater, der kaum für sie da war, erschien mir bemerkenswert. Romy hat ihn geradezu abgöttisch geliebt.« (Daniel Biasini) Sie war sieben, als er sich 1945 scheiden lässt: »Acht Jahre hat meine Mutter auf ihn gewartet und seine Ufa-Kostüme in den Schränken und auf dem Dachboden gepflegt. Sie hat sich die Augen aus dem Kopf geheult«, erinnert sich Romy 1953 an den österreichischen Schauspieler am Burgtheater, der 1927 seine erste Stummfilmrolle erhielt und ihre Mutter Magda Schneider heiratete. Das Paar drehte acht Filme miteinander.

Während der Dreharbeiten 1953 zu Romys erstem Film »Wenn der weiße Flieder wieder blüht«, notiert sie: »Den Text kann ich schon längst auswendig. Ich kann auch nachfühlen, wie dem Mädchen zumute gewesen sein muß, das ich zu spielen habe. Das Mädchen hört nämlich von ihrer Mutter, dass ihr Vater ein ganz berühmter Schlagersänger sei, von dem sie bisher nur immer von ganz weitem geschwärmt hat.«

**Mutter Magda Schneider (1909–1996)** »In zwei Tagen habe ich Geburtstag. … Sie werden doch wohl daran denken? Natürlich! Mammi ist ja da. Mammi denkt an alles!« Wohlgemerkt: Romys »Mammili« hat ihr »Mausele« in den vier Jahren der Klosterschule nur zwei Mal besucht.

Ein weiterer Tagebuch-Eintrag: »In Wien haben mir die Torten im Café Demel am besten gefallen. Hmhm! Wenn ich bloß mehr essen könnte. Aber Mammi bremst und sagt: Halt, sonst wirst du zu dick.«

»Ich bewundere sie rückhaltlos. Sie spricht mit allen, amüsiert sich großartig – dagegen muß ich ja wie ein blödes Gänschen wirken.«

Mutter Magda übernahm in der »Sissi«-Trilogie die Rolle der Sissi-Mutter. Romy: »Jedes junge Mädchen versucht eines Tages, früher oder später, selbständig zu werden, sich vom Elternhaus zu lösen, ein eigenes Leben zu führen. Ich suchte diesen Absprung, seit ich achtzehn Jahre alt war. Aber ich fand ihn nicht.«

»Sicher ist jedenfalls, dass Magda nicht zimperlich war, wenn es um das Vermarkten ihrer Tochter gegangen ist.« (Daniel Biasini)

1974 schickt Romy ein Telegramm: »Meine Mamma – mehr Erfolg kann man kaum haben was Beruf betrifft – mein Privatleben ist null

– ruf dich morgen Sonntag an – wie immer deine Rosemarie etwas traurig etwas allein.«

**Großmutter Rosa Albach-Retty (1874–1979)** »Alain (Delon) braucht das Theater nicht so wie ich. Ich fühle mich beladen mit Traditionen – und diese Tradition verpflichtet. Ich denke an meine Großmutter, die herrliche, unvergessene Burgschauspielerin Rosa Albach-Retty, die noch mit 85 Jahren stolz und würdig ihr Publikum fesselte. Sie wollte immer, dass ich Theater spiele. Sie hat mir immer zugeraten, aber ich hatte nicht den Mut gehabt. Jetzt muß ich ihn haben – ich muß Theater spielen, und noch dazu in einer fremdem Sprache«, schreibt sie 1961 vor der »schicksalhaften« Theaterpremiere.

Die Großmutter war Wiener Burgschauspielerin und erlebte jene Kaiserzeit hautnah, die ihre Enkelin »nur spielte«.

»Doch die Harmonie [mit der Mutter] hält nicht lange. Wenige Wochen später stirbt ihre Großmutter. ... und wieder gibt es Streit mit der Mutter. Die kann nicht begreifen, dass ihre Tochter es ablehnt, zur Beerdigung nach Wien zu kommen. ... ›Komm' ich hin, springen die Geier doch über die Gräber, nur um ein Foto von mir als trauernder Enkelin zu schießen.‹ ... Ein Paar Wochen später fliegt (sie) nach Wien, geht allein auf den Friedhof, nimmt Abschied auf ihre Art.« (Michael Jürgs)

## Wahl-Vorbilder

**Klosterpräfektin Mutter Theresia** »Du wirst ganz bös enden. Bei dir ist all mein Beten verloren. Hast nicht einmal eine richtige Familie, und blöd bist du auch«, wiederholt Romy die Worte der Augustiner-Nonne, die das Kloster-Internat Goldenstein (in einer festen, mittelalterlichen Ritterburg, nur fünfundzwanzig Kilometer von ihrem Zuhause im bayerischen Mariengrund entfernt) leitet. Dort landet Romy 1949 und bleibt bis 1952. Die »kleine Albach« logiert mit fünfzehn Mädchen im alten Rittersaal und fällt immer wieder unangenehm auf, da wild und eigensinnig.

Romy hingegen respektiert die Frau mit ihrer glaubwürdigen Strenge: »Wie gut, dass die Frau Präfektin jemanden wie mich am Wickel gehalten hat. Selbst sie wäre jetzt stolz, dass das die kleine Albach ist, die ohne Herzkrampfen, ohne anzulehnen, vorsichtig Atem holt. Selbst in größter Hitze nicht schluckt, den Speichel (pardon) in die Kehle zieht, ohne dass sich das Gesicht bewegt. Ordnung bewährt sich eben. Mami hat recht. Und Silentium-Stunden, im Seitenschiff auf den Knien zu liegen, sich nur auf den Herrn zu konzentrieren. Oder meine Exerzitien, meine vielen, vielen Strafstunden. Dankgebete, harren, auf dem Bauch auf Steinen liegend. Ohne Disziplin geht nichts im Leben.«

Zehn Jahre später schenkt sie dem Internat den ersten Fernseher, und – »ganz braves Mädchen« – telegrafiert sie am 5. Dezember 1966 der Mutter Oberin, dass sie Mutter geworden ist.

»Romy war eher einsam«, erinnert sich Mutter Theresia, »sie war unausgeglichen und mit sich selbst unzufrieden, fast unterernährt.«

**Luchino Visconti (1906–1976)** »Ich erinnere mich so genau an dieses Wochenende, weil damals die Wende in meinem beruflichen Leben begann. Alain (Delon) und ich saßen in einem Bistro im Hafen. Wie unterhielten uns. Genauer gesagt: Alain sprach. Alain redete und redete und redete. Über ein Thema, über einen Mann, über einen Regisseur: Luchino Visconti. Ich hatte über diesen Wundermann schon in Paris so viele Wunderdinge gehört, dass es mir langsam zu viel wurde. ... Mein Leben lang werde ich nicht vergessen, wie ich Luchino kennenlernte. Dieser Mann hat mehr für mich getan als irgendein anderer nach der sauren Zeit. Er ist einer der bestaussehenden Männer, die ich je kennengelernt habe. In der ersten Viertelstunde bin ich schon hingerissen von ihm«, heißt es 1959.

Wenig später verpflichtet sie der Herzog und Filmregisseur (»Der Leopard«, »Tod in Venedig« nach der gleichnamigen Thomas-Mann-Novelle) für die Hauptrolle in John Fords Theaterstück »Schade, dass du eine Hure bist«. Wohlgemerkt: Ihr Französisch ist zu Beginn der Proben keineswegs bühnenreif. Doch die Premiere war für Romy der »Tag, an dem ich zum erstenmal das große Abenteuer erlebte, das Gefühl eine Schauspielerin zu sein.«

Sie nennt ihn »Meister«.

Und keiner fordert sie so »unbarmherzig« wie er: 1972 dreht er seinen Film »Ludwig II.« und lässt Romy (!) die »Sissi« (!) spielen – allerdings als souveräne, einfühlsame, betörende Monarchin.

**Marlene Dietrich (1901–1992)** »Es war Mitte der Siebzigerjahre, ich hatte mit Romy in der ›Orangerie‹ zu Abend gegessen. Plötzlich betrat Marlene Dietrich den Raum. … Als sich die Dietrich der Bedienung zuwandte, hob Romy an unserem Tisch zu einer Laudatio auf den deutschstämmigen Hollywood-Star an. Als sie geendet hatte, nahm sie spontan eine ihrer neu gekauften Goldketten vom Hals und steckte sie in ein Kuvert … (und gab einem Kellner) den Auftrag, es an den Nebentisch zu Marlene Dietrich zu bringen. Mit einem Nicken bedankte sie sich und lud uns ein, an ihrem Tisch Platz zu nehmen. Die beiden Frauen unterhielten sich etwa zwei Stunden lang, als ob niemand anderer anwesend wäre.« (Daniel Biasini)

**Heinrich Böll (1917–1985)** »Lieber Herr Böll! Emotional zu sein, schreiben Sie, ›gilt hierzulande als krank, Phantasie als Schwäche, als habe man keine Theorie‹. Ohne Gefühl zu sein, heißt aber gleich, eine Todesanzeige zu verschicken«, schreibt sie – doch schickt den Brief nie ab.

1976 ist Romy auf dem Gipfel ihres europäischen, sprich: außerdeutschen Ruhms, dreht in Berlin die Verfilmung von Heinrich Bölls »Gruppenbild mit Dame«, kennt »ihren Böll« in- und auswendig, bemüht sich um ein Gespräch mit dem in Köln lebenden Nobelpreisträger, doch Böll reagiert nicht: »Bin ich wirklich jemand für Sie, den man ohne Antwort läßt? Also unkenntlich? Oder ohne Kenntnis?«

»Böll faszinierte Romy schon seit langem. … Romy traf diese vertrauliche Mitteilung [dass Böll gegen ihre Besetzung war] wie ein Keulenschlag. Denn in ihrer Arbeit fühlte sie sich – erst recht, nachdem sie den César erhalten hatte – unbestritten. Und sie reagierte darauf, wie es ihr eben eigen war. Zuerst trotzig und leicht aggressiv: ›Ich finde das eigentlich sehr enttäuschend, dass ein Mann vom Renommee eines Heinrich Böll sich zu einer so einseitigen Beurteilung hinreißen läßt – er kennt doch gar nichts von mir.‹ Dann wiederum defensiv und leicht verzweifelt: ›Böll schätzt mich völlig falsch ein. … Ich glaube nicht, dass er mich als ernsthafte und akribisch genaue Künstlerin akzeptiert.‹ … (Am Tag der Begegnung) war Romy vor lauter Ehrfurcht gehemmt, Böll an diesem Tag etwas übermüdet und vielleicht an einem Treffen mit einem Filmstar nicht sonderlich interessiert.« (Daniel Biasini)

Im Dezember 1976 besucht sie ihn in Köln, »später wird sie erklären, diese ›vier Stunden mit Böll‹ (die nur eine waren) seien für sie die wichtigste Zeit in diesen Monaten in Deutschland gewesen.« (Alice Schwarzer)

*Literatur:*
Romy Schneider, Renate Seydel: »Ich, Romy. Tagebuch eines Lebens«, München 2007
Romy Schneider: »Adieu Romy«. Photographische Erinnerungen, mit einem Essay von Klaus-Jürgen Sembach, München 2002
Alice Schwarzer: »Romy Schneider«. Mythos und Leben, Köln 1998
Daniel Biasini: »Meine Romy«, München 1998
Michael Jürgs: »Der Fall Romy Schneider«, München 1991
Marie Louise Steinbauer: »Die andere Romy«, München 1999

»Der deutsche Name bleibt für immer geschändet, wenn nicht die deutsche Jugend endlich aufsteht, rächt und sühnt zugleich.«

# Hans Scholl

22. September 1918 in Ingersheim bei Crailsheim – Februar 1943 München, Hinrichtung durch Fallbeil

# Sophie Scholl

9. Mai 1921 in Forchtenberg – 22. Februar 1943 München, mit der Guillotine enthauptet

»So ein herrlicher, sonniger Tag, und ich soll gehen. Aber wie viele müssen heutzutage auf den Schlachtfeldern sterben, wie viel junges, hoffnungsvolles Leben ... Was liegt an meinem Tod, wenn durch unser Handeln Tausende von Menschen aufgerüttelt und geweckt werden«, sagte Sophie am Vorabend ihrer Hinrichtung.

Vor der Vollstreckung dürfen sich die Eltern von ihren Kindern verabschieden: Hans, in Sträflingskleidung betont: »Ich habe keinen Hass.«

Der Vater umarmt ihn: »Ihr werdet in die Geschichte eingehen. Es gibt noch eine Gerechtigkeit.« Dann wird Sophie hereingeführt, nimmt von den Süßigkeiten, die ihr Bruder verschmäht hat. Die Mutter: »Sophie. Nun wirst du also gar nie mehr zur Tür hereinkommen.« Die Tochter versucht sie zu trösten: »Ach, Mutter, die paar Jährchen.«

Um siebzehn Uhr fällt das Beil: »So wie Sophie Scholl habe ich noch niemanden sterben sehen«, sagt später der Scharfrichter Reichhart. Mit diesem Doppelmord sollte die studentische Anti-Hitler-Gruppe »Die weiße Rose« ad acta gelegt werden. Doch die Geschwister Scholl wurden zum Symbol des Widerstandes gegen den Nationalsozialismus: Über hundertsiebzig Einrichtungen in Deutschland tragen ihre Namen, darunter Universitätsinstitute, Studentenheime, Gymnasien und Kindergärten; ihr Schicksal wurde mehrfach verfilmt.

Zunächst glaubten die Geschwister an das von den Nationalsozialisten propagierte Gemeinschaftsideal: »Ich selbst trat im Januar 1934, damals dreizehnjährig, in die Jungmädelschaft der HJ ein und gehörte der HJ beziehungsweise dem BDM bis 1941 an. Etwa im Jahre 1935 wurde ich Jungmädelschaftsführerin, 1936 Scharführerin und 1937/8 Gruppenführerin«, gibt Sophie am Tag ihrer Verhaftung zu Protokoll und setzt fort: »Die Gründe meiner weltanschaulichen Entfremdung von BDM und damit von der NSDAP, etwa im Jahre 1938, liegen in erster Linie darin begründet, dass meine Schwester Inge, meine Brüder Hans und Werner im Herbst 1938 wegen sogen. bündiger Umtriebe von Beamten der Geheimen Staatspolizei verhaftet wurden.«

Aber auch »zufälligere« Erlebnisse lassen Sophie an der »neuen Zeit« zweifeln: Warum nimmt ein hoher HJ-Führer Hans sein Lieblingsbuch weg: Stefan Zweigs »Sternstunden der Menschheit«? Warum hat man ihr verboten, Heine zu lesen? »Wer Heinrich Heine nicht kennt, der kennt die deutsche Literatur nicht«, antwortet sie. Dem Enthusiasmus folgt die Ernüchterung.

Als Hans 1939 sein Medizinstudium beginnt, will Sophie Kindergärtnerin werden, muss aber zunächst den Pflichtdienst in einem Rüstungsbetrieb antreten. Hans leistet seinen Fronteinsatz in einem französischen Lazarett. Ihre Abwehrhaltung gegenüber dem NS-Regime steigt. 1942 geht auch Sophie nach München, um Biologie und

Philosophie zu studieren: »Zur Bestreitung meines Lebensunterhalts und Studiums erhalte ich von meinem Vater monatlich einen Betrag von 150,– RM. Das Einkommen meines Vaters dürfte sich auf mehr als 1500,– RM belaufen, weshalb es ihm nicht schwer fallen dürfte, mein Studium zu bestreiten. Mein Bruder, der in München nun im 9. Semester Medizin studiert, bedarf keiner weiteren Unterstützung seitens der Eltern, da er seine Löhnung als Sanitätsfeldwebel bezieht«, heißt es im Verhörprotokoll.

Hans gehört inzwischen einer Gruppe an, die zum Widerstand gegen das Hitler-Regime aufruft – auf Flugblättern, die sie selbst formulieren, vervielfältigen oder an Ärzte, Rechtsanwälte und Lehrer verschicken. Das erste Flugblatt beginnt mit den Worten: »Nichts ist eines Kulturvolkes unwürdiger, als sich ohne Widerstand von einer verantwortungslosen und dunklen Trieben ergebenen Herrscherclique ›regieren‹ zu lassen.«

Das vierte Flugblatt endet mit den Worten »Wir schweigen nicht, wir sind Euer böses Gewissen; die Weiße Rose läßt Euch keine Ruhe!«

Am 18. Februar 1943, beim Verteilen der Blätter in der Münchner Universität, werden sie von dem regimetreuen Hausmeister festgehalten, der Gestapo übergeben, verhört und vier Tage später hingerichtet.

Sophies letzter Satz, wie er im Protokoll festgehalten ist: »Ich bin nach wie vor der Meinung, das Beste getan zu haben, was ich gerade jetzt für mein Volk tun konnte. Ich bereue deshalb meine Handlungsweise nicht und will die Folgen, die mir aus meiner Handlungsweise erwachsen, auf mich nehmen.« Hans Scholls letzte Worte: »Es lebe die Freiheit!«.

Am 22. Februar 2003 wird Sophie Scholl in die bayerische Walhalla aufgenommen (wie 1999 Adenauer und 2000 Johannes Brahms): »Sophie Scholl ist moralisches Vorbild. Sophie Scholl hat vorgelebt, dass Unrecht nicht durch Wegsehen ignoriert werden darf, sondern dass jeder Einzelne mit verantwortlich ist für ein menschenwürdiges und tolerantes Leben«, heißt es in der Begründung.

Übrigens: »Der Name ›Die weiße Rose‹ ist willkürlich gewählt. Ich ging von der Voraussetzung aus, dass in einer schlagkräftigen Propaganda gewisse feste Begriffe da sein müssen ... Es kann sein, daß ich gefühlsmäßig diesen Namen gewählt habe. Weil ich damals unmittelbar unter dem Eindruck der spanischen Romanzen von

Brentano ›Die Rosa Blanca‹ gestanden habe«, lässt Hans in seinem ersten Gestapo-Verhör protokollieren.

## Haus-Vorbilder

**Vater Robert Scholl (1891–1973)** »Mein Vater war meines Wissens parteipolitisch vor der Machtübernahme in keiner Weise gebunden. Soviel weiß ich jedoch, dass er demokratisch eingestellt ist, d. h. die Meinung vertritt, dass die Völker demokratisch regiert werden müssten, sofern sie die notwendige Reife hierzu besäßen. Wenn ich über die politischen Gedankengänge meines Vaters richtig unterrichtet bin, schwebt ihm eine demokratische Regierungsform mit gewissen Vollmachten vor. Wohl aus dieser Grundeinstellung heraus ist mein Vater gegen den Nationalsozialismus als solchen bzw. gegen die heutige Staatsführung eingestellt. Hier möchte ich jedoch besonders erwähnen, dass uns (Kinder) mein Vater bei der Erziehung nie in demokratischem Sinne beeinflusst hat«, so der Wortlaut des Gestapo-Protokolls über Sophies Verhör.

Als der Vater, ein liberaler Wirtschafts- und Steuerberater, 1942 wegen einer ablehnenden Bemerkung über Hitler gegenüber einer Angestellten zu einer Haftstrafe verurteilt wird, schreibt ihm Sophie ins Gefängnis: »Von vielen Freunden soll ich Dich grüßen, sie bauen alle an der Mauer von Gedanken, die um Dich sind. Du spürst doch, dass Du nicht allein bist, denn unsere Gedanken, die reißen die Schranken und Mauern entzwei: Die Gedanken ... Die Gedanken sind frei. Wer kann sie erraten? Sie fliegen wie nächtliche Schatten.«

Von 1945–1948 ist Robert Scholl Oberbürgermeister von Ulm.

**Mutter Magdalena Scholl geb. Müller (1881–1958)** »Ich bin erfüllt von der Freude, zum ersten Mal in meinem Leben Weihnachten eigentlich und in klarer Überzeugung christlich zu feiern. Wohl sind die Spuren der Kindheit nicht verweht gewesen, als man unbekümmert in die Lichter und das strahlende Antlitz der Mutter blickte«, sinniert Hans 1941.

Die letzten Worte, die die gelernte Diakonissenschwester mit ihrer Tochter wechselte: »Gelt, Sophie, Jesus.« – »Ja, aber du auch.«

»Der Gedanke an die Mutter bedrückte sie zutiefst: zwei Kinder auf

einmal zu verlieren und der andere Bruder irgendwo in Russland«, hält
Else Gebel (1905–1964) fest, die im Wittelsbacher Palais zusammen
mit Sophie Scholl in einer Zelle untergebracht war.

Übrigens: Sophie schreibt ihre Abitur-Arbeit in Deutsch über das
Thema »Die Hand, die die Wiege bewegt, bewegt die Welt«.

## Wahl-Vorbilder

**Carl Muth (1867–1944)** »Mein treuester Freund ist immer noch
Carl Muth, bei ihm kannst du mich täglich finden«, berichtet Hans,
der Muths Bibliothek katalogisiert, einem Freund. Er bewundert den
Vertreter des katholischen Existentialismus und Herausgeber der
Zeitschrift »Hochland« (*dem* Forum der modernen Katholiken), die
von den Nazis verboten war.

Wenige Monate später schreibt er dem dreiundsiebzigjährigen Muth:
»Und schließlich der grauenhafte Krieg, dieser Moloch, der von unten
herauf in die Seelen aller Männer schlich und sie zu töten versuchte,
machte mich noch einsamer. Eines Tages ist dann von irgendwoher die
Lösung gefallen. Ich hörte den Namen des Herrn und vernahm ihn. In
diese Zeit fällt meine erste Begegnung mit Ihnen. Dann ist es von Tag
zu Tag heller geworden. Dann ist es wie Schuppen von meinen Augen
gefallen. Ich bete. Ich spüre einen sicheren Hintergrund, und ich sehe
ein sicheres Ziel. Mir ist in diesem Jahr Christus neu geboren.«

Der Dichter, Gelehrte und Philosoph kommt immer wieder in den
Briefen der Geschwister vor.

Sophie: »Muth hat geschrieben: Wir wollen für Otl (Freund der Familie
Scholl, heiratet später Inge, die Schwester von Hans und Sophie) beten.
Ich habe noch nie daran gedacht, für ihn zu beten, er schien es mir gar
nicht nötig zu haben. Aber wer hat das nicht nötig. Selbst ein Heiliger.
Ich staune, dass er die Zeit und Muße fand, sich auch mir zuzuwenden,
wo er es doch nicht nötig gehabt hätte. Er muß ein sehr gütiges Herz
haben, dass solch kleine Menschen, die ihn nur durch ein ganz äußerli-
ches Geschäft berühren, Platz drin finden. ... Es geht ihm nicht besonders gut. ... Könnt Ihr ihm nicht ein paar Pfund Weißmehl besorgen,
daran fehlt es ihm besonders, schwarzes Brot kann er nicht essen.«

**Theodor Haecker** (1879–1945) »Seine Worte fallen langsam wie Tropfen, die man schon vorher sich ansammeln sieht und die in diese Erwartung hinein mit ganz besonderem Gewicht fallen. Er hat ein sehr stilles Gesicht, einen Blick, als sähe er nach innen«, berichtet Sophie, und zählt die Zeit, die sie mit ihm verbringen konnte, zu den »eindrucksvollen Stunden« ihres Lebens.

Sie lernten den Kulturkritiker und Kierkegaard-Übersetzer, der unter dem Einfluss von Henry Newman zum Katholizismus konvertierte, durch Muth kennen. Den Nationalsozialismus lehnte er strikt und auch öffentlich ab. 1935 erhielt er deshalb Redeverbot, drei Jahre später kam ein Publikationsverbot hinzu. Ab 1939 schrieb Haecker die »Tag- und Nachtbücher«, die 1947 posthum veröffentlicht wurden und als ein bedeutendes Zeugnis der inneren Emigration deutscher Intellektueller während der nationalsozialistischen Diktatur gelten.

*Literatur:*
Harald Steffahn: »Die Weiße Rose«, Reinbek 1992
»Widerstand in Deutschland 1933–1945«. Ein historisches Lesebuch, München 1994
S. Fischer-Fabiani: »Die Macht des Gewissens. Von Sokrates bis Sophie Scholl«, München 1987
www.helmut-zenz.de

»Man dient nicht der Welt und der Wahrheit zugleich.«

# Arthur Schopenhauer

22. Februar 1788 Danzig – 21. September 1860 Frankfurt/Main

»Ich lebe als Einsiedler, ganz und gar mit meinen Studien und Arbeiten beschäftigt«, schreibt er im Mai 1835 aus Frankfurt. In dieser Main-Metropole ist er 1833 gelandet, diese Stadt wird er bis ans Ende seiner Tage nicht verlassen. Die Verbindungen zu seiner früheren Welt reißen ab, und nach dem Tod der Mutter 1849 (die ihn mehrfach enterbt hatte) empfindet er jeden Kontakt mit dem Zeitgeist sogar als »Prügelei«: »Das Leben ist eine mißliche Sache. Ich habe mir vorgenommen, das meinige damit hinzubringen, über dasselbe nachzudenken.«

Ein Mann der Tat war Schopenhauer allerdings nicht einmal als Jüngling: Als seine Kommilitonen enthusiastisch in die Befreiungskriege gegen Napoleon ziehen, bemerkt er, er sei »nicht dazu geboren, der Menschheit mit der Faust zu dienen, sondern mit dem Kopfe«, und außerdem sei »sein Vaterland größer als Deutschland«.

Nachdem er 1813 – in absentia! – in Jena zum Doktor der Philosophie promoviert wird, führt er das Leben eines Privatgelehrten und arbeitet, durch die Weitsicht seines Vaters finanziell abgesichert, an seinem Schlüsselwerk »Die Welt als Wille und Vorstellung«, das 1818 erscheint. Der Autor ist überzeugt, »eine Wahrheit, welche vor mir kein Philosoph in alter, mittlerer und neuer Zeit erkannt hat, nämlich, daß das Primäre, der Kern unseres Wesens, der Wille ist, der Intellekt sekundär und akzidentell. Alle, alle, alle per saeculum seaculorum haben das Gegenteil gelehrt … Meine ganze Philosophie lässt sich zusammenfassen in dem einen Ausdruck: die Welt ist die Selbsterkenntnis des Willens« – eines Willens, der für ihn das Wesen der Welt darstellt.

Das Buch geht unter: »Welches Scheißvolk das deutsche Publikum ist, ist daraus ersichtlich, dass nicht nur Vogts Broschüre, sondern jetzt auch das in jeder Hinsicht nichtswürdige Buch des Büchner in 6 Monaten die dritte Auflage erlebt hat.«

Als er 1843 seinem Verleger F. A. Brockhaus fünfzig Kapitel des lange geplanten Ergänzungsbands zur »Wille und Vorstellung« anbietet, kommt nach langen Verhandlungen ein Kontrakt zustande, der Schopenhauer keine Kosten verursacht, allerdings auch kein Honorar in Aussicht stellt. Aber nicht einmal dieser »Nachschub« bricht »den Widerstand der stumpfen Welt«: Schopenhauer wird depressiv: »Ein glückliches Leben ist unmöglich, das Höchste, was der Mensch erreichen kann, ist ein heroischer Lebenslauf.«

Dennoch – das Bild eines kleinwüchsigen, schrulligen, pedantischen Junggesellen entspricht nicht der Wirklichkeit: Er liebt Musik und Schönheit, seine Ethik des Mitleids und der Unbestechlichkeit erheben ihn zu einem großen Humanisten. Sein Verzicht auf Frauen (bis auf flüchtige Affären) und anhaltende Freundschaften allerdings untermauern seinen Ruf als Pessimisten: »Das fortwährende Daseyn des Menschengeschlechts ist bloß ein Beweis der Geilheit desselben!« Die einzige »treue Seele«, mit der er die Frankfurter Jahre und seine regelmäßigen Spaziergänge teilt, ist sein weißer Pudel (der seinem Herrn von hinten fast unheimlich ähnelt, wie auf einer Zeichnung von Wilhelm Busch, der übrigens überzeugt war: »Der Schopenhauer wohnt Wand an Wand mit dem Christentum. Nur dass die Wand keine Tür hat«).

Der Ruhm erreicht ihn schließlich auf Umwegen, übers Ausland, nachdem er um 1850 zum Kultautor der Engländer wird: »Was sind vor diesem (Schopenhauer) alle Hegels etc. für Charlatans! Sein Hauptgedanke, die endliche Verneinung des Willens zum Leben, ist vom furchtbaren Ernste, aber einzig erlösend. Mir kam er natürlich nicht neu, und niemand kann ihn überhaupt denken, in dem er nicht bereits erlebte«, rühmt sich Franz Liszt.

1851 veröffentlicht er sein letztes Buch »Parerga und Paralipomena«: »Ich bin wirklich froh, die Geburt meines letzten Kindes noch zu erleben, womit ich meine Mission auf dieser Welt vollbracht habe. Wirklich fühle ich jetzt eine Last, die ich seit meinem 24. Jahre getragen und schwer gespürt habe, von mir genommen. Das kann sich Keiner denken, wie es ist.« Und: »Daß in kurzem die Würmer meinen Leib zernagen werden, ist ein Gedanke, den ich ertragen kann, – aber die Philosophieprofessoren meine Philosophie! – dabei schaudert's mich.«

## Haus-Vorbilder

**Vater Heinrich Floris Schopenhauer (1747–1805)** »In meinem 17ten Jahre, ohne alle gelehrte Schulbildung, wurde ich vom Jammer des Lebens so ergriffen, wie Buddha in seiner Jugend, als er Krankheit, Alter, Schmerz und Tod erblickte«, erinnert sich der alte Schopenhauer an den Tod seines Vaters, »die Wahrheit, welche laut und deutlich aus der Welt sprach, überwand bald die auch mir eingeprägten jüdischen Dogmen, und mein Resultat war, dass diese Welt kein Werk eines allgütigen Wesens seyn könnte.«

Der Vater – ein Großkaufmann und Kosmopolit – hat den Sohn 1803 auf eine mehrjährige Auslandreise mitgenommen, statt ihn auf ein Gymnasium zu schicken: »Alles in allem freue ich mich also darüber, daß ich auf diesem Wege frühzeitig daran gewöhnt wurde, mich durchaus nicht bei bloßen Worten zu beruhigen, sondern vielmehr die Anschauung, den Eindruck und die unmittelbare Erkenntnis der Dinge weit höher zu schätzen als tönende Worte.«

Der »strenge, heftige Mann, aber von tadelloser Unbescholtenheit, Rechtlichkeit und unverbrüchlicher Treue, dabei in Handelsgeschäften mit vorzüglicher Einsicht begabt«, der die republikanische »Times« abonniert hatte, verließ Danzig, nachdem die Freie Stadt an Preußen fiel, und zog mit der Familie nach Hamburg (da er »kein Fürstendiener« sein wollte).

Nach Vaters vermutlichem Freitod unterbricht der Sohn sofort seine Ausbildung zum Kaufmann und studiert, »von Wissensdurst getrieben«, Medizin und Geisteswissenschaften.

**Mutter Johanna Schopenhauer geb. Trosiener (1766–1838)** »Schon als sechsjähriges Kind fanden mich die vom Spaziergang heimkehrenden Aeltern eines Abends in der vollsten Verzweiflung, weil ich mich plötzlich von ihnen für immer verlassen wähnte.«

»Da mein guter Vater siech und elend an seinen Krankenstuhl gebannt war, wäre er verlassen gewesen, hätte nicht ein alter Diener sogenannte Leibespflicht an ihm erfüllt. Meine Frau Mutter gab Gesellschaften, während er in Einsamkeit verging, und amüsierte sich, während er bittere Qualen litt. Da ist Weiberliebe«, schreibt der Medizin-Student und vertritt die These, »dass der Mensch vom Vater den Willen (Charakter), von der Mutter den Intellekt (die geistig-talentaren Anlagen) erbe« (Walter Abendroth).

Seine Mutter war als Autorin eine der berühmtesten Frauengestalten der Goethezeit und in Weimar der Mittelpunkt eines der ersten literarischen Salons in Deutschland.

Als der Sohn ihr 1813 nach Weimar folgt, darf er bei ihr nicht wohnen und sie lediglich an Feiertagen für höchstens zwei Stunden besuchen: »Ich habe Dir immer gesagt«, ermahnt ihn die Mutter, »es wäre sehr schwer, mit Dir zu leben, und je näher ich Dich betrachte, desto mehr scheint diese Schwierigkeit, für mich wenigstens, zuzunehmen. Ich verhehle es Dir nicht: solange Du bist wie Du bist, würde ich jedes Opfer eher bringen, als mich dazu entschließen. ... Auch Dein Mißmut ist mir drückend und verstimmt meinen heitern Humor, ohne dass er Dir etwas hilft. Und jedes Mal atmete ich erst frei, wenn Du weg warst, weil Deine Gegenwart, Deine Klagen, Deine finstern Gesichter mich drückten.« 1814 verlässt er Weimar, nach einem endgültigen Bruch mit der Mutter. Sie werden sich nie wieder sehen.

# Wahl-Vorbilder

**Zacharias Werner (1768–1823)** »Hochbeglückt« verkehrt er als junger Mensch mit dem furiosen Dichter und erfolgreichen Schicksalsdramatiker der Romantik, der zum Katholizismus konvertierte und der im Salon seiner Mutter zu den willkommensten Gästen zählte. Und auch noch als alter Mann betont er, dass sein »Andenken mir noch immer werth sei«.

**Buddha (560 v. Chr. – 480 v. Chr.)** »Ich getröstete mich demnach, dass meine Ethik, in Beziehung auf die Upanischad der heiligen Veden, wie auch auf die Weltreligion Buddhas, völlig orthodox ist, ja, selbst mit dem alten, ächten Christenthum nicht in Widerspruch steht. Gegen alle sonstigen Verketzerungen aber bin ich gepanzert und habe dreifaches Herz um die Brust.«

Es ist das Asketische, was ihn an Buddha fasziniert, das Loslassen des Weltlichen, das Aufheben des eigenen Willens. Schon während der Reisen, die er in seiner Jugendzeit unternahm, quälte ihn das »gesehene Elend, die Galeerensklaven in Lyon«. Die Intensität des Mitleids, die er in den heiligen Büchern Indiens fand, »war der Trost meines Lebens gewesen und werde der meines Sterbens sein«.

In seinem Arbeitszimmer gab es Bildnisse von Descartes, Kant, Goethe, Shakespeare und eine vergoldete Statue Buddhas.

**Giacomo Rossini (1792–1868)** Bevor sich Schopenhauer – dem streng geregelten Tagesablauf folgend – in den Englischen Hof zu Frankfurt zum Mittagessen begibt, spielt er täglich Flöte: »Die Musik im Ganzen ist die Melodie, zu der die Welt der Text ist«, heißt es in seinen Schriften. »Daher ist im Komponisten mehr als in irgendeinem andern Künstler, der Mensch vom Künstler ganz getrennt und verschieden.«

Er mochte Mozart, doch seine »Leidenschaft« galt Rossini: »Gebt mir Rossinische Musik, die da spricht ohne Worte! In den Kompositionen jetziger Zeit ist es mehr auf die Harmonie als die Melodie abgesehen; ich bin jedoch entgegengesetzter Ansicht und halte die Melodie für den Kern der Musik, zu welchem die Harmonie sich verhält, wie zum Braten die Sauce.«

Die Musik sieht er »als eine ganz allgemeine Sprache, deren Deutlichkeit sogar die der anschaulichsten Welt selbst übertrifft, ... sie ist Abbild des Willens selbst«.

Apropos Goethe: Schopenhauer zitiert zwar Goethe in der Erstausgabe von »Die Welt als Wille und Vorstellung« von 1819: »Ob nicht Natur zuletzt sich doch ergründe?« Doch sein Verhältnis zu dem Titanen ist und bleibt gebrochen, vor allem dank seiner Mutter, die den Geheimrat anhimmelt. Er lässt sich sogar auf eine kritische Auseinadersetzungen mit Goethes naturwissenschaftlichen Theorien ein. Das wiederum befremdet den bedingungslose Bewunderung gewohnten Olympier. Goethe schreibt in Schopenhauers »Reisebuch«:

*»Trüge gern noch länger des Lehrers Bürden,*
*Wenn Schüler nur nicht gleich Lehrer würden«.*

»Gleichwohl hat Goethes Anteilnahme an Schopenhauer dessen Entwicklung nachhaltig beeinflusst.« (Walter Abendroth)

*Literatur:*
Johanna Schopenhauer: »Im Wechsel der Zeiten, im Gedränge der Welt«
   Jugenderinnerungen, Tagebücher, Briefe, Düsseldorf-Zürich 2000
Bryan Magee: »Bekenntnisse eines Philosophen«, München 1998
Klaus-Jürgen Grün: »Arthur Schopenhauer«, München 2000
Walter Abendroth: »Schopenhauer«, Reinbek 1967

# Friedrich Schorlemmer

geboren 1944 in Wittenberge/Elbe, lebt in Wittenberg

Der Theologe, der 1988 auf dem Kirchentag »20 Wittenberger Thesen« zur Demokratisierung der DDR vorlegte, ist SPD-Mitglied, Publizist, engagierter Pazifist und seit 1992 Studienleiter der Evangelischen Akademie Sachsen-Anhalt. Zu DDR-Zeiten ein prominenter Bürgerrechtler, werfen ihm nach der Wende andere Dissidenten »unzulässiges Paktieren mit SED-Politikern« vor, Wolf Biermann dichtete sogar ein Schmählied auf ihn. Seine Reaktion: »Es scheint, dass ein guter Antikommunist vorher Kommunist gewesen sein muss. Wäre die DDR schon 1979 untergegangen, hätten einige ihrer schärfsten Kritiker ziemlich dumm dagestanden ... Das Geheimnis der Erinnerung heißt jedoch Versöhnung.« 1999 schlägt der Sohn eines Pfarrers eine Amnestie für DDR-Straftäter vor, setzt sich aber nicht durch.

»Die drei Persönlichkeiten, von denen ich am meisten gelernt habe, nicht nur als Theologe, sondern auch menschlich, sind Dietrich Bonhoeffer, Wolfgang Borchert und Hilde Domin.

Bonhoeffer hat schon sehr früh, im Januar 1933, begriffen, was das ›Führertum‹ bedeutet und bereits 1934 den Krieg heraufkommen sehen. Daher hat er in seinen Texten die Kirchen in der Welt aufgefordert, ein ›Konzil des Friedens‹ einzuberufen und eine Ökumene des Friedens und nicht der Dokumente. Ich habe mich an seiner Zivilcourage, seinem zivilen Ungehorsam seit meinem fünfzehnten Lebensjahr orientiert.

Denn schon damals hat uns unser Pfarrer, der Sohn eines Bonhoeffer-Freundes, in seine Schriften eingeführt, heimlich natürlich. Wenn wir zu ihm gingen, sind wir nicht von der Straße in sein Haus gegangen, sondern über den Gartenzaun geklettert. Für das SED-Regime war der für den Frieden kämpfende Theologe schließlich kein richtiger

Widerstandskämpfer, weil kein Kommunist. Und alles Pazifistische war verpönt.

Wolfgang Borchert hat aus dem schrecklichen Krieg die richtigen Schlüsse gezogen und wurde konsequenter Pazifist, mit einer aussagestarken Sprache: Du. Mann an der Maschine und Mann in der Werkstatt. Wenn sie dir morgen befehlen, du sollst keine Wasserrohre und keine Kochtöpfe mehr machen – sondern Stahlhelme und Maschinengewehre, dann gibt es nur eins: Sag Nein. Er schrieb wunderschöne Gedichte gegen die Verzweiflung eines um sein Leben betrogenen Menschen. Aber er war und ist für mich weit mehr als ein Neinsager: ein lebenshungriger Schwärmer, der die Welt und ihre Sprache erneuern wollte.

Und Hilde Domin prägte mich, weil sie es vermochte, sehr viel politische Klarheit und große Poesie zusammenzubringen, zum Beispiel in ihren Frankfurter Poetik-Lesungen.

Wir haben in den letzten Jahrzehnten einen dramatischen Wechsel erlebt. Keinen Krieg, aber einen Umbruch. Plötzlich redeten alle anders, es gab einfach keine Moral mehr, außer einer Mein-Vorteil-Moral, möglichst im Rahmen der Gesetze. Aber eine Gesellschaft, die sich keine Moral mehr leistet, hat auch keine Doppelmoral. Das ethische Defizit ist groß in Deutschland. Ziele haben ausgespielt, Zwecke dominieren. Und unser ostdeutscher Schnelleinigungswunsch einschließlich der Selbstverleugnung der vierzig Jahre Untertanendasein in der DDR trägt pathologische Züge. Wir müssen und können aus Geschichte, aus Geschichten und von Menschen lernen, die lebensfeindlichen Zwängen ihrer Zeit widerstanden haben, die nicht in einen Problemverdrängungsschlaf versunken sind wie einige Zeitgenossen und also immer wieder helfen können, aufzuwachen. Bevor es zu spät wird.

Nur eine ›Ehrfurcht vor dem Leben‹ wird uns davor bewahren, das Leben auf dieser Erde zu vernichten.

Die Vorboten der Klimakatastrophe erreichen uns bereits.«

»Wer glaubt, ein Christ zu sein, weil er die Kirche besucht, irrt sich. Man wird ja auch kein Auto, wenn man in einer Garage steht.«

# Albert Schweitzer

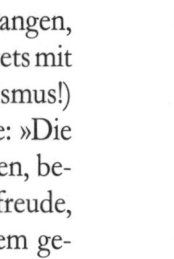

14. Januar 1875 Kaysersberg/Oberelsass –
4. September 1965 Lambarene/Gabun

»Hier im Spital gehören die Ameisen mir!«, ermahnte er jeden, der es in seiner Gegenwart wagte, eine Ameise grundlos zu zerdrücken. Und wenn sich einer an einer Spinne vergehen wollte, hieß es:»Lass die Spinne zufrieden, sie war vor dir da.«

Dieser konsequente Schutz der »nutzlosen« Krabbeltiere war keine ökologische Laune, vielmehr ein Ausdruck seiner Philosophie, seiner »Ehrfurcht vor dem Leben« – die *alle* Lebewesen umfasste: Menschen aller Hautfarben, Kasten und Religionen, Ziegen und Schlangen, Papageien und Schimpansen, einfach alle in Lambarene, wo er – stets mit einem weißen Tropenhelm (immerhin: ein Symbol des Kolonialismus!) ausgerüstet – zum Kämpfer für Frieden und Humanität wurde: »Die Ehrfurcht vor dem Leben, zu der wir Menschen gelangen müssen, begreift also alles in sich, was als Liebe, Hingebung, Mitleiden, Mitfreude, Mitstreben in Betracht kommen kann. Wir müssen uns von dem gedankenlosen Dahinleben frei machen.«

1905 beginnt er als Doktor der Philosophie, Professor der Theologie und renommierter Musikwissenschaftler ein drittes Studium, um Tropenarzt zu werden. »Ja, ich habe alles gekannt, die Wissenschaft, die Kunst, ich kenne das erhabene Gefühl des Erfolgs. Aber das alles hat meinen Durst nicht gestillt.« Die Familie, die Freunde sind schockiert, denn sie haben von ihm »mehr« erhofft: zumindest eine glänzende Karriere, stattdessen Afrika. »Als ich mich bei dem … Dekan der medizinischen Fakultät als Student anmeldete, hätte er mich am liebsten seinen Kollegen von der Psychiatrie überwiesen.« (Das Thema seiner Dissertation lautet »Die psychiatrische Beurteilung Jesu«.)

Am 21. März 1913 startet er zu seiner ersten Afrika-Reise. Am 16. April kommen er und seine Frau Helene Bresslau – die beiden sind seit einem Jahr verheiratet – in Lambarene an. Sie beginnen, ein Krankenhaus zu bauen und zu helfen. Unterbrochen durch eine Internierung während des Ersten Weltkriegs und verschiedene Aufenthalte in Europa, um Geld für sein Projekt zu verdienen, bleibt Schweitzer bis zu seinem Tod fünfzig Jahre später in seinem Urwaldhospital: »Im Jugendidealismus erschaut der Mensch die Wahrheit. In ihm besitzt er einen Reichtum, den er gegen nichts eintauschen soll ... Das große Geheimnis ist, als unverbrauchter Mensch durch Leben zu gehen.«

Bereits 1915 schreibt der anerkannte Organist und Verfasser einer Monographie: »Nun ist für alle offenbar, dass die Selbstvernichtung der Kultur im Gange ist, auch was von ihr noch steht ist nicht mehr sicher. Es hält noch aufrecht, weil es nicht dem zerstörenden Denken ausgesetzt war, dem das andere zum Opfer fiel. Aber es ist ebenfalls auf Geröll gebaut. Der nächste Bergrutsch kann es mitnehmen ... Unser geistiges Leben ist desorganisiert. Die Überorganisierung unserer öffentlichen Zustände läuft auf ein Organisieren der Gedankenlosigkeit hinaus.«

Und geradezu prophetisch plädiert er 1923 in seinem Buch »Die Schuld der Philosophie an dem Niedergang der Kultur« für eine Verkürzung der Arbeitszeit und gegen übermäßigen Konsum und Luxus.

1952 erhält der »Urwalddoktor« den Friedensnobelpreis, mit dem Preisgeld baut er ein Lepradorf »aus einem Guß«.

Albert Einstein erkennt: »Nicht gepredigt und gewarnt hat er und nicht geträumt davon, dass sein Beispiel Vorbild und Trost für Unzählige werde. Einfach aus innerer Notwendigkeit heraus hat er gehandelt. Am Ende muß doch ein unzerstörbarer guter Kern in vielen sein, sonst hätten sie nie seine schlichte Größe erkannt.«

Und Schweitzer selbst weiß: »Die Macht des Ideals ist unberechenbar. Einem Wassertropfen sieht man keine Macht an ... aber vereist kann er einen Felsen sprengen.«

## Haus-Vorbilder

**Vater Ludwig Schweitzer (1846–1925)** »Der Vater war mir der liebste Freund«, schreibt Albert. »Wenige Wochen nach meiner Geburt kam mein Vater nach Günsbach im Münstertal. Dort verlebte ich mit meinen drei Schwestern und meinem Bruder eine sehr glückliche Jugend, die nur durch öftere Krankheiten meines Vaters getrübt wurde.«

Und weiter heißt es in seinen Erinnerungen: »Schon vor meiner Schulzeit hatte mein Vater begonnen, mich auf einem alten Tafelklavier in Musik zu unterrichten. Von Noten spielte ich nicht viel ab. Meine Freude war, zu improvisieren ... Ehe ich zur Schule ging, hatte mein Vater mir schon viele biblische Geschichten erzählt ... Auch die Predigten meines Vaters machten einen großen Eindruck auf mich, weil ich bemerkte, wie vieles von dem, was er auf der Kanzel sagte, mit seinem Erleben zusammenhing. Es ging mir auf, welche Anstrengung, ja welchen Kampf es für ihn bedeutete, den Leuten allsonntäglich sein Herz preiszugeben. ...

An jedem ersten Sonntag des Monats hielt mein Vater nachmittags einen Missionsgottesdienst, erzählte er von dem Leben und Wirken der Missionare. ... Er beantwortete auch geduldig meine Fragen wie: ›Was haben die Eltern Jesu mit dem Gold gemacht, das sie von diesen Männern bekamen? Wie konnten sie nachher wieder arm sein?‹ ...

Die Woche nach Weihnachten war die einzige, in der unser Vater streng zu uns war. Im übrigen ließ er uns so viel Freiheit, als Kinder sie ertragen können. Wir wussten seine Güte zu schätzen und waren ihm tief dankbar dafür.«

Schweitzer war ein schlechter Schüler:»Mein Vater wurde zum Direktor geladen, der ihm sogar andeutete, dass es vielleicht am besten wäre, wenn er mich vom Gymnasium nähme.«

Die Eltern überlegen, ihn zum Schuster ausbilden zu lassen.

Übrigens: Elsass, mit dem Deutschen Reich »vereinigt«, war zweisprachig: »Deutsch ist mir Muttersprache, obwohl das Französische in viel stärkerem Maße das Bedürfnis nach Rhythmus in sich trägt als der deutsche Satzbau.«

**Mutter Adele Schweitzer geb. Schillinger (1841–1916)** »Das verschlossene Wesen hatte ich von meiner Mutter geerbt. Es war uns nicht gegeben, die Liebe, die wir füreinander hatten, in Worten auszudrücken, ... aber wir verstanden uns, ohne zu sprechen. ... Von der Mutter hatte ich auch eine tiefe Leidenschaftlichkeit, die sie ihrerseits wieder von ihrem Vater hatte, der sehr gut und zugleich sehr jähzornig war.«

Sie war für die »einzigartig glückliche Kindheit« und für die »sonnige Jugend« verantwortlich, sie ließ die Kinder »wie Heckenrosen aufwachsen«. Er war das zweite der fünf Kinder der Pfarrerstochter, die 1916 »von Militärpferden überrannt und getötet wurde«.

## Wahl-Vorbilder

»Tatsache (ist), daß so viele Menschen mir etwas gaben oder mir etwas waren, ohne daß sie es wussten.«

**Dr. Wehmann** Alberts Schulzeugnisse wurden immer schlechter: »Da erschien mir ein Retter in der Gestalt eines neuen Klassenlehrers. Er hieß Dr. Wehmann. ... Dieser Lehrer hatte jede Stunde sorgfältig vorbereitet. ... Diese miterlebte Selbstdisziplin wirkte auf mich. Er wurde mein Vorbild. Nach drei Monaten ... gehörte ich schon zu den besseren Schülern. Als Herr Wehmann später von Mühlhausen nach Thann kam, suchte ich ihn noch immer auf. Er wusste, wie viel ich ihm verdankte. Bei meiner Rückkehr aus Afrika am Ende des Krieges galt einer meiner ersten Gänge ihm. ... Er hatte sich das Leben genommen. Daß tiefes und bis ins kleinste gehendes Pflichtbewusstsein die große erzieherische Kraft ist und vollbringt, was keine Reden und keine Strafen ausrichten können, ist mir durch ihn eine Lehre geworden, die ich in meinem Wirken als Erzieher zu bestätigen suchte.«

**Jesus** »Jesus ist unserer Welt etwas, weil eine gewaltige geistige Strömung von ihm ausgegangen ist und auch unsere Zeit durchflutet. Diese Tatsache wird durch eine historische Erkenntnis weder erschüttert noch gefestigt. ... Die Tat Jesu besteht darin, daß seine natürliche und tiefe Sittlichkeit von der spätjüdischen Eschatologie Besitz ergreift und so dem Hoffen und Wollen einer ethischen Weltvollendung in dem Vorstellungsmaterial jener Zeit Ausdruck gibt. Aber unter den dahinter stehenden gewaltigen Willen beugen wir uns und suchen ihm in unserer Zeit zu dienen, dass er in dem unsrigen zu neuem Leben und Wirken geboren werde. ... Im letzten Grunde ist unser Verhältnis zu Jesus mystischer Art.«
    In seiner letzten Predigt vor der Abreise nach Afrika sagte Schweitzer: »Je mehr ich Jesus zu verstehen glaube, desto stärker empfand ich es,

wie in ihm der Glaube und einfaches, natürliches Denken sich durch-
drangen.«

Und ergänzte: »Gar viel hatte ich mich beschäftigt, welche Bedeutung
die Worte Jesu ›Wer sein Leben will behalten, der wird es verlieren, und
wer sein Leben verliert um meinet- und des Evangeliums willen, der
wird es behalten‹ für mich zukommen. Jetzt war sie gefunden. ... Mein
Gehen nach Afrika ist ein Gehorsam gegen Jesus. Meine Entwicklung
ist ohne jeden Bruch vor sich gegangen.«

**Johann Sebastian Bach (1685–1750)** »Was mir Bach ist? Ein Tröster.
Er gibt mir den Glauben, dass in der Kunst wie im Leben das wahrhaft
Wahre nicht ignoriert und nicht unterdrückt werden kann, auch keiner
Menschenhilfe bedarf, sondern sich durch eigene Kraft durchsetzt,
wenn seine Zeit gekommen. Dieses Glaubens bedürfen wir, um zu leben. Er hatte ihn. So schuf er in kleinen, engen Verhältnissen, ohne zu
ermüden und zu verzagen, ohne die Welt zu rufen, dass sie von seinen
Werken Kenntnis nähme, ohne etwas zu tun, sie der Zukunft zu erhalten, einzig bemüht, das Wahre zu schaffen. Darum sind seine Werke
so groß, und er so groß als seine Werke. Sie predigen uns: stille sein,
gesammelt sein. Und dass der Mensch Bach ein Geheimnis bleibt, dass
wir außer seiner Musik nichts von seinem Denken und Fühlen wissen,
dass er durch keine Gelehrten- und Psychologenneugierde entweiht
werden kann, ist so schön. Was er war und erlebt hat, steht nur in den
Tönen.«

Bach war für Albert Schweitzer »der Dichter und Maler in Musik.
Alles, was in den Worten des Textes liegt, das Gefühlsmäßige wie das
Bildliche, will er mit größtmöglicher Lebendigkeit und Deutlichkeit in
dem Material der Töne wiedergeben.«

**Johann Wolfgang von Goethe (1749–1832)** »Wenn ich ganz verzweifelt
war, da dachte ich daran, dass auch Goethe für seinen Faust als Letztes
erdacht hatte, dass er dem Meere das Land abgewönne, wo Menschen
darauf wohnen und Nahrung finden könnten. Und so stand Goethe
im dumpfen Urwald als lächelnder Tröster, als großer Verstehender
neben mir.« Manchmal empfindet er sich als ein »armes Gestirnlein in
der Anziehungskraft Goethescher Sonne gravierend erfasst«.

Dennoch fand er es unbegreiflich, »daß Goethe, der das gewaltige

Wirken eines Kant, eines Fichte, eines Hegel miterlebt hatte, einigermaßen fremd beiseite stand und ... im Kreise einer Naturphilosophie stehenblieb, wie er sie in der Stoa und bei Spinoza kennengelernt hatte. ... (aber) Als ich selber zur Besinnung kam und zu dieser Naturphilosophie mich zurückwandte, da wurde mir Goethe derjenige, der auf dem verlorenen Posten ausgehalten hatte, wo wir nun aufs Neue die Wache beziehen und zur Arbeit antreten. ... Eine neue Begegnung hatte ich mit Goethe, als mir in seinem Schaffen auffiel, dass er sich keine geistige Beschäftigung denken konnte ohne nebenhergehendes praktisches Thun. ... Es hat mich ergriffen, dass es für diesen Großen unter den geistig Schaffenden keine Arbeit gab, die er unter seiner Würde hielt. ... Und als mein Lebensweg mich so führte, dass ich, um dienen zu können, ein Schaffen ergreifen musste, das fernab von der Begabung lag, in der ich mich bisher erprobt hatte, ... da fand der Tröster Goethe die Worte, die mir aufhalfen.«

*Literatur:*
Albert Schweitzer: »Aus meiner Kindheit und Jugend«, München 1991
Verena Mühlstein: »Helene Schweitzer-Bresslau«. Ein Leben für Lambarene, München 2001
Harald Steffahn: »Albert Schweitzer«, Reinbek 1979

# Uwe Seeler

geboren 1936 in Hamburg, lebt in Hamburg

»Uns Uwe« gilt in den sechziger Jahren als der beste Mittelstürmer der Welt, 1961 schlägt er ein millionenschweres Angebot von Inter Mailand aus und wird zum Fußball-Idol in Deutschland. Auf sein Konto gehen 137 Tore in 239 Bundesligaspielen. Nach dem Ende der Profi-Karriere 1972 gründet er eine Bekleidungsfirma und eine »Stiftung für unschuldig in Not geratene Menschen«, engagiert sich ehrenamtlich, wird Ehrenbürger der Freien und Hansestadt Hamburg. Sein Vater war ein bekannter Arbeitersportler, er selbst – der Inbegriff des »tadellosen Sportsmannes« – ist seit 1959 mit seiner Frau Ilka verheiratet und hat drei Töchter: »Das Schönste auf der Welt ist es, normal zu sein … Wenn ich mal im Himmel bin, kann ich sagen, ich habe meine Pflicht getan.«

»Meine Vorbilder waren vor allem meine Eltern, die wenig hatten, aber sehr viel gegeben haben, und die mir vorgelebt haben, dass es ein Fehler ist, immer nur nehmen zu wollen und alles für selbstverständlich zu halten.

Mein ›Vaddern‹ pflegte zu sagen: Mehr als ein Steak kannst du auch nicht essen. Und meine Mutter mahnte: ›Merk dir eins, der Ruhm ist vergänglich. Bleib mit beiden Beinen auf dem Boden. Und zwar immer.‹ Meine Eltern – das war der wichtigste Grundstein, an dem ich mich später im Leben orientieren konnte, vor allem wenn es drauf ankam, echte Freunde von Menschen zu unterscheiden, die nur ihre eigenen Vorteile im Sinn haben.

Von ihnen lernte ich Rücksichtnahme, Ehrlichkeit und den Wert einer Familie zu schätzen. Und dass Geld eben nicht alles ist, dass die immateriellen Wert weit mehr zählen.

Daher habe ich mich auch damals – aus dem Bauch heraus – gegen das Millionen-Angebot aus Mailand entschieden. Hätte ich angenommen, hätte ich nicht mehr arbeiten müssen, nur noch Fußball spielen können. Aber ich erinnerte mich an Vaters Wort: Nähre dich redlich. Und ich hatte als Adidas-Vertreter eine gute Existenz. Ich stehe heute noch zu meiner Entscheidung gegen das viele Geld, für eine redliche, sichere Arbeit.

Nicht nur meinen Eltern möchte ich danken. Auch meinem Entdecker und Ziehvater Günther Mahlmann, von Beruf Studienrat für Deutsch, Geschichte und Leibesübungen. Er war ein großartiger Pädagoge und ein Trainer aus Leidenschaft, hart aber herzlich, der ›seinen Jungs‹ eine Werte-Skala fürs Leben einpflanzte: Disziplin, Ordnung, Sauberkeit, Zuverlässigkeit, Ehrlichkeit, Beharrlichkeit. Das waren seine Gebote, an die mussten wir uns nicht nur auf dem Platz, sondern auch außerhalb halten.

Aber das Wichtigste, was ich von ihm gelernt habe, war der Wert von Zusammenhalt, das Miteinander und die Mitverantwortung für die Mannschaft. Wir durften ja nicht auswechseln wie heute, also haben wir auch mit Verletzungen weitergespielt, um den anderen zu helfen, um die Kollegen nicht im Stich zu lassen. Mahlmanns Werte – wie die meiner Eltern – sind meine Werte geworden. Und das sind Werte, die man in unserer Gesellschaft immer seltener vorfindet. Ich vermisse das Miteinander. Jeder versucht, nur an sich zu denken, und das ist eine große Gefahr, damit geraten wir in eine gefährliche Schieflage.

Es heißt ja auch immer wieder: Wir müssen die Werte zurückholen. Ich frage mich allerdings, wie das gelingen soll. Vielleicht nur durch Vorbilder, die diese Werte verkörpern?

Man hat auch mich schon öfter als Vorbild bezeichnet. Aber sobald man als Vorbild gilt, und ein gewisses Alter hat, hört man auch mal: Was hat der Alte schon wieder zu sagen, die Zeiten haben sich doch verändert.

Richtig, die Zeiten ändern sich, der Fortschritt muss sein. Nur: Gewisse Grundwerte ändern sich nie, sie müssen immer dann verfolgt werden, wenn man auf Dauer Erfolg haben möchte. Sei es in der Familie, auf dem Arbeitsplatz oder im Sport. In meiner Jugend haben wir die ›Alten‹ geachtet. Weil wir die Fehler vermeiden wollten, vor denen sie uns gewarnt haben. Und weil wir gemerkt haben, dass es nicht immer einfach ist, durchzuhalten, Verantwortung zu übernehmen, das Erkannte weiterzureichen.

Schließlich möchte ich mein sportliches Vorbild nennen: den großen Fritz Walter. Er war nicht nur der geborene Spielmacher, mit Instinkt und Intelligenz, sondern auch ein Mensch mit einem bewundernswerten Charakter. Er verkörperte alles, was Deutschland damals brauchte: war Leistungsträger, aber bescheiden. War ein Star ohne Allüren und Kamerad, stets hilfsbereit. Hatte Anstand, Charme und Würde. Ich glaube allerdings, wir haben ihn nicht nur ›damals‹ gebraucht. Ein solches Vorbild braucht jede Generation.«

# Ralph Siegel

geboren 1945 in München, lebt in Berlin

»Fiesta Mexicana«, »Babička«, »Dschinghis Khan« waren Welthits, mit seinem Song: »Ein bißchen Frieden« hat Nicole 1982 den Grand Prix Eurovision gewonnen: »Ich wünschte mir für unsere Grand-Prix-Künstler solch eine Unterstützung, wie sie unsere Sportler bei Olympischen Spielen oder Fußballweltmeisterschaften erhalten.« Außer diesen Evergreens hat der Komponist, Verleger, Manager und dreifache Vater (aus drei Ehen) das deutsche Liedgut um rund dreitausend Lieder bereichert. Sein erstes Stück komponierte der Enkel eines Opernkomponisten, Sohn eines Schlagerkomponisten und einer Operettensängerin, der kaum zehnjährig bereits Schlagzeug, Gitarre, Akkordeon und Klavier spielte, mit zwölf: »Ich mache Musik für die Südkurve, nicht nur für die Ehren-Tribüne«.

»Beruflich gesehen ist mein Vorbild George Gershwin. Weil er Musik für alle komponierte, Musik, die jegliche gesellschaftliche und Geschmacks-Schranken sprengte, die Stil-Schubladen ignorierte: er schrieb klassische Klavierkonzerte und Filmmusik, Préludes und Tanzlieder, ja sogar die erste US-Volksoper ›Porgy and Bess‹. Ein echter Allrounder, der ein substanzielles Werk hinterlassen hat – und das, obwohl er schon mit neununddreißig gestorben ist.

Als Mensch ist mein Vorbild Peter Ustinov. Wegen seiner Vielseitigkeit. Er war ein brillanter Erzähler, genialischer Schauspieler, geistreicher und scharfer Beobachter des Zeitgeschehens, und fand bei all seinen weltumspannenden Aktivitäten auch noch Zeit und Energie, sich als UNICEF-Botschafter für Kinder in Not einzusetzen. Außerdem denke ich, dass sich hinter seinem fröhlichen, verschmitzten Lächeln ein nachdenkliches Gemüt verbirgt. Er selbst sagte ja: ›Wenn ich andere zum Lachen bringe, bin ich meistens ernst.‹«

# Johannes Mario Simmel

geboren 1924 in Wien, lebt in Zug/Schweiz

Wie kein anderer hat der studierte Chemieingenieur, der Sozialdemokrat, Pazifist und Chronist unserer Zeit in seinen Romanen jene Themen aufgegriffen, die aktuelle gesellschaftspolitische Missstände aufzeigen: Neonazismus, Tricks des Pharmaindustrie, Gewalt gegen Ausländer, Drogenhandel, Genmanipulation: »Aufgabe der Literatur ist Aufklärung. Aufklärung im politischen und wissenschaftlichen Sinn. Denn Literatur kann sehr viel und nach einem langen Leben doch wenig bewirken. Wenn man ein Leben lang schreibt und nicht aufgibt, kann man manches zuwege bringen.« Die Weltauflage seiner Bücher liegt bei fünfundsiebzig Millionen Exemplaren (in vierzig Sprachen), zwölf seiner Bestseller wurden verfilmt, zum Beispiel: »Es muß nicht immer Kaviar sein« (1960), »Und Jimmy ging zum Regenbogen« (1970), »Doch mit den Clowns kamen die Tränen« (1987). Der einstige »Quick«-Reporter schrieb auch Drehbücher (»Hotel Adlon«), war dreimal verheiratet und erhielt 2005 das Bundesverdienstkreuz 1. Klasse. Allmählich respektiert auch das Edel-Feuilleton seine »Unterhaltungsromane«. Er schreibt an einem neuen Roman.

»Der Frau, die ich am meisten liebte, sagte ich oft eigensüchtigerweise, ich wolle unter allen Umständen vor ihr sterben. Einmal antwortete sie darauf: ›Wem gelingt es schon, nicht zu sterben? Unter Millionen einem! Kein Toter ist tot, so lange es noch einen einzigen Menschen gibt, der an ihn denkt. Dann ist der Tote immer da für den, der noch lebt. Der Lebende wird ihn fühlen, er wird ihn spüren. Das Beste von einem, der stirbt, bleibt zurück bei dem Menschen, der ihn liebt. Er ist dann in ihm, der Tote in dem Lebenden, und so bleiben sie zusammen für alle Zeit.‹

Lulu ist 1985 gestorben. Aber sie ist nicht tot. Sie lebt auch 2007 weiter, immer stärker, immer wunderbarer – mein Vorbild. Mit ihrem

Mut, ihrer Toleranz, ihrem großen Sinn für Gerechtigkeit, ihrem unendlichen Humor, ihrem Weltbürgertum.

Ich habe Chemie studiert. In der Thermodynamik lautet ein Gesetz so: Wenn wir uns das Weltall als geschlossenes System vorstellen, dann gibt es darin eine ganz bestimmt Menge von Energie. Diese Energie darf niemals auch nur um das Geringste größer werden, aber auch nicht um den geringsten Teil kleiner. Man kann Energie verändern – aus Wasserkraft Strom, aus der Spaltung des Atoms die Bombe machen. Aber niemals darf dabei die kleinste Menge Energie verloren gehen oder dazukommen.

Das gilt selbstverständlich, so denke ich, auch für *geistige Energie*. Die grandiose Energie eines Michelangelo oder eines Gershwin können nicht verschwinden ebenso wenig wie die grauenvolle Energie eines Hitler oder eines Goebbels.

Also muss auch Lulus geistige Energie vorhanden sein – als Atomteilchen, als Quark, irgendwo im Weltall oder – weil wir uns lieben – vielleicht in mir. Sollte also irgendetwas gut sein an mir, dann ist es das Gute in Lulu, alles was ich geschrieben, was ich gesprochen habe, alles. Lulu hat schon als junge Frau gegen die Nazis gekämpft und ist ihrem Kampf gegen jede Art von Faschismus ein Leben lang treu geblieben, denn sie wusste, dass diese Pest immer wiederkommt, wenn unsere Wachsamkeit nachlässt.

Vor unglaublichen zweiundzwanzig Jahren ist sie gestorben, aber sie ist nicht tot, weniger denn je. Der Tod ist für uns keine Trennung gewesen, im Gegenteil, er hat uns noch stärker verbunden als das Leben. Daran glaube ich. Und dieser Glaube macht mich ruhig und stark und der Liebe ergeben.«

# Heide Simonis

geboren 1943 in Bonn, lebt in Kiel

Die erste deutsche Ministerpräsidentin eines Bundeslandes (als Nachfolgerin von Björn Engholm). Als sie in Schleswig-Holstein, nach dreizehn Jahren im Amt, 2005 nicht mehr wiedergewählt wurde, rutschte ihr vor laufenden Kameras der Satz raus: »Und was wird aus mir?« Ehrlicher war hierzulande noch kein Politiker, daher die überregionalen Sympathien für sie. Sie ist die älteste von drei Töchtern, sammelt Kaffeekannen, absolvierte ein Mädchengymnasium, wurde als Diplom-Volkswirtin Lektorin für Deutsch an Universitäten in Sambia und Tokio. SPD-Mitglied ist sie seit 1969. 1994 wurde sie mit dem »Goldenen Schlitzohr« ausgezeichnet. Seit 2005 ist sie Vorsitzende von Unicef-Deutschland, ihr Auftritt in der RTL-Tanzshow »Let's dance« sorgte für Schlagzeilen: »Ich war immer ein beschwingter Mensch.«

»Ich habe nie dazu geneigt, einen Menschen als Vorbild für alles zu nehmen, vielmehr orientierte ich mich an einzelnen Eigenschaften oder Lebenshaltungen vieler Menschen, die ich kennenlernte.

Mich beeindruckt zum Beispiel jemand, der sich – obgleich berühmt und auf der Sonnenseite des Lebens – für das Allgemeinwohl engagiert, ehrenamtlich und ohne auf Dankbarkeit oder Medienapplaus zu warten. Jemand wie Richard Gere, um nur einen Namen zu nennen, der vom Protestantismus zum Buddhismus konvertierte und sich seitdem für die Tibetaner einsetzt, der seit Jahren Substanzielles für die Tibetaner leistet, es auf sich nahm, wegen seiner Kritik an der chinesischen Tibet-Politik von China angegriffen zu werden, aber weiterhin zu seiner Überzeugung steht – obwohl es doch oft sehr kompliziert wird.

Aber je komplizierter die Aufgabe ist, der sich solche Menschen stellen, umso bemerkenswerter finde ich das.

Politische Vorbilder waren für mich Willy Brandt und Egon Bahr. Denn sie haben den Mut gehabt, in diesem Land eine neue Ostpolitik einzuleiten, und zwar in einer Zeit, als es politisch auch wirklich ums

Überleben gehen konnte. Sie haben einfach mit Leuten geredet, die man bislang gar nicht wahrgenommen, geschweige denn ernst genommen hatte. Sie konnten beide dank ihrer persönlichen Integrität ihre politische Visionen weitertragen.

Natürlich ist mir bewusst, dass beide – Brandt wie Bahr – nicht unumstritten gewesen sind. Oder dass Brandt einige Menschen sogar enttäuschte, die dachten, dass man sich mit einem so freundlichen Menschen jederzeit mit einem Bier zusammensetzen kann – das war nun wirklich nicht sein Fall … Aber das passiert jedem, der Neues in der Politik wagt und den Mut hat, zu seiner Sache zu stehen und gleichzeitig offen zu sein.

Wenn ich überhaupt jemanden als Vorbild akzeptieren konnte, dann war es mein Vater. Er war Arzt und verfügte über all die Charaktereigenschaften, die auch ich später übernommen habe: Er war zuverlässig, gerecht, diszipliniert, aber sehr konservativ … Vielleicht bin ich gerade deswegen in die SPD eingetreten.«

»Ich glaube, dass der Himmel denen gnädig ist,
die in der Erfüllung ihrer Aufgabe alles opfern.«

# Claus Schenk Graf von Stauffenberg

15. November 1907 in Jettingen/Bayern –
hingerichtet 21. Juli 1944 in Berlin

»Es ist Zeit, dass jetzt etwas getan wird. Derjenige allerdings, der etwas zu tun wagt, muss sich bewusst sein, dass er wohl als Verräter in die deutsche Geschichte eingehen wird. Unterlässt er jedoch die Tat, dann wäre er ein Verräter vor seinem eigenen Gewissen«, notiert 1943 der Oberstleutnant in der Berliner Organisationsabteilung des Generalstabs des Heeres und fügt hinzu: »Natürlich haben wir Katholiken eine andere Einstellung (als die Lutheraner) dazu, weil es in der katholischen

Kirche eine Art stillschweigender Übereinkunft gibt, daß unter gewissen Umständen ein politischer Mord gerechtfertigt werden kann.«

Schon dreijährig wollte der kleine Graf, der in der Dienstwohnung der Eltern im Alten Schloss in Stuttgart aufwächst (der Vater ist Oberhofmarschall am württembergischen Königshof) »in den Himmel und hier immer bleiben«. Sechsjährig, nach einer Operation erklärt er: »Nun war ich doch sehr heldisch u. nun kann ich wenn ich groß bin als Soldat in jeden Krieg ziehen.«

Mit neun argumentiert er in einem Schulaufsatz: Es solle kein Geld geben, denn dann gebe es auch weder reich noch arm, vom Geld komme alles Unglück in der Welt, das sehe man bei den Nibelungen.

Nach Kriegsbeginn 1914 betet Claus jeden Abend: »Gib, dass alle Soldaten wiederkommen, dass jeder verwundete Soldat wieder ganz gesund wird u. jeder tote Soldat in den Himmel kommt.«

1918, nach dem Waffenstillstand, bricht Claus in Tränen aus: »Mein Deutschland kann nicht untergehen – u. wenn es jetzt auch sinkt – es muß sich wieder stark u. groß erheben – es gibt ja noch einen Gott.«

Mit neunzehn nennt er sein Berufsziel: »Offizier«. Denn: »Soldat zu sein, und insbesondere soldatischer Führer, Offizier sein, heißt, Teil des Staats sein mit all der darin inbegriffenen Gesamtverantwortung. Das Offizierskorps ist die eigentliche Verkörperung der Nation.«

Nach dem Abitur tritt er in das Reiterregiment in Bamberg ein; 1933, nach der Beförderung zum Oberleutnant, heiratet er: Die Trauung ist katholisch, obwohl Nina von Lerchenfeld evangelisch ist (Warum ich? fragt sie. Er: »Ich habe sehr schnell gemerkt, dass du die richtige Mutter für meine Kinder bist«).

Bei der Reichspräsidentenwahl von 1932 stimmt er gegen Paul von Hindenburg, also für Hitler und begrüßt seine Ernennung zum Reichskanzler. An der Afrika-Front, in Hitlers Diensten, verliert während eines Wehrmacht-Einsatzes sein linkes Auge, die rechte Hand und die beiden letzten Finger der linken Hand. Aber Anfang 1944 hält er es mit seiner Soldatenehre für unvereinbar, über Umsturz zu debattieren, statt das Attentat auf Hitler zu versuchen.

Ein Saulus in Wehrmachtuniform, der zum Paulus wird?

Die innere Wende des Grafen, dessen ununterbrochene Ahnenreihe anno 1382 begann, dessen Urgroßvater durch den bayerischen König Ludwig II. in den Grafenstand erhoben wurde, beginnt nach der

Reichspogromnacht vom 9. November 1938. Nach Deutschlands Sieg über Frankreich Anfang 1940 vergrößert sich seine Distanz zum Nazi-Reich noch, der Überfall auf die Sowjetunion überzeugt ihn endgültig. Die systematische »Ausrottung« der Juden macht ihn schließlich zum entschlossenen Gegner.

Er ist der Einzige unter den Verschwörern, der Zugang zu Hitler hat, der an den Lagebesprechungen in den Führerhauptquartieren regelmäßig teilnimmt »Mich forderte Hitler gelegentlich selber auf, mit Stauffenberg eng und vertraulich zusammenzuarbeiten«, erinnerte sich Albert Speer.

Im Juli 1944 ist Stauffenberg entschlossen, Adolf Hitler umzubringen – ein erster Schritt für eine Neuordnung Deutschlands. Er verbrennt private Dokumente, Notizen, das Tagebuch.

Am 20. Juli zündet er in Hitlers »Wolfsschanze« eine Sprengladung. Hitler überlebt, verfügt Sippenhaft für die Familien der Widerstandskämpfer, Stauffenbergs Mutter und Ehefrau, seine zwei älteren Söhne und ihre jüngere Schwester werden ins Konzentrationslager verschleppt, der jüngste Sohn in einem Kinderheim untergebracht.

Claus Stauffenberg wird noch am selben Tag in Berlin hingerichtet.

In dem Gestapo-Untersuchungsbericht vom 26. Juni 1944 heißt es: »Kennzeichnend für die Persönlichkeit Stauffenbergs scheint eine erhebliche Willenskraft und geradezu asketische Härte gegen sich selbst gewesen zu sein.«

Die letzten Worte des Grafen galten seiner Heimat, der präzise Wortlaut ist nicht bekannt. »Es lebe unser heiliges Deutschland!«, will ein Zeuge gehört haben, ein anderer: »Es lebe ein freies Deutschland!«

## Haus-Vorbilder

**Vater Alfred Schenk Graf von Stauffenberg (1860–1936)** »Mein lieber Vater. … Es ist eben für unsereinen nicht leicht längere Zeit hindurch den Gemeinen zu spielen und auf alles Geistige so ziemlich ganz zu verzichten. Unendlich wertvoll ist mir in dieser Hinsicht Eure … Zuversicht und Anerkennung meiner Wahl, da ich ja selbst im Hinblick auf die von uns zu erlebende Zukunft leicht zum Pessimismus neige. Für Deine Ratschläge danke ich dir: mit Menschen, die nicht mein volles Vertrauen besitzen, bin ich sowieso überaus vorsichtig und zurückhaltend. Meine eigentliche Person geht ja niemand etwas an. ... Küss die Duli. Innigst küsst Dir die Hand Dein dankbarer Sohn Claus«, schreibt er im April 1926, wenige Tage nach dem Eintritt in das Reiterregiment.

»Der Vater der Brüder Stauffenberg war praktisch, von nüchternem Geist, ohne Sinn für Beziehungen zu Dichtern, ebenfalls ein starke Persönlichkeit, ein integrer Edelmann von ethischen Grundsätzen und Lebensweisheit. Der Edelmann, universell begabter Bastler und Handwerker, wurde in der Familie ›Schlaggi‹ genannt, konnte elektrische Leitungen legen, Möbel reparieren, Rosen züchten, Obstbäume pfropfen, am Fuß der Alb Artischocken ziehen; die Kinder beteiligte er an seinen handwerklichen Arbeiten.« (Peter Hoffmann)

**Mutter Caroline geb. Gräfin von Üxküll-Gyllenband (1875–1956)** Sie wurde von ihren Söhnen »Duli« (Du Liebe) genannt. »Die Mutter, eine starke Persönlichkeit, war träumerisch-unpraktisch, der Dichtung, Philosophie und Kunst zugewandt, mit hohem dilettantischem Anspruch: sie erkannte natürlich den Wesensgrund der Menschen, die ihr begegneten, blieb unbekümmert den Dingen des Tages und durchschaute kaum die Geheimnisse der Küche. ... (Claus meinte), das ist echt Üxküllisch – die Mama und die (Tante) Lasli sind eben so zerstreut.« (Peter Hoffmann)

Die protestantische (!) Hofdame der Königin wechselte Briefe mit Rainer Maria Rilke, flüchtete – ein wenig weltfremd – stets in ihre eigene Welt, zu Goethe und Shakespeare, auch in der Haft nach dem Attentat.

## Wahl-Vorbilder

**Stefan George (1868–1933)** »Ich folge nicht Ideen, sondern Menschen. ... Ich folge dem Mann, der als Gestalt mehr ist denn alle Lehren, nämlich Stefan George.« Im Frühjahr 1923 wird er in den Freundeskreis von Stefan George aufgenommen. Um diesen Dichter formierte sich ein Kreis junger Männer, die sich ihrem »Meister« geistig verbunden fühlten.

»Geliebter Meister, ... was sollte ich mehr wollen als ein geziemendes Leben? Ich habe viel im Jahr der Seele gelesen. ... Und je klarer das Lebendige vor mir steht, je höher das Menschliche sich offenbart und je eindringlicher die Tat sich zeigt, umso dunkler wird das eigene Blut. Umso ferner wird der Klang eigener Worte und umso seltener der Sinn des eigenen Lebens. ... Ich bin gewachsen«, informiert der Graf 1924 seinen »Meister«. Fast zwanzig Jahre später bekennt er: »Ich habe den größten Dichter seiner Zeit zum Lehrmeister gehabt. ... Ich betrachte es als Gnade, dem größten Mann meiner Zeit verbunden zu sein.«

In der Weimarer Republik wurde der Dichter zum Idol einer idealistischen Jugend: »Inmitten einer morschen und rohen Zivilisation verkündete, verkörperte er eine menschlich-künstlerische Würde, in der Zucht und Leidenschaft, Anmut und Majestät sich vereinen«, erinnert sich Klaus Mann, einer der Jugendlichen, die sich von Georges Antinihilismus, Antimaterialismus und Antifaschismus angezogen fühlten.

Nach der Machtübernahme 1933 bot Reichspropagandaminister Joseph Goebbels ihm die Präsidentschaft einer neuen deutschen Akademie für Dichtung an. George lehnte dieses Angebot ab.

»Die Wirkung, die George auf ihn ausgeübt hatte, übertrug Stauffenberg auch auf die Männer, die mit ihm im Widerstand zusammenarbeiteten.« (Joachim Kramarz)

Als Stauffenberg nach dem Attentat verhaftet wird, findet man bei ihm einen Ring mit eingravierter Inschrift »Finis initium« – das ist dem Titel eines berühmten George-Gedichts.

**Neidhardt von Gneisenau (1760–1831)** »Stauffenberg sah in Gneisenau, wenn er auch nicht darüber sprach, sein geheimes Vorbild.« (Joachim Kramarz) Das Militärwesen hatte schließlich in der Stauffenberg-Familie große Tradition.

Der Generalfeldmarschall, der dafür bekannt war, dass er Heldentum ohne ethische Verantwortung nicht gelten ließ er, hatte in der Schlacht bei Waterloo als Blüchers Stabschef wesentlichen Anteil am Sieg über Napoleon: »Sein Geist ergibt sich nicht in das, was anderen unabwendbar scheint, sondern sinnt, wie man Preußen (oder Deutschland) aus eigenen Kräften befreien könne.«

Als Rudolf Fahrner, ein Freund aus dem George-Kreis, an einem Porträt über Stauffenbergs Ahnen arbeitet, bittet er Claus um Hilfe:

Fahrner berichtete, Stauffenbergs Teilnahme an der Gneisenau-Arbeit sei stetig und »tiefgreifend« gewesen, er fand sie »den besten Vorbildern mindestens ebenbürtig«. Diese Gneisenau-Studie wird zum »Manifest« der Gruppe. Vor allem Gneisenaus »Staatsplan«, der dem Militär eine Schlüsselrolle zudachte, hat den Grafen tief beeindruckt: durch »eine gerechte Ordnung Hochherzige und Tüchtige überall an die Spitze stellen zu wollen, im Militär künftig nicht vor allem bezahlte Berufskriegsknechte zu bilden, sondern die Blüte des Volkes als Heer, das Heer als Staat, das Heer als Kern des Volkes«.

Claus selbst war überzeugt: »Ja, wir sind auch die Führung des Heeres und auch des Volkes und wir werden diese Führung in die Hand nehmen.« Er hielt Gneisenau für den heimlich lenkenden (von der Geheimpolizei belauerten) Mittelpunkt der vaterländischen Erhebung gegen Frankreich. Stauffenberg fühlt sich »seinem Vorfahren bewundernd und stolz verpflichtet« (Peter Hoffmann). »Ja, sehen Sie, das haben wir nun gelernt: so hat es Der gemacht.«

*Literatur:*
Harald Steffahn: »Stauffenberg«, Hamburg 1944
Joachim Kramarz: »Claus Graf Stauffenberg«, Frankfurt 1965
Peter Hoffmann: »Claus Schenk Graf von Stauffenberg und seine Brüder«, Stuttgart 1992
Interview mit seinem Sohn: »Ein Gespräch mit Franz Ludwig von Stauffenberg, dem jüngsten Sohn des Hitler-Attentäters, über seinen Vater«. Süddeutsche Zeitung, 18. 07. 2003

# Georg Kardinal Sterzinsky

geboren 1936 in Warlack/Ostpreußen, lebt in Berlin

Der »Familienbischof« der deutschen Katholiken ist seit 1991 Vorsitzender der »Kommission für Ehe und Familie« bei der Bischofskonferenz, und überzeugt: »Den Sonntag zum Einkaufs-Alltag

zu machen, ist kulturlos und familienfeindlich.« Er wächst mit vielen
Geschwistern in Ostpreußen auf, nach der Flucht vor den Rotarmisten landet die Familie in Thüringen. 1960 wird er in Erfurt zum Priester geweiht,
1981 zum Generalvikar in Erfurt-Meiningen berufen und 1989 zum Bischof
von Berlin ernannt. Als das Bistum Berlin 1994 zum Erzbistum erhoben
wird, wird er sein erster Erzbischof. Sein Wahlspruch: »Deus semper maior«
(Gott ist immer größer). Seit 1991 gehört er dem Kardinalskollegium an und
ist somit berechtigt, bei der Papstwahl mitzustimmen. 2002 soll McKinsey
das völlig überschuldete Erzbistum mit einem Sanierungsplan retten, der
Oberhirte, der seinen Urlaub meistens in einem bayerischen Kloster verbringt, übernimmt die Verantwortung für die Finanzmisere: »Die wertvollsten Güter und die höchsten Werte kommen aus dem pastoralen und priester-
lichen Dienst der Kirche.«

»Natürlich habe ich Vorbilder. Im Laufe des Lebens sind es immer
mehr geworden. Sie haben an Bedeutung gewechselt.

Meist sind es Gestalten der Geschichte, sehr bekannte und weniger
bekannte. Etwa Clemens August Graf von Galen, Pfarrer in Berlin
und später Bischof von Münster. Oder Maximilian Kaller, Pfarrer auf
Rügen, in Berlin und später Bischof von Ermland. Oder ein Pfarrer,
der nach dem Krieg Flüchtlinge und Vertriebene in der Diaspora pas-
toriert hat.

Gern denke ich an einen theologischen Lehrer – Heinz Schürmann –,
der anspruchsvolle Theologie und konsequente Spiritualität miteinander verbunden hat.

Meine spezielle Patronin ist die heilige Theresia von Lisieux.«

Übrigens: Theresia von Lisieux (1873–1897), wurde 1997 von Johannes
Paul II. als dritte Frau überhaupt zur Kirchenlehrerein ernannt, war
Karmelitin und Mystikerin, lehrte, dass die Liebe eines Menschen zu
Gott an seiner Nächstenliebe gemessen werde.

# Rita Süssmuth

geboren 1937 in Wuppertal, lebt in Berlin

Als Präsidentin des Deutschen Bundestages gestaltete sie in den Schicksalsjahren dieser Republik (1988–
1998) die Geschicke der Deutschen mit, stets nach
dem Motto: »Einmal mehr aufstehen als hinfallen«.
Die Katholikin und Professorin für internationale
Erziehungswissenschaft trat 1985 aus der Forschung
kommend als Quereinsteigerin (CDU), ohne Lobby und Hausmacht, in das
Amt der Bundesministerin für Jugend, Familie und Gesundheit ein. 1986 wurde die Tochter eines Lehrers (fünf Geschwister) und Frau eines Historikers
(eine Tochter) erste Frauenministerin der Bundesrepublik Deutschland. Ihr
Ziel: die Vereinbarkeit von Familie und Beruf. 1987 zur »Frau des Jahres« gewählt, brachte sie 1990 den interfraktionellen Gruppenantrag zur Neuregelung
des »Abtreibungsparagraphen« § 218 gegen die Beschlüsse ihrer eigenen
Regierungspartei voran. Sie steht für sachbezogene Frauensolidarität und
engagiertes Eintreten für konservative Werte: »Das Verhältnis von Rechten
und Pflichten ist völlig aus dem Ruder gelaufen. Das muss sich ändern.«

»Vorbilder zu haben, bedeutet für mich nicht, das Leben einer anderen
Person zu kopieren, in allen Bereichen genauso leben zu wollen wie
sie. Vorbilder können für mich nur Menschen sein, mit bestimmten
gelebten Überzeugungen und Verhaltensweisen.

Zu einem erfolgreichen Opportunisten oder selbstbezogenen Karrie-
risten würde ich nicht aufschauen.

Meine Großmutter wie auch meine Schwiegermutter waren und bleiben Vorbilder, weil sie ein Lebenskonzept hatten. Dieser Generation
fehlte mitunter ein bestimmter, lebenswichtiger Anteil an Eigenliebe
und persönlich verfügbarer Zeit. Oft habe ich gedacht, dass sie bei aller Liebe und Zeit für andere – und gleichzeitig hohem Arbeitseinsatz
– mehr verschenkten, als sie bekamen. Nein, sie lebten entscheidend

für und von anderen, daraus bezogen sie ihre Kraft und Zufriedenheit. Und auch sie brauchten die Erfahrung, geliebt und gebraucht zu werden.

Mein Vater ist in vieler Hinsicht ein bis heute wirkendes Vorbild. Er forderte und förderte mich, spornte mich stets an, nicht dort stehenzubleiben, wo ich gerade angekommen war. Er trieb mich an, nie aufzuhören zu fragen, Grenzen wo möglich zu erweitern oder zu überschreiten. Ein Lehrsatz lautete: ›Frage und bedenke stets, ob der andere nicht auch recht haben kann‹ – ein wichtiger Grundsatz in der Politik. Er war ein außerordentlich disziplinierter Mensch, sehr gründlich und tiefgehend im Denken, wie seine Mutter, stets da für uns und andere. Zu kurz kamen die Gefühle, sie blieben weitgehend verborgen, wurden nicht thematisiert. Ein junger Vater darf heute endlich beides voll einbringen, Verstand und Herz. Wir brauchen beides. Und nicht nur Kinder, auch Erwachsene brauchen Menschen, an denen sie zugleich kognitive, emotionale und soziale Kompetenz erleben können.

Unter meinen Lehrern und Lehrerinnen habe ich die jungen geschätzt, die sich ernsthaft für uns interessierten, sich gut auf den Unterricht vorbereiteten, Fröhlichkeit einbrachten, unsere ›Schliche‹ durchschauten, aber auch konsequent auf die Durchsetzung ihrer Erwartungen bestanden. Lehrer, die glaubten sich das Leben leichter zu machen, indem sie häufig unseren Wünschen nachkamen, uns wenig Widerstand boten, waren ›Augenblicksbeliebte‹, keine Persönlichkeiten, an die ich mich bis heute erinnere, die für mich wichtig waren.

Im Studium habe ich Hochschulpersönlichkeiten erlebt, die für meinen beruflichen und späteren politischen Weg entscheidend waren. Um nur einige Namen zu nennen: Hans-Robert Janss, Robert Spaemann, Otto Friedrich Bollnow, Hans Rothfels, Theodor Litt, Oskar Anweiler, Rosemarie von Schweizer.

Von ihnen habe ich vor allem gelernt:
– Keine wissenschaftliche Bildung ohne Ethos, ohne ethische Verantwortung
– Systematisch-analytisches Denken

– Umgang mit Texten: philosophischen, historischen, literarischen
– Freude am Studieren.

Diesen und weiteren Persönlichkeiten verdanke ich meinen Weg an und in der Universität, aber auch das entscheidende Rüstzeug für meine politische Arbeit.

Professoren gelten sehr schnell und pauschal als untauglich für die Politik. Es handelt sich um unterschiedliche Aufgaben- und Handlungsfelder. Tatsache ist: Eine gute vertrauensbildende und problemlösende Politik braucht gute Experten, die ernst genommen werden und die ihrerseits bereit sind, an öffentlichen Aufgaben mitzuwirken. Ich verdanke diesen ›Beratern‹ sehr vieles während der aktiven politischen Zeit. Dazu gehören gerade auch mutige Querdenker. Vorbilder – oder Menschen, an denen wir uns partiell ausrichten – sind für mich gerade auch solche, deren Denk- und Handlungsansätze anders sind als die der Mehrheit oder auch eben anders als mein eigenes bisheriges Denken.

In der Politik haben mich stets Menschen interessiert mit Standpunkten und Visionen. Der bloße Pragmatiker hat mich nicht sehr gereizt. Ein Nelson Mandela, Mahatma Gandhi, Kofi Annan, David Ben Gurion oder Simon Peres haben gegen alle Widerstände Menschen bewegt und die Welt bewegt. Und solche Persönlichkeiten mit Überzeugungen gab und gibt es auf europäischer und deutscher Ebene. Vorbilder sind nicht Menschen ohne Schwächen, ohne Widersprüche, ohne Scheitern. Entscheidend ist der Umgang mit den eigenen Schwächen, die immer wieder auch zu Stärken werden, zum Beispiel unbedingtes Nein zur Gewalt, Versöhnung statt Rache, Verzeihen statt Vergelten! Verhandeln statt militärischer Drohung, Kooperieren statt Konfrontieren, den anderen so ernst nehmen wie mich selbst auf gleicher Augenhöhe miteinander verhandeln, den Geist von Siegern und Besiegten verwandeln in den Geist von Win-Win-Situationen für alle Beteiligten mit Mut zur Wahrheit und Fairness, das sind politische Vorbilder, von denen wir mehr brauchen.«

# Tomi Ungerer

geboren 1931 in Straßburg, lebt in Irland,
Straßburg und im Schwarzwald

1998 erhielt er für sein Lebenswerk die Hans-Christian-
Andersen-Medaille, den Nobelpreis für Kinderbücher.
Seit 2000 ist der Zeichner Botschafter für Kinder und
Erziehung im Europarat – eben einer der Begnadeten, der Kinder ernst
nimmt (aber das Abitur nicht schaffte). 1956 geht der Uhrmacherssohn
nach New York, gewinnt bereits 1957 seinen ersten Preis für »The Mellops
go flying«, einer Geschichte mit kleinen Schweinchen. Die folgenden
Bücher, Cartoonbände, werden wegen ihrer sarkastischen und erotoma-
nischen Zeichnungen berühmt wie berüchtigt. Das FBI beobachtete ihn.
»Beim Betrachten seiner Zeichnungen denke ich an Daumier.« (Friedrich
Dürrenmatt) In den letzten vierzig Jahren war der Satiriker dreimal klinisch
tot, brachte rund 40 000 Zeichnungen zu Papier und veröffentlichte über
hundertvierzig Bücher (»Die drei Räuber«, »Kein Kuss für Mutter«, »Tomi
Ungerers Märchenbuch«): »Weisheit ist sowieso langweilig … Wenn ich ein
Faschist wäre, würde ich sagen, alle Menschen, die nicht glücklich sind, ge-
hören verhaftet.«

»Ich habe in meiner Jugend die Nazizeit durchlebt. Damals war das offizielle und obligatorische Vorbild ›unser‹ (!) Führer Adolf Hitler. Für
uns Elsässer war das besonders lächerlich.

Schon als Kind hat sich bei mir eine Zweifelsphilosophie entwickelt:
Kein Mensch ist perfekt, also – kein Vorbild. Ich habe meinen Vater
früh verloren und vermisst. Ich war dreieinhalb Jahre alt, als er starb.

Als Kind gab es für mich Menschen, die ich bewunderte: Old
Shatterhand, David Livingstone, Jaroslav Hašeks ›Soldat Schwejk‹ und
sogar Max & Moritz – es waren Beispiele aber keine Vorbilder.

Später habe ich die Freundschaft von einigen älteren Menschen
gesucht, Menschen, die ich bewunderte aber – auch das waren keine
Vorbilder. Ein Vorbild wäre einer, von dem man sich sagt: So, wie der
da, so möchte ich werden.

Nein, ich bin so frei, und ich bin was ich bin, und wenn ich werde, was ich entschlossen bin zu werden, dann werde ich mein eigenes Vorbild. Und sowieso: Ein Vorbild ist nur ein Bild mit Rückseite und Hinterblick.«

# Franz Josef Wagner

geboren 1943 in Olmütz/Mähren, lebt in Berlin

Der erste Briefschreiber Deutschlands. Seine tägliche »Bild«-Kolumne »Post von Wagner« ist die Adrenalinausschüttung förderndes Pflicht-Vergnügen, seine Schlagzeilen aus seiner journalistischen Vorzeit sind Legende. Der »Gossen-Goethe« beziehungsweise Pop-Dichter spielt Geige und Klavier, war Domspatz in Regensburg, Möbelpacker in Paris, Bademeister in Genf, Hafenarbeiter in Hamburg, Chefredakteur in München (Bunte) und Berlin (B. Z.), und versteht sich als »konservativer Anarchist«: »Der Unterschied zwischen Goethe und mir ist, dass Goethe zwar auch jeden Tag schrieb, aber nicht jeden Tag veröffentlichte.« Seine Romane (»Das Ding«) waren Bestseller, seine Tochter ist Journalistin.

»Ein Vorbild? Meine Mutter. Sie war für uns Kinder alles: Beschützerin, Ernährerin, Heilerin, Lehrerin, Trösterin, sie hat alle Probleme und Krisen bewältigt und niemals gejammert. Nicht als der Vater in der Gefangenschaft war, nicht als er zurückkehrte und nicht wusste, wohin mit sich selbst. Für sie waren Fleiß, Selbstbeschränkung, Sparsamkeit, Nächstenliebe nicht nur Begriffe, sie hat sie uns vorgelebt, sie war eine starke Frau, eine Persönlichkeit.

Solche Frauen gibt es nicht mehr, sie sind uns abhandengekommen, durch die Emanzipation – die Frauen »stark« machen will, aber sie dadurch lediglich schwächt.

Für mich als Schreiber ist Heinrich Heine ist der Größte. Er dachte scharf und konnte komplizierte Inhalte in eine Nussschale stecken. Er benennt die Dinge, wie sie sind, und trotzdem – oder gerade deswegen – bewegen seine Texte. Sie sind so präzise, so genau und so lautmalerisch. Du hörst alles. Und dazu sein herrlicher Humor, sein Hintersinn. Bis heute schreibt keiner wie er.

Und dann gab es einen großartigen Politiker, der mich faszinierte: sein Lebensweg, seine Leistung – Willy Brandt. Er hat seinen Vater nie kennengelernt, wuchs in einem Arbeiterhaushalt auf, war von der Politik besessen. Dann die Flucht von den Nazis, Exil in Norwegen und Schweden, der Kampf gegen den Faschismus im Untergrund. Und als letzte Konsequenz: sein Kniefall in Warschau. Da hat ein deutscher Kanzler, ein Mann aus dem Tätervolk, sich für die Deutschen entschuldigt. Das war eine großartige Geste, das war mehr als Demut, das war Schuldbekenntnis. Ich habe ihn kennengelernt und fühlte mich richtig zu ihm hingezogen. Er hatte großes Charisma, aber war auch ein Macho-Mann, der das Leben genoss. Einmalige Mischung.

Und noch ein Schriftsteller: Truman Capote. Weil er frech denkt, und großartig, sehr genau schreibt. Wie der Teufel.«

»Ich kann nicht gerecht sein, dazu muß man selbst nichts sein, nichts anderes im Kopf haben als das Abwägen.«

# Richard Wagner

22. Mai 1813 Leipzig – 13. Februar 1883 Venedig

»Weiter wollen wir die Zuerteilung des unbedingten Stimm- und Wahlrechts an jeden volljährigen, im Lande geborenen Menschen; je ärmer, je hilfsbedürftiger er ist, desto natürlicher ist sein Anspruch an Beteiligung an der Abfassung der Gesetze, die ihn fortan gegen Armut und Dürftigkeit schützen sollten«, schreibt der »königl. Capellmeister Wagner« 1849 und geht für dieses demokratische Ideal – sowie für die Abschaffung der Aristokratie – auf die Dresdner Barrikaden. Nach dem Scheitern der Mai-Revolution wird er als einer ihrer Anstifter per Steckbrief gesucht, muss fliehen und landet in der Schweiz.

1864 weilt der Mann, der die »Oper revolutionierte«, bei Freunden in Stuttgart. Als ein fremder Herr nach ihm fragt und ihn »dringend« sprechen möchte, macht sich Wagner auf und davon: »Stets auf Übles mich vorbereitend, verbrachte ich eine unruhige Nacht.«

Er vermutet in dem Fremden einen der vielen Gläubiger, die ihn – mittlerweile in ganz Europa – »jagen«. 1839 muss der Herr Musikdirektor heimlich aus Riga verschwinden; 1863 hinterlässt er in Wien 700 000 Schilling Wechselschulden. Er verdient mehr als standesgemäß, doch sein Hang zum Luxus frisst alle Honorare, Tantieme und Gagen auf.

Das hört erst auf, als der junge Bayernkönig Ludwig II. den (aus dem Königreich Sachsen verbannten!) »Lohengrin«-Komponisten in seine Residenzstadt München einlädt und finanziell absichert: »Bleiben Sie, bleiben Sie hier! Bis in dem Tod, Ihr Ludwig!« Für sich erbaut Ludwig Neuschwanstein, für seinen »angebeteten Engelgleichen« das Festspielhaus in Bayreuth (1872).

In München entsteht »Tristan und Isolde« (1865), in Ludwigs Hoftheater werden »Rheingold« und »Walküre« uraufgeführt. Aber sobald der »Kini« von seinen Ministern wegen Steuergelderverschwendung vor ein Ultimatum gestellt wird, entscheidet er sich gegen Wagner, also für die »Liebe und Verehrung Ihres treuen Volkes«.

Einmal soll Ludwig den »compositeur de musique« (so Wagners Berufsbezeichnung in seinem Pass) gefragt haben, wie er es heute mit der Revolution halte. Wagner verteidigt sich mit dem Recht auf Irrtum, und außerdem gebe es eine »Macht«, die über allem, über dem Adel und allem Irdischen steht, und diese seine Überzeugung habe er bereits in seiner Oper »Die Meistersinger von Nürnberg« formuliert: »Zerging' das heil'ge römische Reich in Dunst, uns bliebe doch die heil'ge deutsche Kunst.«

»Wagners Kunst ist die sensationellste Selbstdarstellung und Selbstkritik deutschen Wesens, die sich erdenken lässt, sie ist danach angetan, selbst einem Esel von Ausländer das Deutschtum interessant zu machen, und die leidenschaftliche Beschäftigung mit ihr ist immer zugleich eine leidenschaftliche Beschäftigung mit diesem Deutschtum selbst, das sie kritisch-dekorativ verherrlicht.« (Thomas Mann)

Friedrich Nietzsche urteilt (nach der Trennung vom einst Vergötterten) anders: »Richard Wagner bleibt, bloß in Hinsicht auf seinen Wert für Deutschland und deutsche Kultur abgeschätzt, ein großes Fragezeichen, ein deutsches Unglück vielleicht, ein Schicksal in jedem Falle: aber was liegt daran? Ist er nicht sehr viel mehr, als bloß ein deutsches Ereignis?«

Zehn von seinen elf gewaltigen Musikdramen werden heute noch auf der ganzen Welt aufgeführt – ein Gesamtkunstwerk, das ihn selbst manchmal verwunderte: »Der Tristan ist und bleibt mir ein Wunder. Wie ich so etwas habe machen können, wird mir immer unbegreiflicher!«

Als Wagner 1857 Cosima (1837–1930), die Tochter Franz Liszts, erstmals trifft, ist sie auf der Hochzeitsreise mit seinem Freund, dem Dirigenten von Bülow: »Oh, dieses Glück noch gefunden zu haben … ein Weib, wie das meinige, die mich nicht nur dem Leben, sondern der Krönung meines Daseins erhielten!«

Als ihr erstes Kind 1865 geboren wird, ist sie immer noch Bülows Ehefrau, und Wagner ist mit seiner ersten Gattin Minna verheiratet (1809–1866).

Cosima diktiert Wagner seine Autobiographie »Mein Leben« – und sie frisiert seine Erinnerungen für die Nachwelt: Sie vertuscht Peinlichkeiten und verbrennt »eines deutschen Helden unwürdige« Botschaften von Heine, Baudelaire, Berlioz, Nietzsche, Mathilde Wesendonck und sogar ihre eigenen – um ungestört Legendenbildung betreiben zu können. Schließlich sagte er doch selbst: »Ein Vorbild hat das Volk nötig, denn es bedarf des Glaubens.«

Ehe Ludwig II. ihn 1864 von seinen dringendsten Schulden erlöste, hat Wagner sich folgenden Grabspruch zusammengereimt: »Hier liegt Wagner, der nichts geworden, nicht einmal Ritter vom lumpigsten Orden; nicht einen Hund hinterm Ofen entlockt er; Universitäten nicht mal 'nen Dokter«.

1876, zur Eröffnungspremiere des Festspielhauses auf dem Grünen Hügel, finden sich Wilhelm I. und Dom Pedro II. von Brasilien in Bayreuth ein. Zur Aufführung kommt »Der Ring des Nibelungen«, an dem er, mit Unterbrechungen, achtundzwanzig Jahre gearbeitet hat. Die englische Presse jubelt: »Bayreuth is Germany!«

Das Defizit nach der ersten Saison beträgt 148 000 Mark: »Ich und mein Werk haben keinen Boden in dieser Zeit«, schreibt der Hausherr dem König und ist seine letzten Lebensjahre damit beschäftigt, diesen Schuldenberg abzutragen.

»Bleibt mir gut, Ihr Lieben« – so formuliert Richard Wagner seinen »Letzten Wunsch«.

## Haus-Vorbilder

»Richards Kindheit wurde weniger von Ereignissen als von Personen geprägt. Auch wenn sie wieder aus seinem Leben verschwanden, blieben sie ihm als Teil seiner Identität erhalten. Wie Archetypen gaben sie die Vorbilder für sein Erleben, aber auch für die Hauptgestalten seiner Dichtung ab. ... Fast alle seine Lebenserfahrungen erschienen wie die Wiederholung von Urkonstellationen, in denen ihm diese Archetypen begegnet sind.« (Joachim Köhler)

**Vater (?) Friedrich Wagner (1770–1813)** Der Leipziger Polizeichef verstarb, als sein neuntes Kind sechs Monate alt war. Die Witwe ging daraufhin eine Ehe mit dem Hausfreund ein, »so dass ich ... bis in mein vierzehntes Jahr unter dem Namen Richard Geyer bekannt geblieben bin.« Noch 1827 wird er in der Dresdner Kreuzkirche als »Geyer« konfirmiert. Am Jahresende, also »erst als meine Familie, längere Jahre nach dem Tode des Stiefvaters (!) sich wieder nach Leipzig wandte, nahm ich dort am Sitz meiner ursprünglichen Verwandtschaft den Namen Wagner wieder an.«

So scheint es, dass die Siegfried-Frage im »Ring des Nibelungen« – »Wie sah mein Vater wohl aus?« – eine Frage ist, die auch Richard Wagner sein Leben lang umtrieb: »Dass der mein Vater nicht ist, wie fühl ich mich drob so froh«, jubelt sein Siegfried.

**Stiefvater (?) Ludwig Heinrich Geyer (1779–1821)** »Sollte er etwa Talent zu Musik haben?«, diese Frage des sterbenden Hofschauspielers – als der letzte Wille des »Vaters« verstanden – wird maßgeblich für Wagners Berufswahl.

Der Junge nennt den Alleskönner Geyer (er war Maler, Dichter, Komponist, Prinzipal, Schauspieler) »mein Vater« und begleitet ihn ins Theater, wo »ich mich bald wie zu Hause bei Tisch« fühlte: »Große Gewalt übte nun auf meine Phantasie die Bekanntschaft mit dem Theater, in welches ich nicht nur als kindischer Zuschauer in der heimlichen Theaterloge mit ihrem Eingange über die Bühne, nicht nur durch den Besuch der Garderobe mit ihren phantastischen Kostümen, ... sondern durch eigenes Mitspielen eingeführt wurde.«

Erst als er bereits in Bayreuth lebt, lernt er Geyers »Brautbriefe« kennen und ist von seiner Bereitschaft, die vaterlosen Wagners bei sich aufzunehmen, überwältigt, obwohl Geyer zu glauben scheint, mit »seiner Aufopferung für die ganze Familie eine Schuld zu verbüßen«.

Übrigens: Die Vaterschaftsfrage ist bis heute ungeklärt.

**Mutter Johanna Rosine Wagner geb. Pätz (1774–1848)** »Nur an Dich, liebste Mutter, denke ich mit der innigsten Liebe und der tiefsten Rührung zurück, ... (mich) überwältigen die Gefühle des Dankes für Deine herrliche Liebe zu Deinem Kinde, die Du ihm zuletzt wieder so innig und warm an den Tag legtest, so sehr, dass ich Dir in dem zärtlichen Tone eines Verliebten gegen seine Geliebte davon schreiben und sagen möchte. Ach, aber weit mehr«, schreibt er mit zweiundzwanzig seiner knapp sechzigjährigen (!) Mutter.

Mit neunundzwanzig beklagt er sich in einem Brief an seine Schwester Cäcilie: »Sie stiftet in unsrer Familie nichts wie Unfug durch einen merkwürdigen Hang zu Verdrehungen, Entstellungen u. Klatschereien, so dass jedes unsrer Geschwister sie sich vom Leibe hält.«

Alt geworden, diktiert Wagner: »Ich entsinne mich kaum je von ihr geliebkost worden zu sein, wie überhaupt zärtliche Ergießungen in unsrer Familie nicht stattfanden.«

Übrigens: So wie später Cosima die Erinnerungen ihres Mannes »redigiert«, so verschleiert seine Mutter ihre eigenen. Die Bäckertochter verrätselt ihren Namen, ihr Alter und ihre Jugend – die sie als Mätresse des Prinzen Constantin von Sachsen-Weimar in einer Erziehungsanstalt verbrachte. Sie war um die fünfundzwanzig, als sie ihren ersten Mann ehelichte, und achtunddreißig, als ihr neuntes Kind Richard auf die Welt kam.

**Schwester Johanna Rosalie Marbach (1803–1837)** »Von ihr hatte ich die ersten bewunderungsvollen Ergießungen über alles das, was mich späterhin so stark erregte, vernommen«, schreibt er und ergänzt nüchtern, dass es nicht ihr Schauspieltalent gewesen ist, das er schätzte, sondern ihre Phantasie, ihren Sinn für Kunst und alles Höhere: Sie schwärmte für Shakespeare und begeisterte ihn für Carl-Maria von Weber und sang ihm, am Klavier sitzend, Beethovens »Leonore« und Schuberts Lied »Sei mir gegrüßt« vor. Noch im Alter hat ihn dieses Lied zu Tränen ergriffen: »Das ist deutsch, so rein, keusch, innig«, erklärt er Cosima.

Johanna war das Vorbild seiner Elisabeth im »Tannhäuser«, ihre Auftritts-Arie beginnt mit den Worten »Sei mir gegrüßt …«.

Johanna war Schauspielerin und schon als junges Mädchen ein Star (sie brillierte als Schillers »Johanna von Orléans«), ihr galt die ganze Liebe (!), der ganze Ehrgeiz des Stiefvaters. Ihr Tod erschüttert Wagner wie ein »tief bedeutungsvoller Schicksalsschlag«, denn die Älteste seiner fünf Schwestern verkörpert für ihn das »Ideal reinster Menschlichkeit«.

»Möglicherweise hätte er ohne ihr Vorbild, ihre ständige Ermutigung, ihre finanziellen Zuwendungen gar nicht die Ausdauer besessen, sich zum Musiker auszubilden.« (Joachim Köhler)

## Wahl-Vorbilder

**Carl-Maria von Weber (1786–1826)** »Denn das ist der größte Mann, der lebt. … Nicht Kaiser und nicht König (zu sein), aber so dastehen und so dirigieren«, wünschte sich Richard, sooft er den Hofkapellmeister im Orchestergraben als Alleinherrscher sah. Und sooft er den »Geistesverklärten« auch nur auf der Straße beim Vorbeigehen erblickte, verfiel er in eine »ekstatische Teilnahme«. Weber, der Freund seines Stiefvaters, erkennt in dem Knaben als erster einen »deutschen Künstler«, dem »der Eifer eigen ist, im Stillen die Sache eben um der Sache willen zu tun«.

Weber, seit 1816 Musikdirektor der Deutschen Oper in Dresden, ist nach der Berliner Premiere seiner Oper »Der Freischütz« am 18. Juni 1821 ein Nationalheld. Richard bringt sich Klavierspiel bei, um den »Freischütz« nachspielen zu können, denn: Endlich gab es eine Oper, »wo alle Teile und Beiträge der verwandten und benutzten Künste ineinanderschmelzend verschwinden und auf gewisse Weise untergehend – eine neue Welt bilden« (so die wohl erste »Definition« dessen, was er als Künstler anstrebte – das Gesamtkunstwerk).

Als er selbst zum Dresdner Hofkappellmeister berufen und somit zu Webers Nachfolger wird, lässt er sich einen blauen Galafrack (wie Weber ihn trug) mit gestickten Lyras auf dem Kragenspiegel anfertigen – um sich, für alle sichtbar, zu »meinem Erzeuger« zu bekennen.

**William Shakespeare (1564–1616), Ludwig van Beethoven (1770–1827)** »Die Wirkung hiervon war unbeschreiblich«, berichtet Wagner, nachdem er Beethovens A-Dur Symphonie hörte, »dazu kam der Eindruck, den Beethovens Physiognomie, nach den damals verbreiteten Lithographien, auf mich machte, die Kenntnis seiner Taubheit, seines scheuen zurückgezogenen Lebens. In mir entstand bald ein Bild erhabener, überirdischer Originalität, mit welcher sich durchaus nichts vergleichen ließ. … Dieses Bild floß mit dem Shakespeares in mir zusammen: in ekstatischen Träumen begegnete ich beiden, sah und sprach sie; beim Erwachen schwamm ich in Tränen.«

Die beiden Titanen haben Wagners Drang zum Überdimensionalen freigelegt.

Mit fünfzehn Jahren beendet er »Leubald. Ein Trauerspiel«: »In dieser Schrift hatte ich nun ein Drama aufgezeichnet, zu welchem Shakespeare hauptsächlich durch ›Hamlet‹, ›Macbeth‹ und ›Lear‹, Goethe durch ›Götz von Berlichingen‹ beigetragen haben. Die Handlung begründete ich eigentlich auf eine Variation des ›Hamlet‹ … Schon damals sehr für Deutschtümlichkeit eingenommen, kann ich mir diese auffallend undeutsche Bennennung meiner Heldin [Adelaide] nur aus meinem Enthusiasmus für Beethovens ›Adelaide‹ erklären«, berichtet Wagner in seiner Autobiographie.

Prägend bleibt für ihn die Erkenntnis, dass Künstler und Kunstwerk »eins sind« – Dichtung und Musik unzertrennlich.

**Wilhelmine Schröder-Devrient (1804–1860)** »Wenn ich auf mein ganzes Leben zurückblicke, finde ich kaum ein Ereignis, welches in diesem einen in Betreff seiner Einwirkung auf mich an die Seite stellen könnte«, so beschreibt Wagner die »Begegnung« mit der begnadeten Sängerin in der Rolle der Leonora in Beethovens »Fidelio« (es war Weber, der sie in Wien entdeckte und nach Dresden holte).

Den jungen Heißsporn faszinierte ihre »dämonische Wärme, … die so menschlich-ekstatische Leistung. … Nach der Vorstellung stürzte ich zu einem meiner Bekannten, um dort einen kurzen Brief aufzuschreiben, in welchem ich der großen Künstlerin erklärte, daß von heute ab mein Leben seine Bedeutung erhalte habe, und wenn sie je dereinst in der Kunstwelt meinen Namen rühmlich genannt hören sollte, sie sich erinnern möge, daß sie an diesem Abend mich zu dem gemacht hat, was ich hiermit schwöre werden zu wollen.«

Als entscheidend empfindet er die Tatsache, dass ihn nicht »nur« die Stimme des um acht Jahre älteren Bühnenstars beeindruckt: »Sie wusste so schön mit ihrem Atem umzugehen und eine wahrhaftige weibliche Seele durch ihn so wundervoll tönend ausströmen zu lassen, daß man dabei weder an Singen noch an Stimme dachte.« Sie verkörpert in seinen Augen »den höchsten Triumph des künstlerischen Vortrages«, sie ist für ihn »die größte jetzt lebende deutsche dramatische Sängerin«, sie wird 1842 sein erster »Adriano« im »Rienzi«, seine erste Senta (»Der fliegende Holländer«) und Venus (»Tannhäuser«).

Zwei Tage vor seinem Tod am 11. Februar sieht er sie im Traum und bemerkt zu Cosima: »All mein Weibsein geht jetzt an mir vorüber.«

**Arthur Schopenhauer (1788–1860)** Der grimmige Philosoph war das Vorbild für Wotan.

»Neben dem – langsamen – Vorrücken meiner Musik habe ich mich jetzt ausschließlich mit einem Menschen beschäftigt, der mir – wenn auch nur literarisch – wie ein Himmelsgeschenk in meine Einsamkeit gekommen ist. Es ist Arthur Schopenhauer, der größte Philosoph seit Kant, dessen Gedanken er … vollständig erst zu Ende gedacht hat. Die deutschen Professoren haben ihn – wohlweislich – 40 Jahre lang ignoriert; neulich wurde er aber – zur Schmach Deutschlands – von einem englischen Kritiker entdeckt. Was sind vor diesem alle Hegels etc. für Charlatans! Sein Hauptgedanke, die endliche Verneinung des Willens zum Leben, ist von furchtbarem Ernste, aber einzig erlösend«, schwärmt Wagner 1854 in einem Brief an Franz Liszt.

Noch 1862, als zu der politischen Verbitterung auch die erzwungene Trennung von der geliebten Mathilde Wesendonck kommt, schreibt er ihr: »Ich las in Schopenhauers Biographie, und fühlte mich unbeschreiblich angezogen von seinem Wesen, das mit dem Ihrigen so viel Verwandtes hat.« Und: »Da steht nun diese reine Unbegreiflichkeit, – der alte Schopenhauer! Ich habe eine Hoffnung für die Cultur des deutschen Geistes, dass die Zeit kommen, in welchen Schopenhauer zum Gesetz für unser Denken und Erkennen gemacht werde.«

Schopenhauer über Wagner: »Er ist ein Dichter, aber kein Musiker.«

**Mathilde Wesendonck (1828–1902)** An diese Frau, nicht an Cosima, denkt er in der letzten Nacht seines Lebens, als auf seinem Schreibtisch die ersten Seiten seines Essays »Über das Weibliche im Menschlichen« liegen: »Sie ist und bleibt meine erste und einzige Liebe.« Doch sie scheint mehr gewesen zu sein – nämlich der Prototyp seines Frauenideals.

Für die wohlhabende, glücklich verheiratete Adelige, die zuerst dem Exilanten Richard, dann dem Ehepaar Wagner Zuflucht bieten kann (er nennt ihr Haus bei Zürich »Asyl«), hat er »Tristan und Isolde« komponiert: »Hochbeglückt / schmerzentrückt / frei und rein / ewig Dein / was sie sich klagten / und versagten / Tristan und Isolde / in keuscher Töne Golde«, so seine Widmung im ersten Akt.

Sie war seine »Isolde«.

*Literatur:*
Richard Wagner: »Mein Leben«, München 1914
Hans Mayer: »Wagner«, Reinbek 1959
Alexander Witeschnik: »Wer ist Wotan«, Wien 1980
Joachim Köhler: »Der letzte der Titanen«. Richard Wagners Leben und Werk, München 2001
»Richard Wagner: Dokumentarbiographie«. Bearbeitet von Egon Voss, München 1975

# Günter Wallraff

geboren 1942 in Burscheid bei Köln, lebt in Köln

Deutschlands Mr. Undercover No. 1. Niemand hat mehr Missstände aufgedeckt als der Sohn eines Ford-Arbeiters, dessen Großeltern mütterlicherseits ein Klaviergeschäft besaßen. Nach der Buchhändlerlehre schreibt er Lyrik, entscheidet sich aber dann für den investigativen Journalismus: Er arbeitet unter falscher Identität in Fabriken, an Fürstenhöfen und bei der »Bild«-Zeitung; seine Enthüllungsreportage »Der Aufmacher. Der Mann, der bei ›Bild‹ Hans Esser war«, sorgt 1977 für Schlagzeilen. 1985 lässt er sich als türkischer Gastarbeiter bei verschiedenen Firmen wie Thyssen und McDonald's einstellen und schreibt »Ganz unten«. Heinrich Böll (der angeheiratete Onkel) verteidigt seine Arbeitsmethoden, zum Beispiel als Sachverständiger bei Gerichtsprozessen. 2007 ist er undercover in einem Callcenter tätig: »Es ist ein durchgehender Zug in meinen Büchern, niemanden zu dämonisieren. Die Zustände zu hassen, aber nie den Menschen« und »Ich stehe grundsätzlich immer auf Seiten der Geschlagenen.« Er versteckte Salman Rushdie bei sich zu Hause, richtete den Hilfsfond »Ausländersolidarität« ein, stiftet Geld für eine Mädchenschule in Kabul: »Ich bin beruflich der Wahrheit geradezu verpflichtet, im juristischen aber auch im ethischen Sinne, (aber) wir können uns der Wahrheit nur annähern. Eine absolute Wahrheit ist ein Mysterium.«

**Frühe Prägungen** »Als Kind hat mich Till Eulenspiegel beeindruckt – seine provokativen Streiche, mit denen er andere in Verlegenheit brachte, sein Spott, der die Mächtigen vorführte, die Etablierten und Supergescheiten bloßstellte und die Lacher auf seiner Seite hatte. Herrlich! Und irgendwie begleiten mich ›Eulenspiegeleien‹ durchs ganze Leben.

Über Till Eulespiegel führte dann, als ich erwachsen wurde, eine Verwandtschaftslinie direkt zu Jaroslav Hašeks ›bravem Soldaten Schwejk‹, der mir beistand, als ich zehn Monate lang als Kriegsdienstverweigerer ohne Gewehr bei der Bundeswehr festgehalten wurde. Sich dumm zu stellen als Überlebenstechnik habe ich von ihm gelernt. Allerdings: Um sich dumm stellen zu können, darf man nicht ganz blöd sein.

Schon als Zwölfjähriger machte mir mein Vater, ein wahrer Bücherverschlinger, Romane von Dumas, Jack London, B. Traven und anderen schmackhaft. Da begann ich mich mit Abenteurern, Außenseitern und Minderheiten zu identifizieren. Vor allem die Indianer imponierten mir, da sie weder Angst noch Schmerzen zeigten und selbst angesichts des drohenden Todes am Marterpfahl noch den Feind verspotteten. ( Karl May war mir zu klischeehaft und oberfläch- lich. Steubens Tecumseh-Indianerbücher und Coopers Lederstrumpf erschienen mir damals schon authentischer.)

Als Sechzehnjähriger gab ich in einem Schulaufsatz als Berufswunsch ›Clown‹ an: ›Der eigentliche Beruf ist tot. Das große Spiel des Lebens kann beginnen ... Lachen, wo einem zum Weinen zumute ist; die Weinenden zum Lachen bringen...‹

Der Schulaufsatz wurde nicht benotet. Begründung: ›Thema ver- fehlt.‹

Ich war sechzehn, als mein Vater ganz plötzlich starb. Eigentlich schon in meiner Kindheit, meiner Jugend, bewegte ich mich zwischen zwei Welten: die pietistische, sehr wohl humanistische Erziehung meiner Mutter, aber doch irgendwie auf Anpassung angelegt – und mein Vater das Gegenteil. Er war in seiner Jugend Rebell, eine Art Weltenbummler. Emotional habe ich mich eher meiner Mutter zuge- wandt, sozial und weltanschaulich aber meinem Vater.

Übrigens: wenn ich in der Schule schlechte Noten hatte, droh- te mir meine Mutter: ›Aus dir wird nichts! Aus dir wird nur ein Straßenkehrer!‹ Ich habe ihr immer geantwortet: ›Das ist doch auch ein ordentlicher Beruf, die Leute werden gebraucht, dann werde ich eben Straßenkehrer!‹

Auf dem Gymnasium hat mich ein Deutschlehrer, Heinz Protzer, sehr beeinflusst: damals war auf den Lehrplänen Innerlichkeit angesagt, weil man über die Gräuel des Krieges und die Schuld der Tätergeneration nichts wissen wollte. Es wurden Wiechert, Bergengruen, Agnes Miegel und was weiß ich gelesen. Dieser Deutschlehrer, der aufgrund seines Entsetzens als Soldat als Pazifist aus dem Krieg zurückgekehrt war, hat uns den frühen Böll, Borchert, Tucholsky, Brecht sehr realistisch vermittelt. Ich glaube, ich bin ein Beispiel dafür, dass Literatur zum Handeln führen kann.

Ich schrieb dann auch selber experimentelle Gedichte, so wie ich vorher schon Schulaufsätze im Stil von Wolfgang Borchert verfasst hatte. ›Draußen vor der Tür‹ konnte ich auswendig. Ich glaube, ohne diese Literatur wäre ich wahrscheinlich nicht Kriegsdienstverweigerer in dieser Konsequenz geworden. Meine Orientierung war – und das hat sich bis heute nicht geändert – die Bergpredigt und der gewaltfreie Widerstand eines Mahatma Gandhi. Darauf habe ich mich berufen. Jesus war für mich eine große Gestalt der Menschheitsgeschichte, genauso wie Gandhi.

Von Jesus führte die Linie zu Platon und Sokrates und von Gandhi zu Martin Luther King, alles Menschen, die für Gewaltlosigkeit stehen und bei denen Reden und Handeln eins sind.«

# Martin Walser

geboren 1927 in Wasserburg, lebt in Überlingen-Nußdorff am Bodensee

Schon sein Erstling »Ehen in Phillippsburg« (1957) war ein großer Erfolg, »Tod eines Kritikers« (2002) polarisierte, »Angstblüte« (2006) wurde gelobt, verrissen und gern gelesen. Keines der Prosawerke war aber so umstritten wie seine Dankesrede für den Friedenspreis des deutschen Buchhandels 1998, in der er die »Instrumentalisierung des Holocaust« anprangerte. Der Vater von vier Töchtern schreibt an gegen psycho-politischen Muff, der Alltag ist ihm wichtiger als kühle Intellektualität: »Man kann sich selber keine Wahrheiten sagen, wenn man nicht schreibt.« Eine seiner Lebensweisheiten: »Nichts ist ohne sein Gegenteil wahr.«

»Vorbilder – das klingt, als könne man sich sein Leben lang danach richten, als würde man einen Einfluss spüren, der einen entwickelt durch seine Macht.

Ich kenne einen solchen Einfluss nur als Lernender von Schriftstellern, bei denen ich ›in die Schule‹ gegangen bin.

Ich bin ja in die Schule Kafkas gegangen. Das Lernen aber war nicht erzwungen, das passiert nebenbei, wenn Du gern in die Schule gehst.

Es begann, als ich 1946 Kafkas Erzählung ›Die Verwandlung‹ bekommen hatte und dann nichts anderes mehr habe lesen können außer Kafka. Über Kafka habe ich meine Doktorarbeit ›Beschreibung einer Form‹ geschrieben. Meinen ersten Erzählungsband ›Ein Flugzeug über dem Haus‹ haben einige Kritiker als Kafka-epigonal empfunden.

Das war meine wichtigste Lehrzeit.

Der zweite Lehrer war Marcel Proust und seine ›Suche nach der verlorenen Zeit‹. In diese ›Schule‹ ging ich etwa zwei Jahre.

Und danach – da war ich um die Dreißig – habe ich es nicht mehr erlebt: dieses intensive Teilnehmen-Müssen an der exemplarischen Arbeit eines anderen.

Natürlich hatte ich lang vor diesen literarischen Lehrzeiten Vorbilder, wenn ich sie auch nicht so nannte und auch heute noch nicht so nenne.

Die Autoren, die ich verehrte, deren Gedichte oder Stücke oder Romane oder einfach Schriften ich verschlang, das waren mehr als Vorbilder, die konnte ich in keiner Bezeichnung unterbringen. Nacheinander waren das Karl May, Friedrich Schiller, Friedrich Hölderlin, Dostojewski, Nietzsche, Stefan George. Jedem von denen könnte ich ein Denkmal bauen.

Später sind dann dazugekommen Robert Walser und Kierkegaard.

Das sind die Dichter und Denker, die mir als Größen, als Verehrungswürdige bleiben.

Natürlich hat Goethe auch dazugehört und gehört auch heute noch dazu. Aber mit ihm habe ich mich immer auseinandersetzen müssen. Das hält ihn in mir lebendig.

Vorbild außerhalb der Literatur?

Da fällt mir nur Fritz Eberhard ein, der Intendant war in Stuttgart, der meine Freunde und mich Radio und Fernsehen machen ließ wie niemand sonst. Tatsächlich verdient er das Wort Vorbild am meisten, weil er uns vorlebte, wie man das praktisch macht, Meinungsfreiheit zu nutzen zur Entwicklung der Demokratie in einem Land, das wenig demokratische Tradition hat. Fritz Eberhard hat seinen Namen im Widerstand angenommen, ursprünglich sei er, sagte man, ein Graf gewesen und habe Graf Rauschenplat geheißen.«

# Richard von Weizsäcker

geboren 1920 in Stuttgart, lebt in Berlin

Geboren im Stuttgarter Schloss, studiert der Diplomatensohn Philosophie in Oxford. 1938 zum Reichsarbeitsdienst eingezogen und von der Wehrmacht übernommen, ist er dabei, als sein älterer Bruder am 2.9.1939 fällt (»seitdem habe ich meinen Vater nie wieder lachen sehen«). Nach Kriegsende studiert er Jura. Als sein Vater, der ehemalige Außenamtsstaatssekretär, in den Nürnberger Kriegsverbrecher-Prozessen angeklagt wird, fungiert der Jurastudent als Hilfsverteidiger. 1954 wird er CDU-Mitglied, 1955 promoviert er zum Dr. jur.. Bereits als Präsident des Deutschen Evangelischen Kirchentages genoss er großes Ansehen in der Bevölkerung und gleichermaßen bei der Kultur-Elite, als sechster Bundespräsident (1984–1994) profiliert der Ehrenbürger und von 1981–1984 Regierender Bürgermeister Berlins sich als internationaler und überparteilicher Vermittler. Sein Engagement wurde unter anderem mit einundzwanzig Ehrendoktorwürden honoriert. Auf sein Konto geht auch die Initiative »Europa eine Seele geben« (2003) die mit Hilfe überregionaler Netzwerke Europas Politik für die Wirkung der Kultur öffnen will. Denn: »Gegen Globalisierung zu sein ist so, als wenn man gegen das Wetter wäre.«

»Meine Familie zählte zu den Bildungsbürgern, nicht den Besitzbürgern. Mein Urgroßvater Carl Weizsäcker (1822–1899) war Theologe und Rektor der Universität Tübingen. Bekannt wurde er durch seine zwölfmal neu aufgelegte Übersetzung des Neuen Testaments. Mit seiner ganz undogmatischen Frömmigkeit erforschte er um des Glaubens willen historische Tatsachen und war ein ökumenischer Vorkämpfer für den konfessionellen Frieden …

Meine Großmutter hatte einen klaren Verstand, war von einer eher lautlosen nüchternen Warmherzigkeit und von einem ausgeprägten Gefühl für Sitte und Anstand. Handele, wie du es vor dir selbst verantworten kannst, das war ihre Maxime für sich und für uns. Sie war hilfreich und streng zugleich. Nicht um die Wirkung nach außen ging es ihr, sondern um innere Maßstäbe …

Mittelpunkt und Herz der Familie war die Mutter. Sie trug die ganze Last der Arbeit. In ihrer Hand lag die alltägliche Erziehung. Sie begleitete die Entfaltung eines jeden ihrer Kinder mit der tiefen Kraft ihrer Liebe … Lebenslang hatte sie ein waches soziales Empfinden, einen starken Willen und war streng vor allem mit sich selbst … Dankbar und familienfroh war sie stets, aber gewiss niemals willenlos … Alles, was wir mussten, ›durften‹ wir.

Der Vater war viel unterwegs, aber als die hochgeachtete Autorität präsent, sobald er am allgemeinen Familienleben teilnahm. Er war von ausgeprägten ethischen Grundsätzen und warmen Empfindungen geleitet … Ihm verdanke ich das Interesse für Geschichte und Geographie. Den engagierten Schiller zog er dem sich immer wieder entrückenden Goethe vor, obwohl er die halbe ›Iphigenie‹ auswendig hersagen konnte.

(1948 übernimmt Richard von Weizsäcker die Verteidigung seines Vaters während der Nürnberger Kriegsverbrecher-Prozesse.)

Mein Vater war darüber zunächst sehr beunruhigt; denn er wollte ganz und gar nicht, dass ich ihm meine Zeit opferte und um seines Verfahrens willen meinen Weg ins Berufsleben verzögerte. Für mich aber war es wahrlich alles andere als Opfer. Es brachte ein unersetzliches, zentrales Kapitel meines Lebens mit sich. So schwer die Zeit, so menschlich erfüllend war sie. Im intensiven, oft täglichen Zusammensein mit dem eigenen Vater wuchs eine tiefe innere Bindung. Im Übrigen erhielt ich einen zeitgeschichtlichen Unterricht von einer prägenden Eindrücklichkeit, wie sie kein abstraktes Studium je hätte bieten können … Sein Leben lang hatte es ihm nicht gelegen, über sich selbst zu sprechen … Nie hatte mein Vater für sich und seinen Charakter geworben … Die Zeit in Nürnberg hat mich gelehrt, mir und vor allem anderen jungen Menschen nur zu wünschen, niemals in eine Lage zu kommen, in der mein Vater war; wenn aber, dann mit derjenigen Tiefe des eigenen Gewissens zu leben und zu handeln, die ich bei ihm durch die Jahre hindurch miterlebt habe.

Einen großen Eindruck hat der Alttestamentler Gerhard von Rad auf mich [als Studenten] gemacht. Ihm verdanke ich das Verständnis von der Kraft der Erinnerung in der menschlichen Existenz, wie sie in einem religiösen Sinn der jüdische Glaube vielleicht am tiefsten erfasst, für den der Glaube an Gott der Glaube an Gottes Wirken in der Geschichte ist … Erinnerung heißt in diesem Sinne für sie das Geheimnis der Erlösung. Wer aber vergisst, verliert den Glauben.

Wenn es uns Menschen gelänge zu handeln, wie es die Bergpredigt vorgibt, dann wären die Probleme der Welt auch politisch lösbar.

Wenn ich am Ende meines Lebens auf eine Insel verbannt würde und dürfte – neben der Bibel – nur noch ein einziges Buch mitnehmen, dann wäre es ›Krieg und Frieden‹ von Tolstoi … Man muss sich durch Lektüre und Theaterbesuche die Erlebnisfähigkeit erhalten!«

*aus:*
Richard von Weizsäcker: »Vier Zeiten«. Erinnerungen, Berlin 1977
Ulrich Greiwe: »Die Kraft der Vorbilder«, München 1998

# Maria von Welser

geboren 1946 in München, lebt in Hamburg

1988 wurde das damals einzige bundesweite Frauenmagazin im deutschen Fernsehen, »ML Mona Lisa«, als »Weibertratsch« belächelt. Doch die Chefin verwandelte es in dreizehn Jahren in eine engagierte Infotainment-Sendung mit Themen wie »Lesbische Liebe«, »Paragraph 218« oder »Kinderpornographie«. Ihre Sendung über die Frauen-Vergewaltigungen im Bosnien-Krieg verschaffte ihr großen Respekt, es hagelte Auszeichnungen. 2003 wurde die Freifrau, die für sich den Begriff »Feministin« ablehnt, Direktorin des Landesfunkhauses Hamburg: »Wir brauchen die Emanzipation mehr denn je! Frauen werden doch auf allen Ebenen wieder zurückgedrängt und verlieren als Erste ihre Jobs!« Ihre Devise: »Die Männer zu Partnern machen. Wenn ich einen Krieg anfange, gibt's keine Diskussionen mehr.«

»Ein wenig in sich gehen, nachdenken, das muss ich schon, wenn ich über Vorbilder sinniere. Als Erstes fällt mir meine Mutter ein, die nur mit Lederhandschuhen Auto fuhr – stets passend zum Kostüm. Die mir zudem vorlebte, dass Frauen selbstverständlich einen Beruf haben, selbst ihr Geld verdienen und auch ausgeben. Dabei Kinder haben und natürlich auch einen Ehemann. Aber: Wenn ich Schuhe oder Ski brauchte, dann habe ich meine Mutter gefragt. Die hat sie mir dann gekauft.

Zuhause sorgte eine Haushälterin für die anderen ›Kleinigkeiten‹: Wäsche, Mahlzeiten, mein Pausenbrot.

Meine Mutter meinte allerdings auch zu ihrer, zugegebenermaßen oft aufmüpfigen, Tochter: ›Du musst doch nur ein wenig nett sein zum Papi, dann kriegst du alles.‹ Aber nett sein wollte ich nicht. Um keinen Preis.

Manchmal durfte ich meine Mutter in ihrer Redaktion besuchen. An den Wänden hingen bunte Zeitschriften-Seiten. Darauf leuchteten weiße Stellen. Das waren die fehlenden Texte. Die ›Arbeit‹ meiner

Mutter. Dazu hatte sie bereits die schönsten Modebilder ausgesucht, mit herrlichen Kleidern aus Paris, Rom und damals noch Florenz. Alta Moda und Haute Couture – diese Begriffe kamen mir als Kind ganz selbstverständlich über die Lippen. Wie selbstverständlich bewegte sich meine Mutter in dieser Welt. Ich mit meinen rappelkurzen Haaren, Jeans und dickem Pulli habe das mit großen Augen bewundert. Nie beneidet, denn dass das nie meine Welt werden würde, das war mir von Anfang an klar. Dabei vergesse ich nie mehr ihre Antwort auf meine Frage, warum sie nie für mich kochen würde: ›Ich bin zu teuer für die Küche ...‹

Das fand ich schrecklich, und alles andere als ›vorbildlich‹.

Mein zweites Vorbild entdeckte ich in einer Zeitschriften-Kolumne. ›Sternchen ist das Kind vom stern‹ – so warb in meiner Jugend der stern um junge Leser. In jedem ›großen‹ Heft schrieb ›Sybille‹. Das hatte was Sybillinisches, Geheimnisvolles. Noch ahnte ich nicht, dass ich eines Tages selbst bei ihr als Journalistin anheuern würde. Sybille lautete das Pseudonym von Anneliese Friedmann, später Verlegerin der Münchner Abendzeitung. Ihre Texte habe ich verschlungen, genauso wollte ich auch einmal schreiben können. Diese Weitsicht, diese Weltsicht, formuliert in für mich wunderbaren Sätzen mit einem stets völlig unverwarteten Ende.

Als ich dann Jahre später bei der ›Abendzeitung‹ anfing, begegnete ich der Autorin persönlich. In Gestalt der Verlegerin, die sich damals weigerte, dass in der Bildunterschrift das ›-in‹ an ihre Berufsbezeichnung angehängt wird. Das fand ich maniert. Aber ansonsten hatte sie wohl eine glückliche Hand. Zum einen mit dem Chefredakteur, der die Redaktion im besten Geiste ›führte‹, zum anderen mit ihren JournalistInnen. Die AZ galt bundesweit als Boulevardblatt mit Stil. Wir waren stolz, für dieses Blatt zu arbeiten. Fürchteten die Konferenzen, in denen sie mit am Tisch saß und pointiertes Lob und klare Kritik am Blatt und den Machern in die Runde warf. Vorbildhaft, finde ich das bis heute.

Es gibt aber in meinem Leben auch ein privates Vorbild. Entstanden, weil Kinder ja immer alles besser als ihre Eltern machen wollen. So hatte ich mir vorgenommen, quasi als Kontrastprogramm zu meiner

Mutter, eine gute Hausfrau zu werden, die stets für ihre Kinder kocht. Die Hemden des geliebten Ehemannes bügelt und den Tisch mit selbstgeputztem Silber deckt, wenn Gäste kommen, für die selbstverständlich die Hausfrau bereits den ganzen Tag in der Küche gewirkt hat. Die Mutter meiner besten Freundin Brella war so eine perfekte Hausfrau. Neugierig habe ich ihr in der Küche zugesehen, half, wo es ging, und übte bügeln unter ihrer kritischen Anleitung. Ich habe viel von Anneliese gelernt. Muss aber nach gelebtem Leben zugeben: Job und Kinder, Hemden und heiße Storys schreiben – das geht schwer zusammen. Nur mit den so vielzitierten ›haushaltsnahen Hilfen‹. Die zu meiner Zeit noch von ›Rabenmüttern‹ angeheuert wurden. Das scheint sich – endlich – in Deutschland zu ändern. Ich jedenfalls scheiterte stets an meinen hohen Ansprüchen am heimischen Herd. Beim abendlichen Vorlesen für die Kinder haben die sich einen Spaß daraus gemacht, auf die Uhr zu schauen, wann ihre Mami längst vor ihnen selig entschlummert ist … Unzählige Male bin ich beim Abendessen mit Gästen vor Erschöpfung in einen Kurzschlaf gefallen. Nicht vorbildhaft – aber lebensnah. Und kein Wunder, wenn die Tage zu Hause und im Job von morgens sechs Uhr bis abends zehn Uhr dauern.«

# Ulrich Wickert

geboren 1943 in Tokio, lebt in Hamburg

Vom 1. Juli 1991 bis 31. August 2006 war der »Tagesthemen«-Moderator der berühmteste Mann des deutschen Fernsehens, sein täglicher Abschiedsgruß »und eine geruhsame Nacht« machte froh und süchtig. Seitdem schreibt der studierte Jurist, Offizier der französischen Ehrenlegion und »Krawatten-Mann der Jahres« (2005) Krimis und Bücher über Frankreich und über den Werteverlust in unserer Gesellschaft. Weil sein Vater Diplomat war, lernte er laufen in Tokio, ging in Paris und Heidelberg zur Schule, studierte Politikwissenschaften in Bonn und Connecticut/USA. Auch als Auslandskorrespondent der ARD

bereiste er die Kontinente und beeindruckte mit seinen kultiviert-kritischen, weltoffenen Berichten: »Ich habe gelernt, nicht danach zu gucken, *dass* etwas anders ist, sondern danach zu gucken, *warum* etwas anders ist. Ich finde Auseinandersetzungen sehr kreativ!« Er ist zum dritten Mal verheiratet, seine erste Frau ist die Mutter seiner einzigen Tochter.

»Mein Bruder ging schon in den Konfirmationsunterricht beim Pfarrer in Handschuhsheim und fühlte sich natürlich weitaus erwachsener als ich. Um diesen Unterricht ein wenig abwechslungsreicher zu gestalten, veranstaltete der Pfarrer für die Konfirmanden Film-Nachmittage in der Kirche. Zu einem solchen Termin nahm mich mein Bruder, ein wenig gönnerhaft, mit. Wahrscheinlich hatte der Pfarrer die Konfirmanden aufgefordert, ihre jüngeren Geschwister einzuladen, als ›Werbemaßnahme‹ sozusagen. Kino war damals noch etwas ganz Besonderes, und so war ich sofort bereit, mir den Film über Martin Luther anzuschauen. Schwarz-Weiß. Ich habe heute keine Ahnung mehr, wer mitgespielt hat, noch wie die Handlung ablief, obwohl es da ja nur wenig Variationsmöglichkeiten gibt. Nicht vergessen aber habe ich die Szene, in der jener Mönch Mut beweist und sagt: ›Ich stehe hier und kann nicht anders.‹ Mann und Satz wurden mir zum Vorbild.

Es wird wohl um die gleiche Zeit gewesen sein, als unser Vater mit uns über Vorbilder sprach und uns von Albert Schweitzer erzählte. Also beschäftigte ich mich mit dem Arzt, und Lambarene wurde für mich ein Begriff und die Idee, soziale Verantwortung für andere zu übernehmen, bewegte mich.

In der Schulzeit wurden sogar manche Lehrer für eine kürzere oder längere Zeit Vorbilder: der Deutschlehrer Herr Schwalbach; der erste, und wirklich nur der erste Lateinlehrer (später hatte ich immer eine Fünf); in der Prima noch der Deutschlehrer Gotthart Wunberg (der später als Professor in Tübingen lehrte). Stets war es ihre liberale Haltung, mit der sie Wissen weitergaben, die mich beeindruckte. Und vielleicht auch der Respekt, mit dem sie uns begegneten. Lehrer ahnen vielleicht viel zu wenig, welchen immensen Einfluss sie auf Schüler haben können.

Als ich dann in den USA studierte, regierte John F. Kennedy. Auch der wurde mir zum Vorbild, mit seinem Satz: »Frag nicht, was dein Land für dich tun kann, frag, was du für dein Land tun kannst.«

So fügt sich denn ein Vorbild an das andere. Von jedem habe ich etwas gelernt, übernommen und als Leitlinie für richtiges Handeln in das Sammelsurium meiner Gedanken aufgenommen. Und so sehe ich Vorbilder: Sie haben eine Haltung, die beeindruckt, weshalb man sie als Person bewundert. Das wiederum beeinflusst das eigene Denken und schließlich auch das Handeln. Wahrscheinlich habe ich noch viel mehr Vorbilder, ohne es zu ahnen.«

# Christian Wulff

geboren in 1959 in Osnabrück, lebt in Hannover

Seit 2003 Ministerpräsident von Niedersachsen. Mit dreizehn engagiert er sich im Kinderschutzbund, tritt mit sechzehn in die CDU ein, fordert 1996 eine Debatte über Helmut Kohls Führungsstil und ist seit 1998 stell-vertretender CDU-Bundesvorsitzender. Seine politischen Vorstöße sind ebenso wirkungsvoll wie originell: Der Katholik plädierte für den Austritt seines Landes aus der Kultusministerkonferenz (um sie sinnvoller gestalten zu können), drohte mit der Kündigung des Staatsvertrages des NDR (um mehr Regionalberichterstat-tung zu erwirken), strich sich und seinen Kabinettskollegen das Weihnachts-und Urlaubsgeld. Der Jurist und Mitglied in etwa achtzig Vereinen gönnte sich eine Gastrolle in Dieter Wedels Film »Mein alter Freund Fritz« (spielte sich selbst) und trennte sich 2006 von seiner Frau, um ein Leben mit seiner Freundin zu beginnen. Sein Motto – »Das Glück des Lebens besteht nicht darin, wenig oder keine Schwierigkeiten zu haben, sondern sie zu überwin-den« – stammt von Carl Hilty, dem Vorbild von Konrad Adenauer.

»Alfred Herrhausen ist für mich eine Inkarnation von Verantwortungs-bewusstsein. Er hat sich von dem Ideal der Wissensgewinnung faszi-nieren lassen, und mich hat seine Einheit von Pragmatismus und vi-sionärem Idealismus, von Macht, Geist und Kunstsinn in einer Person, die stets mit großen moralischen Anforderungen an den Menschen verbunden war, sehr angesprochen.

Ich nenne Alfred Herrhausen an erster Stelle, weil von ihm ein Satz stammt, den ich auch für mich beherzige: ›Kein Mensch ist unersetz-lich, aber jeder ist einzigartig; daraus leite ich die Verpflichtung ab, das zu realisieren, was ich bin, nicht danach zu streben, was ein anderer ist oder war, oder was andere aus mir machen möchten.‹ Auch ich möchte nicht werden, wie jemand anderer ist oder war, sondern ich selbst sein.

Auf dem Findungsweg waren meine beiden Großväter von großer Bedeutung.

Mein Großvater Wilhelm Wulff, der drei Jahre vor meiner Geburt starb, aber über den man mir viel erzählte, war mehr als dreißig Jahre Dorfschullehrer und Leiter einer Hauptschule in Westerkappeln im Westfälischen und hat viele Westerkappelner geprägt, weil er ihnen einschärfte: ihr könnt mehr, als ihr denkt, macht etwas aus euch!

Er war Lehrer und Gärtner: Morgens um fünf, noch vor der Schule, hat er im Garten Obst und Gemüse gepflegt. Und er war ein Historiker: Er hat die Geschichte der Gemeinde und Westfalens aufgeschrieben. Er war ehrenamtlich Organist in der evangelischen Kirchengemeinde, hat das Unternehmen ›Farben-Wulff‹ mitbegründet, war stets erfüllt und ausgeglichen und hat all diejenigen glücklich gemacht, die von ihm etwas gelernt und angenommen haben. Es hat aus seinem Leben das Beste gemacht – und das fand ich immer faszinierend.

Mein anderer Großvater Walter Evers ist gestorben, als ich vierzehn Jahre war. Er war Unternehmer und hat sein Unternehmen nach dem Zweiten Weltkrieg mit großer Entschlossenheit wieder aufgebaut. Er interessierte sich für andere Menschen, hat immer die Ruhe bewahrt und oft ganz viel Zeit für mich gehabt. Wir haben uns unterhalten, und er hat mir weit mehr zugetraut, als ich in jungen Jahren leisten konnte; er schenkte mir zum Beispiel den Roman ›Der Clan der Löwen‹ von

Thomas Fall, aber er machte mir auch klar, dass ich erst viel später verstehen würde, warum ich diese Geschichte über Auseinadersetzungen innerhalb einer Familie lesen sollte. Noch auf dem Totenbett bat er mich um ein kurzes Gespräch und sagte, ich müsse später Verantwortung übernehmen und hätte dafür gute Voraussetzungen.

Da mir ein Vater wegen der Scheidung meiner Eltern fehlte, habe ich glücklicherweise Vorbilder auch unter meinen Lehrern gefunden.

Natürlich kann ich mich an Frau Heine, meine erste Lehrerin, erinnern, die am ersten Tag in der ersten Klasse mit bunter Kreide etwas an die Tafel malte und uns dann die Hand zeigte und alle riefen ›Iii‹, und sie sagte: Jetzt habt ihr euren ersten Buchstaben gelernt. Damals habe ich – natürlich unbewusst – verinnerlicht, dass sich Symbolik, dass sich Bilder tiefer ins Gedächtnis einprägen als Worte.

Ich glaube, die meisten Menschen verdanken Lehrern weit mehr als vielen anderen: Man braucht sich nur an Jesus und seine Jünger, an Sokrates und Platon, Aristoteles und Alexander den Großen zu erinnern. Und ich finde, Henry Ford hat recht, wenn er sagt, die Zukunft des Landes beginnt in den Kinder- und Klassenzimmern.

Die Bilder von Felix Nussbaum, der 1944 vierzigjährig in Auschwitz ermordet wurde und der seine Malerei als Widerstandshandlung verstanden hatte und sich dadurch seine menschliche Würde und die Kraft zum Überleben im Dritten Reich bewahren konnte, ist mir Vorbild. Ich habe seine Bilder immer als sein politisches Vermächtnis verstanden, seinem Werk habe ich unter anderem meine Überzeugung zu verdanken, dass die Menschenrechtsverletzungen der Nationalsozialisten nicht vergessen werden dürfen, ebenso wenig wie die der Sozialisten in der DDR.

In meinem unmittelbaren Umfeld wurden mir die Brüder Walter und Werner Remmers zu Vorbildern.

Der ehemalige niedersächsische Justizminister Walter Remmers ist ein Politiker, der immer die Sache vor die Person stellt, der nicht glänzen, sondern die Sache in den Mittelpunkt rücken will. Er hat mit hoher Sensibilität, niemals mit erhobenem Zeigefinger, junge Menschen – wie auch mich – an die Politik herangeführt.

Werner Remmers, der einstige Kultus- und Umweltminister von Niedersachsen, ist einer meiner politischen Ziehväter. Seine Maxime lautet: Politik am Mittelstreifen der Straße entlang, also eine undogmatische, unideologische und pragmatische Politik zu machen, aber aus christlicher Inspiration. Das hieß für ihn: weg von der Zuschauerrolle, runter von der Tribüne aufs Spielfeld, Verantwortung übernehmen. Er pflegt zu sagen: ›Glücklich wird nur, wer andere glücklich macht.‹ Oder: ›Wenn jeder an sich selber denkt, ist gerade nicht an alle gedacht.‹

Friedrich August von Hayek ist für mich ökonomisch der Wegweisende. Er hat als wichtiger Verfechter der Marktwirtschaft versucht, die Kräfte des Einzelnen zu mobilisieren, und gezeigt, wie Freiheit und Wohlstand für alle zu erreichen und zu sichern sind. Und er war überzeugt, dass jene Gesellschaften erfolgreich sind, in denen Werte, Aufrichtigkeit und Gerechtigkeit gelebt werden.

Deswegen glaube ich, dass Unternehmen ethisch verantwortlich handeln müssen zum Beispiel in Fragen der Ausbildung und der Vorstandsbezüge, dass nur dann, wenn der Unternehmer mit gutem Beispiel vorangeht, die Akzeptanz für unsere soziale Marktwirtschaft dauerhaft gesichert werden kann. Und deswegen beziehe ich mich auch oft auf Hayeks Gedanken: ›So paradox es klingen mag, eine erfolgreiche, freie Gesellschaft wird immer eine im hohen Maße traditionsgebundene sein.‹ Das heißt: dass die Wertorientierung wichtig ist, dass der Mensch auch in Zeiten der Globalisierung, die eine hohe Flexibilität fordert, Wurzeln schlagen, sich heimisch und geborgen fühlen muss, denn nur so findet er Halt in einer sich rasch verändernden Welt. Und auch dieses Vermächtnis von Hayek finde ich außerordentlich bedeutsam.

Freya von Moltke (Jahrgang 1911) ist für mich eine der Frauen, die ihre eigenen Bedürfnisse zum Wohle der Gemeinschaft und zum Wohle höherer Werte zurückgestellt und aufopferungsvoll für Völkerverständigung und Moral geworben hat. Sie hat in einzigartiger Weise nicht nur den Dialog zwischen den Generationen in den letzten sechzig Jahren aufrechterhalten, sie gehört für mich auch zu den großen Brückenbauerinnen dieses Jahrhunderts in Europa. Mut zum Leben, Verständigung, Versöhnung und das Einreißen von festgefahrenen Denkmustern – das sind Schlüsselbegriffe in ihrem Leben, darum ist sie auch mit viel menschlicher Wärme bemüht, besonders Polen und Deutschland näher zusammenzuführen. Und damit führt sie das historische Erbe ihres Mannes, Helmuth James Graf von Moltke, der als Initiator des Kreisauer Kreises Deutschland in die europäische Gemeinschaft führen wollte und als Widerstandskämpfer des 20. Juli 1944 hingerichtet wurde, weiter. Er wäre in diesem Jahr 2007 hundert Jahre alt geworden.

Schließlich ein Sportler – Günter Netzer. Er war mein großes Idol, als Fußball-Fan, der ich bin. Vier Tage nach meinem vierzehnten Geburtstag, am 23. Juni 1973, habe ich das für mich bisher eindrucksvollste Fußballspiel meines Lebens gesehen: das Pokalendspiel 1. FC Köln gegen Borussia Mönchengladbach, in dem eine Torszene die andere ablöste. Günter Netzer hätte damals eingewechselt werden sollen, doch er wurde es nicht, und zur Verlängerung hat er sich dann selbst eingewechselt. Er ist, vom Publikum bejubelt, aufs Feld gekommen, hat sich den Ball genommen, hat Doppelpass gespielt und den Ball, wie kein anderer, oben links ins Tor geschossen, hat sich gefreut wie kein anderer, und damit gezeigt, dass er als Individualist bereit war, im entscheidenden Moment die Verantwortung zu übernehmen und sich, trotz aller Streitigkeiten mit dem Trainer, in den Dienst der Mannschaft zu stellen.

Und die ›Netzer-Botschaft‹, die ich aus diesem Spiel fürs Leben mitgenommen habe, lautet: Nicht die elf besten oder gleich gute Fußballspieler auf einer Position bilden eine erfolgreiche Mannschaft, sondern elf Spieler unterschiedlicher Begabung und unterschiedlicher Individualität. Dass es einerseits Mannschaftsfähigkeit braucht, einen Spieler mit der Nummer 10, der als Mittelfeldstar andere Spieler in Szene setzt; dass es aber andererseits auch Individualismus braucht, die Bereitschaft, gegen den Strom zu schwimmen. Denn mit dem Strom schwimmen nur tote Fische, und nur wer gegen den Strom schwimmt, kommt zur Quelle.

Daher fand ich es bemerkenswert, was ich im Dezember 2004 im ›Hamburger Abendblatt‹ gelesen habe: ›Wer sich in jungen Jahren Günter Netzer als fußballerisches Vorbild gewählt hatte, war für den geraden Weg zum Ziel verloren. Jeder Schuss sollte Schnitt mitbekommen, Freistöße mussten um imaginäre Mauern gezirkelt und Ecken direkt verwandelt werden, Pässe mit viel Effet in den Lauf des durchgestarteten Mitspielers gedreht werden.‹

Ich glaube, dass ich ungeeignet bin, in strikter Loyalität schlichtweg nur auf einer Position zu spielen und der Dinge zu harren. Ich möchte schon eher den originellen Einfall haben, die besondere Aktion für den Erfolg in der Sache durchsetzen, etwas Besonderes mit Spitzfindigkeit und Originalität erreichen. Natürlich nicht so perfekt wie Günter Netzer, aber vom Ansatz her: Er macht eben nicht das, was alle machen, und nicht das, was keiner macht, sondern das, was man originell und beherzt machen kann, um zum gewählten Ziel zu kommen.

Und so versuche ich häufig Dinge, die nicht alle machen, die aber näher zum Ziel führen.«

# Paul Wunderlich

geboren 1927 in Eberswalde, lebt in Hamburg und
in St. Pierre de Vassaois/Provence

Für Oskar Kokoschka und Emil Nolde arbeitete er als Drucker, sein Zyklus erotischer Blätter »qui s'explique« wurde von der Hamburger Staatsanwaltschaft beschlagnahmt, da »unsittlich«. Gleichzeitig kaufte das New Yorker Museum of Modern Art die neo-surrealistischen Graphiken, sie wurden in Japan ausgestellt und begründeten sein internationales Standing. 1981 wurde der Sohn eines brandenburgischen Obristen im Luftfahrtministerium Mitglied der Akademie des Beaux-Arts in Paris. Sein Lebenswerk umfasst auch Plastiken, Entwürfe für Schmuck, Möbelstücke und Porzellan. Er bewahrt seinen Stil vor Trend und Moden, doch die Themen sucht er bei Dürer, in Mythen und Legenden: »Kunst ist eine Gewalt, die auf Taubenfüßen geht.«

»Ja, ich hatte Vorbilder, sie wechselten einander ab. In meinem Gedächtnis finde ich keinen Mann, keine Frau, keine große

Persönlichkeit, die mich über die Jahrzehnte begleitet hätte, keinen Albert Schweitzer, keinen Jesus Christus, keinen Papa.

Ich wuchs auf umgeben von schönen Tanten, schönen Cousinen, gelassenen Großeltern, einer stillen Schwester und einer schönen, ungeduldigen Mutter, deren Vorbild Nietzsche war. Auf ihrem Nachttisch lag ein schmales blaues Buch, der ›Zarathustra‹. Der Vater hatte schon früh die Familie verlassen. Von ihm blieben mir in Erinnerung seine stets entzündeten Augenlieder und der Duft seiner Pomade.

In der Kindheit mochte ich einen Heiligen: Franziskus von Assisi, weil er die Tiere um sich hatte. Er hatte auch – so will es die Legende – den Vögeln gepredigt, sie ›meine Brüder Vögel‹ genannt. Und mit einem reißenden Wolf soll er sogar einen ›Friedensvertrag‹ geschlossen haben, nachdem er ihn überzeugen konnte, dass Menschentöten Sünde sei. Aber das war in der Kindheit. Die Liebe zu Tieren habe ich mir allerdings bewahrt.


Mit siebzehn, achtzehn war ich Schopenhauer verfallen. Seine ›Parerga und Paralipomena‹, seine klare Sprache, seine Aphorismen: Auf die Frage, was Glück denn sei, antwortete er: ›Die Abwesenheit von Unglück.‹

Liest man ihn genau, erkennt man ziemlich schnell, dass er kein pessimistischer Nihilist gewesen ist, wie man ihn in den Schulbüchern darstellt, lediglich ein wenig verbittert, weil er nicht den Erfolg hatte, der ihm eigentlich gebührte. Dennoch schrieb er geistreiche, lichte Texte in einem wunderbaren Deutsch.

Dann kam Leonardo mit seiner unglaublichen Vielseitigkeit.

Und später, als ich um die fünfundzwanzig Jahre alt war, war ich von Picasso beeindruckt, von seiner Selbstsicherheit und Klarheit, mit der er sein künstlerisches Ziel vor Augen hatte und sich nicht beirren ließ.

Zum Schluss, als ich etwa fünfundvierzig wurde, prägte mich der Philosoph Karl Popper, der als der Begründer des kritischen Rationalismus gilt. Aber für mich war vor allem seine politische, demokratische Weltsicht maßgeblich, die er in seinem großartigen Buch ›Die offene Gesellschaft und ihre Feinde‹ vertrat.

Danach bin ich zu alt gewesen, um noch Vorbilder zu haben. Irgendwann ist es schließlich an der Zeit, selbst zum Vorbild zu werden, nicht wahr?

Eines noch: Es gab und gibt Persönlichkeiten, die einem begegnen und durch bestimmte Eigenschaften beeindrucken: durch Nachgiebigkeit, Gelassenheit oder Intelligenz. Diese Begegnungen gab es immer wieder mal. Aber diese ›Vorbilder‹ waren und blieben namenlose Menschen.«

# Simone Young

geboren 1961 in Sydney, lebt in Hamburg

Sie war die erste Frau, die 1993 die Wiener Philharmoniker dirigierte, die erste, die Richard Wagners »Ring des Nibelungen« dirigierte, und ist seit 2005 die Intendantin der Hamburgischen Staatsoper sowie Hamburgische Generalmusikdirektorin. Die Ex-Erste-Kapellmeisterin von Daniel Barenboim wird gelegentlich immer noch als Erstes mit den geschlechtstypischen Merkmalen ihrer Weiblichkeit (langes Haar, High Heels) wahrgenommen. Sie sagt: »Für die Musiker ist eine Frau mit dem Taktstock kein Exot mehr, am Dirigentenpult braucht man vor allem ›hard skills‹, um klare Entscheidungen zu treffen. Ein Dirigent ist ein Autokrat. Davon abgesehen muss jeder Künstler, egal ob Mann oder Frau, zugleich stark und sensibel sein. Sonst kann es nicht funktionieren.« Die Mutter zweier Töchter ist Chevalier des Arts et Lettres in Frankreich.

»Mein Vorbild ist ganz klar Daniel Barenboim, als Musiker und Mensch, weil er das eine von dem anderen nicht trennt, weil er seinen künstlerischen Anspruch mit persönlichem Engagement verbindet, weil er auch am Dirigentenpult ein politisch denkender Bürger bleibt. Und das *hört* man in seiner Musik.

Er hat 2001 in Israel als Erster gewagt, Richard Wagner zu dirigieren, weil er großherzig und weitsichtig zwischen der Musik eines Genies und dem Wahn eines gehässigen Antisemiten unterscheiden kann, und die Zeit gekommen war, tabuisierte Ressentiments aufzuheben.

Zwei Jahre zuvor gründete er mit dem palästinensischen Literaturexperten Edward Said sein ›West-Eastern-Divan Orchestra‹: Wenn ein jüdisches Kind und ein Kind aus Palästina an einem Pult sitzen, dann ist das ein kleiner Schritt in Richtung Frieden, sagt er. Und diese humanistische Message der Musik transportiert er mit einer unkorrumpierbaren Entschlossenheit. Daher auch seine Klavierkonzerte in Ramallah … Für ihn macht eben Musik ohne eine ethische, geistige Botschaft keinen Sinn. Und für mich ebenso wenig.

Noch ein Vorbild: Jane Austen. Als Teenager habe ich ihre Romane verschlungen, heute bewundere ich ihre geistige Unabhängigkeit. Sie konnte sich auch ohne ›Quote‹ oder gesellschaftlich verordnete Emanzipation als Frau bewehren, und als Mensch ihre Würde, Eigensinn und höchste Einfühlsamkeit bewähren. Ihre Protagonistinnen in ›Stolz und Vorurteil‹ oder ›Vernunft und Gefühl‹ wirken – aus heutiger Sicht – zwar ›weiblich schwach‹, weil sie ihre Emotionen nicht unterdrücken; aber in Wirklichkeit hat diese gefühlsbetonte Selbstbestimmung sowohl Elizabeth Bennet, als auch Elinor Dashwood so stark gemacht, dass sie sich über viktorianische Konventionen und Tabus hinwegsetzen konnten. Indem sie zu ihren Gefühlen stehen, befreien sie sich von aufgezwungenen pseudoromantischen Idealen, bekämpfen die Zwänge eines materialistischen Gesellschaftsschemas, und setzen schließlich das aus diesem Gefühl entstandene Mitgefühl gegen die allgemeine Entfremdung ein.

Das ist eine, glaube ich, ebenso vorbildliche, wie zeitlose Lebenshaltung.«

# Rolf Zuckowski

geboren 1947 in Hamburg, lebt in Hamburg

Wer Kinder hat, kennt ihn. Genauer gesagt: seine Lieder »Du da im Radio«, »Stups, der kleine Osterhase«, »In der Weihnachtsbäckerei«, »Hallo Mama, hallo Papa«, »Wie schön, dass du geboren bist« – lauter Ohrwürmer zum Mitsingen. Erwachsene halten seine Hits oft für Volkslieder, der Nachwuchs kann gar nicht genug davon kriegen. Und er sagt: »Kinder brauchen Musik.« Das verkünden viele, aber kaum einer engagiert sich so konsequent wie er. 1967 schenkte ihm sein Vater – ein Seemann – eine Gitarre, 1978 gab er (drei Geschwister, zwei Kinder) erstmals Konzerte in Schulen und Kindergärten, 1983 entwarf der Diplom-Betriebswirt und »Echo«-Preisträger für Peter Maffay das Konzept für »Tabaluga«. Aber zu seinem Markenzeichen wird das Album »Lieder, die wie Brücken sind«. Jede einzelne der mehr als vierzig CDs sind Bestseller, das Lied »… und ganz doll mich« kam mit 3776 von Kindern getexteten Zeilen als »Längstes Lied der Welt« ins Guinness-Buch der Rekorde: »Ich bewundere Kinder – ihre Individualität und ihre Stärke, uns immer wieder an die Hand zu nehmen und uns in Welten zu führen, die wir übersehen oder die wir allzu leicht gering schätzen.«

## »Meine Vorbilder

In der Kindheit: Herr Böttcher, mein Grundschul-Klassenlehrer, wegen seiner lieben, fröhlichen Augen und seiner freundlich ausgleichenden Art – ein für die damalige Zeit eher untypischer Mann mit einer Herzenswärme, die mich in der Grundschulzeit geprägt hat.

In der Jugend: The Beatles (vor allem Paul McCartney und John Lennon) wegen ihrer gesanglichen Ausstrahlung und ihrer Kraft, Songs zu schreiben, die zu einem Teil meiner selbst und einer ganzen Generation wurden. Wegen ihres Wagemuts, uns musikalisch und thematisch immer wieder in Neuland mitzunehmen. Einen Bogen vom Lied eines gekränkten Verliebten wie ›No Reply‹ bis zu einer kraftvollen, weltumspannenden Friedenshymne wie ›Give Peace A Chance‹ zu schlagen und ganz beiläufig im Alter von knapp dreißig Jahren einen Song wie ›When I'm 64‹ zu singen, erfordert mehr Mut als es rückblickend erscheinen mag. Sich mit einem privaten Song wie ›Woman‹ vollkommen zu öffnen und mit ›Imagine‹ eine neue Dimension der Menschlichkeit zu erträumen ist bis heute unerreicht.

In der frühen Erwachsenenzeit: Adi Albershardt, Chef (›Speelboos‹) der ›Finkwarder Speeldeel‹, dem großen Hamburger Traditionsensemble, den ich in seinem väterlich-freundschaftlichen Umgang mit den Kindern der Finkwarder ›Lütt Speeldeel‹ bei den Proben und auf der Bühne beobachten und bewundern konnte. Seine grundehrliche, emotionale Vortragsweise, singend und im Sprechgesang, hat mich als Komponist und Produzent der ›Finkwarder Speeldeel‹ beflügelt, ihm Lieder auf den Leib zu schreiben wie ›Fohr mol wedder de Ilv lang‹ und ›Bi uns an de Küst‹.

In der Elternzeit: Janusz Korczak, polnischer Kinderarzt, dessen schlichte Sprache mich in Verbindung mit seiner zutiefst humanistischen Grundhaltung und seinen elementaren philosophischen Einsichten beeindruckt hat. Sein Satz: ›Kindheit ist nicht der Wartesaal der Lebens, jedes Kind hat ein Recht auf heute‹, gab mir eine Schlüsselerkenntnis für meine Arbeit und dauerhafte Zuwendung gegenüber Kindern. Sein Hauptwerk ›Wie man ein Kind lieben soll‹ zählt zu den wichtigsten Büchern, die ich gelesen haben. Dass er 1945 seine jüdischen Schützlinge ins KZ begleitet hat und dort mit ihnen umgebracht wurde, macht ihn über all seine klugen Worte hinaus unvergesslich.

Astrid Lindgren, die ich vor allem vom Vorlesen meiner Frau für die Kinder und durch die wundervollen Kinderfilme kenne. Diese Frau hat Kinder größer gemacht, auch um den Preis, Erwachsene kleiner erscheinen zu lassen. Sie hat keine heile Welt rund um ihre Figuren geschaffen und doch eine, die Kindern Mut zum Leben macht und in der sie lernen können, an die Kräfte in sich selbst zu glauben. Die Solidarität unter Kindern hat (außer Erich Kästner) wohl kaum ein Schriftsteller so in den Mittelpunkt gerückt wie diese Frau.

In der Großelternzeit: Peter Ustinov, der so weise, so herzlich, so witzig, so ironisch erwachsen und kindlich verspielt sein konnte. Er blieb immer originell und bis ins hohe Alter engagiert für das Wohl der Kinder dieser Erde. Sir Peter ist der Mensch, der mir bis heute am meisten Mut macht, im Älterwerden Kind zu bleiben. Er hat vieles in seinem Leben ausprobiert, nicht in allem die Meisterschaft errungen, musste manche bissige Kritik aushalten, hat sich davon nicht beirren lassen und insgesamt ein beeindruckendes Lebenswerk hinterlassen.«

# Dana Horáková

## Meine Vorbilder

»Eigentlich dachte ich, ich hätte mir meine Vorbilder innerhalb der ersten dreißig Lebensjahre zusammengesucht, weil mir an jedem etwas anderes imponierte.

Rückblickend wird immer offenkundiger, dass sie vieles gemeinsam haben: unbeirrbaren Optimismus, Unbestechlichkeit und Wissensdrang, aber auch etwas so Irdisches wie Ordnungsliebe. Außerdem waren alle vier unbequem. Aber niemals unbeteiligt.

Meine Mutter, eine Deutsche, verliebte sich in einen tschechischen Zwangsarbeiter und ging mit ihm nach Kriegsende nach Prag, in ein von ihren Landsleuten zerbombtes Land. Man hasste sie und spuckte sie an, aber da sie nicht tschechisch sprach, konnte sie nicht erzählen, dass Mitglieder ihrer Familie im Widerstand gekämpft hatten.

Sie versuchte, mich vor der Ächtung abzuschirmen, doch der Schirm war durchlässig. Ich merkte, dass sie »anders« war – und somit auch ich. Sie war strenger, fordernder: Mein Taschentuch war selbstverständlich perfekt gebügelt. Sonntags verließen wir das Haus nicht ohne Hut und Handschuhe und Freitag war Putztag. Und die Manieren, die sie mir beibrachte, sollten Anpassung und Akzeptanz erleichtern (taten sie aber damals nicht).

Natürlich konnte sie mir keine Gutenachtgeschichten erzählen (ich weigerte mich, mit ihr Deutsch zu sprechen), dafür schwärmte sie von russischen Komsomolzen, die im »großen vaterländischen Krieg« aus dem Untergrund die Hitler-Armee bekämpft und bereit gewesen waren, für ihr Vaterland zu sterben. Ja, diese Bereitschaft, sein Leben in den Dienst einer Idee zu stellen, das hat ihr ungemein imponiert. Sie war eine Herzblut-Kommunistin und ihre »Heiligen« hießen Clara Zetkin und Rosa Luxemburg, und sie erwähnte oft und voller Stolz, dass ihr Großvater zu den Gründungsmitgliedern der KP in Sachsen gehört hatte. Sie weinte, als Stalin starb.

Sicher, sie war ideologisch »infiziert«, aber die Partei-Disziplin verschaffte ihr das Selbstwertgefühl, das sie brauchte, um in einem Land überleben zu können, das den Kommunismus wie eine russische Pest über sich ergehen ließ, und sich mit einem »braven Soldaten Schwejk« als Nationalvorbild identifizierte und tröstete, statt veritablen Widerstand zu leisten.

Mama hasste Schwejk. Fast noch mehr als den »Klassenfeind«. Nein, sie war nicht humorlos. Aber das Derbe, die Wurstigkeit, das »Sich-arrangieren-können-unter-allen-Umständen«, das sanktionierte Betrügen (man hole sich vom Staat, was nur geht), das entsprach nicht ihren Wertvorstellungen.

Schon während des Studiums, und erst recht nachdem ich zur »Regimekritikerin« wurde, haben wir uns »blutig« gestritten: Sozialismus – Opium der Massen oder grandiose Vision? Der real existierende Staat – eine Fehlleistung der Menschen, oder falsches System?

Ihr Weltbild teilte ich nicht. Aber den Bedarf an Menschen, die leben, woran sie glauben, den habe ich geerbt.

Alle hielten sie für fleißig, effizient, perfekt organisiert, sie hatte – in der Öffentlichkeit – ihre Gefühle unter Kontrolle. Sie war zuverlässig, pünktlich, auf Formen bedacht bis umständlich. Unsere Wohnung war irgendwie abgeschirmt, »unsere Welt« hinter der Haustür war beinahe etwas Sakrales. »Drinnen« war es warm und rein, sicher und sauber – aber auch eng. Mama liebte und hegte unseren Garten, die Natur war ihr (einer Atheistin) auf romantische Weise »heilig«. Mit Hilfe meiner ersten Kinderbücher sollte ich Bäume, Blumen, Tiere kennenlernen, keine Prinzen). Ihre Maxime lautete: Erst die Pflichten, dann der Spaß. Ist das »typisch deutsch«? Keine Ahnung. Aber eines steht fest: Ihre Nationalität ist nicht der Grund, warum ich mich – immer noch – immer mehr an ihr orientiere.

Mein zweites Vorbild ist Hypatia, laut Brockhaus eine: »Neuplaton. Philosophin und Mathematikerin, 370–415 (als Heidin von christl. Pöbel ermordet), Tochter des Astronomen und Mathematikers Theon von Alexandrien, Lehrerin des Bischofs Sinesios; hielt als erste Frau in Alexandria philosophische Vorlesungen.«

Bereits die ersten Chronisten überschütten sie mit Sarkasmus und Häme: Sie warfen ihr vor, ihre Studenten mit satanischen Listen hypnotisiert zu haben. Und spätere Historiker stritten heftiger über ihre Keuschheit als über ihre Ideen. Sie war nie verheiratet, das heißt, sie blieb »ungezähmt« und somit ein öffentliches Ärgernis, eine Gefahr. Ihre Schriften gingen zwar verloren, ihr Leben aber ist ziemlich vollständig dokumentiert. Hypatia lebte in einer Zeit des Umbruchs: Der Zerfall des römischen Imperiums war bereits im Gange, heftige Auseinandersetzungen zwischen Heiden, Juden und Christen waren an der Tagesordnung, christliche Eiferer warfen »Mathematiker wilden Tieren vor«.

Sie wurde »offiziell beauftragt, die Lehrer von Platon, Aristoteles und deren Anhängern darzulegen«. Sie forschte in Arithmetik, zeichnete Diagramme der Bewegungen der Himmelskörper, experimentierte, erfand Instrumente, zum Beispiel eine Sternenuhr. Des Weiteren beriet Hypatia den Magistrat in Verwaltungsfragen und führte einen privaten Salon.

Kurzum – diese Heidin war eine stadtbekannte Exotin und somit ein Dorn im Auge des amtierenden Patriarchen von Alexandria. Man versuchte, die Häretikerin zum Christentum zu bekehren. Vergeblich. Das Unvermeidliche war nicht mehr zu verhindern. »Die Leute verehrten und bewunderten sie wegen ihrer einzigartigen Bescheidenheit, was ihr andererseits Neid und Gehässigkeit eintrug ... einige vorschnelle, unbesonnene Hitzköpfe lauerten der Frau auf, rissen ihr die Kleider vom Leib, schnitten ihr mit scharfen Muscheln die Haut auf und zerfleischten sie. Dann vierteilten sie ihren Körper in siebenunddreißig Stücke und verbrannten sie zu Asche«, berichtet der christliche Historiker Socrates Scholasticus (5. Jahrhundert).

Aber klug, wie sie gewesen sein soll, müsste sie doch gewusst haben, dass sie die christlichen Behörden reizte. Warum hat sie sich nicht zurückgehalten? Hat sie bewusst provoziert? War sie eitel, arrogant, verblendet? Warum hat sie sich das Leben so schwergemacht?

Erasmus von Rotterdam (1469–1536), mein drittes Vorbild, schrieb kurz vor seinem Tod: »Ich bin am Rand des Meeres gegangen; werde ich mir untreu, wenn ich mich nicht kopfüber in die Fluten stürzen will?«

Thomas Morus bewunderte ihn, Luther verachtete ihn: »Bleibe nur, wenn es dir beliebt, was du immer behauptetest sein zu wollen, ein bloßer Zuschauer unserer Tragödie.«

Erasmus erwiderte: »Es ist nun mal mein Schicksal, von beiden Teilen gesteinigt zu werden, während ich bemüht bin, für beide besorgt zu sein.« Seine geistige Haltung, sein ganzes Leben waren bestimmt von einem versöhnlichen Sowohl-als-auch, nicht von Entweder-Oder – und das in einer Zeit, als Europa vor der harten Entscheidung »Papst oder Luther« stand.

Bis sich der Gelehrte mit Luther verkrachte, galt er als Europas intellektuelle Autorität Nummer eins: Könige wie Kardinäle verpflichteten ihn als Sachverständigen, da er als unbestechlich galt (er lehnte es ab, Kardinal zu werden, um seine Unabhängigkeit bewahren zu können). Doch was er für Toleranz hielt, deuteten andere als Unentschiedenheit. Die Fanatiker bezichtigen ihn also der Halbheit, die ruhigen Gemüter priesen seine Überparteilichkeit. Er wollte vermitteln – aber ein weltfremder Theoretiker war er keineswegs: »Umsonst ist alles Schrifttum, umsonst alle Religionslehre, wenn die Menschen dadurch nicht besser werden«, klagte er, als er merkte, dass seine Schriften – im Unterschied zu den Texten Luthers – Aufmerksamkeit erregten, aber nichts veränderten; er litt unter der »Unfruchtbarkeit« seines vielen Wissens (das ist übrigens ein »Schmerz«, über den auch der junge Václav Havel klagte), da er nicht mehr erleben konnte, wie zum Beispiel sein Pamphlet »Lob der Narrheit« den Werte-Kanon des Abendlandes auf den Kopf stellte.

Erasmus war nun mal kein »Weltverbesserer«, kein Anführer, sondern ein Mann der Vernunft. Leider lassen sich mit Vernunft keine Dämonen verjagen. Und so wurde er respektiert, aber nicht geliebt.

Warum hat er es bei Worten belassen? Hat er der faktischen Macht mehr misstraut als Mundbekenntnissen sprachgewaltiger Demagogen und heftigen Emotionen, die wankelmütig machen? War ihm die Unabhängigkeit (und Einsamkeit) das Höchste aller diesseitigen Werte?

Er blieb ein »homo pro se« (Luther).

Als ich den späteren tschechischen Präsidenten Václav Havel (Jahrgang 1936) kennenlernte, war ich sechsundzwanzig, lebte in Prag und war umgeben von einem Kreis von Intellektuellen und Künstlern mit heroischen Herzen, die von der Prager Regierung unter dem

Sammelbegriff »Dissidenten« geführt und wie Staatsfeinde behandelt wurden. Aber Vaschek (so wird er genannt) war »anders« als andere: Sein geradezu kindlicher Wissensdrang (er durfte ja als ein Bourgeois-Kind nicht studieren) war beeindruckend. Ebenso wie seine pedantische Ordnungsliebe und Höflichkeit, die zu seinem Markenzeichen wurde – und seiner Waffe. Denn hinter dem linkischen Charme verbirgt sich eine felsenfeste Ernsthaftigkeit: Václav Havel lebt, was er glaubt. Er lebt »die Wahrheit«.

Er schwört auf Kommunikation als den einzigen Weg, der die unterschiedlichsten Gruppen aus ihrer Isolation zusammenführen kann. Als Dissident vermittelte er zwischen Theologen, Rock-Sängern, Künstlern und »Euro-Kommunisten«, später zwischen politischen Parteien, zwischen Deutschland und der Tschechoslowakei. Er ist ein Mittler – also kein Anhänger. Das macht ihn ebenso unbequem wie glaubwürdig. Seine Wahrhaftigkeit prädestinierte ihn, zur Galionsfigur des friedlichen Umbruchs in Osteuropa zu werden, zum »Philosophenpräsident«.

Nach sechs Jahren im Amt, als die Popularität des »Volkshelden« nachgelassen hatte, kommentierte er die katastrophalen Verluste an seinen Sympathie-Werten. mit dem für ihn so typischen Verständnis, ohne Zorn und Bitterkeit: »Man hat mich zum Mythos gemacht, und nun will man mich entmythologisieren.«

Warum hat er nicht getobt, geschimpft, gedroht? Weil er ein Mann der Vernunft ist? Als ich ihn 2002 in »seiner« Prager Burg fragte, was das »Leben in der Wahrheit« eigentlich bedeute, hat er mit einem Zitat aus Shakespeares »Hamlet« geantwortet: »Dies über alles, sei dir selber treu, und daraus folgt, so wie die Nacht am Tage, du kannst nicht falsch sein gegen irgendwen.« (Polonius)

Natürlich habe ich Václav Havel auch »anders« als Polit-Ikone erlebt. Zum Beispiel als einen Ehemann, der fremdgeht, der unwirsch wird, sobald man ihm seine Reinigungsrituale verwehrt usw. Er ist eben, dem Himmel sei Dank, kein Heiliger. Einem Heiligen könnte ich mit meinem kleinen, verwinkelten Leben doch gar nicht folgen.

Bleibt die Frage: Hätte ich mir andere Vorbilder gewählt, wenn mich eine andere Mutter erzogen hätte?«

# DANK

Fest steht, allein hätte ich dieses Buch nie geschafft. Also möchte ich »Danke« sagen können.

Zuallererst möchte ich mich noch einmal bei jedem bedanken, der sich die Zeit genommen und sich die Mühe gemacht hat, über seine Vorbilder nachzudenken – immerhin sechsundsiebzig Frauen und Männer der Zeitgeschichte.

Das nächste »Dankeschön« geht an die vielen »Torhüter«, die so manchen Kontakt erst ermöglichten. Stellvertretend sei mir gestattet, Jane Uhlig vom »Konvent für Deutschland« zu nennen. Wir haben uns nie gesehen, aber unzählige Male telefoniert und gemailt, auch sonntags.

Nicht zu vergessen, die Mitarbeiter in Archiven, Vereinen, Stiftungen und Universitäten, die gebührenfrei (!) geholfen haben, wenn ich nach Informationen über die Vorbild-Klassiker suchte. Als pars pro toto möchte ich Radoslav Fikejz nennen, der im böhmischen Zwittau eine Oskar-Schindler-Museumsabteilung aufbaut.

# Bildnachweis: